LIPPSTADT IM SPIEGEL DER ZEIT

1080 1160 1200 1230 1280 1300 1340 1400 1450 1500 1540 1600 1660 1700 1780 1820 1900 1980 2015

Grußwort des Bürgermeisters

Eine Stadt ist ein Gemeinwesen, das ständigem Wandel unterzogen ist. Wird die Silhouette von markanten Bauwerken geprägt, so sind es die Menschen, die die Entwicklung einer Stadt bestimmen. Veränderungen vollziehen sich dabei manchmal über viele Jahrzehnte oder innerhalb kürzester Zeitspannen.

Umso wichtiger ist es, die eigene Geschichte in Wort und Bild festzuhalten. Dieses Buch soll nicht allein einen Überblick über wichtige historische Ereignisse und bedeutende Jahreszahlen liefern, sondern über Prozesse informieren, die einen entscheidenden Einfluss auf das gesellschaftliche und vor allen Dingen auch wirtschaftliche Leben der Stadt hatten und haben. Bei der informativen Reise durch die Zeit liegt dabei der Schwerpunkt in der Betrachtung der rasanten Entwicklung innerhalb der letzten gut anderthalb Jahrhunderte. Dabei fehlt auch nicht der Ausblick in die Zukunft. Gut und gerne hätte „Lippstadt im Spiegel der Zeit" ein mehrbändiges Nachschlagewerk werden können, denn über eine lebendige Stadt gibt es viel zu erzählen und zu berichten. Bei der Gewichtung der Epochen und der Auswahl der einzelnen Kapitel wurde versucht, insbesondere die Geschehnisse und Begebenheiten zu berücksichtigen, die einen langfristig prägenden Einfluss für Lippstadt hatten.

An der Verwirklichung dieses Buches haben viele Menschen mitgewirkt und konstruktiv zusammen gearbeitet. Ihnen allen, besonders aber Frau Johanna Scheler und Herrn Dirk Ruholl als engagierten Redakteuren sowie allen Initiatoren, die sich für die Verwirklichung stark gemacht haben, gilt mein besonderer Dank.

Ich freue mich sehr, dass „Lippstadt im Spiegel der Zeit" das breit gefächerte Angebot der Publikationen über Lippstadt sinnvoll ergänzt und erweitert, und hoffe, dass alteingesessene, neuzugezogene und ehemalige Lippstädterinnen und Lippstädter ebenso wie alle interessierten Gäste daran ihre Freude haben werden.

Allen Leserinnen und Lesern wünsche ich viel Freude bei der Lektüre und die notwendige Muße, „Lippstadt im Spiegel der Zeit" zu betrachten. Über eine positive Resonanz freue ich mich ebenso wie über viele Anregungen für mögliche Verbesserungen.

Bürgermeister
Christof Sommer

Impressum

- **Herausgeber:**
  Rasch & Röhring Verlag GmbH
  ein Unternehmen der
  mediaprint Gruppe
  Eggertstraße 30
  33100 Paderborn

  in Zusammenarbeit mit der:
  mediaprint infoverlag gmbh
  Lechstraße 2
  86415 Mering

  in Zusammenarbeit mit der:
  Stadt Lippstadt
  Ostwall 1
  59555 Lippstadt

- **Mediaberatung:**
  mediaprint infoverlag gmbh
  Volker Hunzelder

- **Redaktion:**
  Lippstädter Lektorat
  Dirk Ruholl, Johanna Scheler
  Johannesstraße 33
  59558 Lippstadt

- **Gestaltung (Grafik/Satz):**
  MUNDSCHENK Druck + Medien
  Marco Hiller
  Mundschenkstraße 5
  06889 Lutherstadt Wittenberg

- **Projektmanagement:**
  mediaprint infoverlag gmbh
  Stefanie Brand, Evelyn Egger

- **Druck:**
  Media Print Informations-
  technologie GmbH
  Eggertstraße 28
  33100 Paderborn

- **Technische Daten:**
  1. Auflage: 4.000 Exemplare
  ISBN: 978-3-9814153-5-3

Titel und Umschlaggestaltung sowie Art und Anordnung des Inhalts sind zugunsten des jeweiligen Inhabers dieser Rechte urheberrechtlich geschützt. Nachdruck und Übersetzung sind – auch auszugsweise – nicht gestattet. Nachdruck oder Reproduktion gleich welcher Art – ob Fotokopie, Mikrofilm, Datenerfassung, Datenträger oder online – nur mit schriftlicher Genehmigung des Verlages.

Vorwort des Autorenteams

Als älteste Gründungsstadt Westfalens ist Lippstadt bis heute zu einem starken Wirtschaftsstandort in der Region gewachsen. Die verkehrsgünstige Lage an zwei wichtigen Handelswegen ließen die Stadt bereits im Mittelalter zu einem kulturellen und wirtschaftlichen Zentrum aufblühen.

Seit dem 19. Jahrhundert spürte Lippstadt im Zuge der Industrialisierung große Veränderungen. Die Ansiedlung produzierenden Gewerbes bedeutete beispielsweise einen sprunghaften Anstieg der Bevölkerung und brachte eine Verbesserung der gesamten Infrastruktur mit sich.

Zahlreiche Unternehmen prägten und prägen durch Fortschritt und Innovation die Stadtgeschichte bis heute. Neben namhaften Weltkonzernen bietet ein breit gefächerter Mittelstand eine gute wirtschaftliche Basis in der größten Stadt im Kreisgebiet.

Gegenwärtig tragen 1.564 Betriebsstätten mit 30.885 sozialversicherungspflichtig Beschäftigten (Stand 31.12.2011) dazu bei, dass Lippstadt ein starkes wirtschaftliches Zentrum für die gesamte Region ist. Die Stadt an der Lippe hält auch Kultur-, Tourismus-, Freizeit- und Gesundheitsangebote für jeden Geschmack bereit und wird wegen ihrer Idylle – von Wasserläufen, Licht und Leben geprägt – auch das „Venedig Westfalens" genannt. Wer die Vielfalt Lippstadts verstehen will, muss sich der Geschichte zuwenden.

Das Buch „Lippstadt im Spiegel der Zeit" ist ein Querschnitt durch die Stadtgeschichte und verbindet erstmals die allgemeine Stadt- mit der regionalen Wirtschaftsgeschichte. Besonders häufig waren es in der Geschichte der Unternehmen die kleinen und großen, teils auch dramatischen Ereignisse, die Lippstadt und seine Menschen geformt haben. Allerdings kann „Lippstadt im Spiegel der Zeit" nur einen Teil dieser lebendigen Geschichte der Stadt an der Lippe erzählen.

Auf der Reise durch die Historie werden verschiedene Ereignisse der Stadtgeschichte beleuchtet, wobei die Geschichte und die Entwicklung von 50 Lippstädter Unternehmen einbezogen wird. Wie Blitzlichter erhellen sie die historische Umgebung und zeigen exemplarisch die jeweilige gesellschaftliche, technische

Johanna Scheler und Dirk Ruholl

und kulturelle Verfassung der Stadt. Dass die jüngste Vergangenheit und die Gegenwart in unserer Schilderung der Zeitläufe mehr Platz einnehmen, versteht sich daher von selbst.

Dieses Buch ist ein Beitrag zur Darstellung der umfangreichen Stadtgeschichte und kann angesichts des Rahmens und der komplexen Literatur die Themen nur gekürzt darstellen. Eine Fortsetzung des Projektes ist allerdings angesichts der zahlreichen Themen, die noch keinen Platz finden konnten, wünschenswert. Dank gilt den Vertretern der einzelnen Unternehmen für ihre freundliche Unterstützung und besonders dem Team des Stadtarchivs Lippstadt mit Stadtarchivarin Dr. Claudia Becker, die neben dem Lektorat besonders auch für fachliche Fragen zur Verfügung stand, sowie Dieter Tuschen für die Bereitstellung zahlreicher Fotos.

Inhaltsverzeichnis

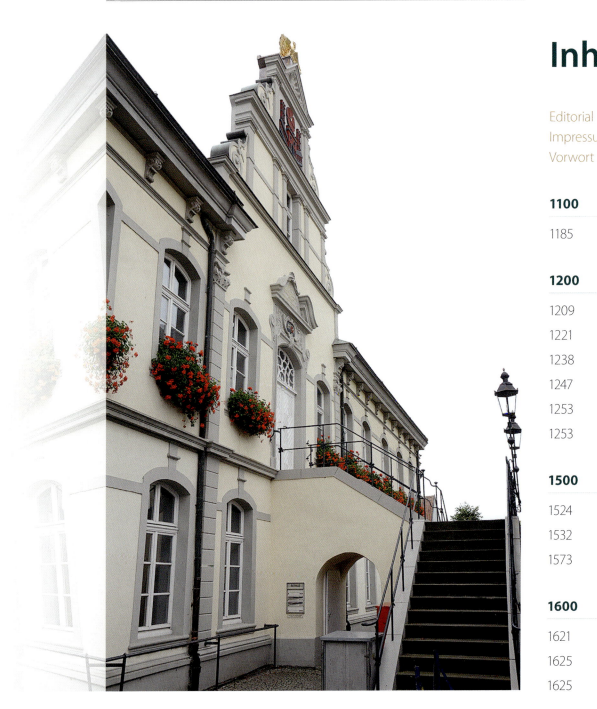

Editorial		3
Impressum		4
Vorwort des Autorenteams		5

1100

| 1185 | Eine mittelalterliche Stadt entsteht | 10 |

1200

1209	Lippstadt und seine Wassermühlen	13
1221	Kirchen seit dem Mittelalter	16
1238	Das Rathaus und der Markt	24
1247	Lippstädter Schulen	26
1253	Lippstadt und die Hanse	32
1253	Das Lippstädter Zunftwesen	34

1500

1524	Lippstadt und die Reformation	36
1532	Schützentradition in Lippstadt	40
1573	Hexenverfolgung in Lippstadt	42

1600

1621	Lippstadt im Dreißigjährigen Krieg	44
1625	Kleine Apothekengeschichte	46
1625	Königsau-Apotheke	47

1700

1710	Graphische Betriebe STAATS	48
1734	Brautradition bis heute	49
1763	Schleifung der Festung	51
1788	Sandbaggerei auf der Lippe	56
1797	Juwelier Jasper eröffnet sein Geschäft	57

1800

1842	Sparkasse Lippstadt	58
1848	Der Lippstädter Turnverein entsteht	60
1848	Der Patriot	61
1850	Lippstädter Eisenbahngeschichte	62
1851	Die Lippstädter Krankenhäuser	65
1852	Der Bau der Synagoge	68
1855	CONACORD Voigt	73
1856	Brülle & Schmeltzer	74
1861	Rothe Erde	76
1863	Stadtwerke Lippstadt	78
1863	Gründung einer Feuerwehr	81
1871	AUTOMEISTER W. Deppe	84
1888	Das Spielmannswesen in Lippstadt	85
1889	Lott Handelsgesellschaft	86
1894	Walter Bestattungen	88
1898	Wilhelm Wetekamp vor dem Preußischen Abgeordnetenhaus	89
1899	HELLA KGaA Hueck & Co.	90

1900

1901	Handelswaren und Wirtschaftsdaten	92
1904	Gesundheitszentrum Bad Waldliesborn	97
1908	Sportgeschichte in Lippstadt	98
1909	Deutsche Bank	101
1911	Tennisgeschichte in Lippstadt	102
1919	Die VHS und die FernUni	103
1920	Gründung des SC Lippstadt	105
1923	IDEAL Werk	106
1923	Die Inflation erreicht ihren Höhepunkt	108
1923	Deutsche Saatveredelung AG (DSV)	110
1923	Pöttker Auszugsysteme	111
1925	Optik Weiss	112
1926	Die Lippstädter Herbstwoche	113
1930	Mußhoff Bustouristik	115
1932	Schornberg Galvanik GmbH	116
1932	Kanusport auf der Lippe	117
1933	Lippstadt unter der NS-Herrschaft – Teil 1	118
1936	Peters Pralinen	124
1937	Liebelt	125
1938	Thomas-Valentin-Stadtbücherei	126
1938	Judenpogrom in Lippstadt	130
1939	Lippstadt unter der NS-Herrschaft – Teil 2	133
1942	Jakobs & Kollegen	138
1945	Evangelisches Seniorenzentrum Bodelschwingh	139
1945	Das Kriegsende in Lippstadt	140
1948	D. P. Schmits – dipasch-textil	146
1949	Fahrzeuglackiererei Falkenstein	147

1949	Köhler Automobiltechnik	**148**
1951	Café Mütherich	**150**
1951	GWL Gemeinnützige Wohnungsbaugesellschaft Lippstadt	**151**
1952	Scheurer Gruppe	**152**
1952	Brannekemper Metallgestaltung	**154**
1952	Eiscafé Campo	**155**
1959	Drei Kinderheime in der Stadt	**156**
1962	Modehaus Hüsken	**159**
1965	Die Lippe	**160**
1971	Partnerstadt Uden	**164**
1973	Das Stadttheater Lippstadt	**166**
1975	Kommunale Neugliederung	**168**
1975	Kommunale Neugliederung – Bad Waldliesborn	**170**
1975	Kommunale Neugliederung – Benninghausen	**172**
1975	Kommunale Neugliederung – Bökenförde	**175**
1975	Kommunale Neugliederung – Cappel	**176**
1975	Kommunale Neugliederung – Dedinghausen	**177**
1975	Kommunale Neugliederung – Eickelborn	**178**
1975	Kommunale Neugliederung – Esbeck	**180**
1975	Kommunale Neugliederung – Garfeln	**181**
1975	Kommunale Neugliederung – Hellinghausen	**182**
1975	Kommunale Neugliederung – Herringhausen	**184**
1975	Kommunale Neugliederung – Hörste	**186**
1975	Kommunale Neugliederung – Lipperbruch	**188**
1975	Kommunale Neugliederung – Lipperode	**190**
1975	Kommunale Neugliederung – Lohe	**192**
1975	Kommunale Neugliederung – Overhagen	**193**
1975	Kommunale Neugliederung – Rebbeke	**194**
1975	Kommunale Neugliederung – Rixbeck	**195**
1975	WIAG Antriebstechnik	**196**
1979	Deutsche Industriebau Gesellschaft	**197**
1985	Das 800-jährige Stadtjubiläum	**198**
1985	Wirtschaftsförderung Lippstadt	**200**
1986	Stelle Datentechnik	**201**
1986	NIESTEGGE Rechtsanwälte und Notar PartG	**202**
1987	Das 7. Europaschützenfest in Lippstadt	**203**
1988	Intersport Arndt	**204**
1990	Ferber-Software	**206**
1991	Das Stadtarchiv öffnet seine Türen	**207**
1992	Lippstädter Hartschaumverarbeitung	**210**
1992	HBPO the Module Company	**211**
1997	concept.id	**212**
1998	The Translation Factory	**214**
1999	Groß Immobilien & Dienstleistungen	**215**
1999	Behr-Hella Thermocontrol	**216**

2000

2002	Cramer & Skibbe Allianz-Generalvertretung	**218**
2007	Lippstadt wieder garnisonsfrei	**219**
2008	LippeJagd Brinkmann	**223**
2008	Freie Schwerter tor Lippe	**224**
2008	Gründung der Hochschule	**226**
2012	Lippstadt in Zahlen, Daten und Fakten	**228**
2013	Das neue Kombibad wird eröffnet	**230**

Verzeichnis der Fußnoten **232**

Bildquellenverzeichnis **240**

Die älteste Stadtgründung Westfalens durch Bernhard II. zur Lippe

Wasser bedeutete schon im Mittelalter Leben und so ist es kaum verwunderlich, dass sich die älteste Stadtgründung Westfalens am Überweg über die Lippe findet. Noch heute prägt der Fluss mit seinen Nebenarmen das Stadtbild maßgeblich, sodass der Volksmund auch vom Venedig Westfalens spricht.

Nordöstlich einer bestehenden Kaufmannssiedlung, die damals bereits im Bereich der heutigen Nicolaikirche vorhanden war, gründete der Edelherr Bernhard II. zur Lippe 1184, 1185 oder 1187 eine neue Stadt, die zunächst wie der gleichnamige Fluss Lippe genannt wurde.[1] Bernhard II. ließ sein Vorhaben nach dem Vorbild der Städte Braunschweig und Heidelberg, die er während des Sächsischen Krieges kennenlernte, planen. So wurde die Stadt als erste Planstadt Westfalens gegründet und in seinem Herrschaftsbereich erbaut. Zum Bau der Stadt holte Bernhard II. sich die Erlaubnis von Kaiser Friedrich I. (Barbarossa) ein. Bei der Gründung standen sicherheitspolitische Ziele hinsichtlich eines Schutzes der Kaufleute im Vordergrund, denn die bestehende Siedlung wurde während des Sächsischen Krieges (1177–1181) von den Truppen des Kölner Erzbischofs Philipp I. von Heinsberg zerstört. Die Kaufleute an der Lippefurt sollten durch eine gegründete und gefestigte Stadt besseren Schutz erfahren. Wie strategisch günstig die neue Stadt lag, kann daraus geschlossen werden, dass die neue Stadt rasch um das Dreifache ihrer ursprünglichen Größe wuchs und sich als wirtschaftliches Zentrum etablierte, was auch den Zuzug des regionalen Adels in die neue Stadt erklärt.

Am Kreuzungspunkt zwischen Fernhandelswegen lag die Stadt verkehrstechnisch sehr günstig: im Süden eine Verbindung in Richtung Erwitte, Meschede, Siegen, Mainz oder Richtung Büren, Brilon, Marburg und Frankfurt am Main; im Westen in Richtung Soest und dann weiter Richtung Arnsberg, Hamm oder entlang des Hellwegs Richtung Dortmund und Köln bis Aachen; im Osten in Richtung Paderborn und Magdeburg sowie im Norden in Richtung Beckum, Münster, Niederlande oder Osnabrück, Bremen und in Richtung Wiedenbrück, Minden, Lüneburg und Lübeck.[2]

Zu einer mittelalterlichen Stadt gehörten neben dem Marktplatz noch die Marktkirche, das Rathaus sowie häufig ein Kloster. Auch im neu gegründeten Lippstadt wurde in der damaligen Stadtmitte direkt neben dem Markt die Große Marienkirche gebaut. Die Verwaltung der Stadt war ebenso neben dem Markt

Lippstadt im Spiegel der Zeit

Stadtrechtsurkunde von 1220/1222

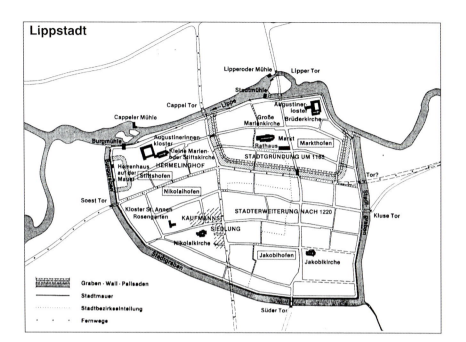

und der Kirche platziert. Nordöstlich vom Zentrum wurde 1280 das Augustinerkloster (Brüderkirche) gegründet. Außerhalb der Stadtmauer bestand die Kaufmannssiedlung mit der Nicolaikirche weiterhin.

Die Garantie des Marktrechts (1220), des Münzprägerechts (circa 1231) und der Schutzes des Handels sowie der Einwohner durch eine Wallbefestigung ließ die Stadt wachsen. Auch die Situation, dass außerhalb der Stadtmauer eine Kaufmannssiedlung mit einer Kirche lag sowie noch der Familiensitz der Herren zur Lippe, machten eine Stadterweiterung unausweichlich. Durch einen Stadtgraben, der künstlich an die Lippe angebunden wurde, waren die Bürger bemüht, die Stadterweiterung zu sichern.

Das neue Stadtgebiet wurde nach den entstandenen Kirchen in Hofen (Bezirke/Stadtteile) unterteilt. Neben dem alten Stadtkern mit dem Markthofe kamen im Süden mit der Jakobikirche der Jakobihofe, im Südwesten mit der Nicolaikirche der Nicolaihofe und im Westen mit der Kleinen Marienkirche und dem Augustinerinnenkloster der Stiftshofe hinzu. Heutige Straßennamen weisen noch auf die damaligen Stadttore hin, die es nach der Stadterweiterung gab: Klusetor, Südertor, Soesttor, Cappeltor, Lippertor. Die Stadt zur Lippe erhielt zwischen 1220 und 1222 ihr eigenes Stadtrecht. Ab spätestens 1231 führte der Rat der Stadt ein eigenes Stadtsiegel. Schutz und Sicherheit waren ein wichtiger Garant für die Entwicklung einer Stadt und für den Erhalt und die Blüte eines wirtschaftlichen Zentrums. Aus diesem Grund bauten die Lippstädter bis 1292 ihre Wallanlage mit Graben zu einer Stadtmauer mit Graben aus. Diese Stadtmauer bedeutete bis ins 19. Jahrhundert hinein die Grenze zwischen Stadtbürgern, geprägt durch Handel und Handwerk, und der darum liegenden dörflich, ausschließlich landwirtschaftlich geprägten Gesellschaft.

Lippstadt zur Zeit der Stadtgründung und Stadterweiterung im 13. Jahrhundert nach Gunter Hagemann: die Festung Lippstadt, Karte 6.

Altes Stadtsiegel

Ein Stadtgründer mit zwei Karrieren

Der Grund und Boden, auf dem Lippstadt gegründet wurde, war im 12. Jahrhundert in Besitz der Edelherren zur Lippe. Diese waren wahrscheinlich unweit der gegründeten Stadt ansässig. Als Sohn des Edelherrn Hermann I. zur Lippe wurde Bernhard II. zur Lippe um 1140 geboren. Als Zweitgeborenen ließ ihn sein Vater an der Hildesheimer Domschule auf den geistlichen Stand vorbereiten. Jedoch musste Bernhard II. nach dem Tod seines Bruders zwangsläufig eine andere Karriere einschlagen und um 1167 nach dem Tod seines Vaters dessen weltliche Herrschaft antreten. An seiner Seite stand ihm seine Gemahlin Heilwig von Are, mit der er mindestens fünf Söhne und sechs Töchter hatte. Als Gefolgsmann des abtrünnigen Sachsenherzogs Heinrichs des Löwen wurde Bernhard II. 1184 von Kaiser Friedrich Barbarossa begnadigt. Anschließend mehrten sich die Aktivitäten des Edelherrn zur Lippe. So stiftete er 1185 mit anderen westfälischen Adeligen das Zisterzienserkloster Marienfeld. Im gleichen Jahr gründete Bernhard II. in seinem Herrschaftsgebiet Lippstadt das Augustinerinnenkloster St. Marien. Neben der Gründung der Stadt Lemgo war Bernhard II. 1194 an dem Bau der Falkenburg bei Detmold beteiligt. Durch eine schwere Krankheit kam es zu einem einschneidenden Wendepunkt in seinem Leben.

Bernhard II. löste die Ehe und trat 1197 in das Kloster Marienfeld ein. Durch eine wundersame Heilung fühlte er seinen geistlichen Lebensweg bestätigt. 1211 begleitete er Bischof Albert von Riga zur Missionierung des Baltikums. Diese Reise spielte eine wichtige Rolle hinsichtlich der Ostsiedlung und Missionierung des Ostseeraumes. Begleitet von Mönchen aus Marienfeld und Kaufleuten aus Westfalen entstanden Handelsverbindungen, welche ein Grundstein für die spätere Hanse waren. Diesbezüglich waren der Burgenbau als Schutz für den Handel und die Stadtgründungen im Baltikum von großer Bedeutung. Noch 1211 wurde Bernhard II. Abt des Klosters Dünamünde bei Riga. Er hielt sich ab 1213 in Westfalen auf und warb für den Kreuzzug ins Baltikum.

Als er ab 1217 im Baltikum keine Erfolge verzeichnen konnte, erhoffte sich Bernhard II. 1218 in Schleswig bei König Waldemar II. von Dänemark Unterstützung gegen die heidnischen Esten. Er wurde von dort aus allerdings nach Rom berufen, um seine Ernennung zum Bischof von Selonien zu erlangen. Die Weihe zum Bischof empfing Bernhard II. in seiner westfälischen Heimat durch seinen Sohn Otto, der zu diesem Zeitpunkt bereits Bischof von Utrecht war. Als Bischof weihte Bernhard II. danach die Klosterkirche von Marienfeld und die Große Marienkirche in Lippstadt und verlieh seinen Bürgern dort das Stadtrecht. Nachdem er 1223 in Livland siegreich gegen Aufständische gekämpft hatte, starb er im für damalige Verhältnisse sehr hohen Alter von über 80 Jahren und wurde wahrscheinlich im Kloster Dünamünde beigesetzt. Die Zisterzienser in Marienfeld verehrten Bernhard II. zur Lippe als Seligen.[3]

Entstehung, Nutzung und Werdegang der vier Lippstädter Wassermühlen

Jede mittelalterliche Stadt und jedes Dorf versorgte sich im Mittelalter und in der Frühen Neuzeit selbst. Daher ist es nicht verwunderlich, dass Lippstadt vier Mühlen besaß.

Das Recht zur Errichtung einer Mühle oblag dem Landesherrn. Daneben bestand die Pflicht seiner Untertanen, ihr Mahlgut in der landesherrlichen Mühle mahlen zu lassen. Mit dieser Monopolstellung waren Mühlen damals auch beliebte Pfandobjekte, sodass in Lippstadt nur die Burgmühle bis ins 19. Jahrhundert hinein in landesherrlichem Besitz verblieb.

Bis ins 20. Jahrhundert hinein versorgten vier Wassermühlen, die paarweise am Fluss angelegt worden waren, die Stadt. Besonders seit der Mitte des 19. Jahrhunderts entbrannten immer wieder Streitigkeiten um die Wasserrechte, weil der Lippe aus Sicht der Mühlenbesitzer zu viel Wasser zur Bewässerung der Ackerflächen und Wiesen entnommen wurde und die zur Regulierung des Flusses für die Schifffahrt errichteten Stauwehre die Effektivität der Mühlen sinken ließen.[4]

Für die Stadt Lippstadt waren die Mühlen eine nicht unbedeutende Einnahmequelle, denn seit 1357 besaß Lippstadt das Recht, eine Mühlensteuer und einen Ausfuhrzoll auf Weizen, Roggen und Malz zu erheben.

Die Burgmühle

Im Nordwesten der Stadt befindet sich mit der Burgmühle zugleich die älteste Mühle der Stadt. Sie soll 1209 als Zubehör der Stadt oder des Familienanwesens in der Stadt von Bernhard II. erbaut worden sein. Im Jahr 1262 schenkten Bernhard III. und seine Frau Sophie dem Augustinerinnenkloster jährlich fünf Malter Getreide aus der Burgmühle.[5] Diese wurde nach einem Brand 1309 als Mahlmühle neu erbaut, bevor sie dann 1376 von dem Grafen von der Mark, an den die Stadt verpfändet worden war, übernommen wurde. Als Märker, seit 1417 Herzog von Kleve, im Verlauf der Soester Fehde durch die Einrichtung der „Samtherrschaft" 1445, die Mithoheit über Lippstadt erworben hatte, unterstanden ihm auch zur Hälfte die Lippstädter Mühlen. Edelherr Bernd zur Lippe und Johann von Hörde als Pfandinhaber der Klevischen Rechte verpachteten die Burgmühle 1501 an das Kloster Cappel. Die Mühle mit drei Mahlgängen sowie einem Roggen- und einem Weizenstein war 1760 in einem sehr verfallenen Zustand, sodass sie wiederhergestellt werden musste. Brandenburg-Preußen gab als Rechtsnachfolger des ausgestorbenen Klevischen Hauses im Jahre 1676 den halben Anteil an der Burgmühle in Erbpacht an die Stadt Lippstadt. Daher konnte die Stadt im Jahr 1845 die an den preußischen Staat zu entrichtende Kornrente durch eine einmalige Geldzahlung ablösen und die Burgmühle 1847 an Wilhelm und Diedrich Brülle verkaufen.

Als 1860 der Kornhändler J. W. Brülle die Mühle erworben hatte, ersetzte er die baufällig gewordenen Fachwerkbauten durch Massivbauten und schaffte ein unterschlächtiges Wasserrad an. Die neue Mühleneinrichtung gestaltete er zu einem neuen Werk und machte die Mühle

Die Burgmühle, 1991

Idylle an der Siegfried-Mühle

zu einer Handelsmühle um, das heißt Mehlherstellung aus eigenem Korn sowie Zukauf und Handel mit Mehl. Die Motorisierung hielt bereits 1871 in Gestalt einer Dampfmaschine Einzug, sodass die Wasserkraft unterstützt wurde und fünf Mahlgänge eingerichtet werden konnten. Spätestens seit 1912 wechselte die Mühle mehrfach ihre Besitzer. Im Jahr 1935 zerstörte ein Brand die Mühle und das Lagergebäude, das anschließend als Wohnhaus neu errichtet wurde. Als die Silos im Jahr 1947 aufgestockt wurden, produzierte die Burgmühle jährlich 550 Tonnen Mehl. Die Kapazität stieg durch die leistungsstärkeren Elektromotoren bis 1993 auf circa 12.000 Tonnen pro Jahr an. Der Betreiber der bis dahin noch durch Wasserrad und Elektromotoren betriebenen Mühle, Horst-Dieter Engelke, stellte im Jahr 2003 den Mühlenbetrieb ein. Das Mühlengebäude wurde im Jahr 2011 zu Wohnungen umgebaut und das historische Mühlenrad restauriert.

Die Stiftsmühle

Gegenüber der Burgmühle im Nordwesten der Stadt lag am Nordufer der Lippe und damit außerhalb der ursprünglichen Stadt – durch eine Insel von der Burgmühle getrennt – die Stiftsmühle. Zusammen mit einer Mühle bei Benninghausen gehörte sie seit seiner Gründung zum Damenstift Cappel. Durch eine Ablösezahlung an die Herren zur Lippe gingen die Mühlen 1288 dann in das Eigentum des Stifts über, weshalb die Mühle fortan auch Cappeler Mühle genannt wurde. Bis 1803 blieb die Stiftsmühle Eigentum des Stifts Cappel und ging infolge der Säkularisierung beziehungsweise der Aufhebung des Stifts an die Herren zur Lippe als Landesherren über. Die Mühle besaß seit 1809 drei Mahlgänge und wurde als Mahlmühle für Weizen und Roggen sowie als Stampfmühle für Graupen genutzt. Die sogenannte kleine Mühle diente außerdem noch als Lohmühle, brannte 1844 jedoch vollständig ab und wurde daraufhin wiederhergestellt. Im Laufe ihrer Geschichte hatte die Mühle zahlreiche Pächter. Im Jahr 1854 erwarb der Lohgerber Wilhelm Siegfried die baufällig gewordene Stiftsmühle (Siegfried-Mühle) und musste das Gebäude sowie seine Mahlwerke mit den drei Wasserrädern grundlegend modernisieren. Unklar ist, wann die Mühle ihren Betrieb einstellte. Die Gebäude verfielen nach dem Zweiten Weltkrieg nach und nach, sodass die Mühle 1967 auf städtische Anweisung hin abgerissen werden musste.

Die Stadtmühle

Die Stadtmühle lag westlich des Lippertores am Südufer der Lippe und wurde 1209 erstmals urkundlich erwähnt. Nachdem die Mühle 1366 von Bernhard V. zur Lippe an Heinrich von Dystedde als Erblehen vergeben worden war, wurde die Mühle auch Dystedder oder Disdes-Mühle genannt. In den Jahren 1506 und 1520 erwarb die Stadt die Rechte der beiden Pächter an der Mühle und erweiterte die bestehenden zwei Mahlgänge um zwei weitere. Die Mühle wurde dann offenbar weiter ausgebaut, denn 1788 bestanden drei Haupt- und zwei Nebengänge, darunter eine Perlgraupenmühle. Im Jahr 1845 löste die Stadt die preußische Hälfte und 1852 die lippische Hälfte der Kornrente für die Stadt- und die Burgmühle durch Geldzahlung ab und beschloss 1858 die Stadtmühle zu verkaufen. Der Kornhändler Diedrich Modersohn erwarb die Mühle und erhielt damit verbundene harte Auflagen. So musste die 1849 angebrachte Freischleuse am Überfallwehr der Stadtmühle erhalten bleiben, wodurch viel Wasserkraft verloren ging. Ebenso behielt die Stadt freie Handhabe bei der Stadtschleuse, dem 1712 errichteten Steinwehr nördlich der Wilhelmschule, bei den anderen Schleusen in den beiden Umfluten sowie bei dem Schifffahrtskanal und hinsichtlich der Lippeweihe, die zum Durchspülen der Kanäle der Innenstadt genutzt wurde. Das Mühlengebäude wurde 1862 durch einen Massivbau ersetzt und der Mahlbetrieb grundlegend modernisiert.[6]

Bereits 1870 ersetzte man das Wasserrad und baute das Mahlwerk zu einem automatischen Werk um. Die ursprüngliche Kundenmühle wurde dann ebenfalls zu einer Handelsmühle. Nachdem Diedrich Modersohn 1871 auch die gegenüber liegende Lippische Mühle erworben hatte, verkaufte er beide Mühlen 1873 an ein Konsortium, das die offene Handelsgesellschaft Westfalia-Mühlenwerke Schüler & Co gründete. Die Graupenmüllerei wurde in den 1880er-Jahren jedoch aufgegeben. Die beiden Mühlen wechselten in der Folgezeit mehrfach ihre Besitzer. Der letzte Besitzer Bernhard Schlotmann (Schlotmann´sche Mühle) baute den Mühlenbetrieb, der weiterhin nur auf die Wasserkraft setzte, im Jahr 1946 zunächst noch weiter aus, gab den Mühlenbetrieb jedoch 1972 schließlich auf. Die Stadt erwarb den Besitz, ließ 1976 die Gebäude abbrechen und gestaltete den Bereich an der Mühlenstraße neu.

Die Lippische Mühle
Vor dem Lippertor lag gegenüber der Stadtmühle am nördlichen Lippearm außerhalb der ursprünglichen Stadt die sogenannte Lippische Mühle, die auch Herrschaftliche Mühle, Düstere Mühle oder Lipperoder Mühle genannt wurde. Erste Quellen zu dieser Mühle finden sich erst im 15. Jahrhundert, als Simon IV. 1422 den Wessel von Landsberg mit der durch eine Fehde zerstörten Mühle belehnte. Daher kann davon ausgegangen werden, dass die Mühle schon vorher bestand. Nach dem Wiederaufbau der Mühle sollte diese für die Burg Lipperode in Betrieb genommen werden.

Nachdem 1424 Johann in der Mollen und seine Mutter Hylle die Mühle verlehnt bekommen hatten, gelangte 1441 Johann Duster(e) in den Besitz, weshalb die Mühle auch Dustere/Düstere Mühle genannt wurde. Sie bestand ursprünglich aus einer Öl-, Schleif-, Walk- und Stampfmühle. Im 18. Jahrhundert werden drei verschiedene Mühlenbereiche genannt, die in verschiedenen Gebäuden untergebracht waren: eine an die Lohgerberzunft verpachtete Lohmühle, eine Hanfbokemühle, die später zu einer Loh- und Walkmühle umgewandelt wurde, und eine weitere Mühle mit einer Schneidemühle, einer Öl-, einer Graupen- und Grützmühle sowie zwei Bokemühlen. Die Loh- und Walkmühle wurde 1841 stillgelegt, während die 1794 abgebrannte übrige Mühle 1812 in eine Getreidemühle umgerüstet wurde. Nach einem Umbau gingen die landesherrlichen Mühlen 1869 zunächst in den Besitz der Familie Mensendiek und 1871 dann in Besitz der Familie Modersohn über, wodurch auch die Lippische Mühle zu einer Handelsmühle wurde.

Die Stadtmühle und die Lippische Mühle wurden 1873 zu den Westfalia Mühlenwerken Schüler & Co zusammengefasst. Bis 1891 wurden die Mahlsteine durch Walzenstühle ersetzt, was die Effektivität der Mühlen steigerte. Ebenso ersetzte eine moderne Turbine zwei alte Wasserräder. Nach dem Tod des Besitzers Emil Schüler gelangte im Jahr 1911 Familie Timmermann in den Besitz der Mühlen. Weil nicht mehr alle Gebäude des großen Areals genutzt wurden, waren darin seit Beginn des 20. Jahrhunderts Gewerbebetriebe untergebracht wie die Firma Tirzlaff und Timmermann, die landwirtschaftliche Maschinen reparierten und damit handelten, eine Flaschen- und Flaschenverschlussfabrik (1913), die Zigarettenfabrik Rudolf Stöcker oder eine Autoreparaturwerkstatt (1926).

Im Mai 1945 brannten Teile des Mühlenbetriebes durch die Kriegswirren ab. Anschließend wurden die neu errichteten Gebäude ab 1948 von der Wäschefabrik Balzer und ab 1950 auch von der Firma Mitzkat als Vulkanisierungswerk genutzt. Noch bis 1991 hatten verschiedene Firmen die Gebäudeteile angepachtet, bis die Warsteiner Brauerei den Gebäudekomplex erwarb, die Gebäude abreißen und ein repräsentatives Tagungshotel errichten ließ. An die Mühlen erinnern heute nur noch die beiden Mühlengerinne mit den Stauanlagen. Außerdem gab es außerhalb der Stadt auf Lippstädter Gebiet noch weitere Mühlen, die bezüglich ihrer Entstehung ebenfalls auf den lippischen Landesherrn zurückzuführen sind. So werden 1240 die Mühle zu Borlinghausen (Bömker-Mühle) und Cley an der Weihe urkundlich erwähnt. Während die Mühle zum Cley 1338 an den Katharinenaltar in der Klosterkirche fiel, wurde die Borlinghauser Mühle während des Siebenjährigen Krieges zerstört und nicht wieder aufgebaut.[7]

Mittelalterliche Kirchen und Kapellen

Schon seit dem Übergang vom 8. zum 9. Jahrhundert können im Hellwegraum und insbesondere auch auf dem heutigen Lippstädter Stadtgebiet christliche Kirchen beziehungsweise Pfarreien nachgewiesen werden. Für die Stadtgründung Lippstadts am Ende des 12. Jahrhunderts ist dabei die vorstädtische, eigenständige Marktsiedlung mit der südwestlich gelegenen St. Nicolaikirche von besonderer Bedeutung.

St. Nicolai
Als einer der vierzehn Nothelfer und als Patron der Kaufleute sowie Händler, Schiffer, Seefahrer, Fischer und Bäcker wird der Wundertäter Nikolaus von Myra, Bischof in Kleinasien, während der ersten Hälfte des 4. Jahrhunderts in verschiedenen Handels- und auch späteren Hansegebieten verehrt. So erhielten Kirchen, Kapellen und Altäre sein Patrozinium und Bruderschaften wurden nach ihm benannt. Auch kennt man noch heute den 6. Dezember als Nikolaustag.[8]

Die Kirche St. Nicolai in Lippstadt ist zwar jünger als die Urpfarreien der Region wie beispielsweise St. Laurentius in Erwitte und deren Filiationen in Bökenförde und Esbeck, aber älter als die Stadt Lippstadt selbst und damit zugleich die älteste Kirche der Stadt. Das Patronat des Nikolaus und die spätere Bezeichnung des Kirchplatzes als Alter Markt deuten darauf hin, dass es sich bei St. Nicolai tatsächlich um eine ursprüngliche „Kaufmannskirche", das heißt eine Kirche der Kaufleute und Händler, handelt. Die Lage zwischen den beiden nordöstlich-südwestlich (nach Münster) und südöstlich-nordwestlich (von Soest nach Minden) verlaufenden Fernwegen bestätigt dies ebenfalls.[9] Die älteste Gebäudeform von St. Nicolai war einst eine dreischiffige, flachgedeckte romanische Kirche, die spätestens um 1150 erbaut wurde. Deren massiver Wehrturm war in das restliche Kirchgebäude eingebunden und ist als einziger Gebäudeteil noch heute in seiner nahezu ursprünglichen Erscheinung erhalten. Vermutlich bei einem Überfall durch Truppen des Kölner Erzbischofs während des Sächsischen Krieges im Jahre 1177 wurde dieser Bau jedoch durch eine Brandkatastrophe zerstört. Um 1180 konnte der Schaden dann behoben und das ursprüngliche Kirchengebäude durch einen frühgotischen Bau abgelöst werden. Dieser wurde im 13. Jahrhundert zu einer stufenförmigen Hallenkirche mit Querschiff und gerade geschlossenem Chor im gotischen Stil erweitert. Das gotische Gebäude blieb zunächst bestehen und wurde zwischen 1445 und 1531 grundlegend renoviert.[10]

Nachdem sich 1524 reformatorisches Gedankengut auch in Lippstadt verbreitet hatte, wurde die Nicolaikirche 1532 für eine lange Zeit evangelisch. Als jedoch später der Katholizismus in Lippstadt wieder stärker wurde, wurde die Kirche 1807 der neu eingerichteten katholischen Gemeinde übergeben.[11]

Im Jahre 1872 wurden wegen Baufälligkeit und zugunsten einer neugotischen Bauausführung schließlich das Langhaus, das Querhaus und der Chor abgerissen, sodass mit Ausnahme des Turms von dem ursprünglichen Gebäude aus dem 13. Jahrhundert nichts mehr erhalten ist. Nach der Vorlage des Paderborner Architekten Arnold Güldenpfennig entstand schließlich der heutige dreischiffige, vierjochige Hallenbau mit drei Chören. Wegen des „Kulturkampfes" in Preußen konnte dieser 1875 abgeschlossene Bau jedoch erst 1891 vom Paderborner Weihbischof Augustinus Gockel geweiht werden.[12]

Stiftskirche Klein-St. Marien

Eine weitere der frühen Lippstädter Kirchen ist die Stiftskirche St. Marien, in Abgrenzung zur Marienkirche am Markt auch „Kleine Marienkirche" oder „Klein-St. Marien" genannt. Sie wurde vermutlich nahezu zeitgleich mit der Stadtgründung von Bernhard II. gestiftet. Daher weist sie auch Ähnlichkeiten zu der Kirche des ebenfalls von ihm gestifteten Zisterzienserklosters in Marienfeld auf, dem der Stadtgründer später auch beitrat.[13] Insbesondere die Marienverehrung – als Teil des Marienkultes im Sinne allgemein religiöser Praktiken bezüglich der heiligen Maria – scheint ebenfalls auf Bernhard II. selbst zurückzugehen, der durch seinen Eintritt in das Zisterzienserkloster eng mit der Marienverehrung verbunden war.

Des Weiteren kann schon vor der Stadtgründung von einer Kapelle am Hof der Herren zur Lippe ausgegangen werden. Wegen der engen Verbundenheit ist es daher auch möglich, dass man schon dort Marienverehrung praktiziert hat und dies dann auf die neu gegründete Stiftskirche übertrug. Die zentrale Stellung der Marienverehrung für den Landesherrn könnte eine Erklärung dafür sein, warum es in Lippstadt schließlich sogar zwei Marienkirchen, nämlich die „Kleine Marienkirche" und die „Große Marienkirche" am Markt, gab.[14]

Kurz nach 1185, aber noch vor der ersten urkundlichen Nennung 1207, wurde zusammen mit der Stadtmauer, den Wohnhäusern und Kirchen nordwestlich ein Konvent zu Ehren Jesu Christi und der heiligen Maria errichtet. Es sollte keuschen Jungfrauen dazu dienen, nach der Regel des heiligen Augustinus in geistlicher Gemeinschaft und mit gemeinsamen liturgischen Verrichtungen zusammenzuleben. Allerdings nicht in regelgebundener und asketischer Lebensform, wie beispielsweise die Augustinereremiten und -eremitinnen, die sich später ebenfalls in Lippstadt niederließen. Die Lokaltradition nannte den Hofen des Stadtteils jedoch entsprechend „Clostirhofe" und die nach der „regula sancti Augustini" lebenden Frauen wurden urkundlich ausdrücklich als „Nonnen" bezeichnet. Man kann daher tatsächlich von einem „Augustinerinnen-Kloster" sprechen.[15]

Für den Bau der Stiftskirche lassen sich nach archäologischen und kunsthistorischen Untersuchungen insgesamt sechs Bauphasen nachweisen, die von einer Reihe verschiedener Architekten und Bauleute bis etwa 1260 ausgeführt wurden. Als Erstes entstand zwischen 1190 und 1200 zunächst der kleine rechteckige Westbau mit eineinhalb Joch und einer Empore, die es den Nonnen ermöglichte, sich während des Gottesdienstes den Blicken der Gemeinde zu entziehen. Ein Klostergebäude schloss sich einst im Norden des Westbaus an und war durch einen Kreuzgang mit diesem verbunden. Nach der Wölbung des Westbaus und der endgültigen Fertigstellung wurde mit dem Bau der größeren und repräsentativeren Ostkirche aus Bruchstein begonnen. Diese war zunächst als eine dreischiffige Basilika geplant, deren dreijochiges Langhaus sich an die Ostseite des Westbaus anschloss. An den Ostseiten der Seitenschiffe begann man mit dem Bau zweier Chorflankentürme, von denen jedoch 1325 nur der Südturm fertiggestellt wurde. Dass man auf einen querschifflosen Grundriss zurückgriff, scheint im Vergleich zu den anderen Lippstädter Kirchen für jene Zeit eher unüblich gewesen zu sein und stellt in diesem Fall eine Besonderheit dar.[16]

Nach einer Unterbrechung wurden bei der Neuaufnahme der Bautätigkeit die Pläne für eine Basilika zugunsten einer Stufenhalle verworfen, bevor es dann wiederum zu einer Bauunterbrechung kam. Bei erneuter Bauaufnahme wurde aus der Stufenhalle dann eine gotische Hallenkirche, die mit

Die ehemalige Stiftskirche und die heutige Stiftsruine

1221 Kirchen seit dem Mittelalter

Maßwerkfenstern, Fensterrosen und einem Kreuzrippengewölbe ausgestattet war. Die Trennwand zwischen dem Westbau und der Klosterkirche wurde entfernt und stattdessen ein Spitzbogen eingefügt. Um 1300 wurde vermutlich durch einen Brand der Chor der Kirche zerstört. Nach Wiederaufnahme der alten Ausmaße errichtete man dann den heute noch erkennbaren Chor, dessen Außenwände die fünf Seiten eines Achtecks bilden. Nachdem die Kirche 1819 durch ein Unwetter schwer beschädigt wurde, hat eine räumliche Zusammenlegung mit der Gemeinde der Jakobikirche stattgefunden, bis man 1826 die Stiftskirche erstmals für baufällig befand. Eine Bauinspektion 1831 durch einen Herrn Buchholz aus Soest bestätigte diese Annahme und erklärte die Kirche schließlich für abbruchreif. Der preußische Oberlandbaudirektor Friedrich Karl Schinkel drängte jedoch darauf, die nötigen Maßnahmen zu ergreifen, um die Kirche wegen ihres kunsthistorischen Wertes zumindest als Ruine zu erhalten. Da diese Unternehmungen jedoch an den Kosten scheiterten, verfiel die Kirche weiterhin. Um die Einsturzgefahr zu reduzieren, wurde 1855 dann der Südturm abgerissen, das nur noch teilweise bestehende Gewölbe zerstört und die Dächer abgetragen. Erst 1898 und 1966 wurden dann Maßnahmen zur Erhaltung der Ruine ergriffen.[17]

Marktkirche Groß-St. Marien

Die nordöstlich gelegene Marktkirche oder auch „Große Marienkirche" nahe des Rathauses und des damaligen Heiligen-Geist-Spitals – bürgerliches Spital zur Versorgung mittlerer und höherer pflegebedürftiger und bettlägeriger Bürger sowie älterer Witwen – bildete die Hauptkirche der damals neu gegründeten Stadt. Heute ist der mächtige und äußerlich vielfältige Bau neben dem Wasserturm und dem Rathaus eines der Wahrzeichen Lippstadts. Nachdem das im Laufe der Jahrhunderte angewachsene Bodenniveau des Kirchplatzes 1966–1972 wieder auf mittelalterliches Niveau abgesenkt wurde und auch die Sockelzone sowie die Portale der Kirche bis zu den Basen freigelegt wurden, kommt die Kirche so besonders gut zur Geltung. Während der

Die Marienkirche heute

Reformationszeit in Lippstadt wurde die Marktkirche wie auch nahezu alle anderen Lippstädter Kirchen jener Zeit evangelisch und blieb es bis heute.[18]

Die Baugeschichte von „Groß-St. Marien" beginnt kurz nach der Stadtgründung. Dabei wurde der Bau schrittweise von Osten nach Westen ausgeführt. So standen 1221 bei der Weihe durch den bereits zum Bischof aufgestiegenen Stadtgründer Bernhard II. lediglich der ursprünglich romanische Chor, das Querhaus mit prächtig gestalteten Außengiebeln und möglicherweise schon das erste Pfeilerpaar des Langhauses. Das dreischiffige zweijochige Langhaus mit unterschiedlich hohem Gewölbe formt den Kirchenraum zu einer ursprünglich romanischen, gestuften Hallenkirche, deren Decken und Wände mit teilweise mehr-

Lippstadt im Spiegel der Zeit

schichtigen erhaltenen und wieder freigelegten Fresken verziert sind. Die beiden Chorwinkeltürme, die im Gegensatz zur Stiftskirche beide fertiggestellt werden konnten, sind außen jeweils unterschiedlich gestaltet. Für das Bauende der Kirche kann etwa das Jahr 1230/1235 angenommen werden, wobei der massive, leicht nach Norden verdrehte Turm mit achtteiligem Rosenfenster erst 1250 vollendet wurde.[19]

Mit der Zeit kamen noch Neuerungen beziehungsweise Veränderungen des Kirchengebäudes hinzu, die dem äußeren Anblick heute ein eher uneinheitliches Bild verleihen. So wurde in den Jahren 1478 bis 1506 ein hochgotischer Chorumgang errichtet, dessen First den des Langhauses um einiges überragt. Wie auch bei der Stiftskirche wurden als Grundform für den neuen Chor die fünf Seiten eines Achtecks gewählt. Die dreifach gestaffelte geschwungene Barockhaube des Turms ist erst im Jahre 1684 entstanden. Die Portale der Marienkirche am Markt zeigen eine Reihe an reich ausgestatteten mehrfach gestuften Rundbogen mit verschiedenen Motiven an der Nord- und Südseite. Das prächtige Südportal war außerdem einst noch mit einer Vorhalle versehen.[20]

Zur Blütezeit war der Innenraum der Kirche vermutlich mit mehreren Altären und Heiligenstatuen ausgestattet. So gab es seit 1471 beispielsweise einen gestifteten Dreikönigsaltar, der den Mittelteil eines späteren Flügelaltars bildete, der wiederum in der Reformationszeit in die Stiftskirche und schließlich in die St.-Matthias-Kirche in Hohenbudberg überführt und dort später ersetzt wurde. Außerdem gab es noch einen Heiligen-Kreuz-Altar, einen Katharinenaltar und einen Dreifaltigkeitsaltar. Zahlreiche heute noch erhaltene oder bei Renovierungsarbeiten im 20. Jahrhundert wieder freigelegte Deckenmalereien zeugen ebenfalls von einer prächtigen Ausgestaltung der Kirche.[21]

Jakobikirche

Die vierte Pfarrkirche im südöstlichen Teil des damaligen Stadtkerns ist die Jakobikirche, die vor einem ähnlichen Schicksal wie dem der Stiftskirche bewahrt werden konnte. Nachdem die Kirche aus finanziellen Gründen von der evangelischen Gemeinde aufgegeben wurde, dient der Kirchenraum seit dem Abschluss der Renovierungsarbeiten im Jahre

Die Jakobikirche heute

Die Ostseite der Jakobikirche

2007 heute als multifunktionaler Raum für Veranstaltungen musikalischer, kultureller und religiöser Art.[22]

Namensgeber der Kirche ist der heilige Jakobus der Ältere, einer der Jünger aus dem Zwölferkreis um Jesus Christus und Patron der hansischen Kaufleute, Seefahrer und Pilger. Es finden sich darüber hinaus jedoch weitere Verbindungen zwischen der Kirche und ihrem Patron. So diente eine 1511 belegte Jakobi-Bruderschaft damals der Betreuung von Pilgern und Wallfahrern und war an der Lippstädter Brüderkirche angesiedelt. Die darüber hinausreichende namentliche Verbindung mit dem alttestamentlichen Jakob der biblischen Erzelternerzählung (Stammvater der zwölf Stämme Israels), der zugleich als Brunnen- und Wasserheiliger gilt, lässt außerdem einen Zusammenhang mit dem alten Brunnen in der Kirche vermuten. Auch wäre wegen des Brunnens ebenfalls eine ehemalige vorchristliche Kultstätte an dieser Stelle denkbar.[23]

Eine erste urkundliche Erwähnung von 1260, die eine Abhängigkeit der Kirche von der Stiftskirche betont, lässt einen Baubeginn von St. Jakobi vor der Mitte des Jahrhunderts und nach dem Bauende der Marktkirche annehmen, das heißt etwa um 1240. So soll bei einer weiteren Erwähnung 1269 bereits ein „provisorischer Gottesdienst" möglich gewesen sein.

Ein Abschluss der Bauarbeiten kann dann für etwa 1280/1285 angenommen werden. Es handelt sich bei St. Jakobi um eine früh- bis hochgotische zweijochige, dreischiffige Hallenkirche mit kurzem Langhaus. Dabei ist das Mittelschiff nahezu doppelt so breit wie die beiden Seitenschiffe und betont so den Hauptchor des Gebäudes. Nachdem St. Jakobi während der Reformation protestantisch wurde und dann aber bis zum Augsburger Religionsfrieden 1555 wieder den Katholiken zufiel, wird 1537 ein Jakobialtar erwähnt, der als Hochaltar der Kirche angenommen werden kann. Der Außenbau der Kirche ist eher schlicht gehalten, wobei der massive Westturm als wohl ältester Teil des Kirchengebäudes deutlich hervorsticht. Insgesamt lässt sich der Einfluss unterschiedlicher Bauleute erkennen, die an den verschiedenen entstehenden Kirchen in Lippstadt zu jener Zeit mitgewirkt haben. Bauliche Ähnlichkeiten sind insbesondere im Vergleich zur damaligen Gestalt der Stiftskirche zu erkennen.[24]

Im Laufe der Jahrhunderte wurden auch an der Jakobikirche Veränderungen und infolge von Kriegsschäden auch Erhaltungsmaßnahmen durchgeführt. So wurde beispielsweise der Turm nach Beschießungen im Jahre 1623 dann 1677 wieder gründlich instand gesetzt und schließlich 1755 wie auch die Marktkirche mit einer mehrfach gestuften Barockhaube versehen. Nachdem 1833 Teile des Gewölbes eingestürzt waren und die Kirche – ähnlich wie auch die Stiftskirche – für baufällig befunden wurde, konnte die Gemeinde jedoch 1836 gegenüber den Behörden ein Bauvorhaben zum Erhalt der Kirche durchsetzen.[25]

Brüderkirche

Die ebenfalls nordöstlich gelegene Brüderkirche unweit der Marktkirche gehört zu einem ehemaligen Augustiner-Eremiten-Kloster in Lippstadt. Während des 13. Jahrhunderts ließen sich verschiedene Bettelorden, oftmals auch gegen den Willen der örtlichen Pfarrer, in den europäischen Städten nieder. Auch in Lippstadt befürchteten die Geistlichen eine Konkurrenz beispielsweise in der Austeilung der Sakramente durch hinzukommende Ordensgemeinschaften. So versprach Hermann II. zur Lippe 1269, neben dem Damenstift keine weiteren Ordensgemeinschaften mehr zuzulassen. Dennoch gründete der Ritter Friedrich von Hörde, Herr zu Schwarzenraben und Störmede, elf Jahre später den Konvent der Augustiner-Eremiten am Rande der damaligen Stadt in der Nähe des heutigen „Grünen Winkels", wo er mit seiner Frau Kunigunde 1317 beigesetzt wurde. Die Herren von Hörde lebten auf dem westfälischen Gebiet südlich der Lippe. Die wachsende und

Lippstadt im Spiegel der Zeit

durch Handel wirtschaftlich aufblühende Stadt Lippstadt war für die Angehörigen des hiesigen Landadels besonders interessant. So nutzten auch die Herren von Hörde den wirtschaftlichen Vorteil und übernahmen Funktionen innerhalb der Stadt. Die Klostergründung ist daher ein Beispiel für die Einflussnahme des Landadels in Lippstadt. Als sich die Augustiner-Eremiten in Lippstadt niederließen, kam es allerdings tatsächlich zu den befürchteten Konflikten mit den ansässigen Gemeindepfarrern, sodass die Streitigkeiten teils sogar vor einem Schiedsgericht verhandelt werden mussten. Ein Vertrag zwischen den beiden Pfarrkirchen St. Nicolai und St. Jakobi sowie den Augustiner-Eremiten von 1343 regelte so beispielsweise die Verteilung von Seelmessen, Begräbnisgebühren und Predigten. 1363 wurde der Ordensgemeinschaft schließlich das Recht zugesprochen, bewegliche und unbewegliche Güter zu besitzen, woraufhin Schenkungen in Form von Grund und Boden, Acker- und Saatland inklusive eigenhörigen Bauern sowie Geld- und Getreiderenten belegt sind. Häufig stellten zu haltende Seelenmessen eine entsprechende Gegenleistung für derartige Zuwendungen dar. Die Handelstätigkeiten des Bettelordens durch beispielsweise den Kauf von Renten, Grund und Boden belegen außerdem eine Teilhabe am allgemeinen Wirtschaftsleben der Stadt, wenn auch zum Beispiel die Ländereien nie wieder auf dem Markt erschienen, sondern ein für alle Mal der Kirche gehörten.[26]

Der Konvent wurde um 1280/1281 gegründet, wobei sich der Bau der Kirche bis zum Ende des 14. Jahrhunderts hingezogen haben muss, da noch 1378 und 1387 Ablässe für den Kirchbau ausgestellt wurden. Wegen der frühgotischen Elemente des Kirchengebäudes kann ein von Osten her geführter Baubeginn um 1290/1300 angenommen werden. Die Kirche wurde als „unsymmetrischer" zweischiffiger, dreijochiger Hallenbau aus teils verputztem Bruchsteinmauerwerk errichtet. Anstelle eines zweiten Seitenschiffes schloss an der fensterlosen Nordwand des Hauptschiffes einst das ehemalige Klostergebäude an. Der Chor ist zusammen mit dem Hauptschiff durch ein gemeinsames Walmdach verbunden, auf dem über dem Chordach statt eines Turms ein für Predigtorden üblicher Dachreiter steht. Dieser wurde nach der Baufälligkeit einer älteren Ausführung 1709 erneuert. Der 1720/1724 eingestürzte Chor, dessen Form den fünfseitigen Chören der beiden Marienkirchen geglichen haben könnte, wurde zunächst durch eine provisorische Holzwand vom Hauptschiff abgetrennt und schließlich 1725/1730 nach Osten hin flach abgeschlossen. Der Innenraum der Kirche weist verschiedene Wandmale-

Die Südseite der Brüderkirche, um 1980

1221 Kirchen seit dem Mittelalter

Südansicht mit Matthias-Kapelle und Siechenhaus im Vordergrund, 1588

reien aus dem 15. Jahrhundert auf, die bei Renovierungsarbeiten 1953 freigelegt werden konnten. Über die Anzahl der Altäre und Heiligenbilder der Kirche sowie die genaue Anzahl der Ordensbrüder ist weniger bekannt. Allerdings ist überliefert, dass ein Marienbild in der Klosterkirche 1327 einen Ablass erhalten haben soll.[27] Eine besondere Stellung nehmen die Augustiner-Eremiten im Rahmen der Reformation in Westfalen ein, da die Prediger Johannes Westermann aus Münster und Herman Koiten aus Beckum dem Konvent in Lippstadt entstammten. Diese kehrten nach ihrem Studium an der Universität Wittenberg mit reformatorischem Gedankengut „im Gepäck" nach Lippstadt und auf die Kanzel der Brüderkirche zurück.[28]

Im Jahre 1542 wurde die Niederlassung der Ordensgemeinschaft wegen der reformatorischen Bewegungen schließlich aufgehoben und der Gebäudekomplex der Stadt Lippstadt übergeben. Von da an wurden Kirche und Kloster auf verschiedene Weise genutzt. Nachdem das Kloster beispielsweise kurzzeitig in eine Schule umgewandelt worden war, diente der Komplex 1591/1593 den Stiftsdamen aus Cappel, ab 1616 den Truppen des Pfalzgrafen von Neuburg für katholische Gottesdienste, 1620 bis etwa 1631/1632 den Jesuiten, bevor dann Teile des Klosters und die Kirche zwischen 1661 und 1664[29] der reformierten Gemeinde übergeben wurden. Jedoch zahlte die Stadt im Jahre 1677 eine Abstandssumme an die reformierte Gemeinde, womit der Komplex wieder im Besitz der Stadt war. So errichtete man im 18. Jahrhundert anstelle des Klostergebäudes den Wohnsitz des Lippstädter Bürgermeisters Schmitz. Dieses Grundstück wurde Ende der 1820er-Jahre dann zur Errichtung einer Kaserne an Preußen übergeben. Auf diesem Gelände wiederum wurde 1905/1907 von Max Wilke die Wilhelmschule gebaut und diese 1970 durch einen Verbindungstrakt an das Kirchgebäude angeschlossen. Die Kirche ist dann ab den 1970er-Jahren der griechisch-orthodoxen Gemeinde Lippstadts für Gottesdienste zur Verfügung gestellt worden.[30]

St.-Annen-Rosengarten

Als letzter vorreformatorischer Kirchenbau Lippstadts gilt die Kirche des unter dem Namen „St.-Annen-Rosengarten" bekannten Schwesternhauses aus dem 15. Jahrhundert. Nahe der Nicolaikirche im Südwesten der Stadt wurde 1435 ein „Haus der Schwestern vom gemeinsamen Leben" als Niederlassung einer „Halbordensgemeinschaft" gegründet. Die Frauen dort lebten nach erster Bestimmung durch den Lippstädter Rat in Klausur und Gütergemeinschaft ohne eigenen Grundbesitz zusammen und sollten ihren Lebensunterhalt zunächst durch Textilarbeit verdienen. Dieses Zusammenleben war zwar religiös ausgerichtet, unterlag aber keiner festen Regel oder einem Gelübde. 1453 wurde der Halbordenskonvent jedoch vom Kölner Erzbischof gegen den Willen der Stadt zu einem Augustiner-Eremitinnen-Kloster umgewandelt und erhielt eine eigene Kapelle sowie einen Kirchhof.[31]

Mit dem Aufstieg zum Kloster wurde die Kapelle zu Ehren der heiligen Anna als Patronin der Mütter und Witwen errichtet, worauf auch der Name des Klosters zurückgeführt werden kann. Der vermutlich mit der Umwandlung in ein Kloster 1453 begonnene Bau wurde jedoch bald zu klein und daraufhin zu einem repräsentativeren einschiffigen, spätgotischen Kirchbau mit großem Chor um 1526/1528 erweitert und 1528 vom Kölner Weihbischof geweiht. Über das Aussehen der Kirche ist nicht viel bekannt, doch konnten Belege aus einem Stadtbildplan Johann Peter Roschers von 1776 durch Grabungen 1982/1983 bestätigt werden. So fand man Fundamente der Kirche, die einen schlichten Saalbau der ersten Bauausführung mit den Maßen von etwa 7 mal 15,5 Metern und einen deutlich größeren Chor von etwa 9 mal 13,5 Metern bestätigen. Für den Innenraum ist überliefert, dass bei der Weihe vier vermutlich auch mit Reliquien versehene Altäre konsekriert wurden: ein Altar der heiligen Anna, ein weiterer des Erzengels Michael und der heiligen Maria sowie ein Altar der Engel, Apostel und Evangelisten.[32]

Während und nach der Reformation in Lippstadt ab 1524 blieb das Kloster bis 1807 einziger Zufluchtsort der zunächst kleinen, aber dann wieder anwachsenden katholischen Gemeinde, bevor dieser die Nicolaikirche zugesprochen wurde. Der Gebäudekomplex des St.-Annen-Rosengartens wurde 1814 nach der Säkularisation (Aufhebung kirchlicher Institutionen) schließlich aufgehoben, für abbruchreif erklärt und zu diesem Zwecke 1819 stückweise verkauft. Nachdem von den baulichen Resten seit den 1920er-Jahren nichts mehr zu sehen war, wurde an dieser Stelle die 1980 dann wieder abgebrochene Nicolaischule errichtet. Dann jedoch entschied sich die Stadt, die Fläche nicht erneut zu bebauen, sondern die ehemaligen Mauern der Kirche wieder freizulegen. Archäologische Ausgrabungen zwischen 1982 und 1984 konnten so Teile der Mauern, Fundamente und Brunnen wieder sichtbar machen. Die Grundmauern wurden durch niedrige Natursteinmauern markiert sowie die Brunnen wieder errichtet und erinnern so in der heutigen Parkanlage an den einstigen Gebäudekomplex.[33]

Kapellen

Neben den genannten Kirchen gab es in Lippstadt am Ende des Mittelalters auch einige teils schon seit Ende des 13. Jahrhunderts bestehende Kapellen. So stand am sogenannten Siechenhaus (Leprosenhaus oder „Haus der Aussätzigen") einst eine Matthiaskapelle und am östlichen Klusetor eine Johannes dem Täufer geweihte Kapelle. Eine weitere Kapelle gehörte zu dem Heilig(en)-Geist-Spital in der Nähe des Rathauses.

Auch gab es Niederlassungen von Klöstern aus dem Umland, damit sich deren Insassen beispielsweise in Kriegszeiten hinter die schützenden Stadtmauern flüchten konnten. So hatten Mönche des Klosters Liesborn an der alten Soeststraße eine Kapelle. Zu ähnlichem Zweck genutzte Häuser und Höfe hatten in Lippstadt außerdem die Mönche des Minoriten-Ordens aus Soest sowie die Klöster Cappel, Benninghausen, Böddeken und Marienfeld.[34]

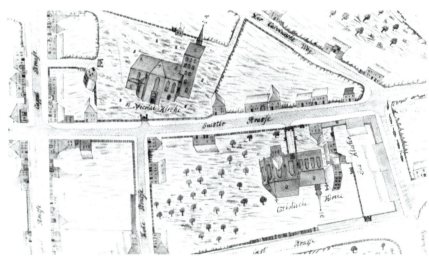

Kloster St.-Annen-Rosengarten, 1776

Der Ort, an dem das Leben spielt

Zu jeder eigenständigen Stadt gehört in Europa ein Rathaus, das nach mittelalterlicher Tradition im Zentrum neben Kirche und Markt zu finden ist. Ein erstes Lippstädter Rathaus ist wahrscheinlich schon kurz nach der Stadtgründung errichtet worden, aber eine urkundliche Erwähnung eines Rathauses findet sich erst 1238.

Ein Rathaus war ursprünglich nicht nur ein Verwaltungsgebäude, sondern in ihm war auch ein Fest- und Versammlungssaal sowie ein Gerichtssaal untergebracht. An der Westseite des Lippstädter Rathauses stand ein Sündenpfahl oder Pranger, an den Menschen für kleinere Missetaten gestellt wurden. Zur Verbüßung von größeren Straftaten befand sich im Kellergeschoss des Rathauses ein Gefängnis. Der städtische Galgen für schwere Verbrechen befand sich außerhalb der mittelalterlichen Stadt an der Mastholter Straße/Ecke Galgenpfad.[35] Ebenfalls im Kellergeschoss des Rathauses war als Lagerstätte für Wein und Bier der Ratskeller untergebracht. Nur dort durfte auswärtiges Bier verzapft werden. Im Rathaus wurde auch eine Mehlwaage aufbewahrt und es beherbergte in der Neuzeit eine Polizeistation mit einer Arrestzelle. Als das Dach des alten Rathauses 1772 einzustürzen drohte, errichteten die Lippstädter bis 1775 an gleicher Stelle ein Rathaus im klassizistischen Stil. Im Laufe der Jahre wurden zahlreiche Umbauten vorgenommen, wodurch die ursprüngliche Form stark verändert wurde.

Heute befinden sich im zweiten Geschoss der Ratssaal und Fraktionsbüros, während das Erdgeschoss die Stadt- und Kulturinformation sowie eine Galerie für bildende Kunst und andere Ausstellungen beherbergt.

Zu einer europäischen Stadt gehört seit dem Mittelalter neben einem Rathaus auch der Markt. Bereits vor der Stadtgründung gab es bereits einen Nikolaus-Markt an der Nikolaikirche, der dann nach Verlegung des Marktes an die neu erbaute Marienkirche auch Alter Markt genannt wurde. Im ältesten Stadtrecht um 1220 ist die Existenz eines Jahrmarktes an der Marienkirche bezeugt, der zunächst nur einmal im Jahr und seit 1580 an den Festtagen der Heiligen Michael, Martin, Mariä Geburt und Stephanus stattfand. Allmählich erhielten die Lippstädter von der

Das Lippstädter Rathaus heute

Lippstadt im Spiegel der Zeit

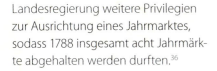

Das Lippstädter Rathaus, 1942

Markt auf dem Rathausplatz, um 1920

Landesregierung weitere Privilegien zur Ausrichtung eines Jahrmarktes, sodass 1788 insgesamt acht Jahrmärkte abgehalten werden durften.[36]

Das Stadtrecht um 1220 legte eine Marktgerichtsbarkeit fest, mit der der Stadtrat Verstöße gegen rechtes Maß und Gewicht ahnden konnte. Jahrmärkte des Mittelalters waren zunächst Fernhandelsplätze, auf denen Güter des gehobenen Bedarfs, die meist nicht in der Region produziert wurden, gehandelt wurden. Nach und nach verloren die Jahrmärkte die Funktion für den Fernhandel und versorgten das regionale Umfeld. Jahrmärkte hatten früher den Charakter von Volksfesten, bei denen Gaukler, Schauspieler oder Jongleure zu finden waren.

Der bis heute übliche Wochenmarkt ist erst seit 1676 belegbar und dient seither der Versorgung der Bevölkerung mit Gütern des täglichen Bedarfs. Benötigte die Ackerbürgerstadt Lippstadt seit dem Mittelalter keinen wöchentlichen Markt, so änderte sich dies mit der Einrichtung einer Garnison im 17. Jahrhundert. Marktordnungen regelten dabei den geordneten Ablauf eines Markttages. Während der Besatzungen der Festungsstadt wurde der Viktualienmarkt an die Rundung Poststraße/Ecke Cappelstraße verlegt. Erst seit Ende des 19. Jahrhunderts diente wieder der Rathausplatz und seit den 1970er-Jahren der heutige Marktplatz für den Wochenmarkt, der heute mittwochs und samstags westlich der Marienkirche stattfindet. Der Rathausplatz wurde erst 1986 im Rahmen der Altstadtsanierung als autofreier Platz gestaltet und ist heute zentraler Ort zahlreicher kultureller Veranstaltungen.[37]

Bis ins 19. Jahrhundert war Lippstadt eine Ackerbürgerstadt, das heißt, dass jeder gewerbetreibende Bürger auch Landwirtschaft zur Eigenversorgung betrieb. Angesichts der starken landwirtschaftlichen Prägung der Lippstädter Wirtschaft wurden auch Viehmärkte abgehalten. Der Pferdemarkt befand sich an der Lipperoder Straße, wo diese auf die nördliche Umflut stößt, und der heute noch sogenannte Kuhmarkt lag nebenan auf dem heutigen Parkplatz beim Finanzamt. Der Schweinemarkt und Gänsemarkt wurde auf der Straße am Nordbahnhof abgehalten, dann aber in die Kastanienallee verlegt. Während die Viehmärkte heute gänzlich verschwunden sind, blieb der monatliche Krammarkt in der Kastanienallee und früher auch auf dem Kuhmarkt erhalten, wurde Mitte der 1980er-Jahre aber auf den Rathausplatz verlegt.[38]

Von der Lateinschule und den Lyzeen zu den Lippstädter Gymnasien

Schulhof des Ostendorf-Gymnasiums, 1967

Evangelisches Lyzeum (großes Gebäude links), um 1940

Im Mittelalter gab es neben den kirchlichen Bildungsanstalten sogenannte Lateinschulen als Stadtschulen. Diese dienten der Ausbildung der weltlichen Bürger zur Vorbereitung auf geistliche Berufe und auf das Universitätsstudium. Die Erziehung erfolgte dementsprechend im christlichen Glauben und war durch den Erwerb der drei „heiligen Sprachen" der Bibel bestimmt: Hebräisch, Griechisch, Latein.[40]

Auch wenn es aus mittelalterlicher Zeit kaum Belege gibt, so kann in Lippstadt eine solche Lateinschule ab dem 13. Jahrhundert angenommen werden, möglicherweise aber schon mit oder bald nach der Stadtgründung. Zu den livländischen Gründungen Bernhards II. zur Lippe im Baltikum sollen nämlich auch Schulen gezählt haben. So war vermutlich auch in Lippstadt während des Mittelalters eine Schule an das von ihm gegründete Augustinerinnen-Kloster angeschlossen. Damit wäre Lippstadt in eine Reihe mit den umliegenden Städten Brilon, Coesfeld, Dortmund, Hamm, Unna und Werl zu stellen, in denen ebenfalls seit dem 13. Jahrhundert Lateinschulen bestanden. Ein weiterer Beleg für eine Lateinschule ist die Lehrtätigkeit des Magisters Justinus in Lippstadt, der 1247 das sogenannte Lippiflorium – ein lateinisches Lobgedicht auf den Stadtgründer Bernhard II. zur Lippe – verfasste und darin auch von seinen „Schulknäblein" schreibt. Für eine entsprechende Bildungseinrichtung spätestens im ausgehenden Mittelalter bis hin zur Reformationszeit sind außerdem Lippstädter Studenten an Universitäten in Erfurt, Frankfurt an der Oder, Köln, Marburg, Prag, Rostock und Wittenberg ein Hinweis, da dieser Besuch die nötige Vorbildung zur Vorbereitung auf den Universitätsbesuch voraussetzt.[41]

Als während der Reformationszeit das Bildungswesen in Deutschland deutlich aufblühte, konnten in Lippstadt im Vergleich zu anderen Städten die Bildungsideale der Reformation – darunter die religiöse Bildung und

Einführung der deutschen Sprache im Unterricht – jedoch nicht verwirklicht werden. Noch bis zum Augsburger Religionsfrieden 1555 war das Schulwesen überwiegend katholisch dominiert, bevor sich dann das evangelische Bekenntnis an der Lateinschule als lutherisches Gymnasium durchsetzte. Des Weiteren liegt es nahe, dass eine Bevölkerung wie Lippstadt, die von Handwerk, Handel und vor allem Landwirtschaft lebte, vermutlich weniger Interesse an einem höheren Schulabschluss hatte.[42]

Während des Dreißigjährigen Krieges und der damit verbundenen Einquartierung fremder Truppen in Westfalen kam ab 1618 eine weitere Belastung für das Schulwesen auf. So war das Augustiner-Eremiten-Kloster, das ab 1547 und dann wieder ab 1603 auch von der Lateinschule beziehungsweise dann als Gymnasium genutzt wurde, von Jesuiten besetzt. Diese versuchten unter anderem, Lippstadt durch katholische Messfeiern und Schulunterricht zum Katholizismus zurückzuführen. Während dies beispielsweise in Paderborn erfolgreich war, dass auch Protestanten die Jesuitenschulen besuchten, wurde die Niederlassung in Lippstadt 1633 jedoch wieder aufgegeben. Als Schulgebäude der Lateinschule beziehungsweise des Gymnasiums dieser Zeit gilt ein vermutlich seit dem 16. Jahrhundert bestehendes, 1656 abgebranntes, abgebrochenes und dann neu errichtetes Gebäude gegenüber dem Marienkirchturm. Nach der Reformation hatten sich neben den Lutheranern auch Calvinisten in Lippstadt niedergelassen, die 1680 mit einer weiteren Lateinschule ebenfalls ein eigenes Schulwesen gründeten. Fortschrittlich und reformatorisch war deren Schulordnung von 1720, die neben Griechisch und Latein auch „unser Teutschen Helden-Sprache" durch die Übersetzung des Lateinischen ins Deutsche als Unterrichtsgegenstand vorsah.[43]

Auch am lutherischen Gymnasium wurde die Gleichberechtigung der deutschen und lateinischen Sprache im Unterricht angestrebt, konnte jedoch erst viel später durchgesetzt werden. Noch 1729 war in einer Disziplinarordnung Latein als Sprache des Unterrichts festgelegt. Das Gebäude des Gymnasiums an der Marienkirche wurde 1788 abgebrochen, da es den Ansprüchen der Schule nicht mehr genügte. Es folgte ein Neubau an der Ecke von Cappel- und Soeststraße mit Grundsteinlegung im Spätsommer 1787 und Einweihung im Herbst 1788.[44]

Die Entwicklung seit dem 19. Jahrhundert

Am Anfang des 19. Jahrhunderts war das Bildungswesen in Lippstadt durch oft wechselnde Rektorate am Gymna-

Gymnasium an der Ecke Cappelstraße/Soeststraße, um 1940

Katholisches Lyzeum an der Fleischhauerstraße, Hofansicht um 1980

Ehemaliges Schulgebäude des Ostendorf-Gymnasiums am Cappeltor, vor 1968

Städtisches Ostendorf-Gymnasium heute

sium bestimmt. Der wohl bekannteste Schulleiter war von 1851 bis 1872 der Soester Gottfried Friedrich Johann Julius Ostendorf (1823–1877). Dieser wirkte auch entscheidend an der neuen Schulform der sogenannten „Realschule I. Ordnung" mit, zu der auch das Lippstädter Gymnasium umgewandelt wurde. Ab 1872 hieß diese Schulform dann Realgymnasium. Dabei handelte es sich um eine preußische Schulform seit der Mitte des Jahrhunderts, an der vor allem „Realien" (neue Sprachen und Naturwissenschaften) unterrichtet wurden. Nach seinem Tod wurde Ostendorf bereits 1879 ein Denkmal vor dem 1864/1865 angesichts steigender Schülerzahlen neu errichteten Schulgebäude am Cappeltor gesetzt. Das alte Gebäude an der Ecke von Cappel- und Soeststraße von 1788 blieb von 1865 bis 1965 im Besitz der Druckerei Staats, bis dass es Anfang des 21. Jahrhunderts schließlich abgerissen wurde.

Im Jahre 1907 erhielt das Gymnasium den Namen des ehemaligen Schulleiters Ostendorf, der als Pädagoge auch über Lippstadts Grenzen hinaus bekannt war und nach seinem Tode noch in den 1920er-Jahren einen regelrechten Ostendorf-Kult hervorrief. Um den Jahrhundertwechsel wurde im bis dahin überwiegend protestantischen Lippstadt nun die Konfessionalität stärker bemerkbar, sodass der Anteil der katholischen Schüler am Gymnasium zwischen 1869 und 1905 von 16 Prozent auf 44 Prozent stieg. Dennoch wurden in dieser Einrichtung die Konfessionen gleich behandelt und nicht getrennt unterrichtet. Die Geschlechtertrennung wurde allerdings bis auf eine kurze Zeitspanne unter Ostendorf, in der es auch einen Mädchenzweig an der Schule gab (1852–1855), zunächst beibehalten und die Schule als eine reine Jungenschule geführt. Das ehemalige Schulgebäude am Cappeltor wich 1968/1969 dem heutigen Stadttheater als „Mehrzweckaula", nachdem man ab 1928 mit der Planung und ab 1929/1930 mit der Ausführung umfassender Erweiterungen der Schule auf dem Grundstück entlang der Lippe begonnen hatte.[45]

Neben der bereits genannten Umwandlung zeugen in der Mitte des 19. Jahrhunderts auch Privatschulinitiativen jener Zeit von der Umsetzung der zunächst von der Stadt hinaus-

Lippstadt im Spiegel der Zeit

gezögerten staatlich verordneten Umwandlung des gesamten städtischen Schulwesens. Des Weiteren lässt dies den Wunsch der Bürger nach mehr Angebot neben dem der öffentlichen Schulen vermuten. Besonders im Bereich der Mädchenbildung sind seit dem 19. Jahrhundert Initiativen zu verzeichnen. So bestanden schon seit 1815 immer wieder privat geführte Mädchenschulen mit sowohl kirchlichen als auch weltlichen Lehrern. 1845 eröffneten einige Lehrer dann eine private Schule für die evangelischen „höheren Töchter", deren offizielles Gründungsdatum im Frühjahr 1852 liegt. Die Schülerinnen wurden zunächst im ehemaligen Küsterhaus der Jakobikirche und in Räumlichkeiten an der Klusestraße unterrichtet. 1897 wurde als Schulhaus das ehemalige Pfarrhaus in der Marktstraße bezogen und die bis dahin private Schule von der evangelischen Kirchengemeinde übernommen. 1907 konnte man in das Schulgebäude der ehemaligen evangelischen Elementarschule an der Kahlenstraße umziehen. Nachdem die Schule bereits 1911 als Lyzeum anerkannt worden war, verlangten die preußischen Schulgesetze von den (konfessionellen) Privatschulen später erneut die staatliche Anerkennung, welche die Schule mithilfe städtischer Unterstützung 1930 erlangen konnte.

Die seit 1883/1896 bestehende Ausbildung der katholischen „höheren Töchter" seitens der Gemeinde von St. Nikolai wurde 1897 von den sogenannten „Heiligenstädter Schulschwestern" in Form eines katholischen Lyzeums übernommen und konnte 1898 das neu errichtete Schulgebäude an der Fleischhauerstraße einweihen, heutiger Sitz der Stadtbücherei. Ab 1919 wurde dieser Einrichtung eine Frauenschule

Evangelisches Gymnasium, Hofansicht 2011

angeschlossen, an der nach der „mittleren Reife" eine Qualifizierung für das Berufsfeld der Handarbeits- und Hauswirtschaftslehrerin möglich war. Auch wurden Ausbildungsmöglichkeiten für Kindergärtnerinnen und Hortnerinnen geschaffen. Ein an die Schule angeschlossenes Internat sorgte dabei für konstante Schülerzahlen.[46]

Eine weitere Veränderung für das höhere Schulwesen brachten in Lippstadt die Zeit der nationalsozialistischen Regimes sowie die Umstände und Folgen des Zweiten Weltkrieges. Zwar waren am Ostendorf-Gymnasium nach 1933 zunächst noch keine organisatorischen Veränderungen im Schulwesen spürbar, doch war der Unterricht vermehrt durch nationalsozialistische Lehrinhalte bestimmt. Bereits das Schulprogramm von 1929 belegt außerdem, dass das nationalsozialistische Gedankengut hier auf fruchtbaren Boden fiel.

Ab dem Jahr 1937 setzten dann auch Maßnahmen zur Vereinheitlichung des Schulwesens ein, was eine Zusammenlegung des bisherigen Realgymnasiums mit Mittelschulzweig zu einer „Oberschule für Jungen" und die Umbenennung von „Ostendorf-Realgymnasium" in „Ostendorfschule, Oberschule für Jungen" zur Folge hatte. Weitere Veränderungen waren das Unterrichtsfach Englisch als neu einsetzende Anfangssprache und die Verkürzung der Gesamtschulzeit auf acht Jahre. Für das Mädchenschulwesen war hingegen die zu jener Zeit beabsichtigte Aufhebung der Konfessionsschulen von entscheidender Bedeutung. So bestand bereits 1935 das Interesse, die privaten Lyzeen zusammenzulegen. Jedoch plante das evangelische Mädchenlyzeum noch 1937, unterstützt durch Kirchenspenden und den Gehaltsverzicht der Lehrer, eine Erweiterung zur Mädchenoberschule mit hauswirtschaftlichem Zweig. Dies wurde aber durch die Schulaufsichtsbehörde blockiert. 1938 erfolgte schließlich die Zusammenlegung beider Konfessionsschulen zu einer städtischen „Oberschule für Mädchen" in den Schulgebäuden zwischen Fleischhauer- und Kahlenstraße durch die erzwungene Auflösung des katholischen „St. Marien-Oberlyzeums mit Frauenoberschule". Nachdem die Behörden zum Besuch der neuen städtischen Schule drängten, konnte sich das evangelische Lyzeum nicht länger halten, woraufhin die Schließung mit Übernahme der Lehrkräfte durch die neue städtische Schule erfolgte.[47]

Neuanfang nach dem Ende des Zweiten Weltkriegs

Nach 1945 kam schnell wieder das Interesse auf, am traditionellen Schulwesen anzuknüpfen, doch stand das Ostendorf-Gymnasium zunächst vor einem Problem: Als die nach Deutschland deportierten Polen nach dem Kriegsende nicht wieder in ihr von den Sowjets besetztes Heimatland zurückkehren wollten, unterstützten die Alliierten die nun „displaced persons" und ordneten im Sommer 1945 die Räumung der heutigen Kloster-, Kolping- und Lichtenbergstraße zur Einrichtung eines Polenviertels an. Das Schulgebäude des Ostendorf-Gymnasiums wurde im Zuge dessen zu einem polnischen Schulzentrum mit Kindergarten, Volksschule, Handelsschule und Universität. Unter anderem teilte sich das Ostendorf-Gymnasium daher bis 1950 das Schulgebäude des ehemaligen katholischen Lyzeums zwischen Fleischhauer- und Kahlenstraße mit der noch bestehenden Mädchenoberschule.

Der Neuanfang sollte aber auch Veränderungen mit sich bringen. Der noch 1947 angestrebte Wandel vom Reform-Realgymnasium zurück zu einem humanistischen Gymnasium mit dem Schwerpunkt auf den alten Sprachen und Philosophie wurde jedoch nicht umgesetzt. Stattdessen wurde beim Wiedereinzug in das alte Schulgebäude 1949/1950 der Betrieb mit einem Schwerpunkt auf den neuen Sprachen und Naturwissenschaften fortgeführt. Ab 1957 erfolgten zahlreiche Neubauten und teils auch provisorische Erweiterungen. Die Rückkehr zu den alten Formen zeigt sich auch im Bestreben ab 1945, die konfessionellen Schulen wieder einzuführen. Als katholische Mädchenschule wurde so die „Städtische Oberschule für Mädchen" nach dem Zweiten Weltkrieg von den „Schwestern der christlichen Liebe"

Evangelisches Gymnasium, Hofansicht mit neuem Mensagebäude (rechts), 2011

übernommen. Diese von Pauline von Mallinckrodt 1849 gegründete Kongregation hatte den Schwerpunkt ihrer erzieherischen Wirksamkeit im Bereich Schule und ermöglichte nach der Wiedereröffnung 1946 neben dem Abitur auch sozialpädagogische Ausbildungswege im Rahmen einer Fachschule. Ende der 1950er-Jahre wurden die Konzeption und der Bau eines geräumigeren Schulgebäudes im Lipperbruch durchgeführt, woraufhin der neue Schulbau 1966 bezogen werden konnte. Nach zusätzlichen Erweiterungen und Neubauten ging man im Wandel der Zeit und mit dem Erfolg der Schule schließlich auch zur Koedukation von Mädchen und Jungen über. Seit 2001 ist die Schule in Trägerschaft des Vereins „Marienschule Lippstadt e. V." und der „Pauline-von-Mallinckrodt-Stiftung". Das ehemalige evangelische Lyzeum wurde 1946 an der Kahlenstraße als Mädchengymnasium in Trägerschaft der evangelischen Gemeinde ebenfalls wieder eingerichtet. Ein der Schule angeschlossenes Internat beziehungsweise Schülerinnenheim war ab 1952 bis 1971/1974 im Stift Cappel untergebracht. Vor dem Zweiten Weltkrieg gab es auch ein Internat an der Wiedenbrücker Straße in Lippstadt. Von der evangelischen Gemeinde wurde ab 1954 der Bau eines neuen Schulgebäudes an der Beckumer Straße ermöglicht, das 1956 bezogen werden konnte. Ab 1971 erfolgte auch hier schließlich die Koedukation von Mädchen und Jungen. Die Trägerschaft des heutigen Evangelischen Gymnasiums übernahm 1974 die Evangelische Kirche von Westfalen. Wie auch an der katholischen Schule zeugen stetige Erweiterungen und das 2002 abgeschlossene Selbsthilfe-Großprojekt einer eigenen Aula von dem Aufschwung der Schule.[48]

50 Jahre Gymnasium Schloss Overhagen

Als weitere ebenfalls staatlich anerkannte Privatschule wurde 1962 von Pädagogen das Gymnasium Schloss Overhagen gegründet, das als viertes Lippstädter Gymnasium bislang auf dem Schlossgelände des denkmalgeschützten Renaissanceschlosses in Overhagen untergebracht ist. Die drohende Schließung der Schule wurde jedoch im Oktober 2011 bekannt gegeben und deutet auf eine ungewisse Zukunft hin.[49]

Das „Küken" in der Schullandschaft

Seit August 2010 bereichert eine Gesamtschule die Schullandschaft Lippstadts, nachdem eine Befragung der Stadt Lippstadt im Jahr 2008 ergab, dass über 33 Prozent der Eltern eine Gesamtschule für ihr Kind in Betracht ziehen würden. Daraufhin wurde eine Koordinierungsgruppe mit der weiteren Planung beauftragt. Dank ausreichender Anmeldezahlen im Februar 2010 begann noch im selben Jahr das erste Schuljahr 2010/2011 mit 120 Kindern in vier Klassen sowie elf Lehrerinnen und Lehrern in den Räumlichkeiten der Stadtwaldschule. Seit dem Sommerhalbjahr 2011 wird die Schule nun auch in der Ganztagsform geführt. Zurzeit unterrichten in dieser jüngsten und noch wachsenden Schule Lippstadts 21 Lehrerinnen und Lehrer die insgesamt 240 Schülerinnen und Schüler in acht Klassen.

Der Eingangsbereich der Marienschule, 2011

Der Werner Bund zum Schutz des regionalen Handels

Heute ahnt kaum jemand, dass Lippstadt im Mittelalter auch Mitglied der Hanse war. Aber das Handelsbündnis verschaffte der Handelsstadt am Überweg über die Lippe rasch einen wirtschaftlichen Vorteil und ließ Lippstadt seit dem 13. Jahrhundert zum wirtschaftlichen und kulturellen Zentrum der Region wachsen.

Kaufleute und Händler jener Zeit waren immer wieder dem Straßenraub und den Auswüchsen der Fehden des Adels ausgesetzt. Für sie standen Überfälle und Plünderungen auf der Tagesordnung. Infolge dessen gründete sich in Westfalen 1246 als erster in der Region der Ladberger Bund. Dabei schlossen sich Münster, Osnabrück, Minden sowie auch Coesfeld und Herford zur Sicherung des Friedens und insbesondere des immer bedeutsameren Handels zusammen.

Ein weiterer westfälischer Handelsbund folgte, indem sich dann 1253 die Städte Soest, Dortmund, Münster und Lippstadt zum sogenannten Werner Bund vereinigten.[51]

Der Name geht auf die ebenfalls an der Lippe gelegene Stadt Werne zwischen Hamm und Dortmund zurück, die zu jener Zeit an einem Kreuzungspunkt mittelalterlicher Heer- und Handelsstraßen (darunter auch der Jakobsweg) lag. Am 17. Juli 1253 an der Christophorusbrücke bei Werne gegründet, diente der Städtebund zur Sicherung von Handel und Verkehr sowie zur rechtlichen Regelung von Auseinandersetzungen zwischen den Städten. Als Druckmittel der Städte gegen die lauernden Gefahren für den Handel wurden nicht etwa militärische Maßnahmen angeführt, sondern in erster Hinsicht Wirtschaftsboykott, Kreditentziehung und Ächtung. Der Werner Bund kann zu diesem Zeitpunkt als ein Vorläufer der sich später verbreitenden Hanse in Westfalen angesehen werden.[52]

Von den regelmäßigen Zusammenkünften der Städtevertreter im 13. Jahrhundert ist als einer der Tagungsorte auch Lippstadt bekannt, wo im August 1256 eine entsprechende Versammlung stattfand. Mit dem späteren Beitritt der Mitglieder des Werner Bundes zum großen Rheinischen (Landfriedens-) Bund von 1254 schlossen sich diese, wenn auch zögerlich und nicht gemeinschaftlich, immer umfassenderen Maßnahmen im Zuge der bündnis- und friedenspolitischen Territorienbildung an. Als ein Teil dessen blieb der Werner Bund dennoch weiterhin als ein eigenes Bündnis bestehen, wie sich anhand der Erneuerungen des Bundes im Jahre 1263 und mit dem Beitritt Osnabrücks im Jahre 1268 erkennen lässt. Ein 1277 zusätzlich geschlossenes Sonderbündnis zur gegenseitigen militärischen Unterstützung zwischen Dortmund, Münster und Soest schloss Lippstadt jedoch nicht mit ein.[53]

Bei immer wieder stattfindenden Verhandlungen zur Revision verschiedener Artikel des Bündnisses im Jahre 1284 kam es schließlich zu

Schlussveranstaltung des 27. Internationalen Hansetages in Lippstadt, 2007

Die Erweiterung des Werner Bundes von 1268

Lippstadt im Spiegel der Zeit

27. Internationaler Hansetag in Lippstadt, 2007

Auseinandersetzungen zwischen Soest und Lippstadt. Des Weiteren lag sogar eine Klage gegen Lippstadt vor, deren genauerer Inhalt jedoch nicht bekannt ist. Lippstadt zog sich daraufhin mehr und mehr aus dem Bündnis zurück und nahm trotz mehrfacher Ladungen auch nicht mehr an den Vertreterzusammenkünften teil. Daher wurde, möglicherweise beeinflusst durch weitere Streitpunkte zwischen Soest, Münster und Osnabrück auf der einen und Lippstadt auf der anderen Seite, der Werner Bund am 16. August 1296 ohne Rücksichtnahme auf Lippstadt erneuert.[54]

Eine Vermutung für den „Alleingang" Lippstadts seit 1296 ist eine Meinungsverschiedenheit bei einer Abstimmung der westfälischen Städte von 1294 oder 1295. Hier stellte sich Lippstadt gegen seine Bündnispartner Münster, Soest und Osnabrück. Zur Organisation der entstehenden Hanse in den nordöstlichen Handelsstädten stimmte Lippstadt damals für Lübeck als Rechtszug des Kontors (Handelsniederlassung), die anderen Bündnisstädte jedoch für Visby auf Gotland (Schweden).[55] Während bei der Ausweitung des Fernhandels im 12. und 13. Jahrhundert westfälische Kaufleute insgesamt eine bedeutende Rolle gespielt haben, waren neben anderen auch Lippstädter Kaufleute schon bei der Entstehung der Hanse beziehungsweise des hansischen Handels tätig. Die Hanse bildete sich als eine Fernkaufleute-Genossenschaft in den Handelsstädten, die ähnliche Ziele wie schon die Städtebündnisse des 12. Jahrhunderts verfolgte. Der „Deutsche Kaufmann", die Vereinigung der Kaufleute in den Kontoren, repräsentierte so bis Mitte des 13. Jahrhunderts die Kaufleute in der Hanse. Im 14. und 15. Jahrhundert verstärkte sich der Einfluss der Städte in der Hansepolitik und die Hanse der Kaufleute wurde zu der bedeutendsten Wirtschaftsmacht jener Zeit: der Städtehanse.[56]

Die regelmäßige Versammlung der Vertreter der Hansestädte waren der Hansetag beziehungsweise entsprechende kleinere Einteilungen. So waren für die westfälischen Städte die häufiger stattfindenden Drittels- und Regionaltage von Bedeutung. 1461 war Lippstadt erstmals an einem Regionaltag in Wesel beteiligt, zeigte aber auch häufig geringe Beteiligung und Präsenz. Kriegerische Ereignisse wie die Soester Fehde beeinträchtigten die wirtschaftliche Entwicklung der Region, sodass die Fernhandelskontakte Lippstadts ebenfalls abnahmen. Daher waren am Ende des 15. Jahrhunderts lediglich noch die nächstgelegenen westfälischen Wirtschaftszentren von Bedeutung. Die Privilegien der Kaufleute in der Hanse beschränkten sich in der Regel auf die der größeren Städte. Für die kleineren Städte fungierte die Hanse nur noch als übergeordnete Organisation. Trotzdem blieb Lippstadt weiterhin Hansestadt, da es so das Hanserecht für den Handel innerhalb der eigenen Stadt nutzen konnte, als kleine Stadt aber keine Vertreter zu den Hansetagen entsenden musste.[57]

Während des Dreißigjährigen Krieges verlangten die politischen und wirtschaftlichen Unruhen jedoch von den Städten mehr Aufmerksamkeit als die Bereitschaft, sich um die Hanse zu kümmern. Auf dem letzten Hansetag 1669, bei dem die westfälischen Städte nur noch durch Osnabrück vertreten wurden, entschieden sich daher die anwesenden Vertreter gegen eine Weiterführung der Hanse.[58]

Die Hanse heute – ein Grundgedanke lebt neu auf

Der Grundgedanke eines Städtenetzwerkes konnte in der zweiten Hälfte des 20. Jahrhunderts schließlich wiederbelebt werden. So gründete sich 1980 in der niederländischen Stadt Zwolle der neue europäische Städtebund „Die Hanse". Mit fast 180 Mitgliedern ist dies heute die weltweit größte freiwillige Städtegemeinschaft. Im Zentrum der Arbeit steht neben einer Vielfalt an Aktivitäten insbesondere der Beitrag zur wirtschaftlichen, kulturellen, sozialen und staatlichen Einigung Europas sowie zur Gestaltung einer lebendigen Demokratie. Eine wichtige Rolle spielen dabei Öffentlichkeits- und auch Jugendarbeit, der Austausch von Kultur, Tradition und Wissen sowie die Stärkung der Wirtschafts- und Handelskontakte. Nachdem Lippstadt in der ersten Hälfte der 1980er-Jahre Mitglied des neuen Städtebundes geworden war, konnte vom 10. bis 13. Mai 2007 der 27. Internationale Hansetag in Lippstadt ausgerichtet werden, bei dem Menschen aus insgesamt 15 verschiedenen Ländern zum Austausch von Kultur, Wirtschaft, Politik und Handel zusammenkamen.[59]

Zünfte übernahmen religiöse, soziale und militärische Aufgaben

Die Zünfte, Gilden oder Ämter hatten eine wichtige Funktion in einer Stadt. Sie stellten eine Schutzfunktion für ihr jeweiliges Arbeitsfeld dar und waren zugleich modernes Qualitätsmanagement.

Mit Gründung einer Stadt musste auch das Zusammenleben geregelt werden. Das bedeutete auch, dass sich nach der Stadtgründung die Angehörigen der verschiedenen Bereiche des Handwerks und Handels zusammenschlossen und gemeinsame Regelungen für das Zusammenleben in Lippstadt trafen. Dazu gehörte die Kontrolle über die Anzahl der Handwerker und Gesellen, die Aufstellung von Regeln des Handwerkberufes und deren Überwachung, wie beispielsweise Qualitätsbestimmungen oder die Begrenzung der Produktionsmengen. Die Zünfte übernahmen auch religiöse, soziale und militärische Aufgaben wie den Schutz der Stadtmauern. Hatten die Zünfte/Gilden oder Ämter zunächst nach der Stadtgründung noch keinen politischen Einfluss, so wuchs dieser allerdings stetig. Die Handwerkerzünfte verlangten auch ein Mitspracherecht im Lippstädter Magistrat, als deren Schicht den Hauptteil des Steueraufkommens aufbrachte.

Im Februar 1531 begannen die Zünfte gemeinsam mit den Anhängern der Reformation einen Aufstand, bei dem sie den Magistrat vertrieben und einen neuen Rat bildeten. Daraufhin verhängten die Stadtherren des lippschen Grafenhauses und die Herzöge von Kleve zusammen

Das Metzgeramtshaus heute (rechts)

Das Krameramtshaus an der Brüderstraße, um 1940

Lippstadt im Spiegel der Zeit

Zunftwappen der: Bäcker   Lohgerber   Metzger   Schneider   Schuster   Weber

mit dem Erzbischof von Köln und den Fürstbischöfen von Münster, Osnabrück und Paderborn eine Verkehrssperre beziehungsweise ein Handelsembargo für Lippstadt. Erst 1535 wurde eine vertragliche Einigung in kirchlicher Hinsicht erzielt, die aber auch mit der Änderung der Stadtverfassung einen Erfolg für die Zünfte mit sich brachte. Im Tribunium, einem Nebenrat, befassten sich die gewählten Richtleute nun mit wirtschaftlichen und politischen Fragen, übten aber auch eine Finanzkontrolle gegenüber dem Stadtrat aus.

Die älteste nachgewiesene Zunft in Lippstadt ist die Kaufmannsgilde oder auch Wandschneider genannt. Diese setzte bereits 1253 durch, dass Bernhard III. zur Lippe den Wollwebern das ellenweise Ausschneiden und Verkaufen von Tuchwaren verbot, weil dieses Privileg den Mitgliedern der Kaufmannsgilde der Wandschneider zustand. Die Kramerzunft schien dann eine Fortsetzung der Kaufmannsgilde der Wandschneider gewesen zu sein, die nunmehr alle Kaufleute in sich vereinte. Noch für das Jahr 1699 kann ein Streit der Kramerzunft mit den Wollwebern wegen des Verkaufs von Wolltüchern nachgewiesen werden. Die Kramerzunft besaß ein Amtshaus in der Brüderstraße 9 und war eine wohlhabende Zunft.[60]

Das Wollenweberamt wurde 1435 erstmals erwähnt und vertrat beziehungsweise umfasste alle Lippstädter Tuchhersteller.

Das einzige noch bestehende Amt ist die Metzgerzunft, wenn auch nicht mehr in der alten Funktion. Das Zunfthaus, auch Metzgeramtshaus genannt, befindet sich in der Dunklen Halle und diente der seit 1574 bestehenden Fleischerzunft als Versammlungsstätte. Westlich davon lag bis 1656 das Schmiedeamtshaus. Nach dem Stadtbrand von 1656, bei dem die Zunfthäuser ein Opfer der Flammen wurden, verlegte die Schmiedezunft ihr Amtshaus in die Rathausstraße. Südlich des Metzgeramtshauses wurde das Zunfthaus der Bäcker in der Dunklen Halle wieder errichtet, fiel aber 1889 erneut einem Brand zum Opfer.[61] Östlich des Chores der Nicolaikirche lagen die Zunfthäuser der Lohgerber und der Schuhmacher. Im Jahre 1724 waren die Handwerker Lippstadts neben dem Krameramt in zehn Zünften organisiert: Bäcker, Schmiede, Schneider, Pelzer, Wandmacher, Fleischhauer, Schuhmacher, Lohgerber, Leineweber und Schreiner.[62]

Während der Napoleonischen Zeit zu Beginn des 19. Jahrhunderts wurden die Ämter als Folge der allgemeinen Reformpolitik bis hin zur Gewerbefreiheit nach und nach aufgelöst und die Amtshäuser veräußert. So wurde beispielsweise das Krameramtshaus an einen Schreinermeister verkauft. Bis 1670 sind neun Ämter in Lippstadt belegt, von deren Amtshäusern heute noch lediglich vier das Stadtbild prägen: das Cramer- oder Krämeramt in der Brüderstraße 9, das Schmiedeamt in der Rathausstraße 6, das Lohgerberamt an der Cappelstraße vor dem Ostchor der Nicolaikirche und das Metzgeramt in der Poststraße 24.

Fruchtbarer Boden für reformatorisches Gedankengut

Die Reformation brachte für Lippstadt einschneidende Veränderungen mit sich. Während das Umland mit dem Herzogtum Westfalen und Fürstbistum Münster die katholische Konfession behielt, wurde Lippstadt evangelisch.

Am Anfang des 16. Jahrhunderts kann in Lippstadt ein hoher Überschuss an Geistlichen im Vergleich zu den übrigen Einwohnern angenommen werden, da die Anzahl an

Als Kupferfigur ist Johannes Westermann auf dem Bürgerbrunnen zu sehen.

damals römisch-katholischen Kirchen beziehungsweise Gemeinden im Verhältnis zur Einwohnerzahl mit vier Pfarrkirchen und drei Klöstern deutlich überwog. Aufgrund damit verbundener mangelnder Beschäftigung ist es möglich und auch sehr wahrscheinlich, dass die Geistlichen so auch weltlichen Lastern verfielen. Dieses Verhalten der Geistlichkeit könnte zusammen mit anderen Faktoren einen fruchtbaren Boden für das reformatorische Gedankengut dargestellt haben, das sich in den 1520er-Jahren in Lippstadt auszubreiten begann. Dass der Reformator Martin Luther um 1512 einmal im Augustiner-Eremiten-Kloster in Lippstadt zu Besuch gewesen sein soll, ist zwar nur eine Legende, doch es bestand eine besondere Verbindung zwischen ihm und den Augustinermönchen des Lippstädter Klosters.[63]

Wie deutschlandweit auch viele andere Augustinermönche nahmen Johannes Westermann aus Münster und Hermann Koiten (Kothen) aus Beckum, zwei Ordensbrüder des Lippstädter Augustiner-Eremiten-Klosters, 1521 ein Studium an der Universität zu Wittenberg auf. So verwundert es auch nicht, dass insgesamt die ersten evangelischen Prediger überwiegend dem Augustiner-Eremiten-Orden entstammten. Des Weiteren weckte die Verbreitung lutherischer Schriften in Westfalen ebenfalls das vermehrte Interesse westfälischer Studenten an der Universität Wittenberg. Die akademische Laufbahn entwickelte sich bei den beiden Lippstädter Mönchen jedoch unterschiedlich. Insbesondere Johannes Westermann konnte sich durch Eifer, Verständnis und Beherrschung der hebräischen Sprache beim Reformator und ehemaligen Augustinermönch Dr. Martin Luther selbst, der zur dieser Zeit an der Universität zu Wittenberg lehrte, einen Namen machen. 1510 war Westermann schon einmal zum Studium in Wittenberg gewesen, sodass er bei seinem zweiten Studienaufenthalt bereits seinen Doktortitel erwarb.[64]

Nach der Rückkehr ins Lippstädter Kloster waren sowohl Westermann als auch Koiten als evangelische Prediger in der Brüderkirche des Augustiner-Eremiten-Klosters tätig. In Anlehnung an seine Studienzeit in Wittenberg und nach dem Vorbild

Auszug aus dem Rezess von 1535

Luthers predigte Westermann in der Fastenzeit 1524 über die Zehn Gebote und deren Auslegung. Auf eine für jene Zeit unübliche Weise und mit der Absicht, die evangelische Botschaft allen Menschen zukommen zu lassen, geschah dies in der Sprache der Gemeinde, anstatt wie sonst üblich in lateinischer Sprache. Eine auf Wunsch von Freunden gedruckte Fassung dieser Predigten in west-

Lippstadt im Spiegel der Zeit

fälischer Sprache zusammen mit der Behandlung des Apostolischen Glaubensbekenntnisses und des Vaterunsers trägt daher zu Recht die Bezeichnung „Lippstädter Katechismus" und belegt rund 100 Jahre nach der Erfindung des Buchdrucks denselben in Lippstadt. Sowohl formal als auch inhaltlich lassen sich dabei deutliche Ähnlichkeiten zu Luthers „Großem Katechismus" von 1529 erkennen. Im Jahre 1525 folgte dann als weitere Schrift Westermanns eine Übersetzung von Luthers Betbüchlein in niederdeutscher Sprache.[65]

Neben der Wirkung der Predigten und Schriften Westermanns über die Stadtgrenzen hinaus hatten die beiden Prediger bereits bis 1526 insbesondere den Großteil der Lippstädter Bürgerschaft für die evangelische Botschaft und reformatorische Bewegung gewonnen. So traten auch später Mönche des Ordens aus dem Augustiner-Eremiten-Kloster aus, heirateten und verließen teilweise auch die Stadt. Als sich die Nachricht von der Ausbreitung der Reformation in Lippstadt bis zum Erzbistum Köln verbreitet hatte, dem Lippstadt zu jener Zeit kirchenrechtlich unterstand, schickte der Erzbischof zur Inquisition den Dominikanermönch Dr. Johann (Johannes) Host (Hoß) von Romberg nach Lippstadt, um die dortige Entwicklung zu unterbinden. Dieser predigte am 16. März 1526 schließlich vor einer vermutlich großen Zuhörerschaft in der Lippstädter Marktkirche. Anschließend teilte der Mönch entsprechende Thesen gegen die Lehre der Prediger Westermann und Koiten mit und verhängte den beiden Reformatoren ein jedoch erfolglos gebliebenes Predigtverbot. Die Bemühungen der Lippstädter Mönche, mit dem Inquisitor zu disputieren, um ihn so von der „neuen Lehre" zu überzeugen, lehnte dieser jedoch ab. Eine Einladung zu einer Disputation nach Köln wiederum wurde von den Lippstädter Mönchen abgelehnt, da sie ihre Lehre vor dem Volk verteidigen wollten, so wie sie durch den Inquisitor auch vor dem Volk angegriffen worden war. Auch kamen die Mönche einer Vorladung am 31. Oktober 1526 durch den Kölner Erzbischof, um sich vor der Inquisition zu verantworten, erneut nicht nach. Schließlich rechnete man damit, erst einmal in Köln angekommen, dort auch festgehalten zu werden.[66]

Ab dem Jahre 1530/1531 kam auf Empfehlung Westermanns der Prediger Gerdt Oemeken (Omeken) nach Lippstadt, da die evangelische Gemeinde stetig wuchs und man deshalb Verstärkung brauchte. Oemeken ging dabei nicht nur seiner Predigttätigkeit nach, sondern konnte auch dafür sorgen, dass die Gottesdienste zunehmend nach Wittenberger Art, das heißt unter anderem in deutscher Sprache beziehungsweise Mundart der Gemeinde gehalten wurden, anstatt in lateinischer Sprache. Auch übernahm man in Westfalen ab 1530 den akademischen Brauch, wichtige Mitteilungen an der Kirchentür publik zu machen. Dies war seit der Veröffentlichung von Luthers „95 Thesen" in Wittenberg – worum sich eine ausgeschmückte Legende verbreitete – zu einem Markenzeichen der reformatorischen Bewegung geworden. In Minden gab es eine solche erste Veröffentlichung am 21. März 1530 und in Soest am 20. November 1531. Auch in Lippstadt wurden an der Marktkirche von Oemeken eine Reihe kirchlich-reformatorischer Thesen veröffentlicht. Mehr zu diesem Ereignis ist allerdings nicht bekannt.[67]

Mit der steigenden Anzahl evangelischer Gemeinden und Gemeindemitglieder nahm auch das Bedürfnis nach evangelischen Kirchenordnungen zu. Die größte Veränderung stellte neben Bereichen der Kirchenverwaltung dabei die bereits erwähnte Umstellung des Gottesdienstes von der lateinischen auf die deutsche Sprache dar. Eine erste evangelische Kirchenordnung dieser Art hatte damals Minden. Auch in Lippstadt war man um eine evangelische Kirchenordnung bemüht, konnte jedoch 1531 nur eine an Luthers „Deutscher Messe" von 1526 orientierte Gottesdienstordnung erreichen. Darüber hinaus kursieren aber auch Gerüchte um eine gedruckte, jedoch nicht belegte Lippstädter Kirchenordnung. Außerdem steht die Frage im Raum, warum es durch Westermann und auch Oemeken in Lippstadt zu keiner vollständigen und vor allem schriftlichen Kirchenordnung kam. Denn zum Zwecke der Erstellung einer solchen Kirchenordnung, die auch in Druckfassung vorliegt, wurde Oemeken 1531 auf Empfehlung Westermanns nach Soest berufen und verließ Lippstadt am 1. Januar 1532 wieder.[68]

Auch die beiden Landesherren Johann III. von Kleve und Simon V. zur Lippe bekamen die Entwicklung der Reformation deutlich zu spüren und sahen sich gezwungen, in das Geschehen einzugreifen. Schließlich setzte man sich in Lippstadt auch über bestehende Vorrechte der Landesherren hinweg, entschied selbst über Prediger und Lehre und verjagte die übrigen katholischen Geistlichen. Verwarnende Schreiben an die Lippstädter Bürger blieben allerdings ohne weitere Wirkung, die Bürger setzten dem sogar noch ihre Begeisterung über die Neuerung entgegen und beriefen sich auf die Heilige Schrift und Jesus Christus, statt der Aufforderung, zum „Alten Glauben" zurückzukehren, Folge zu leisten. So ergriff man zur Bekämpfung der Situation in Lippstadt und der aufrührerischen Art der Reformationsausbreitung schließlich härtere Maßnahmen und die Landesherren verhängten 1531 zusammen mit dem Erzbischof von Köln sowie den Bischöfen von Osnabrück, Münster und Paderborn eine Verkehrssperre für die Stadt. Der durch den Landesherrn Johann III. von Kleve erwirkte Dortmunder Schiedsspruch vom 3. Mai 1532 veranlasste Lippstadt außerdem dazu, sich nach der klevischen Kirchenordnung zu richten, woraufhin diese jedoch von Lippstadt zurückgewiesen wurde.

Die Lippstädter Bürger ersuchten am 23. Mai 1532 sogar den anderen Landesherrn, Graf Simon zur Lippe, das Abendmahl weiterhin nach der Lehre des Evangeliums feiern zu dürfen, was ihnen jedoch verwehrt wurde. Aber Lippstadt verweigerte weiterhin den Gehorsam, auch in Bezug auf den Dortmunder Schiedsspruch. In den Jahren 1534 und 1535 wandte sich Lippstadt schließlich an den Kurfürsten von Sachsen, der den Herzog von Kleve, seinen Schwiegervater, um Milde bat. Der Druck auf Lippstadt erhöhte sich jedoch weiter, bis schließlich eine totale Blockade über die Stadt verhängt und so eine Kapitulation erwirkt werden konnte. Dies bedeutete, dass man die Zufuhr aus umliegenden Dörfern und Städten sperrte. Ein demütigender Rezess folgte am 24. August 1535, bei dem alle kirchlichen Neuerungen abgeschafft und verboten wurden. Die Austeilung des Abendmahls oblag von dort an dem jeweiligen Priester. Offiziell kehrte Lippstadt so wieder zum „altgläubigen Ritus" zurück und befolgte die klevische Kirchenordnung, während Westermann und andere evangelische Geistliche der Stadt verwiesen wurden.[69]

Dennoch blieb die evangelische Bewegung in Lippstadt weiterhin bestehen, da beispielsweise der alternative Umgang mit dem Abendmahl viel Spielraum zu bieten schien. Zwar stimmten im Jahre 1548 Vertreter der Landesherren dem Interim zu, woraufhin Prediger entlassen und verhört wurden; auch gab es intensive Bemühungen von katholischer Seite zur Herstellung einer gewünschten Ordnung, jedoch ohne entsprechende Bereitschaft der Lippstädter Bürger. 1550 wurde schließlich vom Reichskammergericht eine Geldstrafe von 7.000 Gulden wegen der Unterstützung des Schmalkaldischen Bundes verhängt, da sich dieses Bündnis protestantischer Fürsten gegen den Kaiser richtete. Nach einer Reihe kirchenpolitischer Erfolge gewann dann jedoch die protestantische Bewegung in Lippstadt wieder die Überhand. So führte zunächst der Abschluss des Passauer Vertrages von 1552 zur Anerkennung des Protestantismus, so wie auch nach dem Augsburger Religionsfrieden von 1555 die Festigung des lutherischen Kirchenwesens erfolgte. Seitdem war es den Landesherren möglich, die Konfession ihrer Bewohner nach dem Prinzip „cuius regio, eius religio" („wessen Reich, dessen Religion") festzulegen. Für Lippstadts Gemeindeleben bedeutete dies, nachdem die Landesherren sich auch der Reformation anschlossen, zum Beispiel, dass die zwischenzeitlich wieder den Katholiken zugefallene Jakobikirche erneut in die Hände der evangelischen Gemeinde kam, den Katholiken aber bis 1807 in Lippstadt nur noch die Kirche des Klosters St.-Annen-Rosengarten blieb. So waren die Pfarrkirchen Lippstadts mit einer Ausnahme zu jener Zeit im Besitz der vier evangelischen Gemeinden. Mit dem Protestantismus und der zunächst schwerpunktmäßigen Aus-

Brüderkirche, Rekonstruktion nach einem Kupferstich von Merian (1647) von August Höke, um 1910/1920

Das „Vater-Unser" in westfälischer Mundart aus dem Jahr 1584.
(Aus: Lzg. W. Stein: a. a. O.)

Vader vnse / de Du bist jn den Hemmelen. Gehilliget werde Dyn Name / Thokame dyn Rike / Dyn wille geschee / op Erden also yn dem Hemmel / Vnse dachlike Brodt giff vns hüden / Vnd vorgiff vns vnse schuldt / alse wy vorgeuen onsen schüldeners / Vnn nicht vöre vns in vorsökinge / sunder erlöse vns van dem öuel / Amen.

breitung der lutherischen Reformationsbewegung kamen im 17. Jahrhundert dann auch reformierte Christen der calvinistischen Reformationsströmung nach Lippstadt und bildeten vermutlich schon um 1659 eine eigene Gemeinde. Diese bekam zwischen 1661 und 1664[70] die Brüderkirche zur Verfügung gestellt und wurde von den später dann ebenfalls reformierten (nicht lutherischen!) Landesherren stark gefördert.[71]

Die Wiedertäufer in Lippstadt
Bei den Wiedertäufern handelte es sich um eine im Zuge der Reformation entstandene Bewegung, die nicht nur die „alte Kirche", sondern auch das Luthertum ablehnte. Der Name dieser „Sekte" ist geprägt von der Überzeugung, die Kinds- beziehungsweise Unmündigentaufe in ihrer Wirksamkeit abzulehnen und daher im Erwachsenenalter und nach abgelegtem Bekenntnis erneut zu vollziehen, das heißt „wieder zu taufen". Nach dem Reichsgesetz waren Anhänger der Bewegung mit dem Tode zu bestrafen. Der wohl bekannteste Prozess ist der in Münster, wo man die Leichname der 1536 hingerichteten Anführer der Wiedertäufer in Käfigen am Turm der St.-Lamberti-Kirche zur Schau gestellt und den Vögeln überlassen hat.[72] Seit 1534 hat es in Lippstadt auch eine – sich allerdings zurückhaltende – Gemeinde der sogenannten Wiedertäufer

Martin Luther

Martin Luther, um 1520

Martin Luther wurde am 10. November 1483 in Eisleben geboren. Nachdem er im Sommer 1505 ein schlimmes Gewitter überlebt hatte, trat er kurz darauf in das Augustiner-Eremiten-Kloster in Erfurt ein, wurde dort 1507 zum Priester geweiht und studierte Theologie. Ab 1508 studierte und lehrte Luther an der Universität zu Wittenberg und promovierte dort im Herbst 1512. Einige Jahre später begann er den Ablassstreit mit der römisch-katholischen Kirche und veröffentlichte am 31. Oktober 1517 die sogenannten „95 Thesen", indem er sie sowohl an Freunde versandte als auch im Zuge akademischer Bekanntmachung vermutlich an der Tür der Universitätskirche aushing. Infolge zahlreicher theologischer und kirchenpolitischer Auseinandersetzungen wurde Luther im Herbst 1519 von den Universitäten Köln und Löwen verurteilt und erhielt im Sommer 1520 eine Bannandrohungsbulle durch den Papst. Sich alledem widersetzend verweigerte er beim Reichstag zu Worms 1521 auch den Widerruf seiner Lehre. Ab 1522 begann er während seines Aufenthalts auf der Wartburg mit der Übersetzung des Neuen Testaments in die deutsche Sprache. Auch der von ihm verfasste Große und Kleine Katechismus von 1529 sind noch heute wichtige Schriften und Lehrwerke in der evangelischen Kirche. Das auf dem Augsburger Reichstag 1530 von seinem Mitstreiter Philipp Melanchthon vorgestellte Bekenntnis stellte ebenfalls einen wesentlichen Erfolg auf dem Weg zum Protestantismus dar, auch wenn die „Neugründung" einer Kirche nie Luthers eigentliche Absicht war. 1534 erschien schließlich die vollständige deutsche Übersetzung der gesamten Bibel. Martin Luther legte mit seinen Katechismen und der Bibelübersetzung nicht nur den Grundstein zu einer einheitlichen deutschen Sprache, sondern verfasste in seinem Leben zahlreiche Schriften, Predigten, Kirchenlieder, Briefe und Tischreden, die zusammengefasst in einer Gesamtausgabe heutzutage 120 Bände füllen. Nach schwerer Krankheit starb Luther am 18. Februar 1546 in Eisleben und wurde wenig später in der Schlosskirche zu Wittenberg beigesetzt.[74]

gegeben, die man aber erst rund vier Jahre später „entdeckte". So wurde im Spätherbst 1538 auch in Lippstadt ein Prozess gegen die Wiedertäufer geführt. Dabei unterzog man vor allem die Hauptzrädelsführer dem Blutgericht. Es gab zwölf Beschuldigte, von denen nach erneutem Verhör vier zum Tode verurteilt wurden: Georg Hundertmark, Richard Schumacher, Bernhard Plumpe Seidenbeutel und Arndt Hovelmann. Das Urteil wurde aufgrund mangelnder Befugnis in der Gerichtsbarkeit und Befehlserteilung sowie durch Einwirkungen von Rat und Bürgern nicht ausgeführt und die Verurteilten begnadigt.[73]

Anführer einer Liesborner Täufergemeinde wurden jedoch am 16. Dezember 1538 hingerichtet und deren Leichname nahe der Lippstädter Stadtgrenze in Cappel auf Rädern befestigt zur Schau gestellt. Dieser Provokation folgte die Reaktion der Bürger: Man brachte die Leichname auf den Rädern in Richtung Münster, woraufhin sie allerdings erneut in Cappel aufgestellt und dann kurzerhand von den Bürgern in der Glenne versenkt wurden. 1543 berichtete die Landstreicherin Gertrud Mumme bei einem Verhör in Münster, dass Wiedertäufer aus Liesborn und Lippstadt noch immer einen gemeinsamen Treffpunkt in „Bleskers Haus" (Fleischhauerstraße) und „Boetefoers Haus" gehabt hätten. Von weiteren Verfolgungen ist nichts mehr bekannt.

Vereinigungen für „Junggesellen"

Mit Aufkommen des Bürgertums in den Städten spielten Waffenübungen eine große Rolle. Das waren die Wurzeln des westfälischen Schützenwesens.

Mit dem Aufblühen des Städtewesens und dem Verfall des Rittertums traten Schießübungen der Bürger immer mehr in den Vordergrund.[75] Diese Vorform einer Schützengesellschaft diente zunächst dem Schutz der Städte. Mitglied konnten nur „bessere" und zuverlässige Bürger werden. Die Verteidigung wie auch die Unterhaltung der Stadtmauer samt Toren waren damit Bürgerpflicht. Zur Verteidigung einer Stadt gehörte auch das regelmäßige Üben an den Waffen. Die Wehrhaftigkeit der Bürger musste besonders in Krisen- und Kriegszeiten gewährleistet sein, weshalb sich die Schützengesellschaften in den Städten bildeten. Sie glichen einer militärischen Organisation innerhalb der Bürgerschaft einer Stadt und verfolgten das Ziel, die männlichen Bürger im Gebrauch der Schießwaffen zu unterweisen. Das galt besonders für die jungen Männer, die nach altem Zunftbrauch eine Lehr- und Probezeit durchstehen mussten. Somit entstanden die Schützengesellschaften für Junggesellen und gleichzeitig die der Bürger oder Männer. Bei öffentlichen stadtinternen Wettstreiten konnten sie dann jährlich unter Beweis stellen, was sie gelernt hatten. Zu diesem Zweck wurde bei den öffentlichen Übungen auf einen Holzvogel oder auf Scheiben geschossen.[76]

Als älteste Schießwaffe wurde der Bogen verwendet, den im 14. Jahrhundert eine wesentlich schlagkräftigere Waffe verdrängte: die Armbrust. Um die Wende vom 15. zum 16. Jahrhundert kamen dann auch Feuerwaffen auf, die fortan in vielen Orten genutzt wurden. Während des städtischen Schützenfestes beziehungsweise Übens herrschte eine strenge militärische Ordnung. Der erste Bürgermeister war dabei meist zugleich der Kapitän der Schützengesellschaft, der zweite Bürgermeister der Leutnant und der älteste Ratsherr der Fähnrich. Der beste Schütze eines solchen Wettstreits wird seither als „König" bezeichnet und erhielt als Auszeichnung einen Hut oder einen Pokal. Zugleich war er für das dann folgende Königsjahr von Steuern und möglichen Einquartierungen von Soldaten befreit. Bei öffentlichen Festen trug der König eine Kette mit einem silbernen Vogel. Zur Erinnerung an seine Königszeit schenkte er dafür ein silbernes Schild, das an die Königskette gehängt wurde. Häufig war auf dem silbernen Schild das Jahr, der Name oder nur der Anfangsbuchstabe des Königs, oft auch ein Zeichen seines Gewerbes zu sehen. In einer städtischen Schützenordnung aus dem 15. Jahrhundert wurde darauf hingewiesen, dass jeder Angehörige einer städtischen Schützengesellschaft „in Leben und Taten ehrbar und christlichen Tugenden" nachstreben solle, hingegen „gottloses und unehrenhaftes [Verhalten] angezeigt werden"[77] müsse. Die Schützenvereine betonten daher noch in den Satzungen aus dem 19. Jahrhundert das sittsame Verhalten der Schützen. Die Wahrung der Sitte war von vornherein ein hohes Ideal des Schützenwesens. Das festliche Element und das Vergnügen während dieser Wettstreite waren eine logische Folge der Zusammenkünfte, wodurch die Gemeinschaft sehr stark gefördert wurde. „Der ursprüngliche Wehrcharakter der Schützen ging bereits im 18. Jahrhundert fast völlig verloren."[78] Manche Städte zahlten bei den Wettschießen sogar dem besten

Lippstädter Schützenverein – Parade auf dem Rathausplatz

Schützen den sogenannten Schießwein und später ein Schießgeld. Auf der Festwiese standen bereits Verkaufs- und Belustigungsbuden, Zelte, Bänke und Tische unter freiem Himmel, an denen getrunken und gespeist wurde. Nach dem Schießen fand die Krönung auf der Festwiese vor den Stadttoren statt. Anschließend zog man feierlich in die Stadt ein, wo es dann ein Festmahl gab.[79]

Die drei Lippstädter Schützenvereine

Lippstädter Schützenverein e. V.
Der Lippstädter Schützenverein ist der älteste der drei Vereine in Lippstadt und bestand nachweislich bereits im Jahr 1532, als von einem der beiden Landesherren, dem Haus Lippe, ein silberner Vogel und ein Brustschild gestiftet wurden. Der Verein bestand bereits um 1700 aus vier Kompanien, die sich in die vier Hofen der Stadt aufteilten: Markt-, Nicolai-, Jacobi- und Stiftshofen. Es ist anzunehmen, dass in Lippstadt schon vor 1532 Schützen für die Sicherheit der Stadtbevölkerung zuständig waren. So deutet die Jahreszahl zugleich auf das Aufstellen einer schnell einsetzbaren Stadtverteidigung hin, weil man gegen mögliche Unruhen durch die Ausbreitung des reformatorischen Gedankengutes in der Stadt und dem Umland vorsorgen musste.

Zugleich wird die neue Kirchenlehre damit durch den Landesherrn unter militärischen Schutz gestellt. Der Lippstädter Schützenverein – oder wie der Volksmund sagt „Stadtmitte" oder „die Bunken" – feiert sein Schützenfest heute jährlich am ersten Juliwochenende auf einem Festgelände mit Halle östlich des Hauptfriedhofes, das Bellevue genannt wird.

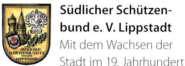

Südlicher Schützenbund e. V. Lippstadt
Mit dem Wachsen der Stadt im 19. Jahrhundert entstand südlich der Bahnlinie der sogenannte Lippstädter Süden, wo um 1900 viele Industriearbeiter lebten. In diesem Stadtgebiet entwickelte sich eine eigene Infrastruktur, sodass neben der St.-Josef-Kirche und Josefschule auch zahlreiche kleine Läden und Gastwirtschaften entstanden. Im Jahr 1906 wurde sogar unter dem Namen Südlicher Schützenbund ein eigener Schützenverein gegründet. Wurde seit 1908 zunächst eintägig gefeiert, so hat sich das Fest am ersten Augustwochenende zu einem Höhepunkt im Lippstädter Süden entwickelt. Der große Verein mit seinen fünf Kompanien erbaute 1976/1977 eine große Schützenhalle. Im Jahr 1987 richtete der Südliche Schützenbund sehr erfolgreich das 7. Europaschützenfest auf einem gewaltigen Festgelände an der Südlichen Schützenhalle aus.

50-jähriges Jubiläum 1999 des Nördlichen Schützenbundes mit Königspaar und Kinderkönigspaar

Nördlicher Schützenbund e. V. Lippstadt
Nachdem man im Lippstädter Norden bereits vor dem Zweiten Weltkrieg regelmäßig ein Kinderschützenfest veranstaltet hatte, wurde 1949 die Idee verwirklicht, einen eigenen Schützenverein zu gründen. Somit entstand der Nördliche Schützenbund als dritter Schützenverein in Lippstadt. Man feierte 1949 zunächst auf einem Festplatz „Am Weinberg", dann an der Cappeler Landstraße und auf dem Jahnplatz, bevor man das heutige Festgelände am ehemaligen Verkehrskindergarten an der Udener Straße als Festplatz herrichtete. Die vier Kompanien feiern ihr Hochfest am dritten Juniwochenende, dem traditionell ein Kinderschützenfest vorausgeht. Als einziger Schützenverein im gesamten Stadtgebiet hat der Nördliche Schützenbund seit 1986 auch eine Damenkompanie.

Stadtschützenring Lippstadt
Im Jahr 1976 wurde der Stadtschützenring gegründet, dem alle Schützenvereine im Stadtgebiet angehören. Er wird als ein lockerer Verband geführt, sodass in alphabetischer Reihenfolge jährlich ein anderer Schützenverein oder eine Bruderschaft den Vorsitz übernimmt. Unter der Regie des jeweiligen Vereins werden dann Frühlings-, Sommer- oder Herbstfeste veranstaltet, um die Gemeinschaft unter den 19 Schützenvereinen und Bruderschaften Lippstadts zu stärken.

Prozesswelle mit zahlreichen Opfern

Darstellung einer Hexenverbrennung

Die Wasserprobe

Im Folterkeller

Das Thema Hexenverfolgung ist eines der dunkelsten Kapitel Lippstädter Stadtgeschichte, obwohl mit Anton Praetorius auch ein wichtiger Widersacher aus Lippstadt stammte.

Glaubte man vor Jahren noch, dass die Hexenverfolgung ein Vernichtungszug gegen Hebammen oder kräuterkundige Frauen war, so zeigt die neuere Forschung, dass sowohl Männer als auch Kinder zu den Betroffenen gehörten und die Gründe für die Verfolgung oder Vernichtung vielfältiger waren.

Neben einem weit verbreiteten Aberglauben nährten Krankheiten und Seuchen, Katastrophen und das Elend aus kriegerischen Auseinandersetzungen immer wieder die Angst der Menschen und bereiteten den Boden für die Verfolgung und Beseitigung von Mitmenschen, indem man Schuldige suchte. Heute geht man von mehreren Motiven aus, die ausschlaggebend waren. Beispielsweise verdienten auch die Hexenkommissare und die Obrigkeit an Hinrichtungen und Gerichtsgebühren, sodass Habgier als ein weiterer Grund für die Verfolgungen nicht ausgeschlossen werden kann. Kann auch aufgrund der Quellenlage keine Hexenverfolgung im mittelalterlichen Lippstadt nachgewiesen werden, so war die Stadt bei dem eigentlichen Höhepunkt der Hexenverfolgung in Deutschland in der Frühen Neuzeit vertreten.

Ab 1573 lassen sich zahlreiche Hexenverfolgungen in Lippstadt nachweisen, obwohl Simon VI. zur Lippe (1563–1613) sich als Landesherr im Gegensatz zu zahlreichen Zeitgenossen gegen die Verfolgungen und Hinrichtungen stellte.[80]

Weitere Hexenprozesse in Lippstadt fanden 1630 und 1677 statt. Dieser Prozesswelle fielen allein 1630 innerhalb weniger Monate 29 Menschen zum Opfer.

Verantwortlich für die Verfahren war in Lippstadt der überwiegend evangelische Rat der Stadt, denn er beanspruchte nicht nur die alleinige Zuständigkeit bei Folter und Verurteilungen, sondern auch bei den Hinrichtungen. Die in Lippstadt im

Lippstadt im Spiegel der Zeit

Gegner des Hexenwahns

Friedrich Spee

Ein Gegner des Hexenwahns in Deutschland war Friedrich Spee (1591–1635).

Der katholische Gelehrte, Dichter und Jesuit lehrte an der Theologischen Fakultät Paderborn. Dort wurde er Zeuge des Hexenwahns und verfasste aus diesen negativen Erfahrungen heraus sein Werk „Cautio Criminalis oder rechtliches Bedenken wegen der Hexenprozesse". Wegen der Gefahr, als Kritiker der Geschehnisse selbst beschuldigt und angeklagt zu werden, veröffentlichte er sein Werk anonym.

Anton Praetorius

Schon 30 Jahre vor Spee kämpfte der reformierte Pfarrer Anton Praetorius gegen die Hexenverfolgung, indem er öffentlich gegen Folter und Hexenprozesse eintrat. Seiner Ansicht nach wurden die Prozesse und auch die Gefängnisse menschenunwürdig geführt. Anton Praetorius wurde 1560 als Sohn von Matthes Schulze (lat. Praetorius) in Lippstadt geboren. Später als Jugendlicher erlebte er in seiner Heimatstadt Hexenprozesse mit. Als junger Mann war er dann als Lehrer beziehungsweise Rektor in Kamen und anderen Städten sowie anschließend als Hofprediger tätig. Im Jahr 1597 wandte er sich während eines Prozesses in Birstein als Mitglied des Gerichtes offen gegen die Folter, woraufhin man den Prozess beendete und die Gefangene freiließ. Daraufhin wurde Praetorius jedoch aus dem Dienst entlassen und nahm eine Pfarrstelle im reformierten Dorf Laudenbach (in der Nähe von Worms) an. 1602 verfasste er zunächst unter einem Pseudonym und später dann unter seinem richtigen Namen ein Buch über die unchristlichen Hexenprozesse. Darin attackiert er schonungslos die Hexenrichter und ihre Obrigkeit. Bis zu seinem Tode fand Praetorius zahlreiche Gleichgesinnte, unter ihnen Seelsorger, Juristen, Richter und Politiker, die sich seinem Kampf gegen den Hexenwahn anschlossen.[82]

ehemaligen Augustiner-Eremiten-Kloster ansässigen Jesuiten hingegen betreuten zum Missmut des Rates die Beschuldigten. Das führte schließlich dazu, dass der Samtrichter Andreas Westermann 1633 das Kloster besetzte und die Jesuiten vertrieb. Zu den Opfern der Hexenverfolgung zählten katholische wie evangelische Bürger und Bürgerinnen gleichermaßen, sodass diese Prozesswelle überkonfessionell verlief.[81]

Die als Hexe oder Hexer beschuldigten und angezeigten Menschen wurden wegen Zauberei angeklagt und gefangengenommen. Meistens stand somit schon das Todesurteil für die Beschuldigten fest. Ihre Körper wurden nach Hautveränderungen als Zeichen des Teufels abgesucht. Die Beschuldigten wurden gefoltert und gaben angesichts der unerträglichen Qualen entweder alles zu, was ihnen vorgeworfen wurde, oder sie leugneten die vorgeworfenen Taten, wofür sie am Ende ebenfalls mit dem Tode bestraft wurden. Die Beschuldigten wurden anschließend auf dem Scheiterhaufen vor der Stadt verbrannt oder – wie in Lippstadt üblich – mit dem Schwert hingerichtet. Eine andere Praxis der Hexenprozesse jener Zeit bestand in der sogenannten Wasserprobe. Dabei warf man die vermeintlichen Hexen und Zauberer an Händen und Füßen gefesselt ins Wasser. Trieben sie oben, waren sie dem Volksglauben nach Hexen und wurden hingerichtet, versanken sie, waren sie unschuldig und ihre Seele gelangte nach damaliger Glaubensvorstellung nach dem Tod ins Paradies zu Gott. Fanden im benachbarten Westfalen und Fürstbistum Paderborn noch im 18. Jahrhundert Prozesse statt, so scheint Lippstadt die Zeit der Massenhysterie im späten 17. Jahrhundert überwunden zu haben.

"Der Krieg nährt den Krieg!"

Während des Dreißigjährigen Krieges weckte die strategisch gute Lage und Befestigung der Stadt Lippstadt immer wieder das Interesse der kriegerischen Parteien, die sich die Vorteile der Stadt zunutze machten.

Die konfessionellen Konflikte zwischen der römisch-katholischen Kirche und dem Protestantismus führten seit der Reformation und bis zum Anfang des 17. Jahrhunderts auch zu gesteigerter sozialer und politischer Konfliktbereitschaft. Diese gipfelte 1618 in dem sogenannten Prager Fenstersturz, als böhmische Ständevertreter zwei kaiserliche Statthalter sowie deren Sekretär aus einem Fenster der Prager Burg stürzten. Das war wesentlicher Auslöser einer Reihe von Kriegsphasen auf dem Boden des Heiligen Römischen Reiches Deutscher Nation bis 1648.[83] Im Zuge dieser kriegerischen Auseinandersetzungen wütete auf dem Weg von Braunschweig in die Pfalz der protestantische Herzog Christian von Braunschweig-Wolfenbüttel in Westfalen, auch als der „Tolle Christian" im Sinne eines willkürlichen und wilden Verhaltens bekannt. Er unterstützte seit 1619 auf holländisch-pfälzischer Seite unter anderem Friederich V. von der Pfalz. Dieser wiederum hatte für religiöse und politische Unruhen gesorgt und ließ sich nach der Absetzung des Königs von Böhmen zu dessen Nachfolger wählen. Mit seinem Söldnerheer war der jugendlich-kriegslustige Christian Ende 1621 auf dem Weg in die Pfalz, um sich an der kriegerischen Auseinandersetzung mit den habsburgischen Truppen insbesondere aus Spanien zu beteiligen. Dass Christian von Braunschweig seinen Söldnern Beute anstatt Geld versprach, mag ein Grund für das wilde Verhalten gewesen sein, dem er seinen Beinamen verdankte und das Heer weiter anwachsen ließ.[84]

Christian von Braunschweig

Bereits vor dem Ausbruch des Dreißigjährigen Krieges waren in Lippstadt seit 1615 brandenburgische und pfalz-neuburgische Truppen stationiert, weshalb die Lippstädter unter der Anwesenheit der Soldaten sowie deren Frauen, Kinder und weiterer Begleiter litten. Diese Soldaten standen unter spanischem Sold, darum wird in diesem Zusammenhang auch von der spanischen Garnison gesprochen. Zu Beginn des Jahres 1621 rückte Christian von Braunschweig mit seinem Söldnerheer in Lippstadt ein, sodass sich die pfalz-neuburgischen Truppen der spanischen Garnison zurückzogen. An ihrer Stelle besetzten nun die Söldnertruppen des Braunschweigers die Stadt. Christian erkannte die strategisch gute Lage und Befestigung der Stadt und erwählte sie zu seinem Hauptquartier. Von Lippstadt aus unternahm er seine Beutezüge in die verhassten katholischen Fürstbistümer Köln, Paderborn und Münster sowie in die umliegenden Städte. Dabei drohte er oftmals zuvor schriftlich mit seinem Besuch und erpresste so die Städte, woraufhin sich diese von Plünderung und Brandschatzung freikauften. Im Falle von Soest schützte eine Zahlung von 4.000 Reichstalern die Stadt allerdings nicht vor einem erneuten Überfall, bei dem es sogar gelang, den dort zum Schutz versteckten Paderborner Domschatz zu rauben. In Paderborn selbst fiel auch der Liborischrein den Plünderungen Christians zum Opfer, aus dessen Edelmetallen die sogenannten Pfaffenfeindtaler mit

Stadtansicht von Osten, um 1634

seinem Wahlspruch „Gottes Freund, der Pfaffen Feind" geprägt wurden. Möglich ist es, dass dies in Christians Hauptquartier und damit in einer seit dem 13. Jahrhundert in Lippstadt befindlichen Münzstätte geschah. Die Stadt Geseke widerstand mit Unterstützung durch Otmar von Erwitte den Angriffen des Tollen Christian und zwang diesen zum Nachteil für Lippstadt, weil man unter der Besetzung litt, sich wieder in das Hauptquartier zurückzuziehen. Insgesamt blieb der Tolle Christian mit seinem Heer einige Monate in Lippstadt und verließ Westfalen im Mai 1622 weiter in Richtung Süden.[85]

Seitdem war Lippstadt dann holländisch besetzt und unterstand dem Kommando von Heinrich Ludwig von Hatzfeld. Allerdings wurde immer wieder um die gut gelegene und befestigte Stadt gerungen, so auch seit dem 6. September 1623, als es zur Belagerung durch den zum Katholizismus zurückgekehrten Grafen Johann von Ostfriesland und Rietberg kam. Dieser konnte von Lippstadt aus später auch die angrenzende Grafschaft Ravensberg einnehmen. Die zur Unterstützung der Stadt und deren Besatzung erhofften Entsatztruppen aus den Niederlanden wurden schon im Niederrheingebiet aufgehalten. Die Lippstädter setzten sich jedoch zur Wehr und überlisteten die Angreifer beispielsweise durch ein auf dem Marktplatz gelegtes Großfeuer. So glaubten die Gegner, nach einem Brandkugelbeschuss entsprechenden Schaden angerichtet zu haben, und erlitten bei einem darauf folgenden Ansturm auf die intakte Stadt selbst erheblichen Schaden. Auch wurden entgegen den Kriegsregeln zur Abwehr sogenannte „falsche Drahtkugeln" verwendet, die vergleichbar mit modernen Splittergeschossen schwerwiegende Verletzungen verursachten. Ein Versuch seitens der Belagerungstruppen, durch Ableitung der Lippe die Befestigungsgräben trockenzulegen, scheiterte.

Am 19. Oktober 1623 musste die Stadt jedoch mangels Munition und Verpflegung kapitulieren und erbat eine vertragliche Übergabe. Dem wurde allerdings erst nach einem erneuten, aber erfolglosen Angriff zugestimmt. Beim Abschluss des sogenannten Accords wurde den Besatzungstruppen freier Abzug gewährt, der am 2. November auch erfolgte. Ebenso wurde der Stadt freie Religionsausübung sowie der Schutz der Privilegien und Rechte zugesichert. Die feindliche „Zusammenarbeit" mit Christian von Braunschweig und den Holländern wurde den Lippstädtern mit einem Generalpardon verziehen. Die nun in der Stadt stationierten Soldaten waren durch die Einwohner ohne zusätzliche Abgaben mit Kammern, Betten, Licht, Salz und Feuer zu versorgen.[86]

Lippstadt 1623–1631

unten: Der sogenannte Pfaffentaler

Der Krieg verlagerte sich in den darauf folgenden Jahren auf andere Kriegsschauplätze, sodass Lippstadt zwischen 1624 und 1633 von den kriegerischen Ereignissen nahezu unbetroffen blieb. Zwar wurden nach dem Abzug der Besatzung im Frühjahr 1631 dann kaiserliche Verbände während eines Durchzugs im Juli 1632 einquartiert, dies blieb jedoch ohne nennenswerte Folgen für Stadt und Bevölkerung. Die anschließenden Unternehmungen Wilhelms V. von Hessen, der sich mit den kaiserlichen Verbänden auseinandersetzte, führten diesen entlang des Lippeverlaufs schließlich auch nach Lippstadt. Dort gewährte man ihm einen Tag nach Ankunft vor den Stadttoren am 29. Dezember Einlass, da die umliegenden Städte und Länder bis hin nach Paderborn sowie Werl, Dortmund, Unna usw. bereits erobert und eingenommen waren. So musste sich Lippstadt für eine Seite entscheiden. In diesem Falle war es klüger dann, der stärkeren Macht nachzugeben, statt sich dieser zu widersetzen. Von da an war Lippstadt hessisch besetzt und die Einwohner mussten Betten und Heizung zur Verfügung stellen. Das Versprechen, die Truppen nach dem Kriegsende 1648 abzuziehen, blieb zum Leidwesen Lippstadts unerfüllt. So wurden nach einer vertraglichen Regelung zwischen Wilhelm VI. von Hessen und Kurfürst Friedrich Wilhelm von Brandenburg 1650 in der Stadt zusätzlich zu den hessischen Truppen auch brandenburgische einquartiert. Während die hessischen Soldaten dann bis 1652 abgezogen wurden, blieben die brandenburgischen noch bis zum Eindringen der Franzosen in die Grafschaft Mark 1679 in Lippstadt.[87]

Die ersten Apotheken in Lippstadt

Die Entstehung der Apotheken in Lippstadt bedeutete einen wichtigen Schritt hinsichtlich der medizinischen Versorgung der Menschen. Die Lippstädter Bevölkerung befand sich gegenüber der Landbevölkerung dadurch lange Zeit im – manchmal sogar lebenswichtigen – Vorteil.

Die Gründung der Stadt Lippstadt bedeutete auch Zusammenleben vieler Menschen auf engem Raum. Nicht nur dieser Umstand machte das Bemühen um eine geregelte medizinische Versorgung der Bürgerinnen und Bürger unausweichlich. Es ist anzunehmen, dass die Lippstädter sich nach der Gründung der drei Klöster dort medizinische und pharmazeutische Hilfe suchten. Dort gab es die sogenannte Apotheke, einen Raum, in dem in den Klöstern Arzneimittel und Heilkräuter aufbewahrt wurden. Ebenso werden Händler auf den Märkten in der Stadt diverse Heilmittel angeboten und verkauft haben. Viele Städte gingen dazu über, unabhängig von Klöstern eigene Apotheken einzurichten. So wurde auch in Lippstadt die Stadt- oder Ratsapotheke eröffnet, für die der Magistrat besondere Verordnungen erließ und die Arzneipreise festsetzte. Die Einrichtung einer städtischen Apotheke lässt auch die Niederlassung eines oder mehrerer Ärzte in Lippstadt vermuten. So werden 1778 hinsichtlich der medizinischen Versorgung drei Ärzte, ein Wundarzt, drei Apotheker und zwei Hebammen genannt.[88] Die älteste Erwähnung eines Apothekers stammt aus dem Jahr 1625, als der Stadtapotheker Hermann Wacker seinen Bürgereid ablegte.[89] Bis 1806 gab es in Lippstadt insgesamt drei Apotheken: Die Stadt- oder Rats-Apotheke wurde im 18. Jahrhundert in Engel-Apotheke (Lange Str. 24/28) umbenannt. Außerdem bestanden noch die aus der Garnisons-Apotheke hervorgegangene Adler-Apotheke und die 1712 gegründete Einhorn-Apotheke (Lange Straße 11). Die Garnisonsapotheke wird schon 1683 erwähnt und befand sich am Marktplatz. Sie war ein Überbleibsel der in Lippstadt einquartierten Garnison und zur Versorgung derselben eingerichtet worden. Nachdem die Bevölkerung Lippstadts durch den Siebenjährigen Krieg gesunken und finanziell belastet, die Garnison abgezogen war und die Lippstädter Apotheken im „benachbarten Ausland"[90], in dem es bis in 18. Jahrhundert keine Apotheken gab, eine Konkurrenz bekommen hatten, beantragten die Besitzer der Engel- und Adler-Apotheke die Aufhebung der Einhorn-Apotheke. Diesem Antrag folgte die Regierung aber nicht, stattdessen erging eine Medizinalordnung für Lippstadt, nach der zwar eine Apotheke aufgegeben werden sollte, allerdings traf man ein ungewöhnliches Auswahlverfahren: So sollte die Apotheke schließen, deren Apotheker oder dessen überlebende Frau zuerst versterben würde. Die beiden anderen Apotheken sollten dann den Erben das Privilegium[91] bezahlen. Zwar trat der ersehnte Todesfall nicht ein, doch kam es zu einer Ehetrennung und zum Fortgang des Besitzers Jordan, woraufhin das Privileg der Adler-Apotheke zur Hälfte an die Engel- und die Einhorn-Apotheke verkauft wurde – und Lippstadt fortan nur noch zwei Apotheken besaß.[92]

Die seit dem 19. Jahrhundert stetig gewachsene Stadt hegte besonders im Süden den Wunsch, eine eigene Apotheke zu bekommen. Diesem Wunsch gab die Regierung 1937 nach. Südlich der Bahnstrecke wurde die Süd-Apotheke errichtet.[93] Eine Zunahme der Anzahl an Apotheken wurde ab 1958 möglich, nachdem die Niederlassungsfreiheit eingeführt wurde, sodass seither jeder Apotheker eine Apotheke eröffnen kann, wo er möchte. Dadurch ist die Anzahl der Apotheken in Lippstadt gestiegen.

Die Einhornapotheke, um 1900

Wie die Eltern so die Söhne – eine Apotheker-Familie

Im Jahr 1973 begann die Geschichte der Königsau-Apotheke, nachdem Barbara und Wolfgang Rinn ihr Studium der Pharmazie an der Philipps-Universität in Marburg abgeschlossen und ihre Approbation als Apotheker erhalten hatten.

Das Ehepaar Rinn suchte ab 1972 eine Möglichkeit, sich mit einer Apotheke selbstständig zu machen. Da sie örtlich nicht gebunden waren, antworteten sie auf eine Zeitungsanzeige, in der das Ehepaar Lemaitre Räumlichkeiten für eine Apotheke in einem geplanten Neubau in der Königsau in Lippstadt anbot. Die Voraussetzungen schienen erfolgversprechend, da in dem Gebäude auch eine Arztpraxis für einen Kinderarzt geplant war und sich in unmittelbarer Nähe bereits zahlreiche Facharztpraxen befanden. So wurde am 1. Juli 1973 die Königsau-Apotheke eröffnet.

Die Zeiten für Neugründungen von Apotheken waren günstig. Bereits 1958 wurde nach einer Entscheidung des Bundesverfassungsgerichts die Niederlassungsfreiheit eingeführt, sodass seitdem jeder Apotheker eine Apotheke am Standort seiner Wahl eröffnen darf. Entscheidend für eine Apothekenleitung und für die Mitarbeiter in einer Apotheke und damit auch für den wirtschaftlichen Erfolg ist es aber, einen zufriedenen Kundenstamm zu haben. So ist die Geschäftsphilosophie der Königsau-Apotheke, wie Dr. Rinn berichtet, darauf ausgelegt, intensiv auf die Anliegen und Wünsche der Kunden einzugehen. „Von uns kann der Kunde und Patient früher wie heute Ehrlichkeit, Kompetenz und Einsatzbereitschaft erwarten. Das Wichtigste ist die qualifizierte pharmazeutische Beratung, die Lieferfähigkeit, der Service und die Freundlichkeit. Nur so kommt der Kunde gerne wieder!"

Das fachliche Wissen der Apothekenleitung und der Mitarbeiter wird ständig durch Fortbildungen erweitert. Auch müssen die räumlichen und technischen Voraussetzungen für den Betrieb der Apotheke laufend angepasst werden. Die Apotheke wurde mehrfach umgebaut. Ebenso wird durch Verlängerung der täglichen Öffnungszeiten und einen Lieferservice den Wünschen der Kunden Rechnung getragen. Nachdem Barbara Rinn 1985 zusätzlich im Ortsteil Lippstadt-Esbeck die Linden-Apotheke eröffnet hatte, war die Freude groß, als beide Söhne Stephan und Jan Peter ebenfalls an der Philipps-Universität in Marburg ein Pharmaziestudium aufnahmen und die Approbation erhielten. Jan Peter Rinn studierte anschließend Medizin und ist heute als Arzt tätig, während Stephan Rinn am Institut für Virologie in Marburg seine Forschungsarbeiten mit einer Promotion abschloss. Danach unterstützte er ab 2002 den elterlichen Betrieb in der Königsau-Apotheke und übernahm ihn zwei Jahre später.

War es 1973 nur das Ehepaar Rinn, das von einer Apothekenhelferin unterstützt wurde, die heute immer noch im Betrieb beschäftigt ist, so sind heute in der Apotheke neben dem alten und dem neuen Inhaber zwei weitere Apotheker sowie mehrere pharmazeutisch-technische Angestellte, eine pharmazeutisch-kaufmännische Angestellte und eine Auszubildende PKA tätig. Barbara Rinn hat im Jahre 1989 die Linden-Apotheke im Lippstädter Ortsteil Esbeck verkauft und in Paderborn die Pader-Apotheke gegründet; seit ihrem Eintritt in den Ruhestand wird diese Apotheke von ihrer Schwiegertochter geführt.

www.koenigsau-apotheke.de

Dr. Wolfgang Rinn, Barbara Rinn und Sohn Dr. Stephan Rinn

Die Königsau-Apotheke heute

Drucken und Gestalten aus Leidenschaft

Nach der Erfindung des Buchdrucks mit beweglichen Metalllettern durch Johannes Gensfleisch, genannt Gutenberg (circa 1400–1468), gab es 1515 in Westfalen nur drei Druckereien, nämlich in Münster, Soest und Lippstadt.

Die Graphischen Betriebe STAATS können auf eine lange Tradition zurückblicken. Ihre Wurzeln reichen bis zur ursprünglichen Lippstädter Druckerei zurück. Die Vorgänger des Familienunternehmens druckten bereits 1710 die erste Lippstädter Zeitung „Wöchentliche Post-Zeitungen". Nach verschiedenen Besitzerwechseln ging das Unternehmen schließlich 1826 in den Besitz der Familie Staats über, als Heinrich Staats die Witwe des Druckereileiters Chr. Friedrich Lange heiratete. Heute führen in sechster Generation die Geschwister Gabriele und Rainer Staats das mittelständische Familienunternehmen. Befand sich seit 1865 die Druckerei Staats im Gebäude des ehemaligen evangelischen Gymnasiums an der Ecke Soeststraße/Cappelstraße, so zog das expandierende Unternehmen 1965 in einen Neubau im Gewerbegebiet Roßfeld 8 um.

Das Familienunternehmen hat die Bedeutung und die Vorteile der stetigen technischen Innovationen im Druckereiwesen schon immer erkannt und nimmt bis heute eine mutige Vorreiterrolle bei der Ausstattung mit modernster Technik ein. So musste Anfang der 1950er-Jahre der Steindruck allmählich dem Offsetdruck weichen, sodass das Unternehmen schon damals den gesteigerten Qualitäts- und Mengenanforderungen der Kunden entsprechen konnte. Weitere grundlegende Verbesserungen wurden ab 1975 durch den Computer- und Daten-Satz erzielt sowie durch die Fertigungslinie für Rollenhaftetiketten. Heute gliedert sich das Unternehmen mit rund 55 Mitarbeitern in die Bereiche Druck, Label und Design und steht seinen Kunden mit modernster Technik und einem sehr hohen Maß an Qualität und Flexibilität im Offset- und Digitaldruck zur Seite.

Im Bereich DRUCK liegt der Schwerpunkt auf dem Druck von hochwertigen Broschüren und Verpackungen, Briefbogen, Flyern, Mailings, Montageanleitungen uvm. Eine Besonderheit ist dabei die Möglichkeit der Veredelung wie Prägen, Heißsiegeln und Spotlackierungen, die dem Produkt Exklusivität und eine individuelle Note verleihen. Auch Duftlacke und Elemente zur Fälschungssicherheit gehören zu den Spezialitäten von STAATS.

Die Mitarbeiter des Bereichs DESIGN zeichnen sich durch ein besonderes Maß an Kreativität aus und entwickeln professionelle Werbestrategien und -ideen für jeden Anlass. Sie runden somit die Möglichkeit ab, von der Idee bis zum fertigen Druckprodukt alles aus einer Hand anbieten zu können.

STAATS LABEL produziert Haftetiketten von Rolle und Bogen für Kunden im gesamten Bundesgebiet. Für (fast) jeden individuellen Einsatzbereich bietet Staats eine kompetente Lösung. Spezialkleber und besondere Materialien erfüllen die Anforderungen der Leuchten-, Automobil-, Pharma- und Lebensmittelindustrie. Selbst Etiketten mit leimfreien Zonen, tastbaren Warnhinweisen (Blindenschrift) oder Personalisierungen sind möglich. Für die Geschwister aus Lippstadt steht der permanente Dialog mit den Kunden, kurze und flexible Lieferzeiten und eine exzellente Qualität an erster Stelle. Eine permanente Entwicklung neuer Produkte begeistert hier die weite Welt der Druckkunst.

www.staats.de

Lippstädter Brautradition am Beispiel Weissenburg

Auch wenn die Braugeschichte Lippstadts vermutlich noch weit in die Zeit des Mittelalters zurückreicht, so ist davon jedoch nur wenig überliefert.

Aus dem Jahre 1706 gibt es allerdings schriftliche Belege darüber, dass neben vielen anderen Handwerken auch zahlreiche Brauhäuser in Lippstadt ansässig waren. Für die damaligen Stadtbezirke bedeutete das eine Gesamtzahl von 19 Brauhäusern, wobei die Mehrzahl im nördlichen Teil der Stadt lag: neun Brauhäuser im Markthofen, jeweils eins im Jacobi- und Nicolaihofen und weitere acht im Klosterhofen. Weitere Quellen belegen gegen Ende des 18. Jahrhunderts sogar eine Gesamtzahl von 29 Brauereien und 72 Branntwein-Brennereien, die es in Lippstadt gab.[94]

Wie sich aus einem familienbetriebenen Brauhaus ein großes Unternehmen entwickeln kann, zeigt die gut überlieferte Geschichte der Familie Nies. Sie erhielt im Jahre 1734 in Lippstadt ihr Braurecht nach dem Reinheitsgebot von 1516. Um dem Brauhandwerk über die Grenzen einer Hausbrauerei hinaus nachgehen zu können, erwarb Casper Nies 1801 zum Zwecke einer Bierbrauerei und Mälzerei das 1729 erbaute Alte Brauhaus am Lippstädter Marktplatz.[95]

Etwas mehr als 100 Jahre später konnte von der Familie Nies 1920 die Brauerei Weissenburg im Bereich des Marktplatzes in Lippstadt gekauft werden, welche ihrerseits auf eine eigene Traditionsgeschichte zurückblicken konnte. So ist die am 2. September 1870 von Wilhelm Kleine und seinem Stiefvater Ohm gegründete offene Handelsgesellschaft Brauerei

Die Brauerei Weissenburg, um 1980

Weissenburg Ohm et Kleine nach dem zeitgleichen Sieg der deutschen Truppen benannt. Als Leutnant der Reserve während des Deutsch-Französischen Krieges fühlte sich Wilhelm Kleine mit dem historischen Sieg eng verbunden. Nach der Eroberung der elsässischen Stadt Weissenburg am 4. August 1870 benannte er daher die gegründete Brauerei und Mälzerei kurzerhand nach der Stadt Weissenburg. Seitdem wird im Alten Brauhaus noch bis heute Weissenburger Pilsener ausgeschenkt, dessen 275-jähriges Jubiläum, ausgehend vom Braurecht der Familie Nies, hier vom 1. bis 3. Oktober 2009 ausgiebig gefeiert werden konnte.[96]

Die Entwicklungsgeschichte der Brauerei Weissenburg ist in den darauf folgenden Jahren von einigen Höhen und Tiefen geprägt. Nachdem der höchste Bierausstoß im Braujahr 1904/1905 noch bei 79.868 Hektoliter lag, machte sich dann die Inflation der Nachkriegszeit des Ersten Weltkrieges mit einem Ausstoß von nur noch 17.252 Hektoliter deutlich bemerkbar.

Als sich mit der Stabilisierung der wirtschaftlichen Verhältnisse ab Mitte der 1920er-Jahre die Lage wieder änderte und die Braustätte an die Weissenburger Straße in das heutige Gewerbegebiet Roßfeld verlegt wurde, war 1924 sogar eine Beteiligung der Brauerei Weissenburg an der Paderborner Aktien- & Vereins-Brauerei AG möglich. Ebenso wurde 1930 die Brauerei Tannenbaum von C. Mattenklodt in Lippstadt-Lipperode sowie gemeinsam mit der Paderborner Brauerei die Mehrheit an der Brauerei Isenbeck AG in Hamm (Westfalen) übernommen. Während des Zweiten Weltkrieges wurden jedoch 85 Prozent der Brauerei Isenbeck und 65 Prozent der Paderborner Brauerei zerstört, an deren Wiederaufbau die Brauerei Weissenburg in der Nachkriegszeit aufgrund der Mehrheitsbeteiligung maßgeblich mitwirkte.[97]

In den darauf folgenden Jahren fand ein deutlicher Aufschwung statt, da 1956 die Brauerei Vollbracht KG in Vlotho und 1961 die Brauerei Theodor Neu KG in Rinteln durch die Brauerei Weissenburg übernommen werden konnten. Nachdem Anfang der 1960er-Jahre die 100.000-Hektoliter-Marke überschritten werden konnte, stieg die Zahl der Mitarbeiter in der Zeit von 1962 bis 1968 von 131 auf 190 Mitarbeiter an, bis schließlich die 200.000-Hektoliter-Marke überschritten wurde. Nach der zeitgemäßen Umstellung vom Bügelverschluss auf die Euro-Flasche und vom Holz- auf den Kunststoffkasten im Jahre 1966, konnte 1971 schließlich auch noch die Kloster Brauerei F.u.W. Pröpsting GmbH in Hamm (Westfalen) erworben werden. Des Weiteren wurde in der Zeit von 1978 bis 1980

Das Alte Brauhaus in der Rathausstraße heute

die Beteiligung an der Paderborner Brauerei auf 98 Prozent und die an der Brauerei Isenbeck auf 97 Prozent gesteigert, sodass die bis dahin selbstständig arbeitenden Brauereien in das Gesamtkonzept der Brauerei Weissenburg überführt werden konnten. Zur Erweiterung des Braubetriebes konnte im Jahr 1981 der Grundstein für eine neue Paderborner Brauerei in Paderborn-Mönkeloh gelegt werden, deren Eröffnung und Inbetriebnahme bereits 1983 erfolgte. Die betrieblichen Tätigkeiten der Brauerei Weissenburg konnten so nach und nach bei Fortführung der Marke auf die neue Braustädte in Paderborn überführt werden, während der Sitz der Nies-Holding weiterhin in Lippstadt verblieb. Nachdem schließlich auch der alkoholfreie Bereich mit Staatlich Bad Meinberger Mineralbrunnen sowie einer Verbindung mit Getränke Friedrich Schwarze GmbH & Co. KG in Soest erschlossen wurde, konnte im Jahre 1985 ein Getränkeausstoß von insgesamt 1.000.000 Hektoliter verzeichnet werden, darunter die dort maximal produzierbare Menge von 850.000 Hektoliter Bier. Seit dem Jahr 1990/1991 gehört das nach dem Originalrezept gebraute Weissenburg Pilsener neben Regionalmarken wie Paderborner Gold und Isenbeck Premium Pils als Produkt der Paderborner Brauerei zur Warsteiner Gruppe.[98]

Zur jüngsten Geschichte der langen Brautradition in Lippstadt zählt außerdem die im Jahre 2000 vom Braumeister Daniel Thombansen gegründete private Brauerei Thombansen mit dem 2003 eröffneten Brauhaus Thombansen hinzu. In der Brauerei unweit des Lippebugs werden verschiedene Biersorten gebraut und von dort aus regional vertrieben.[99]

Lippstadt zwischen Schutz und Größenwahn

Ein wichtiger Grund, die Stadt Lippe in der Lippeniederung zu gründen, war für Bernhard II. der Schutz seiner Besitzungen südlich und nördlich der Lippe. Bildete vor der Stadtgründung noch die als Hermelinghof bekannte Burg mit der Kaufmannssiedlung den Ursprung der Stadt, entschloss sich Bernhard II., weiter östlich die Stadt zu gründen, weil dort noch bessere Schutzmöglichkeiten durch die Lippe bestanden.

Die Stadt besaß ursprünglich nur drei Zugänge und war im Norden durch den Fluss gesichert. Die östliche und südliche Seite wurden zunächst durch einen Wall, einen Palisadenzaun und einen Graben befestigt. Spätestens als Lippstadt um 1220 das Soester Stadtrecht in veränderter Form bekam, wurde der Anreiz, in die Stadt zu ziehen, immer größer, sodass im 13. Jahrhundert die Stadt schrittweise erweitert wurde. Daran schlossen sich der Ausbau einer Stadtmauer mit hohen Torbauten und Türmen sowie die Anlage eines Stadtgrabens an. In der Lippstädter Feldmark wurden außerdem Warten als Beobachtungsposten mit Wachtürmen und Schlagbäumen errichtet. Als der lippische Landesherr Simon III. 1371 in der Tecklenburger Fehde gefangen genommen worden war, musste die Stadt Lippstadt zur Aufbringung des Lösegeldes an den Grafen Engelbert von der Mark verpfändet werden. Die neuen Landesherren bestätigten die Rechte und Privilegien der Stadt und betrachteten diese mehr als Einnahmequelle, anstatt sich in die inneren Angelegenheiten einzumischen. Die Lippstädter gewannen mit der Grafschaft Mark einen erweiterten Handels- und Wirtschaftsraum. Dadurch wuchsen der Einfluss, die Macht und auch der Wohlstand der Bürger. Als sich die Stadt Soest 1444 eigenmächtig von ihrem Landesherrn, dem Kölner Erzbischof Dietrich von Moers, lossagte und sich dem Herzog von Kleve unterstellte, wurde Lippstadt in die folgende Auseinandersetzung mit einbezogen, weil die Grafen von der Mark, Pfandherren Lippstadts, seit 1417 Herzöge von Kleve waren. Im Jahr 1445 wurde zwischen Bernhard VII. und Herzog Johann I. von Kleve ein Vertrag geschlossen, nach dem das Haus Lippe in der Fehde den Herzog unterstützte. Dafür bekam das Haus Lippe die Hälfte der Herrschaft und der Einkünfte aus Lippstadt zurück. Mit diesem Vertrag begann die sogenannte Samtherrschaft, die Lippstadt zwei gleichberechtigte Stadtherren brachte und bis 1850 währte. Die Verteidigungsanlagen der Stadt müssen für die dama-

1 Kalchturm, 2 Turm, 3 Martinsturm, 4–6 Turm, 7 Böhmenturm, 8 Kruitturm, 9 Turm, 10 Glennemansturm, 11–12 Turm, 13 Herrenhaus, 14 Turm, 15 Burgmühle, 16 Turm, 17 Buelsturm, 18 Schragenturm, 19 Mühlenturm, 20 Stadtmühle, 21 Cappeler Mühle, 22 Lipperoder Mühle, 23 Rosse-Mühle, 24–28 Schleusen- und Wehranlagen

1763 Schleifung der Festung

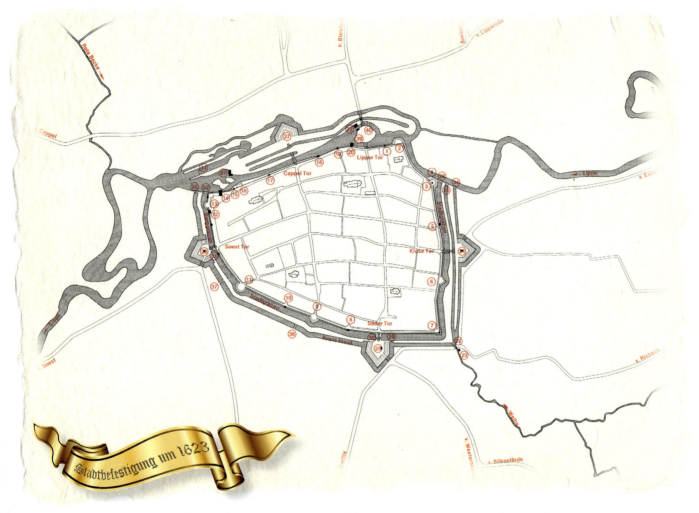

Stadtbefestigung um 1623

1 Kalchturm, 2 „Rondell achter den Browerhauss", 3 Martinsturm, 4 Rondell am Martinsturm, 5 Turm, 6 Piatta forma, 7 Böhmenturm, 8 Kruitturm, 9 „kleine Rondel", 10 Glennemansturm, 11 „groot Rondel", 12 Herrenhaus (Oldenburch), 13 Burgmühlenrondell, 14 Burgmühle, 15 Turm, 16 Piatta forma, 17 Buelsturm, 18 Schragenturm, 19 Mühlenturm, 20 Stadtmühle, 21 Cappeler Mühle, 22 Lipperoder Mühle, 23 Rosse-Mühle, 24 Kluse-Tor-Bollwerk, 25 Süder-Tor-Bollwerk, 26 Soest-Tor-Bollwerk, 27 Cappel-Tor-Bollwerk, 28–41 Schleusen- und Wehranlagen

eine ständige Modernisierung der Stadtbefestigung seit dem 16. Jahrhundert notwendig. So wurden in Lippstadt die Festungswerke verstärkt und verbessert. Den künstlich angelegten Stadtgraben unterstützte ein künstlich ausgehobener Wassergraben und sicherte damit zusätzlich die Ost-, West- und Südseite der Stadt. Ebenso wurde im Norden ein weiterer vorgelagerter Graben ausgehoben und an die Lippe angeschlossen. Damit waren die nördliche und südliche Umflut geschaffen.

Die Weiterentwicklung im 17. Jahrhundert

Als der Herzog Johann Wilhelm von Jülich, Kleve und Berg, Graf von der Mark und Ravensberg, 1609 kinderlos starb, entbrannte ein Erbfolgestreit, durch den in der Folgezeit verschiedene Garnisonen in Lippstadt einquartiert wurden. Die Lage verschärfte sich mit dem Ausbruch des Dreißigjährigen Krieges 1618. Die Lippstädter übergaben am 2. Januar 1622 die Stadt ohne Kampf an die Truppen des Herzogs Christian von Braunschweig, die mit 300 Reitern in die Stadt einrückten und die 40 Mann starke Garnison gefangen nahmen. Der Tolle Christian erkannte die strategische Bedeutung der Stadt und ließ die Verteidigungsanlage sofort verstärken. Im Sommer 1623 erschien vor den Toren Lippstadts eine Armee der Katholischen Liga, welche die

lige Zeit schon beachtlich gewesen sein, denn als der Erzbischof von Köln am 20. Juli 1445 mit einem Heer von 60.000 Mann vor die Stadt zog und diese elf Tage erfolglos belagerte, blieb ihm nichts anderes übrig, als die Belagerung aufzuheben und den Marsch in Richtung Soest anzutreten. Aus der Soester Fehde ging Kleve siegreich hervor, gleichzeitig brachte die Samtherrschaft den Lippstädtern und ihrem Stadtrat einen großen Spielraum für Entscheidungen. Die Weiterentwicklung der Waffen- und Geschütztechnik machte auch

Lippstadt im Spiegel der Zeit

Stadt und die darin einquartierte Garnison aus niederländischen und brandenburgischen Truppen belagerte. Nachdem den Belagerten die Munition ausgegangen war, musste die Stadt am 2. November 1623 übergeben werden. Bis 1631 herrschte in Lippstadt der Kriegszustand, sodass zahlreiche Häuser immer wieder geplündert oder verwüstet wurden und die Stadt zu Zahlungen an den spanischen Gouverneur aufgefordert wurde. Am 30. Dezember 1633 übergab die stark dezimierte Lippstädter Bevölkerung ihre Stadt an die hessischen Truppen aus Angst vor einem ähnlichen Blutbad, wie es die Hessen bei der Einnahme von Salzkotten angerichtet hatten.

Unter hessischer Besatzung wurde die Stadtbefestigung ab 1637 völlig neu aufgebaut, die alten Stadtmauern abgerissen und durch eine völlig neue Wehranlage ersetzt. Neben einem breiten Wall hinter der Mauerinnenseite, der dazu diente, Geschütze besser stellen und abfeuern zu können, wurden die Außenwerke verstärkt. So wurden im Stadtgraben sowie nördlich der Lippe Bollwerke, Schanzen und Ravelins errichtet. Weil der Westen aus strategischer Sicht als zu schwach angesehen wurde, erbaute man 1643 außerhalb der bisherigen Festung eine vierseitige Redoute. Als die Hessen 1644 den Bau einer Zitadelle im Nordwesten

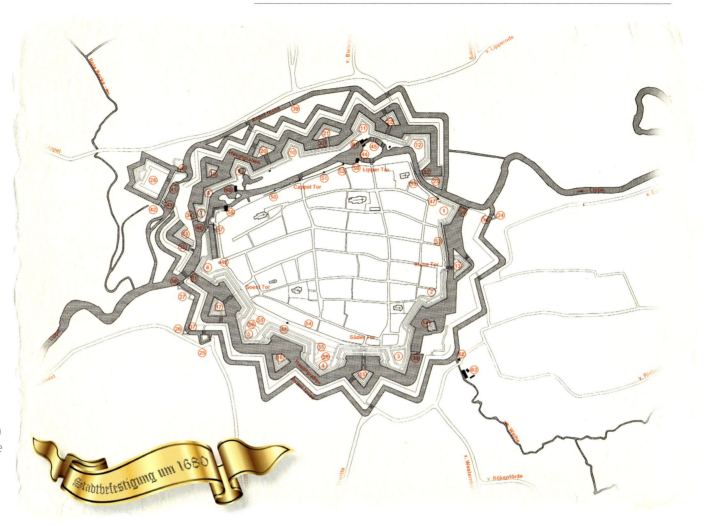

Stadtbefestigung um 1680

1–6 Bastion, 7–8 Tenaille, 9–12 Bastion, 13–22 Ravelin, 23–24 Fléche, 25 Téte du pont am Soest-Tor, 26 Fléche, 27 Steinerne Fléche, 28 großes Hornwerk, 29–45 Schleusen- und Wehranlagen, 46 Jammertalsbrücke, 47 Martinsturm, 48 Glennemansturm, 49 Altes Soest-Tor, 50 Buelsturm, 51 Schragenturm, 52 Mühlenturm, 53 Stadtmauer, 54 alter Mauerwall, 55 alter Niederwall, 56 alte Faussebraye, 57 demoliertes Burgmühlen-Rondell, 58 Burgmühle, 59 Stadtmühle, 60 Cappeler Mühle, 61 Lipperoder Mühle, 62 Rosse-Mühle, 63 Ziegelei

der Stadt unter Einbezug des Stiftes planten, protestierte der Stadtrat bei der hessischen Landgräfin und erreichte schließlich, dass die Zitadelle zwar nicht gebaut, aber stattdessen zum Schutz am Cappeler Weg ein großes Hornwerk errichtet wurde. Wachthäuser, neue Schleusen, Behren und Brücken sowie die Umleitung der Lippe gehörten zu den weiteren Maßnahmen beim Aufbau der neuen Festung. Zwar blieb die Stadt in der Folgezeit durch die ständige Garnison und durch den Schutz der Stadtbefestigung von Plünde-

1763 Schleifung der Festung

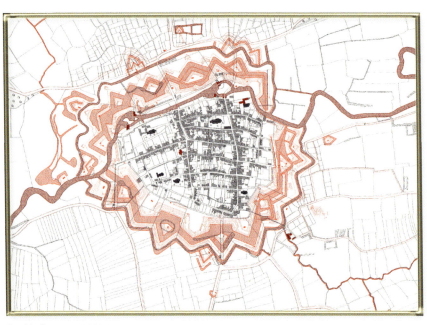

Stadtbefestigung, 1763

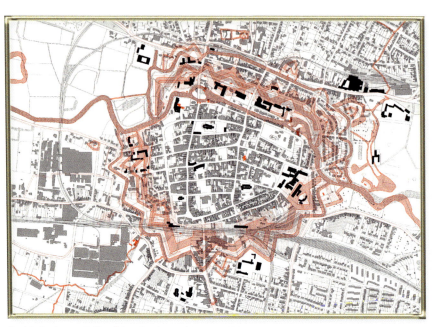

Stadtbefestigung 1763 auf dem Stadtgrundriss von 1980

rungen und Kriegsdrangsalen von außen verschont, jedoch waren die Anwesenheit der Garnison und der Erhalt der Festung eine schwere Belastung. Nach einem Stadtbrand 1644 wurden Truppenteile abgezogen und mehrere Versorgungsleistungen der Stadt für die Garnison abgeschafft. Im Jahre 1650 – zwei Jahre nach dem Kriegsende – zogen die hessischen Truppen ab und übergaben die Stadt an den Kurfürsten von Brandenburg als Rechtsnachfolger des märkischen Anteils und an den lippischen Landesherrn. Durch den Festungsausbau war Lippstadt zu einer attraktiven Garnisonsstadt geworden, die es fortan zu unterhalten galt. Zwar wurde die Truppenstärke 1653 zunächst auf 400 Mann reduziert, doch bedeutete dies für Lippstadt auch eine künftige Beteiligung an Unterhaltszahlungen und am weiteren Ausbau der Festung.

Dem Festungsausbau folgt die Schleifung

Gegen Ende des 17. Jahrhunderts verlor Lippstadt seine strategische Bedeutung, sodass 1737 die Stadt sogar garnisonsfrei wurde. Erst im Verlauf des Siebenjährigen Krieges erlangte Lippstadt wieder Bedeutung als Straßenknotenpunkt an der oberen Lippe und zugleich als wichtiger Waffenplatz der alliierten Armee, nachdem die Auseinandersetzungen um ihre amerikanischen Besitzungen 1756 zur Kriegserklärung zwischen England und Frankreich geführt hatten. Preußen hatte ein Schutzbündnis mit England geschlossen und wurde somit in den Krieg einbezogen. Die preußische Armee stand allerdings gleichzeitig in Schlesien im Krieg gegen Österreich, Russland, Schweden und das Reichsheer. Nachdem die französische Armee 1757 den Rhein überschritten hatte und die Weseler Garnison sich zurückziehen musste, wurde Lippstadt als Garnisonsstandort wieder bedeutend. Mit den preußischen Regimentern kamen auch Ingenieure in die Stadt, die das Festungswerk modernisieren sollten. Zunächst wurden neue Schleusen angelegt und die bestehende Anlage verstärkt. Doch der schlechte Zustand der Verteidigungsanlage zog eine Aufgabe der Festung nach sich. Somit rückte die französische Armee mit 1.300 Soldaten in die Stadt ein. Die Franzosen bauten in den folgenden Monaten die Festung in Perfektion entsprechend den modernen Verteidigungsansprüchen aus, weil die französische Generalität Lippstadt als einen zukünftigen Stützpunkt für das weitere militärische Vorgehen in Westfalen betrachtete.

Lippstadt im Spiegel der Zeit

Allerdings musste sich das französische Heer Anfang 1758 angesichts der allgemeinen militärischen Lage wieder an den Rhein zurückziehen. Noch am Tag des Rückzugs besetzten preußische Husaren die Stadt, denen verschiedene andere alliierte Garnisonstruppen folgten. Die Stadt wurde 1759 von französischen Truppen eingeschlossen, die Belagerung musste nach der verlorenen Schlacht bei Minden allerdings wieder aufgegeben werden. Der von den Franzosen begonnene Festungsbau wurde von der alliierten Armee in den folgenden Jahren fortgesetzt und unter großer finanzieller Anstrengung vorangetrieben. Teils sorgten bis zu 1.000 Arbeiter aus den verschiedensten Gebieten für eine rasche Umsetzung der Pläne. Damit wurde Lippstadt zur stärksten Festung zwischen Rhein und Weser ausgebaut.

Am 3. Juli 1761 wurde Lippstadt erneut von französischen Truppen belagert, die allerdings nach der Schlacht bei Vellinghausen am 15. und 16. Juli wieder abziehen mussten. Nach Ende des Siebenjährigen Krieges 1763 erfolgte in Preußen eine grundlegende Umstrukturierung der Landesverteidigung. In diesem Zusammenhang wurden die Festungsanlagen aufgegeben. Der preußische König ließ auch das gewaltige Festungswerk Lippstadt ab Ende 1763 durch Pioniere schleifen. Die Arbeiten wurden so gründlich ausgeführt, dass sogar Brücken und Schleusen zum Teil zerstört wurden. Das durch die Schleifung frei gewordene Land wurde schließlich verkauft und bebaut, sodass heute kaum noch sichtbare Spuren geblieben sind. Bis 1768 konnte der Verkauf des ehemaligen Festungsgeländes abgeschlossen werden. Durch den königlichen Befehl war ein grundlegend neues Stadtbild – ohne Stadtmauern und Tore – entstanden. Ebenso sorgte die Verfüllung des Stadtgrabens für neue Bauflächen und die Anlage neuer Straßen und Wege.[100]

Stadtgrundriss, um 1800

Wie man Sand zu Geld machte

Die Lippe und ein breiter Streifen entlang des Flusses hegen einen jahrtausendealten Reichtum, den Lippesand. Noch heute zeugen Baggerseen in Niederdedinghausen und entlang der Lippe von großen Kies- und Sandvorkommen, die ein Relikt der letzten Eiszeit sind. Der durch die Lippe weggespülte Sand bildet im ruhigeren Gewässer bis heute immer wieder Sandbänke und Untiefen aus.

Als man zu Beginn des 19. Jahrhunderts begann, die Lippe schiffbar zu machen, und in diesem Zusammenhang den gesamten Flusslauf um 40 Kilometer verkürzte, indem man an fast allen Flusswindungen Durchstiche vornahm, blieben Mäander als sogenannte tote Arme in der Landschaft zurück. Eine Folge war, dass die Fließgeschwindigkeit der Lippe noch weiter herabgesetzt wurde und dass sich – zum Nachteil der Schifffahrt – dadurch noch mehr Sand als zuvor im Flussbett ablagerte. Durch dieses von Menschenhand geschaffene Problem entstand ein neuer Gewerbezweig, der als Sandbaggerei die Aufgabe hatte, die Wassertiefe der Lippe durch Abtragen des Sandes für die Schifffahrt tief genug zu halten. Gleichzeitig konnte der Sand als Baustoff verkauft werden. Bereits 1788 hatte die Familie Erdmann in Lippstadt eine Firma gegründet, die Sand aus der Lippe förderte. Dazu befuhr man die Lippe bis zu einer geeigneten Stelle mit einem hölzernen Sandkahn. Dort wurde der Kahn dann quer zur Strömung an beiden Ufern befestigt. Zur Sandgewinnung benutzte man nun lange Fichtenstangen, an deren Ende sich ein Leinensack befand. Um den Sand abzuschürfen, wurde der Sack mit dem metallenen Schneidkopf über den Sand gezogen und der gefüllte Sandbeutel über den Schiffsrand in den Kahn gezogen. Der Sandkahn musste dann flussaufwärts gegen den Strom getreidelt, das heißt mit Pferden oder per Muskelkraft an Tauen zu seinem Lagerplatz gezogen werden. Die kräftezehrende Arbeit war dann aber noch nicht getan, denn die bis zu hundert Zentner Sand mussten nun vom Kahn an Land gebracht und auf Pferdefuhrwerke verladen werden. Das Sandbaggerunternehmen Erdmann setzte ab 1890 dann ein kleines Dampfboot als Schlepper ein. Die stählernen Kähne konnten jetzt eine Last von 280 Zentnern tragen. Dennoch musste der Sand mit den Baggerbeuteln nach wie vor mühsam gefördert werden, bis 1915 die ersten Baggerschiffe mit Eimerketten und später mit Förderbändern eingesetzt wurden.

Ab 1890 entstand – ausgelöst vom einsetzenden Aufschwung im Baugewerbe in Deutschland – in dem Gewerbe Sandbaggerei bis zum Ersten Weltkrieg erhebliche Konkurrenz auf der Lippe. So wurden 1896 von der Kreisbauinspektion Brilon neue Erlaubnisscheine an fünf Firmen in Lippstadt vergeben: Anton Erdmann, Joseph Kaiser, Carl Ebbinghaus, Theodor Hölter und Wilhelm Buxelbroer. Nachdem auch Baugeschäfte die Erlaubnis bekommen hatten, die Sandanschwemmungen an den Wehren auswerfen und nutzen zu dürfen, gingen bis auf Erdmann und Ebbinghaus alle anderen Sandbaggereien ein. Die 1892 gegründete Firma Ebbinghaus, die ihre Anlegestelle in der Nähe der Brüderkirche hatte, durfte auf dem oberen Teil der Lippe vom Steinwehr bis zur Hörster Schleuse und Firma Erdmann vom Wehr an der Friedrichschule bis 300 Meter unterhalb der Gieselermündung baggern. Seit den 1960er-Jahren verlor die Sandbaggerei auf der Lippe zunehmend an Bedeutung und verlagerte sich in die Lippeniederungen. Dort waren wie bei Niederdedinghausen Baggerseen entstanden, auf denen man – begünstigt durch die zunehmende Motorisierung – wesentlich wirtschaftlicher Sand und auch Kies fördern konnte. Nachdem die Firma Schierholz (Ebbinghaus) bereits 1965 ihren Betrieb eingestellt hatte, endete auch für das Unternehmen Erdmann 1972 eine lange Familientradition.[101]

Beladene Sandkähne an den Anlegestellen, 1969

Goldschmiedetradition in sechster Generation

Seit 1797 steht das Familienunternehmen Jasper in Lippstadt als Juwelier für Erfahrung und Qualität in der Goldschmiedekunst. Handgefertigte Schmuckkollektionen sind seither ein Blickfang an der Langen Straße.

Die Geschichte des Unternehmens Jasper, heute als ältester Juwelier Lippstadts im Familienbesitz, lässt sich bis ins 17. Jahrhundert zurückverfolgen. So machte sich um 1690 ein Vorfahre aus Frankreich auf, um sich in Lüchtringen im Corveyischen niederzulassen. Einer seiner Söhne, Johann Theodor Jasper, ließ sich 1746 in Lemgo als Goldschmied nieder. Sein Nachkomme Johann Heinrich Jasper erkämpfte zusammen mit der Freifrau von Westphalen die Duldung des öffentlichen katholischen Gottesdienstes im sonst protestantisch geprägten Lemgo. Seinen Sohn Heinrich Ludwig Jasper, gelernter Gold- und Silberschmied wie der Vater, zog es nach Lippstadt, wo er 1797 den Bürgereid leistete und kurz darauf das Geschäft gründete. Carl Theodor Jasper baute nach dem Tod seines Vaters und Firmengründers 1852 das Geschäft weiter aus und fertigte in der ersten Hälfte des 19. Jahrhunderts silberne Löffel, Ohrgehänge und Pfeifendeckel. Sein Nachfolger wurde 1891 der zweitgeborene Sohn Friedrich Adam Jasper, der aber bereits im Alter von 55 Jahren verstarb. Das älteste seiner 14 Kinder, Carl Jasper, führte das Geschäft weiter und kaufte 1906 das Haus an der Langen Straße 64, wo sich das Unternehmen bis heute befindet. In den 1920er- und 1930er-Jahren konzentrierte er sich auf die maschinelle Herstellung von fugenlosen Trauringen, die bis nach Skandinavien exportiert wurden. Im Jahre 1956 wurde das Ladengeschäft vergrößert und umgebaut.

In der fünften Generation leitete Carl Friedrich Jasper von 1961 bis 2002 das Geschäft. In den über 40 Jahren seiner Tätigkeit brachte er mehr als 50 Goldschmieden das Handwerk bei und hatte maßgeblichen Anteil am Aufschwung des Unternehmens nach dem Zweiten Weltkrieg. Schon Anfang der 1960er-Jahre unternahm er Einkaufsreisen nach Ostasien, Indien, Mexiko und Südamerika und kaufte an den Fundorten Perlen, Silber und Edelsteine, die er erfolgreich in Lippstadt weiterverarbeiten und verkaufen konnte. Im Jahre 1996 trat der Sohn Friedrich Jasper ins Unternehmen Juwelier Jasper ein. Als Goldschmiedemeister wie seine Vorfahren setzte er in sechster Generation die Tradition fort. Neben der Meistergoldschmiede konnte er in den letzten Jahren den überregional bekannten Ruf als Handelshaus ausbauen und Partnerschaften mit den international renommiertesten Uhren- und Schmuckmanufakturen aus Deutschland, Schweiz und Italien abschließen. In der Werkstatt im Haus kreieren Goldschmiede eigene Kollektionen für ihre Kundschaft. Nachdem Diamanten bei der Diamantenbörse in Antwerpen sowie Perlen und Farbsteine erstanden wurden, entstehen in der Lippstädter Werkstatt echte Meisterwerke in filigraner Handarbeit. Colliers, Ohrringe, Anhänger oder Ringe zieren die Frau oder den Mann. Weniger spektakulär erscheinen dagegen die Reparaturen von Schmuck

Juwelier Jasper, um 1920

… und heute

oder Uhren, die aber mit großer Sorgfalt ebenfalls in den Werkstätten durchgeführt werden. In dem Familienbetrieb arbeiten heute elf Mitarbeiter, bestehend aus Goldschmieden, Uhrmacher und Verkaufsberatern.

Im Hause Jasper sieht man die eigene Geschichte als großen Erfahrungsschatz und Basis für ein modern aufgestelltes Juweliershaus mit angeschlossenen Goldschmiede- und Uhrmacherwerkstätten.

Seit mehr als 200 Jahren konnte das Geschäft immer wieder vom Vater auf den Sohn übertragen werden und auch für die siebte Generation gibt es Nachfolger, die – so wünscht sich die Familie Jasper – die Herausforderung in der Zukunft annehmen werden.

www.juwelier-jasper.de

Mehr Wert. Sparkasse Lippstadt – Gut für diese Region

Seit 170 Jahren ist das Lippstädter Institut der zuverlässige Finanzpartner für Menschen und Wirtschaft.

Seit der Gründung der ersten deutschen Sparkasse vor gut 230 Jahren ist die Kundennähe ein zentrales Merkmal aller Institute.

1778 entstand in Hamburg die „Ersparungsclasse der Allgemeinen Versorgungsanstalt" als eine Selbsthilfeeinrichtung für die unteren Bevölkerungsschichten. Dienstboten, Tagelöhner, Handarbeiter und Seeleute bekamen hier die Gelegenheit zu sparen. Über die Jahrzehnte schossen allerorten neue Institute aus dem Boden: Gab es 1836 etwa 280 Sparkassen, waren es 1913 bereits 3.100. Sie vergaben nun nicht mehr allein Sparbücher, sondern auch Unternehmenskredite und legten Geld in Wertpapieren an. Die Sparkassen wurden Universalbanken. 1933, nach der Weltwirtschaftskrise, erklärte die Reichsregierung sie zu Anstalten des öffentlichen Rechts. So wurden sie rechtlich selbstständig. Außerdem wurde die Bezeichnung Sparkasse gesetzlich geschützt, damit die Kunden verbindlich wussten, mit welcher Art Kreditinstitut sie es zu tun hatten. Diese Neuerungen stellten nicht nur einen weiteren Modernisierungsschub für die Institute dar, sondern boten ihren Kunden zusätzliche Sicherheiten. Eine besondere Schlüsselposition nahmen die Sparkassen in der Nachkriegszeit und den Wirtschaftswunderjahren ein, denn sie trugen entscheidend dazu bei, den Wohlstand für alle zu verbreiten. Das galt auch für die Sparkasse Lippstadt. Als Partner aller Bevölkerungsschichten vergab sie ihre Kredite an aufstrebende Unternehmen genauso wie an Privatpersonen, unter anderem für den Wohnungsbau.

Kassenhalle Spielplatzstraße Innenansicht 1960er-Jahre

Sparkassengebäude um 1960, Spielplatzstraße

Sparkassengebäude um 1900, Spielplatzstraße

Als das Institut am 1. Januar 1842 auf Betreiben des Bürgermeisters Bertram im Wohnhaus des ersten Sparkassenrendanten am Lippertor 1 seine Geschäftstätigkeit aufnahm, wurde das Bargeld noch in einer Truhe und später in einer feuerfesten Kiste aufbewahrt. Die Rendanten waren zwar damals noch Mitarbeiter der Stadt,

Lippstadt im Spiegel der Zeit

doch die Abwicklung des Finanzgeschäftes wurde in ihrem Privathaus vorgenommen – von 1855 bis 1866 im Thurmann'schen Haus in der Brüderstraße 18 und dann bis 1910 im Haus des Schlossermeisters Lahme in der Klusestraße 23. Erst dann wurde mit dem ehemaligen Reichsbankgebäude in der Spielplatzstraße 16 ein eigenes Bankgebäude erworben und entsprechend eingerichtet. Da die Sparkasse über die Jahrzehnte immer stärker expandierte, errichtete sie 1972 ein neues Gebäude auf dem benachbarten Grundstück in der Spielplatzstraße mit der heutigen Nummer 10. Im Jahre 2001 wurde das Gebäude aufgrund gestiegener Anforderungen deutlich erweitert und modernisiert.

Auch nach der Fusion mit der Sparkasse Warstein-Rüthen im Jahr 2009 ist die Sparkasse Lippstadt ein Garant für zuverlässige Gelddienstleistungen aller Art. Durch ihr Prinzip, das bei ihr angelegte Kapital zu fairen Konditionen ausschließlich an Kunden in der Region zu verleihen, ist sie ein wichtiger Förderer des Mittelstands und hält die Kreditversorgung in ihrem Geschäftsgebiet aufrecht. Gerade in Krisenzeiten ist dies von unschätzbarem Wert. Denn als wichtigster Finanzierungspartner der kleinen und mittleren Unternehmen trägt sie wesentlich dazu bei, dass der Mittelstand in Wachstum und Beschäftigung investieren kann. Wie kein anderes Kreditinstitut ist sie als lokaler Anbieter ausschließlich den Menschen in Lippstadt, Warstein und Rüthen sowie der heimischen Wirtschaft verpflichtet. In den mittlerweile 24 Geschäftsstellen und vier Kompetenzzentren – verteilt über die gesamte Region Lippstadt-Warstein-Rüthen – bietet das Institut Geldanlagen, Kredite, Girokonten, Wertpapiere, Bausparen und viele andere Finanzdienstleistungen an.

Rund 280 Mitarbeiterinnen und Mitarbeiter gewährleisten eine korrekte und professionelle Beratung aller Kunden – persönlich und vor Ort. Mit 84.000 Privatkunden, 5.000 Firmen- und Gewerbekunden sowie einer Bilanzsumme von rund 1,3 Milliarden Euro im Jahr 2010 ist die Sparkasse das größte Kreditinstitut am Ort und Marktführer – sowohl im Privat- als auch im Firmenkundengeschäft. Und: Mit derzeit 23 Auszubildenden ist sie der größte Ausbilder in der Finanzdienstleistungsbranche vor Ort.

Wie die anderen öffentlich-rechtlichen Institute ist die Sparkasse Lippstadt nicht nur eng in das wirtschaftliche, sondern auch das soziale Leben ihrer Region eingebunden. So entwickelt sie mit Bürgerinnen und Bürgern, Mittelstand und Kommunen gemeinsam ihren Lebensraum weiter. Hierzu gehört auch, dass sie ihre Überschüsse in ihrem Geschäftsgebiet gemeinnützig verwendet und sich auf vielfältige Weise gesellschaftlich engagiert. Allein im Jahr 2010 waren das 525.000 Euro. Von diesem Betrag profitierten 250 gemeinnützige Institutionen und Vereine. Dabei ist die Sparkasse nicht nur Sponsor lokaler Veranstaltungen oder Kulturförderer. Mit einigen Partnern unterstützt sie auch den Aufbau der Hochschule Hamm-Lippstadt durch eine Stiftungsprofessur und mit der Vergabe von Stipendien. Um lokale Projekte von größerer Dimension langfristig fördern zu können, richtete die Sparkasse drei Stiftungen ein: Die „Sparkassenstiftung für Lippstadt" fördert Projekte in der Stadt, wie etwa die Erhaltung des Wasserturms. Im Bereich der Jugend- und Sportförderung hat sie Vereinsbullis zur Verfügung gestellt. Die „Sparkassenstiftung zur Förderung der Kunst" ist maßgebliche Unterstützerin lokaler Kunstprojekte wie etwa die Lichtpromenade im Rahmen des Großprojektes „Hellweg – ein Lichtweg", und mit der „Jubiläumsstiftung der Sparkasse Warstein-Rüthen" hilft sie den dortigen Projekten. Außerdem veranstaltet die Sparkasse regelmäßig für ihre Kunden das „Forum-Zukunft" mit prominenten Gästen aus Politik, Wirtschaft und Sport.

So wie Sicherheit und Stabilität, der Dienst für Kunden und Region von Anfang an zum Geschäft der Sparkasse Lippstadt gehört haben, zählt es auch heute und in Zukunft zum Wertekanon des Instituts, dass die Kunden in die Mitarbeiterinnen und Mitarbeiter sowie in die Finanzprodukte und Dienstleistungen vertrauen können. Die Beratungsqualität ist sehr hoch, und nach wie vor legt das Institut großen Wert auf langfristige Beziehungen mit seinen Kundinnen und Kunden. Beziehungen, die mehr Wert schaffen und die man ohne weiteres auch als partnerschaftlich bezeichnen kann.

Mit Herz und Kompetenz in eine gemeinsame Zukunft

rechts: Gesundheitssport, 2008

Der Lippstädter Turnverein 1848 e. V. hält heute mehr als 180 Sportangebote pro Woche bereit und ist der älteste und mitgliederstärkste Sportverein im Kreis Soest.

Der heute größte Turnverein Lippstadts entstand 1848 aus 18 engagierten Männern, die sich zu einer Gründungsversammlung zusammenfanden, um den ersten organisierten Sport und insbesondere die volkstümlichen Leibesübungen nach Turnvater Friedrich Ludwig Jahn ins Leben zu rufen. Die aktivsten von ihnen bildeten am 25. November 1863 eine Turner-Feuerwehr, woraus sich die heutige Freiwillige Feuerwehr entwickelt hat. Für die weitere Entwicklung war entscheidend, dass Frauen erstmals am 20. April 1901 in Lippstadt zu sportlichen Übungen zugelassen wurden und sich ab den 1950er-Jahren Abteilungen gründeten. Über 2.664 Mitglieder engagieren sich heute in zwölf Abteilungen: Basketball, Diabetikersport, Fitness, Hockey, Gesundheitssport, Herzsport, Leichtathletik, Rasenkraftsport, Triathlon, Ski, Sportkegeln, Tennis, Tischtennis, Turnen und Volleyball. Zusätzlich nutzen jährlich etwa 800 Patienten die verschiedenen Angebote.

Seit 2008 ist der LTV als Ausbildungsstätte für die Studiengänge „Bachelor in Fitnesstraining" und „Bachelor in Gesundheitsmanagement" anerkannt. 86 Übungsleiter beziehungsweise Trainer/innen mit B- oder C- und Sonderlizenzen, ein Ärzteteam, eine Diplom-Sportwissenschaftlerin sowie Sportlehrer und Physiotherapeuten sorgen ständig für freundliche Atmosphäre und fachlich kompetente Sport- und Freizeitangebote sowie Reha- und Präventionssport. Das eigene zweigeschossige LTV-reAktiv-Forum ist barrierefrei mit Aufzug und bietet neben einem Kardio- und Kraftraum noch eine Gymnastikhalle mit einer sieben Meter hohen Kletterwand. Die Sportkegelhalle ist mit vier Wettkampfbahnen, einer Keglerklause und Tagungsräumen ausgestattet.

Die Sport- und Freizeitangebote werden im Sportzentrum, in 16 Sporthallen, im LA-Stadion, Sportschulen, im Bünder Schullandheim auf Wangerooge, in der Schwimmhalle der Reha-Klinik Panorama in Bad Waldliesborn für alle Mitglieder und Kurzzeitmitglieder sowie für Patienten mit Reha-Verordnung angeboten.

Sport an der Kletterwand

Die LTV-Frauenriege vor der Ostendorf-Turnhalle, 1908

Seit 1848 immer nah am Leser

Mit einer geradezu atemberaubenden Dynamik hat sich die Medienwelt in den letzten Jahrzehnten verändert. Die Vielfalt und die Macht der Medien sind größer denn je; ganz anders als damals, in den Zeiten der Revolution, als die Pressefreiheit die Gründung vieler neuer Zeitungen ermöglichte.

Auch „Der Patriot" ist ein „Kind dieser Revolution" – gegründet am 7. Oktober 1848. Verleger war der Buchdrucker Carl Weinert, der in Berlin die März-Aufstände von 1848 hautnah miterlebt und von dort demokratisches Gedankengut mit in seine Heimatstadt gebracht hatte. Es war der Beginn einer langen, wechselvollen Geschichte, die den „Patriot" durch viele Hochs und Tiefs führte. Vor allem die Kriegszeiten und auch der Kulturkampf (1871–1887) haben den Herausgebern viel Mut und Standhaftigkeit abverlangt. Stetig steigende Auflagenzahlen verdeutlichen den Erfolg der Traditionszeitung. Waren es zu Weinerts Gründerzeiten gerade mal 800 Zeitungen, so gehen heute an sechs Tagen in der Woche circa 28.000 Exemplare vom Band. „Der Patriot" ist damit die größte Tageszeitung im Raum Lippstadt.

Aus der kleinen Wochenschrift ist ein modernes Medienhaus geworden, das mit Stolz auf die Vergangenheit zurückblickt und sich den Herausforderungen der Zukunft stellt.

Geblieben ist die Familientradition. 1869 trat Carl Josef Laumanns in das Unternehmen ein. Ihm folgte Carl Laumanns, der fast 60 Jahre unternehmerische Verantwortung trug und der später, auch dank seiner politischen Arbeit als Landrat, zum Ehrenbürger der Stadt Lippstadt ernannt wurde. Heute stehen die Verleger Dr. Michael Laumanns, Dr. Reinhard Laumanns und Christoph Barnstorf-Laumanns an der Spitze des Medienunternehmens.

Das „Zuhause" des „Patriot" liegt im Altkreis Lippstadt, dem östlichen Teil des Kreises Soest. Begonnen hat die „Patriot"-Geschichte an der Marktstraße. Nach verschiedenen Standortwechseln kam in der Kolpingstraße 7–9 ein neuer Firmensitz hinzu. Die Verlagsleitung entschloss sich – angesichts des gewachsenen Geschäftsfeldes für die Bereiche Technik, Verwaltung und Redaktion –, ein neues Druck- und Verlagszentrum im Gewerbegebiet Am Wasserturm zu errichten. Nachdem auch die Stadtredaktion in die Marktstraße umgezogen war, wurde der Standort Kolpingstraße 1984 aufgegeben. Das Herz der Zeitung schlägt seither im Medienhaus Laumanns im Gewerbegebiet Am Wasserturm. Weitere Niederlassungen sind das Pressehaus am Markt und die Geschäftsstellen in Geseke, Erwitte und Rüthen. Das Unternehmen Laumanns hat 117 Mitarbeiter, davon sind sieben junge Leute in der Ausbildung. Informativ sein, unterhaltsam, kritisch und hilfreich, so versteht der Patriot seine Aufgabe – stets orientiert an der Leitlinie des Hauses: Immer nah am Leser …

www.derpatriot.de

Werbung, um 1935

Der ehemalige Firmensitz in der Kolpingstraße

Das Medienhaus Laumanns heute

Die Bahn kommt!

Die Erfindung der Eisenbahn zu Beginn des 19. Jahrhunderts zog weltweit wirtschaftliche Veränderung nach sich. Für Lippstadt bedeutete die Anbindung an das Schienennetz Wirtschaftswachstum und somit auch eine Zunahme der Bevölkerung. Dadurch war der Weg von der Ackerbürgerstadt zur modernen Industriestadt geebnet. Gleichzeitig entwickelte sich Lippstadt dadurch zu einem Zentrum, das für die Menschen im Umkreis von mindestens 20 Kilometern in vielerlei Hinsicht von Bedeutung ist. Der Bau einer Eisenbahnstrecke zwischen Hamm und Paderborn wurde Mitte des 19. Jahrhunderts zwischen Preußen und Hessen (Kurhessen) verhandelt und beschlossen. Die Durchführung des Projektes oblag der staatlich Königlich-Westfälischen Eisenbahn-Gesellschaft ab 1848. Das erste Teilstück zwischen Hamm und Paderborn konnte am 1./4. Oktober 1850 eröffnet werden; die zwei weiteren Teilstücke bis Warburg ließen bis 1853 auf sich warten, denn dieser Bau erwies sich planerisch und bezüglich seiner Umsetzung als schwieriger. So musste zum Beispiel das Eggegebirge durchquert werden, wodurch das Eisenbahn-Viadukt in Altenbeken gebaut wurde. Nach und nach entstand eine Schienenverbindung von Westfalen nach Halle/Leipzig.

Mit dem Bau der Strecke wurde in Lippstadt 1850 ein Bahnhof mit einem Bahnhofsgebäude gebaut, das 1967 dem heutigen Gebäude weichen musste. Ebenso wich das Bahnpostamt an die Bahnhofstraße (nahe Südertorschranke) und die nach Klassen unterteilten Wartesäle und das Restaurant wurden damals durch eine neue Bahnhofsgaststätte ersetzt. Anfangs fuhren täglich zwei Züge Richtung Paderborn oder Hamm. Westlich des Hauptbahnhofs wurde außerdem ein Güterbahnhof gebaut, sodass am 1. November 1850 der Güterverkehr aufgenommen werden konnte.[102] Bis 1903 hatte man das Bahnhofsgelände um zwei Stellwerke, zwei Lokschuppen, einen Güterschuppen, einen Expressgutschuppen und andere Dienstgebäude erweitert. Der Bahnhof zählte zu dieser Zeit sechs Gleise.[103] Dem Strukturwandel bei der Bahn zufolge wurde

Der Hauptbahnhof, um 1900

Südseite des Hauptbahnhofs, um 1900

die Güterfracht am Güterbahnhof in den 1990er-Jahren allerdings vollständig aufgegeben und die Gebäude mussten 2011 einem Großbauprojekt der Stadt Lippstadt weichen.

Bekamen die Dampfloks zu Beginn der 1960er-Jahre durch die Dieselloks einen harten Konkurrenten, so konnten seit Dezember 1970 die ersten E-Loks die Strecke befahren. Doch weil noch nicht genügend E-Loks zur Verfügung standen, verkehrten Güterzüge auf der Strecke noch bis 1973 mit Dampfloks. Bis 1990 fuhren dann Eil- und D-Züge die Strecke sowie auch Interzonenzugpaare wie beispielsweise zwischen Mönchengladbach und Leipzig oder zwischen Düsseldorf und Chemnitz.

Zwischen 1973 und 1976 fuhren auf der Strecke Züge in der Funktion als IC-Zubringerverkehr. Eine schnellere Verbindung entstand erst 1990, als der komfortable Interregio neu eingesetzt wurde. Die Strecke zwischen Soest und Paderborn wurde 1993 bis 1994 gesperrt und ausgebaut, um eine Fahrgeschwindigkeit von 200 km/h erreichen zu können. In diesem Zusammenhang sollten Bahnübergänge gesperrt beziehungsweise durch Unterführungen ersetzt werden. Dies gelang aber nicht vollständig, sodass die Höchstgeschwindigkeit auf der Strecke nur abschnittsweise gefahren werden kann. Zwischen 2002 und 2007 befuhren sogar ICE-Züge die Strecke. Nach zahlreichen Streichungen auf der Streckenverbindung im Fernverkehr fährt seit Ende 2010 neben den IC-Zügen auch wieder ein ICE über das Ruhrgebiet nach München. Der Lippstädter Bahnhof liegt an der 131 Kilometer langen Bahnstrecke Hamm–Warburg und wird von der Deutschen Bahn AG geführt. Die Ems-Börde-Bahn, die 2008 durch das Unternehmen eurobahn übernommen wurde, pendelt als Regionalbahn RB 89 halbstündlich zwischen Paderborn und Münster, während der Rhein-Hellweg-Express von der Deutschen Bahn AG eine wichtige Ost-West-Verbindung zwischen Paderborn und Hamm darstellt. Seit 2010 verkehrt auch der NRW-Express (RE 1) zwischen Paderborn und Aachen mit einer Geschwindigkeit von bis zu 160 km/h.[104] Die IC- beziehungsweise ICE-Verbindung bietet eine überregionale Reisemöglichkeit über Kassel nach Nord-, Ost- oder auch Süddeutschland. Auch der Güterverkehr auf dieser Strecke ist dicht besetzt. Im Lippstädter Stadtgebiet gibt es noch einen weiteren Bahnhof. So wird der Bahnhof im Ortsteil Dedinghausen von den Regionalbahnen angefahren. Auch für den regionalen wie überregionalen Schienenverkehr ist Lippstadt ein wichtiger Knotenpunkt, denn neben der Ost-West-Verbindung verläuft durch Lippstadt auch die wichtige Nord-Süd-Verbindung. Die Westfälische Landeseisenbahn (WLE) eröffnete den Schienenverkehr auf der Strecke Lippstadt–Warstein am 1. November 1883. Am 20. Oktober 1898 wurde die Linie Lippstadt–

Der Hauptbahnhof, um 1967

Südseite des Hauptbahnhofs, um 1967

Beckum in Betrieb genommen, wofür neben dem Hauptbahnhof noch ein Nordbahnhof gebaut wurde, der an der Nord-Süd-Verbindung lag. Bis heute verläuft die eingleisige Strecke von Warstein über Belecke, Anröchte, Erwitte und Lippstadt nach Wadersloh, Beckum und Neubeckum. Die Strecke hatte bis in die 1960er-Jahre größere Bedeutung für den Personenverkehr. So wurden im Jahr 1900 fast 240.000 Fahrkarten verkauft.[105]

Mit der zunehmenden Motorisierung als Folge des Wirtschaftswunders nahm die Zahl der Fahrgäste seit Ende der 1960er-Jahre jedoch dramatisch ab, sodass der Personenverkehr 1975 eingestellt wurde und die Strecke seitdem nur noch von der WLE für den Güterverkehr genutzt wird. Nach der Einstellung des Personenverkehrs verlor der Nordbahnhof seine Bedeutung, sodass er mit Empfangsgebäude, Güterschuppen, Laderampe und Gleisanlagen 1987 abgerissen wurde. Das 1910 errichtete Stellwerk und das Streckengleis blieben erhalten und wurden den Lippstädter Eisenbahnfreunden übergeben.

Die Rhedaer Bahn – „Achtung, hier Lippstadt, Gleis 5!"

Eine weitere Schienenverbindung nach Norden ging von Lippstadt aus nach Rheda-Wiedenbrück, die Rhedaer Bahn. Im Jahr 1883 wurde die Baugenehmigung für die sogenannte Sekundärbahn Lippstadt–Rheda durch die Königlich Preußische Eisenbahndirektion Hannover erteilt. Geplant war die Weiterführung der Strecke über Warendorf nach Münster. Am 24. Juni 1887 konnte der Eisenbahnverkehr der Strecke Lippstadt–Benteler–Langenberg–Wiedenbrück-Rheda aufgenommen werden. Am 1. Mai 1914 konnte schließlich auch Waldliesborn an das Schienennetz angeschlossen werden. Um den Fliegerhorst Lipperbruch an das Schienennetz anzubinden, wurde 1935 eine Zweiglinie Bad Waldliesborn–Lipperbruch gebaut. Nach dem Einmarsch der Amerikaner 1945 sollte die zweigleisige Lippebrücke, über welche die Gleise der Rhedaer Bahn und der WLE verliefen, gesprengt werden. Die Brücke war nach misslungener Sprengung dermaßen beschädigt, dass der Zugverkehr eingestellt und die Brücke abgerissen werden musste. Erst mit Fertigstellung einer eingleisigen Blechträgerbrücke konnte 1947 der Zugverkehr wieder über die Lippe rollen. Die Zweiglinie nach Lipperbruch wurde jedoch 1952 demontiert.[106] Bis in die 1970er-Jahre war neben den anderen Streckenverbindungen auch die Rhedaer Bahn ein wichtiges Verkehrsmittel zur Personenbeförderung. Der zunehmende Busverkehr und besonders die zunehmende Motorisierung des Einzelnen führten allerdings auch hier dazu, dass der Personenverkehr 1979 eingestellt wurde, sodass Personenverkehr nur noch zwischen Rheda und Münster erhalten blieb. Lief zunächst noch der Güterverkehr zwischen Langenberg und Lippstadt weiter, so wurde dieser im Jahr 1983 ebenfalls eingestellt. Seit 1985 wurden die Gleise größtenteils demontiert.[107]

Die Südseite des heutigen Bahnhofs

Der Güterbahnhof vor dem Abriss, 2011

Medizinische Versorgung in der Stadt

Den in den 1850er-Jahren entstandenen Lippstädter Krankenhäusern ging schon eine Reihe mittelalterlicher Hospitäler und Pflegeeinrichtungen voraus.

Geistspital, Siechenhäuser und Nothospital

Bereits am Ende des 13. Jahrhunderts wird das Heilig-Geist-Spital als damals wohl größtes und bekanntestes Spital in Lippstadt urkundlich erwähnt. Es lag in der Nähe des Rathauses an der Ecke von heutiger Langen Straße und Geiststraße. Dies war zwar keine kirchliche Einrichtung, unterstand aber dem Kirchenrecht und hatte eine eigene Kapelle. Jedoch wurden dort im Sinne eines bürgerlichen Spitals pflegebedürftige und bettlägerige, höhere und mittlere Bürger sowie unselbstständig gewordene Witwen behandelt, anstatt Aussätzige und Erkrankte. An ein weiteres Hospital wird noch heute durch den Namen Geiststraße erinnert, die um 1435 noch Spitalerstraße, um 1680 Spitaler- oder Heilig-Geist-Straße und um 1706 Hospitalstraße (nicht heutige Hospitalstraße!) hieß. So befand sich an dieser Straße einst ein Hospital, in dem erkrankte Reisende verpflegt wurden. Zur Versorgung von Siechen und Kranken gab es außerdem spätestens ab der Mitte des 14. Jahrhunderts die Kluse am Klusetor. Diese wurde vermutlich bei einem Brand im 15. Jahrhundert zerstört, anschließend aber wieder aufgebaut.

Ein weiteres Elenden- und Siechenhaus vor den Mauern der Stadt wird 1348 erwähnt, nachdem der sogenannte „Aussatz" (Lepra) durch die Kreuzzüge nach Europa gebracht worden war. Zu diesem Leprosenhaus oder auch „Haus der Aussätzigen" vor dem Südertor gehörte auch eine dem heiligen Matthias geweihte Kapelle.[108]

Als 1850 die Stadt Lippstadt von einer Cholera-Epidemie erfasst wurde, richtete man auf Drängen des sogenannten Kreisphysikus im Herbst 1850 ein konfessionell ungebundenes Nothospital ein. Als Räumlichkeit stand auf dem Gelände des ehemaligen Augustiner-Eremiten-Klosters die Kaserne zur Verfügung, da diese für einen militärischen Einsatz zwischenzeitlich verlassen worden war. Die Ausbreitung der Krankheit betraf rund ein Zehntel der Lippstädter Bevölkerung, von denen wiederum etwa ein Viertel daran starb. Nachdem die Ausbreitung der Krankheit mit Einbruch der Frosttemperaturen im Winter stagnierte und die Seuche schließlich verschwunden war, mussten die Räume der Kaserne desinfiziert und wieder verlassen werden.[109]

Bereits 1849 forderte der Pfarrer der Marienkirchgemeinde zur Einrichtung eines Armen- und Krankenhauses auf, woraufhin ein Teil des ehemaligen Geländes St.-Annen-Rosengarten von der Stadt zur Errichtung eines Neubaus erworben werden konnte.

Das Evangelische Krankenhaus

Nach Überwindung der Cholera-Epidemie im September 1851 konnte der Grundstein für ein Krankenhausgebäude an der Alten Soeststraße (heute Kolpingstraße) gelegt und das Krankenhaus ein Jahr später bezogen werden. Dort standen acht bis zehn Betten für Kranke, vier Betten für Alte und vier Betten für Kinder beziehungsweise Waisen zur Verfügung. Als die Krankheit schließlich erneut ausbrach, wurde die Einrichtung

Evangelisches Krankenhaus an der Alten Soeststraße, um 1920

1851 Die Lippstädter Krankenhäuser

oben: Siechenhaus und Matthiaskapelle vor der Stadtmauer, 1623

rechts: EVK altes Krankenhausgebäude an der Wiedenbrücker Straße

unten: EVK, Neubau an der Wiedenbrücker Straße

1866 Choleralazarett und während des Deutsch-Französischen Krieges 1870/1871 zum Reservelazarett für Verwundete und Kranke. Über die Entsendung von Schwestern an das Krankenhaus wurde 1873 mit dem Westfälischen Mutterhaus Bethel, der heutigen Westfälischen Diakonissen-Anstalt Sarepta in Bethel (Bielefeld) ein Vertrag geschlossen.[110]

Nach Vergrößerungen an der Alten Soeststraße wurde im Mai 1912 schließlich der Grundstein für ein neues Krankenhausgebäude an der Wiedenbrücker Straße im Lippstädter Norden gelegt und die Einrichtung im Herbst 1913 eingeweiht.

Während des Ersten Weltkrieges wurde das Krankenhaus zwischenzeitlich zu einem Lazarett. Nach dem Krieg erfolgten bis 1928 verschiedene Erweiterungen und die Einrichtung einer staatlich anerkannten Krankenpflegeschule zur Ausbildung des Fachpersonals. Etwa zehn Jahre später wurde das Krankenhaus auch während des Zweiten Weltkrieges zu einem Lazarett. Nach Kriegsende übernahm bis Juli 1946 die amerikanische Besatzungsmacht das Krankenhaus und nahm die Belegschaft gefangen.[111]

Die darauf folgenden Jahre sind durch eine Reihe von Erweiterungen geprägt. Besonders nennenswert sind hier nach dem Jubiläumsjahr 1952 die Einrichtung einer Kinderklinik 1957/1958 an der Langen Straße sowie die Angliederung einer Kinderkrankenpflegeschule. 1964 wurde der Grundstein für einen Neubau auf dem Gelände an der Wiedenbrücker Straße gelegt, der im Frühjahr 1967 an derselben Stelle wie der Vorgängerbau eingeweiht werden konnte.

1998 verlieh die Stadt Lippstadt dem Krankenhaus das Prädikat „kinderfreundlich". Dieses wechselte in die organisatorische Selbstständigkeit in der Rechtsform der Stiftung. Auch nach dem 150-jährigen Jubiläum 2001 setzte sich die stetige Erweiterung des Krankenhauses fort.

2003 schloss sich das Evangelische Krankenhaus Lippstadt dann dem Valeo-Klinikverband (Verbund Evangelischer Krankenhäuser in Westfalen) an. Zur engeren Zusammenarbeit von Fachabteilungen und Fachärzten wurde 2006 das neue Facharztzentrum am Evangelischen Krankenhaus eröffnet. Ab 2007 folgten weitere Grundsanierungsarbeiten sowie Umbau- und Neugestaltungsmaßnahmen.[112]

Das alte Krankenhausgebäude wich 2010 zugunsten der Erweiterung der Parkplatzfläche an der Wiedenbrücker Straße. Parallel dazu erfolgen seit 2010 verschiedene An- und Neubaumaßnahmen am Krankenhausgebäude.[113]

Das Katholische Krankenhaus

Die in den 1850er-Jahren noch sehr junge katholische Gemeinde Lippstadts sann seit 1852 ebenso wie die evangelische Gemeinde auf die Einrichtung eines eigenen Hospitals. Die finanziellen Mittel waren anfangs jedoch beschränkt und ließen keinen Gebäudeneubau zu.

Anstelle eines eigens errichteten Krankenhausgebäudes war der katholischen Gemeinde nach Sammlungen und Schenkungen der Kauf der noch heute erhaltenen Villa Schauroth (Schauroth'sches Palais) am westlichen Stadtrand möglich, in der im Mai 1856 schließlich die Einweihung des Katholischen Hospitals erfolgte. Die danach benannte heutige Hospitalstraße verlief damals innerhalb der Stadt weiter nördlich, entlang der ehemaligen Stadtmauer und damit quer durch das heutige Krankenhausgelände. Das ehemalige Soesttor an der Westseite der Stadtmauer wurde beim Bau der Villa als Gewölbe mit in das Gebäude integriert.

Der Fußweg zum heutigen Haupteingang des Krankenhauses dürfte insofern zum Teil dem damaligen Verlauf der Stadtmauer und auch der Hospitalstraße entsprechen, die seit der veränderten Straßenführung zwischen 1955 und 1964 heute an der Kreuzung mit der Klosterstraße endet. Anfangs waren in dem Hospital als Pflegerinnen zwei Ordensschwestern tätig. Die Mitarbeiterinnen der Barmherzigen Schwestern des heiligen Vinzenz von Paul sollten von dort an noch 130 Jahre im Dienste des Krankenhauses stehen.[114]

Nach anfänglichen Anbaumaßnahmen dürfte der im Jahre 1911 gelegte Grundstein „zum Neubau des der Allerheiligsten Dreifaltigkeit geweihten Hauses" dann unter anderem Anlass für die namentliche Änderung des Katholischen Hospitals in Dreifaltigkeits-Hospital gewesen sein. Neben diesem 1912 eingeweihten Neubau folgten wegen der steigenden Einwohnerzahl Lippstadts bis in die 1950er-Jahre hinein Erweiterungsbauten entlang der damaligen Hospitalstraße und der Straße Soesttor. Schließlich konnte das Hospital 1956 sein 100-jähriges Bestehen feiern, dem auch in den Jahren 1959 und 1965 Erweiterungen folgten. 1968 eröffnete man dann die Krankenpflegeschule und 1969 das große Bettenhochhaus. Nach weiteren Neubauten und Renovierungsmaßnahmen in den folgenden Jahrzehnten, wodurch sich der Gebäudekomplex auch in Richtung der Ecke von Soest- und Weihestraße erweiterte, konnte im Jahr 2000 auch eine von der Caritas unterhaltene Kurzzeitpflege im Schwesternwohnheim eingerichtet werden.[115]

2002 erfolgte schließlich die Gründung der Katholischen Hospitalvereinigung St. Nikolaus Lippstadt, in der sich das Dreifaltigkeits-Hospital Lippstadt und das Geseker Hospital zum Heiligen Geist zusammenschlossen. Auch das Erwitter Marien-Hospital schloss sich 2004 der katholischen Vereinigung an. Zum 150-jährigen Jubiläum erfolgten 2006 und 2009 Umstrukturierungen der katholischen Krankenhäuser, sodass die Fachabteilung für Unfallchirurgie von Erwitte nach Lippstadt und die Orthopädie von Lippstadt nach Erwitte verlegt wurde. Im Sommer 2011 verschmolzen die Katholische Hospitalvereinigung St. Nikolaus, das Erwitter Marien-Hospital und das gemeinnützige Lippstädter Dreifaltigkeits-Hospital gesellschaftsrechtlich zur gemeinnützigen Dreifaltigkeits-Hospital GmbH.[116]

(1) Villa Schauroth 1855: Die Anfänge des Dreifaltigkeits-Hospitals

(2) Villa Schauroth 1900: Das Gebäude lag an der ehemals weiterführender Hospitalstraße, heute Weg zum Haupteingang

(3) Dreifaltigkeits-Hospital 1937: Krankenwagenfahrer

(4) Dreifaltigkeits-Hospital mit der ehemals weiterführenden Hospitalstraße Ecke Soeststraße, heute Altbau, 1911

Die jüdische Minderheit in Lippstadt

Synagoge mit Vorgarten und Treppengiebel, um 1900 (linkes Gebäude)

Schon vor dem Bau der Synagoge in der Stiftstraße 1852 gab es jüdisches Leben in Lippstadt. Allerdings war dies immer wieder von ambivalentem bis feindlichem Verhalten der Lippstädter Mitbürger geprägt. Ein Rückblick in die Vergangenheit zeigt, welche Stellung jüdische Menschen in Lippstadt hatten und wie sie behandelt wurden.

Für die Region Westfalen ist bereits ab dem 11. Jahrhundert die Anwesenheit von Menschen jüdischen Glaubens nachweisbar. Diese hatten sich zunächst in Abhängigkeit von einer Kölner Muttergemeinde vereinzelt in Westfalen niedergelassen und bildeten später selbstständige Gemeinden.

Eine erste schriftliche Erwähnung eines Lippstädter Juden mit dem Namen Goscaldus de Lippia findet sich in einer Soester Steuerliste aus der Zeit zwischen 1330 und 1350. Im Jahre 1350 wurde den in Westfalen lebenden Juden dann zu Unrecht von ihren Mitmenschen die Schuld am sogenannten „Schwarzen Tod" (Pest) gegeben. Darauf folgte ein erster Judenpogrom, bei dem die bis dahin in Westfalen lebenden Juden verurteilt, verfolgt und nahezu vollständig ausgelöscht wurden. Erst aus dem Jahre 1422 gibt es dann wieder einen Beleg, in dem ein sogenannter Smolle der Jode im Rahmen eines

Geldgeschäfts mit einem Herrn Lambert von Varsem/Varsen über die Rückzahlung von 24 geliehenen rheinischen Gulden erwähnt wird.[117]

Nach den reformatorischen Unruhen in Westfalen im 16. Jahrhundert, die neben der Religion auch die Politik betrafen, wurden für Lippstadt am 24. August 1535 in einem Rezess die Rechte der Landesherren und der Stadt neu geregelt. Danach war es dem Bürgermeister und Rat der Stadt nicht mehr erlaubt, eigenständig sogenanntes Geleitsrecht zu erteilen. Dadurch wird deutlich, dass die Stadt Lippstadt bis dahin Juden vermutlich in der Stadt duldete und sich im Rahmen von Geleitschutz und Schutzbriefen auch für deren Einreise in die Stadt und Aufenthalt engagierte. Diese Unterstützung mag jedoch überwiegend durch wirtschaftliches Interesse der Bürger motiviert gewesen sein. So waren Juden wegen der Konkurrenz zu den Zünften mittels auferlegter Berufsbeschränkungen von der Mehrheit der Handwerksberufe ausgeschlossen und im Gegenzug dazu überwiegend auf Geld- und Pfandleihgeschäfte spezialisiert. Diese Tätigkeit stand wiederum in Konkurrenz zu den kirchlichen Rentenkäufen, mit denen man das kanonische Zinsverbot umging und die Geldgeschäfte der Juden somit auch in Konkurrenz zu denen der Kirche gerieten. Gegen Ende des 16. Jahrhunderts und Anfang des 17. Jahrhunderts waren Juden als Kreditgeber von den Bürgern daher durchaus in den Städten erwünscht, mussten aber aufgrund der damit verbundenen Belastungen und finanziellen Forderungen Beschwerden über den „wucherlichen jüdäischen Handel"[118] ertragen.

Nennenswert für diese Zeit der ambivalenten Haltung gegenüber Juden ist der Gelehrte David Gans, jüdischer Chronist und Astronom, der 1541 in Lippstadt geboren wurde und dessen Familie sich auch später noch in der Stadt nachweisen lässt. Der Anerkennung besonderer Leistung, wie der des David Gans oder auch des jüdischen Arztes Matthiaßen, standen jedoch die allgemeine judenfeindliche Stimmung und die auch auf andere Bereiche übertragenen Vorurteile bezüglich jüdischer Geldgeschäfte gegenüber. Dies mag dazu geführt haben, dass Juden schließlich das Niederlassungsrecht in Lippstadt verwehrt wurde, woraufhin unter anderem auch die spätere Verwandtschaft des David Gans im September 1579 Lippstadt verließen. Somit waren Juden vorerst aus der Stadt Lippstadt verbannt worden und wurden auch nicht mehr in diese hineingelassen.[119]

Ab der Mitte des 17. Jahrhundert konnte sich der Landesherr gegenüber dem Rat durchsetzen, sodass es wieder Schutzbriefe und Geleitserteilungen für Juden gab. In der Zeit vom 17. bis 19. Jahrhundert lebten daher auch vereinzelte Schutzjudenfamilien in Lippstadt (zum Beispiel Gumpertz, Hertz und Bacharach). In das letzte Drittel des 17. Jahrhundert ist daher auch die Einrichtung der möglicherweise ersten Synagoge in Lippstadt in Form einer sogenannten „Betstube" in der damaligen Judenstraße 20 (Rathausstraße) sowie die Einrichtung eines jüdischen Friedhofs an der Burgstraße zu datieren. Der lippische Landesherr setzte sich außerdem über das kleve-märkische Judenreglement hinweg, sodass in der Zeit von 1739 bis 1772 Lippstädter Juden sogar in das Bürgerbuch eingetragen wurden

David Gans[120]
- 1541 in Lippstadt geboren
- zunächst vom Vater Salomo Gans unterrichtet
- studierte rabbinische Wissenschaften in Bonn, Frankfurt am Main und Krakau
- in den 1560er-Jahren kam er nach Prag, Zentrum des deutschen Judentums
- Schüler des berühmten Rabbi Löwe ben Bezalel
- „modernes Denken" über Schriftstudium hinaus gefördert, Gans widmete sich Chronistik und Astronomie
- populärste Schrift „Zemach David" („Sproß Davids") über jüdische (Teil I) und allgemeine (Teil II) Weltgeschichte 1592 in Prag auf Hebräisch erschienen
- astronomisch-geografisches Hauptwerk „Nechmad wenaim" („Lieblich und angenehm"), Kurzfassung „Magen David" („Davidsschild") 1612 erschienen, wandte sich gegen seiner Zeit noch nicht anerkanntes Kopernikanisches Weltsystem (Sonne im Zentrum) zugunsten des Ptolemäischen Systems (Erde im Zentrum)
- Gans starb am 22. August 1613, beerdigt auf dem jüdischen Prager Friedhof, Beiname „Weiser"
- David-Gans-Straße in Lippstadt nahe der ehemaligen Synagoge nach ihm benannt

1852 Der Bau der Synagoge

und damit Bürgerrechte erhielten. Dennoch war ihnen offiziell der Aufenthalt in der Stadt untersagt und sie waren nach wie vor von den meisten beruflichen Tätigkeiten, insbesondere zünftiges Handwerk und Landwirtschaft, ausgeschlossen. Das Zusammenleben war von Konkurrenzneid, religiös begründeter Judenfeindlichkeit, ererbter feindlicher Einstellung und der Ablehnung der Andersartigkeit bestimmt. Als berufliche Tätigkeiten waren Juden weiterhin Pfandleihe sowie Hausier- und Trödelhandel, in beschränktem Maße und aufgrund religiöser Speisevorschriften auch Fleischhandel und als Kaufleuten der Konfektions-, Manufaktur- und Viehhandel erlaubt. Dies führte jedoch zu Auseinandersetzungen insbesondere mit dem Kramer- und dem Metzgeramt. Die meisten Juden lebten daher bis zum Ende des 18. Jahrhunderts als sogenannte Landjuden in den umliegenden Ortschaften der Region und gründeten teilweise sogar eigene Gemeinden mit Synagoge und Friedhof, wie beispielsweise in Lipperode, Horn, Wadersloh, Oestereiden, Hovestadt, Anröchte, Büren, Lichtenau und Madfeld.

So lebten jüdische Menschen bis zum Ende des 18. Jahrhunderts überwiegend als eine eigene und von der nichtjüdischen Bevölkerung getrennte Gesellschaftsgruppe. Eine neue Synagoge der später wieder wachsenden jüdischen Gemeinde in Lippstadt wurde nach 1782 in der Marktstraße 19/21 eingerichtet.[123]

Besserung versprach dann die Aufklärung sowie die Französische Revolution, womit in Deutschland auch die Emanzipation der Juden beginnen sollte. Das preußische Emanzipationsgesetz von 1807 fand jedoch bis 1812 in Lippstadt noch keine Umsetzung.

1841 kam dann im Zuge der reformerischen Bewegung gegenüber dem orthodoxen Judentum Selig Louis Li(e)pmannssohn nach Lippstadt und gründete die – allerdings erfolglose – private jüdische Elementarschule, woraufhin er Lippstadt 1842 wieder verließ. Erst 1847 wurde die Gesetzgebung gegenüber Juden vereinheitlicht, wobei es schon zuvor Aufhebungen des Schutzjudenstatus sowie der zahlenmäßigen Beschränkung für jüdische Familien in der Stadt gegeben hatte. Die Niederlassung von Juden in der Stadt war dabei von der Zulassung durch den Landesherrn abhängig.

Allmählich bildete sich dann das jüdische Schulwesen und 1852 wurde die Synagoge an der Stiftstraße als religiöser und gesellschaftlicher Mittelpunkt der jüdischen Gemeinde in Lippstadt eingeweiht. Jedoch schien die Reaktion der Lippstädter darauf geteilt gewesen zu sein. So schrieb „Der Patriot" infolge der Einweihung zwar, dass „wir es rühmend anerkennen müssen, dass die wenigen Israeliten, die hier wohnen, gewiss nicht ohne große Aufopferung es dahin gebracht haben, einen schönen Tempel zur Vollendung zu bringen"[124] beklagte aber im Gegenzug den „Schmerz", der damit verbunden sei, dass „dort, wo ihr christliches Gotteshaus zu einer Ruine geworden [ist], ein jüdischer Tempel stolz und prächtig hervorragt".[125]

Darin zeigt sich das von der Lokalpresse vermutlich widergespiegelte Denken der Lippstädter Bürgerschaft. Mit der Wirksamkeit des Emanzipationsgesetzes vollzogen sich aber schließlich auch gesellschaftliche Entwicklungen, wie der Aufstieg der zuvor ausgeschlossenen Juden in gesellschaftlich angesehene Berufe, eigenes Einkommen und möglicherweise sogar Eigentum sowie schließlich der Aufstieg in die bürgerliche Mittelschicht. Darüber hinaus wurde die Teilnahme am öffentlichen Vereinsleben, erfolgreiche Abschlüsse des höheren Bildungswesens, das Engagement in der Kommunalpolitik und sogar Betriebsgründungen, wie auch 1899 die von Sally Windmüller, möglich. Der Aufschwung wurde allerdings auch zum „Sprungbrett", um vom Lande her über Lippstadt in die größeren Städte weiter zu ziehen. In den 1880er- und 1890er-Jahren wurde dann das kulturelle Leben in der Stadt durch jüdische Vereinsgründungen wie den Verein für jüdische Geschichte und Literatur mit Leseabenden, Vorträgen und einer kleinen Bibliothek bereichert. Ebenso entstanden nach der Gründung des Deutschen Reiches 1871 Vereinigungen wie die Ortsgruppe des Reichsbundes jüdischer Frontsoldaten oder auch der Zentralverein deutscher Staatsbürger jüdischen Glaubens.

Auch das Engagement in den Kriegen 1870–1871 und 1914–1918 sowie im Lippstädter Krieger- und Landwehrverein lässt die Verbundenheit und Identifikation der jüdischen Minderheit mit Deutschland erkennen. Im Jahre 1890 erreicht die jüdische Bevölkerung in Lippstadt mit 270 Bürgern schließlich einen bis dahin zahlenmäßigen Höchststand (2,7 Prozent); ein verhältnismäßiger Höchststand mit 3,1 Prozent wurde schon 1870 erreicht.

Trotz des positiven Wandels der gesellschaftlichen Stellung der jüdischen Mitbürger in der Stadt und der Anpassung durch Aufgabe religiöser Riten, Heiraten mit Christen, Auflösung der Berufsbeschränkungen und Anerkennung besonderer Leistung als Wissenschaftler oder Künstler blieb in vielen Köpfen das „traditionelle" Denken gegenüber Juden erhalten.[126]

Beschreibung der Synagoge von Hans Christoph Fennenkötter[121]

„Die 1852 vollendete Synagoge besaß einen rechteckigen Grundriß und lag, 2 bis 3 Meter von der Fluchtlinie der Stiftsstraße zurückgesetzt, hinter einem Vorgarten, der durch eine niedrige Mauer mit einem Eisengitter abgegrenzt war. Die von der Stiftstraße aus sichtbare Fassade (Nordseite) war durch einen Treppengiebel gekrönt und hatte eine Breite von 12,40 Meter. Unterhalb des Giebels war auf einem Spruchband in hebräischer und in deutscher Sprache zu lesen: ‚Mein Haus soll ein Bethaus sein für alle Völker.' Der südliche Giebel entsprach in seinen Formen dem an der Nordseite, hatte jedoch eine andere Fenstergliederung. Das Erdgeschoß der Synagoge war in drei Räume aufgeteilt: Flur, Schulzimmer und Gebetsraum.

Im Schulzimmer war bis zum Jahre 1910 die jüdische Elementarschule (Volksschule) untergebracht. Erst danach wurden die jüdischen Kinder in den christlichen Volksschulen unterrichtet, und das Schulzimmer diente nur noch dem nachmittäglichen Religionsunterricht. Vom Flur aus führte eine Treppe in einen vierten Raum in der ersten Etage. Der eigentliche Gebetsraum der Synagoge war orientiert (geostet), das heißt nach Jerusalem ausgerichtet. An der zentralen Ostwand (Misrach) befand sich zwischen zwei kreisrunden Fenstern der Aron Ha'kodesch (Altar, Thoraschrein). Die Synagoge hatte einen vorderen Eingang, der zentral angelegt war und in das Schulzimmer führte, später aber nach rechts auf die Flurseite verlegt wurde, und einen seitlichen, westlichen Eingang in den Gebetsraum."

Zeitzeugenaussage zur Synagoge von Walter Benschner (Schweden)[122]

„Die Außenwand war gelblich-grau verputzt. Von der Außentür kam man zuerst in einen Vorraum, der ungefähr ein Drittel der Länge des Gebäudes ausmachte. Gegenüber dem Eingang führte eine Tür in den Gebetsraum. An der linken Seite des Vorraums ein Zimmer, das bei Bedarf für Religionsunterricht genutzt wurde. Daneben führte eine Treppe zur 2. Etage, die – glaube ich – nur aus einem Zimmer über dem unteren bestand.

Ich kann mich nämlich an keine Galerie im Gebetsraum erinnern. Die Orgel, die in einer alten Synagoge undenkbar gewesen wäre, war von Sally Windmüller gestiftet. Sie war nicht sehr groß und stand auf einem niedrigen Absatz an der Wand rechts zwischen Bundeslade [Thoraschrein, Anm.] und Wand. Rechts und links vom Mittelgang je eine Reihe Bänke mit Sitzrichtung zum Vorbeterpult vor der Bundeslade. Ich glaube, daß die Männer auf der rechten und die Frauen auf der linken Seite saßen. Auf der linken Wand entweder in ein Fenster oder auch direkt in die Wand eingelassen, ziemlich hoch oben, ein großes gläsernes Dreieck, das mit einem großen durchsichtigen Auge bemalt war."

Innenraum der Synagoge, um 1900

Sally Windmüller[127]

- Vater Heimann Windmüller kam in den 1840er-Jahren nach Lippstadt
- seit 1854 Vater in städtischen Akten selbstständiger Handelsmann
- Sally Windmüller und Zwillingsschwester Sophie am 10. April 1858 geboren
- väterliche Futtermittelhandlung mit Schwerpunkt auf Heuhandel, später dann „Fourage-Handlung" um Kohle und weiteres Brennmaterial erweitert
- am 16. Januar 1877 starb sein Vater, der 18-jährige Waise Sally war plötzlich der Ernährer von Mutter und sieben Geschwistern
- am 13. Mai 1892 Heirat mit Helene Sternberg, Genehmigung für Wohnhausbau an der Ecke Blumenstraße/Cappelstraße (ehemaliges Einwohnermeldeamt)
- 1895 Fourage-Handlung mit Betrieb in vier Gebäuden aufgegeben
- am 23. September 1895 Errichtung der Lampenfabrik
- Unternehmen „Westfälische Metall-Industrie Aktien-Gesellschaft Lippstadt" wurde am 1. Juni 1899 gegründet, Aufschwung und Erfolg des Unternehmens
- Stiftung der Orgel in der ehemaligen Lippstädter Synagoge an der Stiftstraße
- ab August 1907 für acht Jahre Mitglied des Lippstädter Stadtrates und später Mitglied der Vollversammlung der Handelskammer Bielefeld
- 1911 Umzug der Firma und der Familie Windmüller in die Lüningstraße
- 1915 fiel einziger männlicher Nachkomme Walter Ganz, ältester Sohn seiner Schwägerin Paula, im Ersten Weltkrieg
- erhielt am 5. Oktober 1916 zusammen mit Direktor Mumme der WLE das lippische Verdienstkreuz am weißen Bande für Verdienste um heimische Wirtschaft und kriegswichtige Rüstung
- Untersuchungshaft und Prozess vom 4. November bis 17. Dezember 1921
- wegen „Aufsichtsratsvergehen, begangener Untreue und Preistreiberei und Beihilfe und Hehlerei" zu Gefängnisstrafe und Geldbuße verurteilt, bürgerliche Existenz zerstört
- kurz vor Jahresende 1921 Vorstandsposten mit Vertretungsrecht und Geschäftsführung vom Aufsichtsrat entzogen, Dr. Hans Gladischefski als Nachfolger
- verließ Heimatstadt Lippstadt mit Frau und Tochter Louise nach Berlin
- Sally Windmüller starb am 10. Juni 1930 in Mietwohnung in Berlin Wilmersdorf, Pfalzburger Straße, Sarg von Frau auf Lippstädter Friedhof überführt

Direktor Sally Windmüller (mittig hinten) bei einer Ausfahrt mit seiner Schwägerin Paula Glanz (links) und Ehefrau Helene (rechts), um 1900

Ein Familienunternehmen in 5. Generation

Aus der traditionellen Seilerei ist ein modernes Handelsunternehmen mit den Sortimenten Seile, Ketten und Ladungssicherung geworden.

Der aus Thüringen stammende Seilermeister Carl Voigt gründete 1855 in Lippstadt an der Erwitter Straße 13 eine eigene Seilerei, die um die Jahrhundertwende bereits zur größten Seilerei Lippstadts herangewachsen war. Die Auswirkungen der Weltwirtschaftskrise machten dem Unternehmen sehr zu schaffen, doch zu Beginn der 1930er-Jahre erholte sich CONACORD wirtschaftlich wieder. Während des Zweiten Weltkriegs wurden dann unter anderem Artikel für den Heeresbedarf wie beispielsweise Zeltleinen gefertigt.

Nach dem Krieg begann das Geschäft mit dem Handel von Bindegarnen und der Fertigung von Produkten für die Landwirtschaft wie Ackerleinen, Stricken und Wurstgarnen sowie mit Produkten für die Industrie und das Handwerk wie Gerüststricken, Maurer- und Fliesenlegerschnüren und Seilen in allen Ausführungen. Seit Ende der 1950er-Jahre veränderte sich das Unternehmensprofil allerdings sehr stark.

Waren nach dem Krieg noch circa 40 Seiler in Lipperode für das Unternehmen tätig und fertigten Seile, so erforderte die veränderte Situation am Markt ein Umdenken beziehungsweise eine neue Struktur. Mit Aufkommen der SB-Märkte wurden Seile und Fäden nunmehr kundenfreundlich in den Warenhäusern angeboten. Ebenso ging der Verbraucher mehr und mehr zu Materialien über, die das ursprüngliche Grundmaterial Hanf ersetzten. Das bedeutete für CONACORD, seinen Kunden künftig alles anzubieten, was das Seil ersetzte. Mit diesem Konzept ist das Unternehmen seither sehr erfolgreich.

Als das Firmengebäude in der Lippstädter Innenstadt den Anforderungen des gewachsenen Unternehmens nicht mehr entsprach, entstand 1974 in Bad Waldliesborn ein Neubau mit modernster Lagerorganisation und Logistik. Bis heute erfolgten noch zwei weitere Erweiterungen der Lagerfläche. Das Unternehmen beteiligte sich 1978 an der Gründung der Füssener Textil AG, die ab diesem Zeitpunkt die Produktion aller textilen Erzeugnisse von der Maurerschnur über Wurstgarn, Bindfaden bis hin zum Seilgarn für den Lippstädter Standort fertigte. 1980 begann die Zusammenarbeit des Unternehmens mit der Werkstatt für Behinderte, die an mehreren Standorten in Lippstadt und Umgebung Fertigungsprozesse übernahm. Das Unternehmen gründete im Jahr 2004 in der Slowakei das Tochterunternehmen COMSET, in dem Seile, Gurte und Seilzubehör in verkaufsfertiger Aufmachung verpackt werden.

CONACORD beliefert heute mit seinem Seil- und Kettensortiment sowie mit Produkten für die Ladungssicherung zahlreiche Baumärkte, Fachhandel, Großmärkte und den Gartenfachhandel und hat sich mit Spiel- und Freizeitartikeln wie Dekorationsvorhängen, Schaukeln oder Hängematten ein weiteres Geschäftsfeld eröffnet. Bei den insgesamt 2.500 Artikeln reicht die Produktpalette von der Wäscheleine über Bindeartikel für den Garten, Verpackungsbedarf, unterschiedlichste Bindfäden, Schnüre, Seile und Ketten bis hin zu Zurrgurten. In den Bau- und Heimwerkermärkten werden inzwischen europaweit von CONACORD ganze Regalwände mit unterschiedlichen Produkten eingerichtet und stetig betreut. Viele Artikel werden von spezialisierten Firmen zugekauft und im Sortiment mit angeboten, sodass sich CONACORD für seine Kunden zu einem Vollversorger rund ums Seil entwickelt hat. Besonders hinsichtlich der Selbstbedienung und Selbstberatung der Kunden in Baumärkten werden innovative Ideen umgesetzt und sowohl mit Broschüren, Verkaufs- und Beratungsfilmen als auch Internetseiten unterstützt. Das Lippstädter Familienunternehmen wird heute von Claudius und Gabriele Voigt geführt und beschäftigt 45 Mitarbeiter und sechs Auszubildende.

www.conacord.de

Blick in ein Regal mit CONACORD-Produkten

Vom Kolonialwarenladen zum Lebensmittelgroßhandel

links: Das Unternehmen an der Erwitter Straße, 1956; rechts: Der betriebseigene Lkw zum Jubiläum 1936

Brülle & Schmeltzer heute

Im 19. Jahrhundert machte sich ein neuer Handelsbereich zunächst in den Städten, dann auch auf dem Land breit: der Kolonialwarenladen als Lebensmittelversorger.

Die Besonderheit dieser Geschäfte lag ursprünglich darin, dass sie Waren aus Übersee beziehungsweise aus Kolonien europäischer Handelsmächte anboten. Zunehmend stand hinter dem Begriff dann ein Lebensmittelversorger, der heute im Allgemeinen auch als „Tante-Emma-Laden" im Sprachgebrauch bekannt ist und als Vorform des Supermarktes betrachtet werden kann. Für die Lippstädter Bürgerinnen und Bürger war das Aufkommen der Kolonialwarenläden eine wichtige Neuerung in der Grundversorgung. So eröffnete Peter Brülle am 1. Mai 1853 in der Langen Straße 93 einen Kolonialwarenladen, der neben Lebensmitteln auch Kohlen, landwirtschaftliche Saaten und Sämereien, Farben, Lacke, Pinsel, Tafel- und Spiegelglas vertrieb. Im Jahr 1856 nahm der 30-jährige Peter Brülle den Lippstädter Kaufmann Hermann Schmeltzer als Partner auf und gründete den Kolonialwarengroßhandel Brülle & Schmeltzer mit Firmensitz am Südertor. Als der Mitinhaber Hermann Schmeltzer 1865 plötzlich verstarb, wurde das Unternehmen von Peter Brülle alleine weitergeführt. Nach dessen Tod 1886 leitete seine Frau Bertha die Firma Brülle & Schmeltzer bis 1901, während ihr Sohn Hermann die Firma Einzelhandel und Kohlehandel Peter Brülle übernahm. Fortan blieb die Firma Brülle & Schmeltzer bis heute in Familienbesitz.

Die Geschäfte des Unternehmens florierten während der Kaiserzeit besonders stark, was sich mit Ausbruch des Ersten Weltkrieges allerdings änderte. Der Importhandel stagnierte und es kam zu Versorgungsengpässen. Auch nach dem Ende des Ersten Weltkriegs gab es für das Großhandelsunternehmen Rückschläge durch die Krisen der Folgezeit, sodass sich das Unternehmen immer wieder neu organisieren musste. Besonders während des Zweiten Weltkriegs und in der Nachkriegszeit fehlte es an Waren, was dazu führte, dass sich Konkurrenten gegenseitig unterstützten und Kunden belieferten oder sich mit Waren aushalfen. Im Kontext des sogenannten Deutschen Wirtschaftswunders lässt sich im Unternehmen Brülle & Schmeltzer eine sehr positive wirtschaftliche Entwicklung erkennen, was allerdings auch gravierende Veränderungen bedeutete. Das herangewachsene Großhandelsunternehmen übernahm 1955 die Weinkellerei und Likörfabrik Cobet in Lippstadt, trat 1956 dem neu gegründeten Fachring

IFA (Internationale Fachring Arbeitsgemeinschaft) bei und stieg zur IFA-Zentrale Südostwestfalen e. V. auf.

Der Beitritt zu einer Freiwilligen Handelskette hatte den Hintergrund, bessere Einkaufskonditionen und somit wirtschaftliche Vorteile zu erzielen. Bereits Ende der 1950er-Jahre ging der Handel mit Saaten und Kaffee mehr und mehr zurück, sodass nunmehr die Belieferung der angeschlossenen Einzelhändler mit Lebensmitteln im Mittelpunkt stand. Die gravierenden Veränderungen innerhalb des Großhandels erforderten 1959 einen Neubau an der Mercklinghausstraße, wo die Firma in einem kleinen Außenlager zuvor das geruchsbelästigende Petroleum verkauft hatte. Auf 5.000 Quadratmetern standen nun eine Weinkellerei und Spirituosenfabrikation sowie Kühl- und Tiefkühlräume zur Verfügung.

War es bis in die 1950er-Jahre üblich, dass Kunden mit einem Pferdefuhrwerk oder einem Lkw mit Waren beliefert wurden, so verstand es die Unternehmensleitung Anschluss an die neue Cash-and-Carry-Entwicklung zu halten, das heißt das Warenangebot zu zentrieren und es künftig in großen Warenhäusern und Supermärkten dem Großkunden anzubieten. Der Kunde bezahlt die Ware vor Ort und transportiert sie selbst ab. Nach der Übernahme der Waschmittel- und Kurzwarengroßhandlung E. Friedhoff in Paderborn wurde dort 1962 in einem zweigeschossigen Neubau der erste Cash-und-Carry-Markt in Ostwestfalen von Brülle & Schmeltzer als SB-Zentralmarkt E. Friedhoff eröffnet. Bereits zwei Jahre später wurde der Markt um eine Non-Food-Halle erweitert. Auch in Lippstadt wurde 1966 neben dem bestehenden Großmarkt ein zweigeschossiger SB-Markt eröffnet, 1972 folgte dann die Eröffnung des SB-Marktes in Bad Arolsen.

Seit 1957 öffneten in Deutschland immer mehr Supermärkte mit Selbstbedienung ihre Pforten, deren Betriebskosten im Vergleich zum Facheinzelhandel wesentlich geringer waren. Das Unternehmen Brülle & Schmeltzer gründete daher 1968 als zweites Standbein die City-Markt Handelsgesellschaft mbH & Co. KG und eröffnete in Geseke seinen ersten City-Markt. Bis 1996 wurden weitere 23 Supermärkte eröffnet, die einen großen Schwerpunkt auf den Frischebereich legten. Die positive Entwicklung der eigenen Supermärkte ermutigte zu einer weiteren Expansion im Einzelhandelssektor. So wurde 1977 das erste Garant-Warenhaus in Gütersloh eröffnet, dem später noch weitere folgen sollten.

Das Unternehmen Brülle & Schmeltzer trat 1990 der Dohle-Gruppe bei, stellte daraufhin seine Garant-Warenhäuser auf HIT um und betrieb die Märkte unter eigener Regie weiter.

Nachdem in den 1990er-Jahren der meist familiär, auf kleineren Flächen betriebene Einzelhandel zunehmend aufgegeben wurde, verlor der konventionelle Großhandel mehr und mehr an Bedeutung. Für das Unternehmen Brülle & Schmeltzer bedeutete das 1996 die Abgabe der Supermärkte an die REWE Dortmund und die Aufgabe des konventionellen Großhandels.

Nachdem Ende 2005 die Dohle-Gruppe der REWE angeschlossen wurde, entschloss sich die Unternehmensführung dazu, die HIT-Märkte an die Dohle-Gruppe zu veräußern. Fortan konzentrierte sich das Unternehmen auf die SB-Zentralmärkte in Lippstadt, Paderborn und Bad Arolsen sowie auf die Zustellung an Gastronomen und Großverbraucher. Als Mitglied der Kooperation intergast ist Brülle & Schmeltzer darüber hinaus in einen nationalen Verband integriert, der mit über 30 Partnern große Kunden mit verschiedenen Niederlassungen deutschlandweit bedient.[128]

Im März 2011 wurden in Münster, Osnabrück und Limburg drei Großmärkte vom Unternehmen Ratio übernommen,[129] was einen erheblichen Zuwachs innerhalb der Unternehmensgeschichte darstellt.

Das Unternehmen wird heute von Gerhard Brülle sowie von seinen Söhnen Allan Brülle (seit 1991) und Friedel Brülle (seit 1993) in der fünften Generation geführt und hat sich zum regionalen Marktführer als Großhandel für Lebensmittel und Nichtlebensmittel entwickelt.

Brülle & Schmeltzer GmbH & Co. KG hat ein großes Einzugsgebiet, das sich zwischen Münster, Dortmund, Kassel, Gießen, Limburg, Bielefeld, Osnabrück und Hannover erstreckt und besonders Gastronomen, Großverbraucher, gewerbliche Kunden, Sozialeinrichtungen und Schulen versorgt.

Mit seinen insgesamt 1.300 Mitarbeiterinnen und Mitarbeitern ist das Unternehmen ein wichtiger Arbeitgeber der Region und ist national der fünftgrößte Cash & Carry-Betreiber Deutschlands.[130]

www.sb-zentralmarkt.de

1861 Rothe Erde

Rothe Erde in Lippstadt heute

Drehkranzherstellung, um 1970

Vom Eisenwerk zum Weltunternehmen

Rothe Erde Lippstadt ist eines von insgesamt 16 Werken der Rothe Erde Gruppe weltweit. Seit 1905 schreibt die Produktion an der Beckumer Straße ein bedeutendes Kapitel Lippstädter Wirtschaftsgeschichte.

Die Geschichte der Rothe Erde, die als ein wichtiger Arbeitgeber für die gesamte Region im Lippstädter Norden beheimatet ist, beginnt zunächst im Ruhrgebiet. In Dortmund gründete Carl Ruetz 1861 eine Kommanditgesellschaft „zu Rothe Erde" und produzierte Achsen, Bauwagen, Walzen und Gusseisenwaren. Der außergewöhnliche Name und die Schreibweise Rothe Erde gehen auf ein Werk in dem Aachener Vorort Rothe Erde zurück, aus dem Carl Ruetz stammte. Als die Firma 1880 unter dem Namen AG Eisenwerk Rothe Erde neu gegründet wurde, konzentrierte sich das Unternehmen auf die Stahlverarbeitung und den Weichenbau. Nach der Neugründung der Firma im Jahr 1934 orientierte sich das Dortmunder Unternehmen neu und erweiterte und spezialisierte sein Unternehmensfeld. So standen neben Schmiede, Biegerei und Mechanischer Werkstatt nun auch der Bereich Großwälzlagerfertigung (Kugellenkkränze) im Unternehmensprofil. Die Dortmunder Firma wurde 1935 durch die Lippstädter Eisen- und Metallwerke GmbH übernommen. Nach dem Zweiten Weltkrieg brachen schwierige Zeiten für die Stahlindustrie an, denn auch in Lippstadt wurden zahlreiche Maschinen im Rahmen von Reparationszahlungen beschlagnahmt und demontiert. Man wollte aber unter keinen Umständen das Werk aufgeben, sodass eine stark dezimierte Zahl von neun Mitarbeitern mit neu angeschafften kleinen Maschinen bereits ab 1945/1946 zunächst Bolzen, Schrauben und Stirnräder herstellte. Weil in den Nachkriegsjahren Eisenbahnwaggons fehlten, wurden mit 50 Beschäftigten ab 1947 im Lippstädter Werk Waggons aufgearbeitet. Zwischen 1948 und 1951 stieg die Zahl der Beschäftigten nach und nach auf 150 an, wobei man wieder mit der Fertigung von Lenkkränzen und Leichtkugeldrehverbindungen begann. Als sich die Eisen- und Stahlindustrie im Jahr 1952 neu ordnete, wurden die Anteilsrechte der Eisenwerke Rothe Erde auf die Dortmund-Hörder-Hüttenunion AG in Dortmund übertragen. Für das Lippstädter Werk begann seit dieser Zeit der Einstieg in die Fertigung von Großwälzlagern. 1971 wurde die Rothe Erde dann ein Tochterunternehmen der Hoesch AG, die wiederum im Laufe der Jahrzehnte mit verschiedenen Unternehmen fusionierte. Seit 1999 ist Rothe Erde ein Unternehmen der ThyssenKrupp AG.

Rothe Erde ist der weltweit führende Hersteller von Großwälzlagern wie Kugel- und Rollendrehverbindungen und hält eine führende Marktposition bei nahtlos gewalzten Ringen aus Stahl und Nichteisenmetallen. Darüber hinaus ist Rothe Erde ein namhafter Hersteller von Lenkkränzen. Die Großwälzlager kommen beispielsweise in Windenergieanlagen, in Kranen, in Hydraulikbaggern, in Tunnelbohrmaschinen und zahlreichen Ausrüstungen des Maschinenbaus zum Einsatz.

Die „Rohlinge" werden zunächst im Dortmunder Werk gewalzt und nach Lippstadt zur Weiterverarbeitung geliefert. Dort werden sie in einem datengesteuerten Fertigungsablauf in verschiedenen Arbeitsschritten zu einem Großwälzlager gearbeitet. Für diese Präzisionsarbeit ist das Unternehmen mit modernster Technik ausgestattet. Alle Arbeitsschritte – ob Drehen, Verzahnen, Bohren oder Schleifen – werden elektronisch gesteuert und überwacht, um die hohe Qualität sicherzustellen. Ein Großwälzlager von acht Metern Durchmesser benötigt eine ungefähre Produktionsdauer von einem Vierteljahr bis zur Auslieferung.

Das Unternehmen in Lippstadt wuchs ständig und beschäftigt heute circa 1.350 Mitarbeiter. Zuletzt wurde das Betriebsgelände ab 2005 um 45.000 Quadratmeter erweitert, als das Unternehmen Falke seinen Produktionsstandort in Lippstadt aufgab und die Rothe Erde das gesamte Betriebsgelände erwerben konnte. Ebenso konnten an der Beckumer Straße Flächen erworben werden, um neue Parkplätze zu schaffen. Es folgte der Bau großer und mit modernster Technik eingerichteter Produktionshallen. Das Werk Lippstadt ist damit zu einem wichtigen Standort der Rothe Erde Gruppe gewachsen. Mit seinen Produktionsmöglichkeiten – es können Großwälzlager mit einem Durchmesser von 300 Millimeter bis zu den größten Dimensionen hergestellt werden – reagiert das Werk in Lippstadt sehr flexibel auf Kundenanfragen und ist europaweit führend hinsichtlich seiner Produktpalette. Lippstadt ist der zentrale Standort für Forschung & Erprobung, das Werk beherbergt alle wesentlichen technischen Abteilungen der Gruppe.

www.rotheerde.com

Die Königlich-Preußische Artillerie-Werkstatt

Die Planungen des Werkes an der Beckumer Straße im Lippstädter Norden gehen in das Jahr 1899 zurück. Denn schon damals gab es Überlegungen, die Artillerie-Werkstatt von Köln-Deutz nach Lippstadt zu verlegen. Ab 1901 wurden erste Gelder bewilligt und es entstanden erste Gebäude. Der Rüstungsbetrieb nahm 1905 seine Produktion auf, nachdem auf der gegenüberliegenden Straßenseite auch Wohnhäuser für die Werksarbeiter entstanden waren. Die Königlich-Preußische Artillerie-Werkstatt gab es aber nur bis zum Ende des Ersten Weltkriegs 1918, denn dann sollte Deutschland nach dem Willen der Siegermächte keine Armee und keine Rüstungsbetriebe mehr besitzen. Als die Lippstädter Eisen- und Metallwerke anschließend die Gebäude übernahmen, nutzte wieder ein eisenverarbeitender Betrieb die Werkshallen. Seit 1935 wird an der Beckumer Straße von der Rothe Erde GmbH weiter produziert.

Garant für die Versorgungssicherheit

oben: Das heutige Betriebsgelände; unten: Das Gaswerk, 1956

Mit der Gründung der Stadtwerke Lippstadt im 19. Jahrhundert stieg die Lebensqualität der Lippstädter an. Die Stadtwerke Lippstadt gliedern sich heute mit den Bereichen Gas, Wasser, Strom und Bäder in vier Geschäftsbereiche, die im Laufe der Unternehmensgeschichte nach und nach hinzugekommen sind. Die schon 1904 zum städtischen Gas- und Wasserwerk zusammengefassten Betriebe wurden nach 1935 als Stadtwerke Lippstadt und seit 1974 als GmbH geführt und zählen heute 108 Mitarbeiter.

Gasversorger

Mit der Gründung der Städtischen Gasanstalt 1863 am Ostwall veränderte sich auch das Stadtbild grundlegend, denn anstelle weniger öffentlicher Öllaternen, die seit 1852 einige Straßen erhellten, nahmen nun Gaslampen im öffentlichen und auch privaten Bereich deren Platz ein und machten die Stadt auch nachts hell. Durch die Verfeuerung von Kohle entstand Leuchtgas, das in einem Gasdruckbehälter gespeichert wurde. Besonders die wachsende Industrie benötigte das selbst produzierte Gas, sodass ein Neubau des Gaswerks unausweichlich wurde. Im Jahr 1904 errichtete die Gasanstalt daher ein neues Gaswerk an der Erwitter Chaussee, dem heutigen Gelände der Stadtwerke, und erhielt damals sogar einen eigenen Bahnanschluss, um die Kohle besser anliefern zu können. Aus der verfeuerten Kohle wurde auch Koks hergestellt und anschließend als Brennstoff weiterverkauft. Das hergestellte Leuchtgas wurde in einem Bassin gesammelt und in das damals ausgebaute Lippstädter Rohrnetz geleitet.

Kam es während des Ersten Weltkriegs wegen Kohleknappheit zu Engpässen in der Gaserzeugung und Lieferung, so konnte das Gaswerk während des Zweiten Weltkriegs zunächst unvermindert produzieren. Erst mit Beginn des Jahres 1945 wurde der Kohlevorrat sehr knapp, sodass nur etwa ein Drittel der üblichen Gasmenge produziert werden konnte. Im April und Juni musste der Betrieb sogar ganz eingestellt werden. Erst 1948 setzte die volle Kohlelieferung von circa 600 Tonnen monatlich und damit die volle Gaserzeugung wieder ein. Statt den Betrieb weiter auszubauen, wurde ab 1952 zusätzlich Ferngas in das Rohrnetz eingespeist.

Nach einer Rentabilitätsstudie wurde 1964 die Gaserzeugung ganz eingestellt und die Stadtwerke bezogen Ferngas von den Vereinigten Elektrizitätswerken (VEW). Das neue Konzept zog den Bau einer Ferngasübergabestation und eines Kugelgasbehälters im Jahr 1967 nach sich. Seit Mitte der 1960er-Jahre und besonders nach der Kommunalen Neugliederung wurden dann auch die neuen Ortsteile an das städtische Gasnetz angeschlossen.

Ab August 1974 wurde von Kokerei-Ferngas auf Erdgas umgestellt, was die Stadtwerke vor eine große bauliche Herausforderung und Umstrukturierung stellte. Von 1975 bis 1987 stieg der Gasverbrauch in Lippstadt und seinen Ortsteilen von 11,2 Millionen auf 48,5 Millionen Kubikmeter Erdgas jährlich.

Wasserversorger

Versorgten sich die Lippstädter Einwohner seit der Stadtgründung durch eigene oder gemeinschaftlich genutzte Hausbrunnen über Jahrhunderte selbst mit Wasser, so weckte eine immer stärkere Belastung des Brunnenwassers mit Ammoniak und salpetrigen Säuren den Ruf nach einer zentralen Wasserversorgung. Nach der Schließung zahlreicher Brunnen in der Stadt entstand daher zwischen 1884 und 1886 das städtische Wasserwerk. Auf der Suche nach qualitativ gutem Wasser wurde man bei Eikeloh fündig und errichtete im Quellgebiet der Gieseler ein Wasserwerk. Von dort verlegte man eine Rohrleitung nach Lippstadt, wo das natürliche Gefälle zum Druckaufbau ausreichte, um die Stadt zu versorgen. Gleichzeitig ließ man Hydranten von den Leitungen abzweigen, um eine konstante Löschwasserversorgung aufzubauen und den Haushalten einen Zugang zu sauberem Trinkwasser zu ermöglichen, die noch nicht am Rohrsystem angeschlossen waren. Doch die gestiegene Bevölkerungszahl und mehrstöckige Bauweise veranlasste 1900/1901 den Bau des Wasserturms – ein Wahrzeichen Lippstadts – zur Erhöhung des Drucks sowie als Vorratsspeicher für Spitzenverbrauchszeiten, sodass nunmehr 540 Kubikmeter Trinkwasser zur Verfügung standen. Um dem wachsenden Wasserverbrauch gerecht zu werden, nahmen die Stadtwerke 1950 ein zweites Wasserwerk in Lipperbruch in Betrieb und 1975 ein weiteres in den sogenannten Fichten. Diese beiden Wasserwerke fördern im Gegensatz zu dem Eikeloher Werk, das recht kalkhaltiges Quellwasser nutzt, Grundwasser, das durch starke Sandschichten gefiltert wird und daher sehr rein ist. Obwohl beide Wassertypen im Wasserturm gemischt wurden beziehungsweise heute in den errichteten Behältern gemischt werden, ist das Lippstädter Trinkwasser zwar qualitativ sehr gut, aber mit einem Härtegrad von 16 ° dH sehr kalkhaltig. Der Wasserturm mit seinem zu klein gewordenen Vorratsspeicher verlor seine Funktion, als 1974 in seinem Schatten ein Erdbehälter mit 2.300 Kubikmeter Nutzinhalt gebaut wurde und moderne Pumpen bis heute einen konstanten Druck in den Leitungen gewährleisten. Im November 2005 wurde ein zweiter Erdbehälter in Betrieb genommen und sichert die Trinkwasserversorgung Lippstadts. Mit einem artesischen Brunnen zwischen Bökenförde und Eikeloh (2007) und weiteren erschlossenen Brunnen in Mantinghausen (2010) haben die Stadtwerke eine sehr sichere Trinkwasserversorgung für die Zukunft aufgebaut.

links oben: Steuerung des Wasserwerks Lipperbruch; links unten: Das Wasserwerk bei Eikeloh; rechts: Der Wasserturm mit seinem Hochbehälter sorgte früher für gleichbleibenden Wasserdruck, rechts daneben die beiden heutigen Erdbehälter

Stromversorger

Nachdem es Humphry Davy 1812 gelungen war, einen elektrischen Lichtbogen zu erzeugen, begann der Siegeszug der Elektrizität, die zunächst nur zu Beleuchtungszwecken genutzt wurde. Als Werner von Siemens dann 1866 die erste Dynamomaschine zur Umwandlung von mechanischer Energie in elektrische gebaut hatte, erkannte man erst die weiteren Möglichkeiten der elektrischen Energie. Schon bald kam es zur Gründung größerer Elektrizitätsverbände mit dem Ziel, eine Stromversorgung beziehungsweise ein Stromnetz in Deutschland aufzubauen und Privathaushalte und Industrie mit Strom zu versorgen.

In Lippstadt beschäftigte sich der Stadtrat ab 1903 mit dem Thema der elektrischen Versorgung, nachdem benachbarte Städte wie Soest, Paderborn, Beckum und Wiedenbrück die Elektrizität bereits nutzten. Zwar boten die neu gegründeten Elektrizitätswerke Soest und Paderborn eine Stromlieferung für Lippstadt an, doch wurden die Planungen erst 1912 konkreter, als Lippstadt ein eigenes städtisches Elektrizitätswerk bauen wollte. Doch dieses Vorhaben wurde ebenso verworfen wie die Planungen mit der Wasserkraft der Lippe ein Wasserkraftwerk zu bauen. Erst 1913 schloss der Kreis Lippstadt einen Vertrag mit dem Elektrizitätswerk Westfalen (EWW), demzufolge der systematische Ausbau eines Stromnetzes beschlossen wurde. Im Gegenzug erhielt das EWW das Versorgungsmonopol. Der erste Strom erreichte Lippstadt schon im Februar 1914 über eine Versorgungsleitung von Beckum zum Umspannwerk an der Westernkötter Straße. Allerdings wurden die Bautätigkeiten während des Weltkriegs wieder eingestellt. Erst ab 1918/1919 begann der weitere Ausbau des Stromnetzes im Kreis Lippstadt.[131]

Das EWW wurde 1925 von den Vereinigten Elektrizitätswerken Westfalen GmbH übernommen, die 1930 in eine AG umgewandelt wurden und seither unter der allgemeinen Bezeichnung VEW bekannt waren.[132] Als die VEW als bisheriger Betreiber des Stromnetzes im hiesigen Raum 1995 ihr Netz abgaben, übernahmen die Stadtwerke Lippstadt das Stromnetz.

110-kV-Station im Gewerbegebiet Roßfeld

Seit 2009 expandieren die Stadtwerke im Bereich Energiegewinnung. „Wir wollen künftig etwas unabhängiger vom Strommarkt sein, indem wir selbst Stromproduzent werden", erklärt der Geschäftsführer Siegfried Müller. Deshalb beteiligen sich die Stadtwerke auch an einem Blockheizkraftwerk mit 2 Megawatt Leistung, das Ende 2011 in Betrieb genommen wurde, und an einem neuen Braunkohlekraftwerk in Neurath mit einer Leistung von 10 Megawatt. Die Beteiligungen an einem 11,5-Megawatt- beziehungsweise 12-Megawatt-Windpark in Bayern und Sachsen-Anhalt zeigen, dass die Stadtwerke bestrebt sind, sich möglichst vielseitig an der Stromgewinnung zu beteiligen. Mit einer Beteiligung von 50 Prozent an der Hochsauerland Energie GmbH im Jahr 2009 und einer Beteiligung von 49 Prozent an der Wadersloher Energie haben die Stadtwerke nicht nur 10.000 Kunden hinzugewonnen, sondern auch eine stabilere Grundlage geschaffen. Für die Zukunft steht den Stadtwerken und damit den derzeit rund 38.000 Stromkunden bei steigenden Strompreisen auch noch die Möglichkeit offen, am Roßfeld ein eigenes Gaskraftwerk zu erbauen und eigenen Strom zu produzieren.

Stadtentwässerung

Seit dem 1. Januar 2005 liegt zudem die Betriebsführung der Stadtentwässerung Lippstadt AöR bei den Stadtwerken. Diese ging aus dem ehemaligen Fachdienst Stadtentwässerung der Stadt Lippstadt hervor, der seinerseits wiederum Teil des ehemaligen Tiefbauamtes war. Neben dem umfangreichen Kanalsystem mit seinen Pumpstationen betreibt die Stadtentwässerung AöR auch das 1986 in Betrieb genommene Zentralklärwerk, an das bis auf Eickelborn und Lohe inzwischen alle Stadtteile angeschlossen worden sind.

Innovative Wege will die Stadtentwässerung AöR bei der Klärschlammverwertung gehen. Anstelle einer Verwertung in der Landwirtschaft ist beabsichtigt, aus getrocknetem Klärschlamm über einen Pyrolyseprozess bei Temperaturen von über 800 °C ein Synthesegas zu gewinnen, mit dem dann wieder Klärschlamm getrocknet werden kann. Als Endprodukt entsteht ein Granulat, das als Füllmaterial beispielsweise im Leitungs- oder Straßenbau verwendet werden kann. Allerdings ist in dem Granulat auch Phosphor enthalten, sodass Überlegungen angestellt werden, ob dieser Rohstoff wieder nutzbar gemacht werden kann. Mit dem Verzicht auf die landwirtschaftliche Klärschlammaufbringung soll ein Beitrag dazu geleistet werden, die Belastungen des Bodens und der Gewässer mit Schadstoffen zu verringern.

www.stadtwerke-lippstadt.de

Stadtbrände bewirken die Entwicklung des Löschwesens

Leben auf engem Raum, so wie es in einer Stadt üblich war und ist, bedeutete stets besondere Rücksichtnahme und besondere Regelungen, damit das Zusammenleben möglich war.

Der Rat der Stadt stellte einst hinsichtlich des Brandschutzes Bestimmungen auf, nach denen jeder bei Ablegung des Bürgereides zur Hilfeleistung bei Feuer und Gefahr verpflichtet wurde. Er hatte außerdem einen Feuereimer beziehungsweise Löscheimer vorzuzeigen. Trotzdem kam es gelegentlich zu verheerenden Katastrophen. So ist Lippstadt im Laufe seiner Geschichte immer wieder von Stadtbränden heimgesucht worden, die ganz unterschiedliche Ausmaße hatten.

In der Innenstadt richteten Brandkatastrophen um 1170, 1209, 1310 und 1644 große Schäden an. 1656 wurde durch einen Großbrand mehr als die Hälfte der Häuser zerstört. Nach dem Wiederaufbau fielen 1676 viele Häuser erneut den Flammen zum Opfer. Die Vorsichtsmaßnahmen nahmen daher stetig zu. So erließ beispielsweise der Kölner Erzbischof in seinem Machtbereich im Jahr 1718 eine Verordnung, die das Tabakrauchen auf Straßen, Plätzen und in Ställen mit einer Strafe von zwei bis vier Gulden untersagte. Das Metzgeramt unterstützte den Brandschutz in Lippstadt und erwarb 1746 die erste Feuerspritze, die bis 1910 ihren Dienst versah. Eine Feuerordnung aus dem Jahr 1775 erläutert das Vorgehen im Brandfall: „Der Schleusenmeister und die ihm zugeordnet, werfen sofort alle Schleusen zu, damit der Lippestrom in die Canäle der Stadt dringen könne."[133] Damit war bei dem ausgeprägten unterirdischen Kanalsystem der Stadt das Wasser in unmittelbarer Nähe des Brandherdes vorhanden. Ebenso musste jeder Einwohner ein Kübel oder eine Tonne mit Wasser vor oder neben seinem Haus stehen haben, das zum Löschen verwendet werden konnte. Die Bürgerschaft bildete im Brandfall

Löschübung mit historischem Gerät

Drehleiter Magirus DL-26, Baujahr 1937

Feuerwehrverbandtag auf dem Rathausplatz Lippstadt, 1913

Feuerlöschketten und reichte mit Eimern das Wasser vom Brunnen bis zum Brandherd. Außerdem waren im 18. Jahrhundert zusätzlich zwei Schlangenspritzen in Gebrauch.[134]

Neben der Bürgerpflicht im Brandfall entstand innerhalb des 1848 gegründeten Lippstädter Turnvereins eine Turnfeuerwehr, die ab 1863 schließlich unter dem Buchdruckereibesitzer August Wilhelm Ernst Staats zur Verfügung stand.

Nachdem die Wehr 1875 zu einem Großbrand nach Paderborn gerufen worden war, beschloss der Krieger- und Landwehrverein zur Verstärkung der Feuerwehr aus seinen Reihen eine Feuerwehr-Kompanie zu bilden. Diese sollte bei ausbrechenden Bränden in erster Linie Rettungs- und Ordnungsaufgaben durchführen, notfalls aber auch bei der Bedienung der Spritzen behilflich sein. Auch die entstandenen Feuerversicherungen zeigten damals großes Interesse am Aufbau von Feuerwehren, sodass die Provinzial-Feuer-Sozietät Münster im Jahr 1881 der Stadt eine neue vierrädrige Saug- und Druckspritze übergab. Der Magistrat überwies diese an die Feuerwehr-Kompagnie des Kriegervereines zur ausschließlichen Verwendung, da die Feuerwehr noch zu wenig Mitglieder hatte, um außer ihren beiden Spritzen auch noch diese bedienen zu können. Der Kriegerverein bildete dann eine selbstständige Löschabteilung, die mit eigenem Kommando und Rohrführer dem städtischen Branddirektor unterstellt wurde. 1883 wurden neue Satzungen der nunmehr selbstständigen Feuerwehr erstellt. Gegen den Wunsch des Magistrats lehnten die Stadtverordneten den Bau eines neuen Spritzenhauses zunächst einstimmig ab. Nachdem 1887 der Beitritt zum Rheinisch-Westfälischen Feuerwehr-Verband erfolgt war, wurde 1889 am linken Ufer der nördlichen Umflut neben der Schleuse auf dem Kuhmarkt ein vierstöckiger Steigerturm als erstes Spritzenhaus gebaut.

Als am 24. November 1890 infolge eines verheerenden Hochwassers die Lippe über die Ufer stieg und in den Abendstunden innerhalb kürzester Zeit die Stadt in großen Teilen bis über einen Meter überschwemmte, wurden in der Nacht und an den folgenden Tagen in unermüdlichem Einsatz die Bewohner der Stadt, Tiere und Sachwerte gerettet.

1910 wurde eine Sterbekasse gegründet, die den Hinterbliebenen im Todesfall 50 Mark zahlte. Unter dem Vorsitz des Landrats Freiherr von Werthern wurde 1911 der Kreisfeuerwehrverband Lippstadt gegründet. Sein 1. Vorsitzender war Branddirektor Kloeber, der noch im gleichen Jahr Kreisbrandmeister wurde. Der neu gegründete Verband hatte nun 311 Mitglieder.

Als die Wehr 1933 ein altes Auto gekauft und zu einem Mannschaftswagen umgebaut hatte und ihr bereits 1930 eine Motorspritze mit 600 l/min übergeben worden war, begann eine zunehmende Motorisierung der Wehr. So erhielt diese 1937 eine Drehleiter.

Die politischen Veränderungen erfassten auch die Freiwilligen Feuerwehren. Aus der Freiwilligen Feuerwehr Lippstadt wurde 1938 die „Feuerschutzpolizei".

Ein tragisches Ereignis kennzeichnet den 9. November 1938, als die jüdische Synagoge in der heutigen David-Gans-Straße im Zuge antijüdischer Ausschreitungen angezündet wurde. Als die Feuerwehr eintraf, wurde der Einsatzleiter Carl Jasper von Nationalsozialisten am Löschen gehindert, nur Nachbargebäude durften geschützt werden.

Die Freiwillige Feuerwehr Lippstadt übernahm 1946 auf Anordnung der Besatzungsmächte von einer ständig besetzten Feuerwache aus auch den Krankentransportdienst.

Als die Wehr 1953 ihr 90-jähriges Jubiläum beging, konnte sie 76 aktive, 154 fördernde Mitglieder sowie 17 Angehörige der Altersabteilung vorweisen. Zu dem Festakt wurde auch das neu errichtete Feuerwehrgerätehaus eingeweiht. Das erste, seit Langem geforderte Tanklöschfahrzeug wurde 1955 seiner Bestimmung übergeben. Die Feuerwehr verfügte nunmehr über die erste UKW-Sprechfunkanlage aller Freiwilligen Feuerwehren in Nordrhein-Westfalen. Mit dem in ungezählten Feierabendstunden gebauten Doppelrumpfboot „St. Florian" war die Wehr ab 1960 auch für die Menschenrettung auf der Lippe gerüstet.

Durch die kommunale Neuordnung verlor Lippstadt 1975 den Kreissitz an Soest, während bisher selbstständige Orte zu Ortsteilen der Stadt Lippstadt wurden. So gelangten die bisher selbstständigen Wehren dieser Orte zur Freiwilligen Feuerwehr der Stadt Lippstadt. Diese wuchs von circa 110 auf über 400 Angehörige an. Daraufhin wurde ein Neubau der Feuer- und Rettungswache unausweichlich, aber erst 1988 realisiert. Bis heute stehen die Einsatzkräfte für kompetente Hilfeleistung im Notfall. Neben der Organisation des Krankentransports, die 1981 vom Kreis Soest in den Aufgabenbereich der Kommunen übergeben wurde, gehören neben Löschen, Retten, Bergen auch technische Hilfeleistung, beispielsweise bei Unfällen, zu den Aufgaben der Wehrleute.

Seit 1987 unterstützt nach der Atomkatastrophe von Tschernobyl auch ein modernes Strahlenmessfahrzeug die Wehr.

Im Jahr 2007 ging eine Ära zu Ende, als nach über 40 Jahren, in denen sowohl freiwillige als auch hauptamtliche Kräfte in der sogenannten Wachbereitschaft eingesetzt waren, ein neues Konzept übernommen wurde, sodass dafür nur noch hauptamtliche Kräfte in der Wachbereitschaft tätig sind.

Zu Beginn des 21. Jahrhunderts wurde die Brandbekämpfung immer professioneller, sodass heute eine Freiwillige Feuerwehr mit Hauptamtlichen und freiwilligen Kräften, eine Feuerwache und Feuerwehrhäuser in den Stadtteilen zur Verfügung stehen. Die Feuerwehr organisiert auch den Krankentransport bei Tag und Nacht.[135]

Seit vielen Jahren ist es auch ein Ziel der Freiwilligen Wehren, den Nachwuchs für den Dienst am Nächsten zu gewinnen. Daher wurde in Lipperode 1982 eine Jugendfeuerwehr gegründet.

Brandbekämpfung nach dem Tornadoabsturz am 3. Februar 1998 zwischen Dedinghausen und Öchtringhausen

Von der Stellmacherei zum modernen Dienstleister rund um das Auto

Bei der Unternehmensgründung im Jahr 1871 dachte in Lippstadt noch niemand an das Auto als Fortbewegungsmittel. Vielmehr entwickelte und baute die Stellmacherei Deppe damals Kutschen und landwirtschaftliche Wagen. Nach dem Zweiten Weltkrieg übernahm 1946 Wilhelm Deppe das Unternehmen, das als Karosseriewerkstatt Aufbauten für LKWs herstellte, Unfallreparaturen vornahm sowie PKWs umbaute.

Die Ursprünge des Unternehmens liegen an der Kahlenstraße, dann siedelte der Betrieb – wahrscheinlich schon vor 1900 – an die Wiedenbrücker Straße aus. Während der Nachkriegszeiten baute man mit den Geräten in der Firma auch alltägliche Gebrauchsgegenstände wie beispielsweise Möbel und Besen, um einerseits Beschäftigung zu haben, andererseits um den Bedarf einigermaßen decken zu können.

Als der Betrieb seit den 1950er-Jahren mehr und mehr expandierte, siedelte AUTOMEISTER Deppe im Jahr 1977 in das neu erschlossene Gewerbegebiet „Am Mondschein" um. Aus dem kleinen Betrieb ist heute ein Servicezentrum für alle Bedürfnisse rund um das Auto geworden, das seit 1987 von Winfried Deppe geleitet wird. Das Unternehmen wurde 1998 umstrukturiert, indem sich der Betrieb an das AUTOMEISTER-Konzept anschloss.

Ferner wurde in dem Jahr die Werkstatt erweitert und die Arbeitsplatzausstattung erneuert sowie ein Direktannahmebereich mit Diagnosestraße eingerichtet. Um den wachsenden Anforderungen gerecht zu werden, wurde das Serviceangebot um den Bereich Wartungsarbeiten erweitert. Ein neuer Geschäftsbereich liegt seit 2002 in der Autovermietung mit dem Schwerpunkt Transporter, seit 2006 auch Trikes. Herzstück der Firma ist die Werkstatt, in der mit modernsten Mess- und Prüfsystemen rasche Diagnosen ermöglicht werden, um festzustellen, welche Reparaturarbeiten durchgeführt werden müssen. Dabei spielen Fahrzeugmarke und Modell keine Rolle. Während der Reparaturzeit kann das Unternehmen seinen Kunden sogar Werkstatt-Ersatzwagen zur Verfügung stellen. Anders als zur Gründerzeit erfordert der Einsatz modernster Technik regelmäßige Mitarbeiterschulungen, die zum festen Bestandteil des Unternehmens gehören.

Der heutige Betrieb

Rohbau einer Kutsche, um 1920

Das Unternehmen bietet schnelle Hilfe nach einem Autounfall und regelt die Kommunikation mit den Versicherungen. Dadurch kann eine Fahrzeugreparatur schnell erfolgen. Im Laufe der Jahre sind immer wieder neue Arbeitstechniken hinzugekommen, zum Beispiel das lackschadensfreie Ausbeulen bei kleinen Dellen und Beulen. AUTOMEISTER Deppe steht für alte Familientradition und damit verbunden für Qualität und Kompetenz. So können im Vergleich zu zahlreichen anderen Werkstattbetrieben hier spezielle Arbeiten wie die Reparatur von Strukturschäden mit einem Ultraschallrahmenrichtsystem ausgeführt, sowie auch Karosserieteile mit modernster Technik geschweißt und gefügt werden.

Ein neuer Geschäftsbereich des Unternehmens liegt seit 2011 im CarSharing, was eine sinnvolle Alternative zum eigenen Auto oder zum Zweitwagen darstellt. Bundesweit können Fahrzeuge unter www.drive-carsharing.com gebucht werden.

www.automeister-deppe.de

Das Lippstädter Tambourkorps 1924 heute

Der Musikzug Lippstadt Nord e. V.

Trommler, Tamboure und Pfeifer

Die Geschichte des Spielmannswesens ist eng mit der Entwicklung des Militärs verbunden. Besonders im 19. Jahrhundert treten bei den Schützenvereinen in Westfalen immer wieder Trommler beziehungsweise Tamboure und Pfeifer in Erscheinung, die ihre musikalische Ausbildung durch den Militärdienst erhalten hatten. Nach ihrer Militärzeit standen sie dann den hiesigen Schützenvereinen als Spielleute zur Verfügung. Vor diesem Hintergrund gründete sich auch in Lippstadt allmählich ein Tambourkorps.

Nach den Deutschen Einigungskriegen gründeten sich in Deutschland zahlreiche Vereinigungen, in denen sich ehemalige Soldaten zusammenschlossen: Gardevereine, Artillerievereine, Gardeschützenvereine, Kavallerievereine sowie Krieger- und Landwehrvereine. Da unter den ehemaligen Soldaten auch die Militärmusiker waren, prägten diese die entstehenden Vereine entschieden mit. So gehörten dem Lippstädter Krieger- und Landwehrverein beispielsweise Trommler und Pfeifer an, die 1888 ein eigenes Tambourkorps bildeten.

Nach dem Zweiten Weltkrieg wurde das Tambourkorps 1950 in den Lippstädter Schützenverein integriert und heißt seither **Tambourkorps des Lippstädter Schützenvereins.** Die traditionelle blaue Uniform und die weißen Steghosen wurden damals durch die grüne Uniform ersetzt. Im Jahr 2006 erhielten die Musiker ein eigenes Vereinsheim als Probenraum, als die Wohnung an der Schützenhalle an der Bellevue umgebaut wurde. Im Süden der Stadt wurde 1924 das **Lippstädter Tambourkorps** gegründet. Unter dem Regimentstambourmajor Josef Kanne wurden neue Musiker am Instrument und im exakten Marschieren ausgebildet und im Umzug angeführt. Die Musiker tragen bis heute eine grüne Uniform mit gelber Paspelierung und dazu eine weiße Hose. Die Flötisten waren damals mit einer Holzflöte und einem Signalhorn ausgestattet. Der Tambour spielte auf einer Holzreifentrommel mit Rinderfellbespannung, die mit schwarzen Ebenholzstöcken bespielt wurde. Seit Anfang der 1970er-Jahren werden auch Mitspielerinnen aufgenommen. Auch für den Nördlichen Schützenbund war es ein jahrelanger Wunsch, wie die beiden Brudervereine auch ein eigenes Tambourkorps zu haben. Das führte dazu, dass im Jahr 1989 der damalige Oberst Franz Mußhoff und Leutnant Klaus Stöppel den **Musikzug Lippstadt Nord e. V.** gründeten. Der Erfolg dieser Initiative war groß, da im Herbst 30 Kinder und Jugendliche eine musikalische Ausbildung aufnahmen. Seit 1991 treten die Musikerinnen und Musiker in ihren blauen Uniformen auf. Auch ein Schellenbaum wird bei Ausmärschen mitgeführt.

Das Tambourkorps des Lippstädter Schützenvereins bei der Lippstädter Musikschau, 2011

„Lott gehört zum Stadtbild wie der Wasserturm"

Das heute stadtbekannte Einzelhandelsunternehmen wurde von Carl Wilhelm Lott im Jahre 1889 gegründet. Eigentlich befand sich der 22-Jährige auf der Durchreise nach Holzminden, um sich dort mit einem Textilgeschäft selbstständig zu machen. Doch blieb er – beeindruckt von der Stadt – in Lippstadt.

Es gelang Lott den Drogisten Franz Wetekamp davon zu überzeugen, ihm die halbe Hausfront seiner Drogerie an der Langen Straße/Ecke Fleischhauerstraße zu verpachten. Dort gründete der in Reifhausen bei Göttingen geborene Carl Wilhelm Lott die Firma Hamburger Engroslager Carl Wilhelm Lott. Der merkwürdige Name entstammte dem Wunsch des Hamburger Einkaufsverbandes M. J. Emden Söhne, bei dem Lott zuvor angestellt war. Dem Verband gehörten damals bereits namhafte Kaufhäuser in München, Berlin und Köln. Durch den Zentraleinkauf in Hamburg hatte auch das junge Lippstädter Unternehmen zu der damaligen Zeit erhebliche Vorteile in den Bereichen Einkauf, Verwaltung und Preisgestaltung.

Lott brachte damals auch eine Neuheit nach Lippstadt mit, denn bis dahin kannte man noch keine Schaufenster, sondern staffierte die mehrsprossigen Wohnungsfenster mit einigen Andeutungen des jeweiligen Gewerbes aus und leuchtete sie spärlich. Der Jungunternehmer Lott gestaltete seine Schaufenster hingegen sehr großzügig, sodass der Lippstädter Volksmund meinte, man könne mit Pferd und Wagen hereinfahren. Die Erfolge stellten sich kurz darauf ein und das Unternehmen expandierte. In der Nachbarschaft kaufte Lott mit Unterstützung des Einkaufsverbandes 1889 eine Scheune der Familie Rose an der Langen Straße und errichtete nach deren Abriss ein neues Haus. Ebenso wurden eine Reihe Filialen im hiesigen Raum gegründet. Das Unternehmen entwickelte sich sehr positiv, sodass bereits 1895 eine Erweiterung des Hauptsitzes notwendig wurde. Nachdem der Firmengründer mit nur 29 Jahren plötzlich verstarb, übernahm seine Frau Fanny 1896 im Namen ihrer drei Kinder das Unternehmen in Lippstadt und für einige Jahre die Filiale in Gütersloh, bevor diese wie auch die übrigen Filialen verkauft wurden. Die Wohnung der Familie wurde zum Geschäftslokal umgestaltet und die Familie zog in die erste Etage um.

Nachdem Rudolf Lott 1933 nach dem Tod seiner Mutter Fanny das Modehaus alleine weiterführte, wurde das Geschäft im gleichen Jahr durch einen Anbau abermals erweitert und 1938 die Hausfront und Inneneinrichtung grundlegend umgestaltet. In diesem Zusammenhang wurde auch die Handarbeitsabteilung ausgebaut. Der Ausbruch des Zweiten Weltkriegs brachte auch für Lott einschneidende Veränderungen mit sich, als beispielsweise Textilien nur noch gegen Bezugsschein oder Kleiderkarte abgegeben werden durften. Die anti-nationalsozialistische Haltung des Firmenbesitzers führte schließlich zur Stilllegung des Textilgeschäftes.

Das Modehaus Lott

Die Warenvorräte mussten anderen Lippstädter Unternehmen überstellt werden, während die Geschäftsräume beschlagnahmt wurden, in die nun das Wirtschaftsamt einzog.

Nach Kriegsende wurden die Räumlichkeiten als städtische Wärmehalle genutzt. Im Jahr 1947 machte Rudolf Lott einen Neuanfang, indem er sich mit dem Oldenburger Textilkaufmann Jacob Mann zusammenschloss, die Firma in eine Kommanditgesellschaft und ein Jahr später in eine GmbH umwandelte und neu belebte. Wegen seines schlechten Gesundheitszustandes übernahmen Jacob Mann und Wilhelm Wilke die Geschäftsführung des Familienunternehmens C. W. Lott GmbH.

Obwohl das Modehaus seither von Familie Mann aus Oldenburg geführt wird, lief das Traditionsunternehmen in Lippstadt weiter unter seinem bekannten Namen Lott. Daran änderte sich auch nichts, als sich heiratsbedingt der Familienname in Leffers änderte. Ein erneuter Aufschwung wurde Ende der 1940er-Jahre bereits spürbar, sodass 1950 eine große Erweiterung notwendig wurde und fortan die erste Etage als Geschäftsraum genutzt wurde. Weitere Umbaumaßnahmen folgten, bis 1956 schließlich das gesamte Grundstück bebaut und das bestehende Haus vollständig nutzbar gemacht wurde.

Auch in Geseke baute Lott ab 1955 eine Filiale in der Bachstraße 17 auf, die vier Jahre später bereits erweitert werden musste. Das Hauptgeschäft in Lippstadt erweiterte sich kontinuierlich. So konnte ab 1963 die Verkaufsfläche abermals erweitert werden, indem die erste Etage des Nachbarhauses angemietet und an das Modehaus angeschlossen wurde. Von 1948 bis Anfang der 1990er-Jahre führte Wilhelm Wilke erfolgreich das Unternehmen. Nach seinem Tod übernahm Elisabeth Scheideler 1993 die Geschäftsführung.

Im Jahr 1993 wurde das Haus großzügig umgestaltet und auf eine Verkaufsfläche von 3.800 Quadratmetern erweitert. Die Sortimentsstrukturen wurden verändert, so wurde zum Beispiel die Kurzwarenabteilung aufgegeben und der Bereich Junge Mode erstmalig eingeführt.

Elisabeth Scheideler führte die Geschäfte bis Ende 2000. Nachfolger wurde Gerd Ziems, der im Stammhaus in Oldenburg die Herrenabteilung leitete. Im Jahre 2006 wurde das Haus in Teilbereichen modernisiert. Die Verkaufsfläche wurde in den letzten Jahrzehnten immer wieder vergrößert, um noch mehr Auswahl bieten zu können. Somit stehen nach dem großen Umbau des Jahres 2010 nun auf vier Etagen insgesamt 5.000 Quadratmeter Verkaufsfläche zur Verfügung und der Kunde kann vom Baby- bis zum Seniorenalter neu eingekleidet werden.

Das Unternehmen hat sich mit dem Umbau neu orientiert. Zum einen behielt man den bis dahin schon beeindruckend großen Lieferantenstamm, andererseits hat die Unternehmensleitung neue exklusivere Marken hinzugenommen. So kamen beispielsweise neben Altkunden, wie Marc O'Polo, Calvin Klein, Falke oder Tommy Hilfiger, Gant, Napapijri noch Marken wie Boss, Opus, New Zealand, Desigual, Blauer, Polo Sylt oder Strellson hinzu. Lott steht bis heute für Markenvielfalt, Qualität und Markenprodukte.

Die Größe des Modehauses fällt von der Langen Straße betrachtet kaum auf. Das liegt an der Tatsache, dass sich Lott auf drei nebeneinander liegenden Häusern erstreckt. Insgesamt sind mit dem Gebäudekomplex sogar sechs Häuser verschmolzen. Bei den Baumaßnahmen achtete die Unternehmensleitung besonders darauf, dass im Rahmen der Umgestaltung die Vorderfront auf vier Metern stehen blieb, um die Stadtansicht zu erhalten. Der dahinter liegende Teil des Fachwerkhauses wurde allerdings grundentkernt und vollständig neu gestaltet. Heute bilden die drei Häuser im Innern eine harmonische Einheit. Nach dem Umbauprojekt erhielt das Familienunternehmen eine Auszeichnung des Landes NRW für barrierefreies Einkaufen. Neben Rolltreppen, großzügigen Fahrstühlen und stufenfreien Rampen steht auch ein behindertengerechtes, großzügiges WC zur Verfügung. Für Kinder wurde eigens ein Spielbereich eingerichtet und jungen Eltern steht sogar ein Wickeltisch bereit.

Lott hat in Lippstadt circa 100 Beschäftigte in den Bereichen Verkauf, Verwaltung, Dekoration, Warenannahme und Hausmeistern. Zum Unternehmen gehört auch der Esprit Store in der Lippe Galerie. Lott ist ein Modehaus, das sich durch Modernität, Offenheit und Transparenz auszeichnet.

www.lott-mode.de

Das Modehaus Lott, um 1985

Von der Tischlerei zum Bestattungsunternehmen

Mit dem Wachsen des Lippstädter Südens im 19. Jahrhundert entstand 1894 eine Tischlerei, die Johann Walter sen. an der Bökenförder Straße 54 gegründet hatte.

Zum Aufgabenfeld eines Tischlers gehörte damals neben dem Anfertigen von Särgen auch die Durchführung der Bestattungen der Verstorbenen. Der Firmengründer Johann Walter sen. hat seine Firma 1948 an seinen Sohn Johann Walter jun. übergeben. Im Laufe der Zeit erweiterten sich die Aufgabenbereiche und Dienstleistungen. So gingen die traditionellen Aufgaben der Nachbarn und Leichenwäscherinnen auf den Bestatter über. Ursprünglich wurden die Verstorbenen zu Hause aufgebahrt und wurden mit dem Totenwagen mit Pferdegespann vom Haus zum Friedhof geleitet. Dabei waren schon damals die Bahnschranken ein Hindernis in Lippstadt, wenn sie so manches Mal den Trauerzug, der über die Lange Straße zum Friedhof hin zog, in der Mitte teilten. Doch schon in den 1950er-Jahren hatte die Firma Walter einen Bestattungsanhänger und bald danach auch einen Bestattungswagen. Als dritte Generation übernahm Helmut Walter im Juli 1970 den Betrieb, dessen Schwerpunkt nun fast ausschließlich im Bereich Bestattungen lag. Daher wurde die Tischlerei aufgegeben, obwohl Helmut Walter noch bis 1990 vereinzelt Särge selbst herstellte. Doch angesichts der ständig wachsenden Dienstleistungen, die von den Angehörigen in Anspruch genommen werden, und der zugenommenen Industrialisierung in der Sargfabrikation wurde die Herstellung der Särge schließlich aufgegeben. Der heutige Bestatter hat vielerlei Aufgaben bekommen. So ist er Seelsorger, Trauerredner, Psychologe, Fotograf,

Die Trauerhalle an der Bremer Straße

Mediengestalter, Drucker, Organisator, Eventmanager, Dekorateur und auch Sekretär, wenn es beispielsweise darum geht, den Verstorbenen bei dem Standesamt, den Behörden und Versicherungen abzumelden.

Nachdem sich Ursula Walter 1985 zur fachgeprüften Bestatterin fortgebildet hatte, konnte sie 2001 ihre Prüfung als eine der ersten Bestattermeisterinnen in NRW erfolgreich ablegen. Im selben Jahr begann der Bau der unternehmenseigenen Trauerhalle an der Bremer Straße 18, in der eine Kapelle mit 80 Sitzplätzen, fünf Verabschiedungsräume sowie ein Raum für die hygienische Versorgung der Verstorbenen zur Verfügung stehen. Damit betrat man absolutes Neuland in Lippstadt und kam dem Wunsch zahlreicher Angehöriger nach, die sich einen Ort erhofften, an dem man zu flexiblen Zeiten ungestört, in wohnlicher Atmosphäre und in Ruhe von den Verstorbenen Abschied nehmen konnte. Auch der Sohn Dirk wurde 2002 geprüfter Bestatter, konnte im Jahr darauf als damals jüngster in NRW seine Meisterprüfung ablegen und hat 2004 die Geschäftsführung übernommen. Waren es bis in die 1960er-Jahre noch 99 Prozent Erdbestattungen, wandelte sich bis heute die Art der Bestattung grundlegend, sodass heute circa 65 Prozent Feuerbestattung den Erdbestattungen gegenüberstehen.

Weitere Informationen erhält der Leser über die erstklassige Internetseite des Familienunternehmens, auf der neben Tipps im Trauerfall auch zahlreiche andere Informationen bis hin zu Literaturvorschlägen zur Trauerbewältigung gegeben werden.

www.bestattungen-walter.de

Der Lippstädter Naturschutz-Pionier

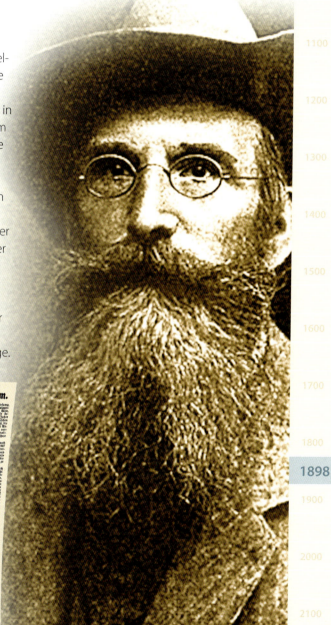

„Wir dürfen (die Ausdehnung der Bodenkultur) nicht so weit kommen lassen, dass die Natur vollständig vernichtet wird."

Mit diesen Worten wandte sich Geheimrat Wilhelm Wetekamp am 30. März 1898 an die Mitglieder des Preußischen Abgeordnetenhauses. Der in Lippstadt geborene Politiker und Reformpädagoge gilt heute als einer der Wegbereiter des Naturschutzes in Preußen. Er löste eine Debatte aus, die 1906 zur Einrichtung der ersten staatlichen „Naturschutzbehörde" führte. In einer Zeit, in welcher der Naturschutzgedanke gerade aufkeimte und immer mehr Menschen begannen, die Folgen der schnellen Industrialisierung zu fürchten, nahm Wetekamp die Politik in die Pflicht. Er empfahl die Einrichtung von Schutzgebieten, die er „Staatsparks" nannte. Diese sollten nichts mit den damals üblichen Parks gemein haben, die er nur als „künstliche Nachahmungen der Natur durch gärtnerische Anlagen" bezeichnete.

Die Vision, die er in seiner denkwürdigen Rede 1898 äußerte, gleicht den Zielsetzungen heutiger Naturreservate: *„Diese Gebiete sollen einerseits dazu dienen, gewisse Boden- und Landschaftstypen zu erhalten, anderseits dazu, der Flora und der Fauna Zufluchtsorte zu gewähren, wo sie sich erhalten können …"*

Wahrscheinlich wurde der am 4. September 1859 in Lippstadt geborene Wetekamp schon während seiner Kindheit für sein späteres Engagement geprägt. In einem Gespräch mit der Lippstädter Zeitung „Der Patriot" erinnert er sich als 70-Jähriger an die Erlebnisse und Gedanken seiner Schulzeit: Er berichtet, wie er mit seinem Lehrer Dr. Buddeberg die Natur seiner Heimat erkundet und an Tümpeln und Teichen Wassertiere gesammelt hat. Von einem Schlüsselerlebnis berichtet Wetekamp im Rahmen eines Ausfluges mit Oberlehrer Dr. Hermann Müller zum Hornsteinfelsen am Möhnetal bei Belecke. *„Wie lange wird es dauern, da liegen sie (die Hornsteinfelsen) als Schotter auf der Chaussee"*, hatte der Lehrer kommentiert, und Wetekamp erinnert sich in der Lippstädter Zeitung daran, wie entsetzt die Schüler gewesen waren, *„dass es erlaubt sein könne, derartige landschaftliche Schönheiten, die der Allgemeinheit gehörten, zu einem solchen Zwecke (dem Bau von Straßen) zu vernichten …"*

Tatsächlich gibt es den Hornsteinfelsen heute nicht mehr, doch leistete Wetekamp wichtige Pionierarbeit auf dem Gebiet des Naturschutzes in Deutschland. Nach seinem Studium in Berlin, Breslau und Jena arbeitete er zunächst als Lehrer und wurde 1893 Landtagsabgeordneter des Stadtkreises Breslau im preußischen Abgeordnetenhaus. Hier hielt er 1898 seine folgenreiche Rede. Später war Wetekamp zweiter Vorsitzender für den Zweigverein Brandenburg im Bund Heimatschutz, dem wohl ersten Naturschutzbund. 1908 bis 1923 war er zudem Geschäftsführer der Brandenburgischen Provinzialkommission für Naturdenkmalpflege.

HELLA – ein Lippstädter Unternehmen

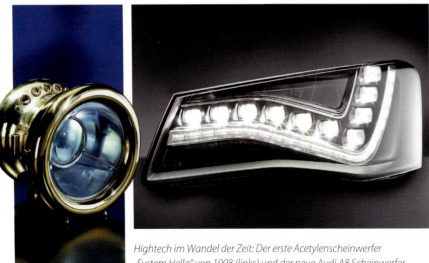

Hightech im Wandel der Zeit: Der erste Acetylenscheinwerfer „System Hella" von 1908 (links) und der neue Audi A8 Scheinwerfer in LED-Technik.

HELLA gehört heute zu den 50 größten Automobilzulieferunternehmen der Welt und ist auf dem Gebiet der Kraftfahrzeugbeleuchtung und -elektronik einer der führenden Partner der großen Autohersteller sowie von Spezialisten für die Herstellung von Bau- und Landmaschinen, Omnibussen, Caravans und Nutzfahrzeugen.

Den Grundstein für die Entwicklung hin zu einem global tätigen Unternehmen legte im Jahr 1899 der Lippstädter Sally Windmüller. Unter dem Namen Westfälische Metall-Industrie Aktiengesellschaft (WMI) gründete er eine Firma, die Kutschenlaternen und Beleuchtung für die damals noch junge Automobilindustrie herstellte – von den Lippstädtern lange Zeit „Lampenbude" genannt. Der Name HELLA wurde erstmals im Jahr 1908 als Markenname für einen Acetylenscheinwerfer verwendet und wurde erst im Jahr 1986 zum Firmennamen.

HELLA ist bis heute ein Familienunternehmen. Als Sally Windmüller nach dem Ende des Ersten Weltkrieges aus dem Unternehmen ausschied, erwarb der Lüdenscheider Fabrikant Oskar Eduard Hueck die Aktienmehrheit der WMI, die Ende des Jahres 1923 erreicht war. Anfang der 50er Jahre erfolgte dann die Übernahme der übrigen Anteile. Oskar Eduard Hueck war bis zur Umwandlung des Unternehmens in eine Kommanditgesellschaft im Jahr 1959 als Aufsichtsratsvorsitzender tätig. Dr. Wilhelm Röpke, ein Vetter seiner Frau Gertrud Hueck, geb. Röpke, trat 1926 in die Unternehmensleitung der WMI ein. Seine außerordentlichen Verdienste um den Aufbau des Unternehmens zeichnete die Stadt Lippstadt mit der Verleihung der Ehrenbürgerwürde aus.

Das Werk von Oskar Eduard Hueck und Dr. Wilhelm Röpke wurde mit stetig wachsendem Erfolg von deren Söhnen Dr. Arnold Hueck (gest. 1989) und Dipl.-Ing. Reinhard Röpke (gest. 1993) als persönlich haftende, geschäftsführende Gesellschafter fortgesetzt. Heute stehen an der Unternehmensspitze Dr. Jürgen Behrend, Schwiegersohn von Dr. Arnold Hueck, als persönlich haftender, geschäftsführender Gesellschafter und Dr. Rolf Breidenbach als Vorsitzender der HELLA Geschäftsführungsgesellschaft mbH. Von jeher hat HELLA als Unternehmensziel die Innovationsführerschaft verfolgt.

Heute ist das Lippstädter Unternehmen mit einem Weltmarktanteil von 15 Prozent für Kraftfahrzeugbeleuchtung und ebenfalls führenden Marktpositionen für verschiedenste Elektronikgeräte wie intelligente Batteriesensoren, Fahrpedalgeber, Schließsysteme und Unterdruckpumpen unverzichtbarer Entwicklungspartner für die Automobilindustrie.

Eine besondere Rolle spielt HELLA auch als Partner des freien Teilemarktes. Tausende von freien Werkstätten werden in Deutschland und international über den Teile-Großhandel mit Ersatzteilen und Zubehör versorgt. Zugleich bietet HELLA einen umfassenden Technik- und Diagnoseservice für die freien Werkstätten.

Mit der Entwicklung der Automobilindustrie zu einer weltweiten Wettbewerbslandschaft mussten sich die Autozulieferer in den vergangenen zwei Jahrzehnten einem harten Ausleseprozess stellen. Gab es Ende der 80er Jahre weltweit noch 30.000 unabhängige Autozulieferunternehmen, betrug deren Zahl Ende der 90er Jahre nur noch 8.000. Heute sind es 3.000.

Das Familienunternehmen HELLA zählt zu diesen 3.000 Unternehmen, die ihre Unabhängigkeit behaupten konnten. Dieser Erfolg ist zum einen auf die traditionelle Innovationsstärke des Unternehmens HELLA zurückzuführen; zum anderen ist die frühzeitig begonnene Internationalisierung von großer Bedeutung. Die erste HELLA Auslandsfabrik wurde bereits vor 50 Jahren, 1961, in Australien gegründet. Heute verfügt HELLA über mehr als 70 Entwicklungs-, Fertigungs- und Vertriebsstandorte auf der ganzen Welt.

Ein weiteres besonderes Merkmal der HELLA DNA ist die ausgeprägte Kooperationsfähigkeit des Unternehmens. HELLA selbst ist als ein synergetisch arbeitendes Netzwerk aufgestellt, das seine vielfältigen technologischen Fähigkeiten in der Lichttechnik und Elektronik bündelt und unterschiedliche Märkte und Zielgruppen flexibel bedient. Hierzu zählen große Autohersteller, spezielle Erstausrüster, das Ersatzteilgeschäft und neuerdings auch Anwendungen der HELLA Produkt- und Prozesskompetenz außerhalb der Automobilindustrie.

Diese HELLA-interne Fähigkeit zu synergetischer Zusammenarbeit hat das Unternehmen seit Ende der 90er Jahre zunehmend erfolgreich genutzt, indem es mittlerweile mehr als ein Dutzend Kooperationen mit in- und ausländischen Partnern der Autozulieferindustrie eingegangen ist. Die Bedeutung dieses Kooperationsnetzwerks wird auch anhand des Umsatzvolumens deutlich, das hierdurch erzielt wird. Es lag im Jahr 2010 bei mehr als 1,5 Milliarden Euro und wird in den kommenden Jahren, vor allem in Übersee und Fernost, weiter wachsen.

Eine besondere Bedeutung hat für HELLA von jeher die enge Partnerschaft mit ihrer Heimatstadt. Auch wenn HELLA inzwischen ein weltweit tätiges Autozulieferunternehmen ist – zwei Drittel des Umsatzes von zuletzt 4,4 Milliarden Euro im Geschäftsjahr 2010/2011 werden im Ausland realisiert, 60 Prozent der Mitarbeiter sind mittlerweile außerhalb Deutschlands tätig –, schlägt das Herz der HELLA in Deutschland. Diese enge Bindung findet ihren besonderen Ausdruck in der Beziehung zur Stadt Lippstadt, in der das Unternehmen gegründet wurde und in der es unverändert

Die Konzernzentrale in Lippstadt

seine Konzernzentrale und Entwicklungszentren für Licht und Elektronik hat. So wurde anlässlich der 100-Jahrfeier im Jahr 1999 die Dr. Arnold Hueck-Stiftung gegründet, die sich insbesondere für die Förderung der naturwissenschaftlichen und technischen Ausbildung in der Region engagiert. Eine enge Zusammenarbeit mit der Stadt Lippstadt bei der neu gegründeten Hochschule Hamm-Lippstadt ist für HELLA ebenfalls von größter Bedeutung, sowohl im eigenen Interesse für die Gewinnung technischer Nachwuchskräfte als auch für die Zukunftsentwicklung ihrer Heimatstadt. HELLA und Lippstadt haben von jeher zusammengehört, und das soll auch in Zukunft so bleiben.

www.hella.de

Wirtschaftlicher Wandel in der Ackerbürgerstadt

Der Lippstädter Hafen auf Höhe des heutigen Finanzamtes, um 1835

oben: Lange Straße, 1942 und 1939; unten: Soeststraße und Cappelstraße, 1942

Hatte sich im Laufe der Jahrhunderte auch das äußere Stadtbild vor allem durch den Festungsbau immer wieder verändert, so blieb Lippstadt bis ins 19. Jahrhundert hinein doch innerhalb seiner alten Grenzen und erweiterte sich bis dahin nicht.

Lippstadt war damals nach wie vor eine Ackerbürgerstadt, die hauptsächlich von der Erzeugung landwirtschaftlicher Produkte lebte, darunter neben Getreide und Gemüse auch Seile, Leder, Bier und Branntwein. Wichtige Exportprodukte des Lippstädter Hafens waren noch bis Mitte des 19. Jahrhunderts Getreide, Salz, Wolle, Pottasche, Branntwein, Glas, Leinwand und Schiefer. Zu den Importprodukten zählten neben Wein und Kolonialwaren, wie Kaffee, Tee, Kandis, Reis und Tabak, auch Tannenholz und Steinkohle.[136]

Anders als in anderen Teilen Deutschlands waren in Lippstadt im 18. Jahrhundert noch keine nennenswerten Spuren der Industrialisierung zu finden. Ein wirtschaftlicher Wandel vollzog sich erst in der ersten Hälfte des 19. Jahrhunderts, der die alte Stadt bis zur Jahrhundertwende grundlegend veränderte.[137]

Neue Gewerbezweige und besonders die Industrie entwickelten sich in Lippstadt und ließen die Bevölkerung sprunghaft ansteigen. Zählte die Stadt noch zu Beginn des 19. Jahrhunderts um die 3.000 Einwohner, so stieg die Zahl bis 1850 auf 5.000 Einwohner an, bis 1865 weiter auf 7.000 und erreichte 1901 bereits 13.000 Einwohner. In diesem Zusammenhang entstanden zunächst im Lippstädter Süden außerhalb der bisherigen Stadtgrenze neue Wohnflächen. Die Ausweitung der Lippeschifffahrt und dann zusätzlich der Ausbau von Wegen und Straßen in und um Lippstadt begünstigten einen zunehmenden Handel und außerdem die Ansiedlung von Industrie. Beide Faktoren waren wichtige Grundvoraussetzungen für das Wachstum Lippstadts. Die neue

Zeit brachte neue Gewerbebereiche hervor, während alte verschwanden. Im folgenden Teil werden exemplarisch zwei bis zu Beginn des 19. Jahrhunderts wichtige Gewerbebereiche in Lippstadt beschrieben, die dann nach und nach an Bedeutung verloren und verschwanden.

Aus Rinderhaut wird Leder

Heute völlig vergessen ist die Tatsache, dass Lippstadt seit dem Mittelalter für die Lederherstellung weit bekannt war. Das besonders weiche und beständige Rinderleder aus Lippstadt wurde in Leipzig, Kassel oder sogar Frankfurt gehandelt. Die Herstellung beziehungsweise Verarbeitung erstreckte sich über die ganze Stadt. Nach der Schlachtung wurden die Häute an den Gerber verkauft und von diesem weiterverarbeitet. Während das Abfallfleisch zur ehemaligen Rosse-Mühle gebracht wurde, wo eine Leimfabrik die Reste zu Schreinerleim verarbeitete, wanderten die Häute zur sogenannten Schabekuhle an der heutigen Burgstraße, wo sie in Gruben mit Kalk bestreut und gelagert wurden. Anschließend wurden sie abgeschabt und aus den gewonnenen Haaren bereitete man Filzsohlen. Die Häute wurden dann an Ketten befestigt und in die Lippe geworfen, um sie durch das Lippewasser geschmeidig zu machen. Nach einigen Tagen wurden die Häute dann in die Lohgrube gebracht und neun Monate gegerbt. Die getrocknete Lohe verwendete man als Heizmaterial. Anschließend wurden die Häute glatt geschabt, mit Walfischtran geschmiert und getrocknet, um im letzten Arbeitsschritt gestoßen und genärbt zu werden, damit sie weich und schön aussahen. Das mühsam produzierte Rinderleder wurde dann deutschlandweit auf den Märkten vertrieben.

Die Lohgerber gerieten zu Beginn des 19. Jahrhunderts durch die fortschreitende Technisierung und den Preiskampf in eine ernste wirtschaftliche Krise, wodurch die Lippstädter Gerbereien nach und nach verschwanden.[138] Wer Rinderhaut zur Weiterverarbeitung benötigte, musste auch viel Vieh halten. So war Lippstadt auch durch den Viehhandel bekannt. Das zugekaufte Jungvieh wurde dort gemästet und anschließend von Lippstädter Kaufleuten in den verschiedensten Regionen verkauft.

Lippstädter Korn und Wolle

Neben Leder war Lippstadt auch bekannt für seine Wolle, die auf den Wollmärkten in Paderborn und Soest gehandelt wurde. Ebenso bedeutend war die Stadt für den Handel mit Getreide, weshalb man Lippstadt noch zu Beginn des 19. Jahrhunderts zum Hauptkornmarkt Westfalens zählte. Einen Teil der Roggenernte fuhren die Händler per Schiff zum Weiterverkauf sogar bis nach Amsterdam.

Die folgenden Wirtschaftsdaten aus dem Zeitraum 1789 bis 1901 spiegeln den bedeutsamen Umschwung, der seit der zweiten Hälfte des 19. Jahrhunderts die Stadt grundlegend veränderte, eindrucksvoll wider.

Die Lange Straße hieß 1939 Adolf-Hitler-Straße.

Lange Straße, 1939

1901 Handelswaren und Wirtschaftsdaten

Lippstädter Wirtschaftsdaten aus dem Jahr 1789[139] bei 2.602 Einwohnern

Eisenhändler	2
Galanteriehändler[140]	3
Garnhändler	7
Getreidehändler	11
Holzhändler	2
Höcker und Klippkrämer[141]	12
Kaufleute im kleinen (Winkelhändler)	28
Spezereihändler[142]	2
Seifenhändler	28
Viktualienhändler[143]	12
Weinhändler	5
Branntweinzäpfer	51
Weinzäpfer	6
Wirte mit Herberge	16
Wirte ohne Herberge	10
Schenkkrüge/Wirtschaften	28
Brauereien (teils waren Bäcker und Kaufleute zugleich auch Brauer)	30
Seifensiederei	1
Essigsiedereien	mehrere
Stärkefabriken	2
Lohgerbereien	12
Garnbleicherei	1
Branntweinbrennereien	72
Schokoladenfabrikant	1
Feuerspritzenhersteller	1

Handeltreibende in Lippstadt 1843[149]

Kaufleute mit kaufmännischen Rechten

Großhändler ohne offene Läden	10

Kaufleute mit offenen Läden

Gewürz-, Spezerei- und Materialwarenhändler	10
Ausschnitthändler in Seiden-, Woll- und Baumwollwaren	5
Metallwarenhändler	2
Getreidehändler	9
Sonstige	8

Kaufleute ohne kaufmännische Rechte

Krämer	2
Viktualienhändler	28
Hausierer	3

Lippstadt im Spiegel der Zeit

Handwerk in Lippstadt 1861[144]

	Meister	Gesellen/Lehrlinge
Bäcker	36	33
Konditoren	3	–
Fleischer	16	12
Schuhmacher	28	21
Schneider	25	41
Hutmacher	1	1
Posamentierer[145]	1	–
Putzmacher[146]	8	4
Handschuhmacher	7	6
Kürschner[147]	4	4
Kammmacher	4	4
Gerber	11	15
Sattler	6	11
Zimmerleute	10	16
Maurer	7	27
Glaser	16	15
Maler	2	2
Tischler	41	31
Stellmacher	5	5
Böttcher[148]	8	6
Drechsler	2	2
Schmiede	5	12
Schlosser	10	15
Klempner	6	5
Kupferschmiede	5	4
Bürstenmacher	12	26
Korbmacher	2	1
Uhrmacher	6	–
Gold- und Silberarbeiter	6	–
Seifensieder (1843)	2	–
Seiler	20	24

1901

Fabriken in Lippstadt 1901 und 1909[150]

Name der Firma	Art des Gewerbes	Beschäftigte
Phönix, AG für Bergbau und Hütten-Betrieb, Abteilung Westfälische Union	Draht-Walzwerk und Drahtstiftefabrik	752
Timmermann	Ziegelei	65
Hillebrandt	Ziegelei	8
Gellhaus	Gewinnung von Erde und Ton usw. und Glasfabrikation	10
Oberwinter	Fabrikation irdener Geschirre	5
Westfälische Metall-Industrie GmbH	Laternen für Fahrräder, Automobile und Wagen, Fabrikation von Musikinstrumenten	228
Voß	Mechanische Werkstatt	9
Westfälische Landeseisenbahn	Maschinenwerkstatt	52
Städtische Gasanstalt	Gasfabrikation	10
Schmidt & Klumpp	Seifenfabrik	6
Epping	Mechanische Bindfadenfabrik	46
Meinerzhagen	Gerberei	5
Stackmann	Sägewerk	5
Kisker	Brennerei	7
Kleine	Spiritus-Fabrikation	2
Wächter	Wurstfabrik	26
Siegfried	Kornmühle	1
Brülle	Kornmühle	9
Schüler & Co.	Kornmühle	19
Nies	Brauerei	15
Ohm & Klein	Brauerei	55
Kleine	Zigarrenfabrik	15
Heyelmann	Zigarrenfabrik	24
Hochstrate	Zigarrenfabrik	11
Fuchs & Deventer	Zigarrenfabrik	28
Kuchenbecker	Zigarrenfabrik	5
Riedel	Tabak- und Zigarrenfabrik	50
Cosack & Albers	Brennerei	2
Knippenberg & Linden	Zigarrenfabrik	56
Müterich	Zigarrenfabrik	10
Langeneke	Altbierbrauerei	2
Laumanns	Buchdruckerei	6
Hegener	Buchdruckerei	7
Staats	Lithographische Anstalt, Buchdruckerei	24
Kramm	Buchdruckerei	4
Cohen (1909)	Gamaschen- und Schuhfabrik	7
Königliche Artilleriewerkstatt (1909)	Rüstungsbetrieb	470
Brauer (1909)	Glashütte, Flaschenfabrikation	102
Braun (1909)	Wagenbauerei	9
Deppe (1909)	Wagenbauerei	5
Schilling (1909)	Wagenbauerei	9
Stöppel & Cie. GmbH (1909)	Fassfabrik	4
Höings (1909)	Bürstenfabrik	18
Schade (1909)	Bürstenfabrik	7

Lange Straße mit Postgebäude im Hintergrund, um 1941

Vom Badehaus zum kompetenten Gesundheitszentrum

Als die Bergbauindustrie zu Beginn des 20. Jahrhunderts auf der Suche nach neuen Kohlevorräten auch den westfälischen und münsterländischen Raum untersuchte, stieß man in der Bauerschaft Suderlage (heute Bad Waldliesborn) in einer Tiefe von 656 Metern auf einen anderen unerwarteten Naturschatz – die Sole. Damit begann die Geschichte eines Heilbades.

Bei weiteren Bohrungen stießen die Ingenieure auf 38 °C warme Solequellen in bis zu 912 Metern Tiefe, die laut Analyse durch Prof. Dr. H. Fresenius in Wiesbaden zu den stärksten Solequellen Deutschlands gehört. Der Hamburger Großkaufmann Wilhelm Eichholz nutzte die Sole ab 1904 und errichtete ein Badehaus mit Badebetrieb für Herz- und Nervenkrankheiten, Gicht, Rheumatismus, Scrofulose sowie Frauenkrankheiten.

Nach Ende des Zweiten Weltkriegs erfolgte der systematische Aus- und Aufbau von Kuranlagen und Kureinrichtungen. 1974 wurde Bad Waldliesborn als staatliches Heilbad anerkannt. Heute finden Patienten und Gäste im Gesundheitszentrum in Bad Waldliesborn alles unter einem Dach: Rehabilitation, Therapie, Prävention, Reha-Sport bis hin zu Wohlfühl- und Entspannungsangeboten in der Sole-Therme. Denn zur Heilbadgesellschaft gehören die Klinik Eichholz, das Therapiezentrum sowie das Thermalsolebad mit Sauna.

Die nach dem Hamburger Großkaufmann benannte Klinik Eichholz wurde 1984 erbaut und mit rund 240 Zimmern in Betrieb genommen. Durch ein qualifiziertes Behandlerteam sowie einer modernen diagnostischen und therapeutischen Ausstattung ist seither eine hochwertige medizinische Betreuung von stationären und ambulanten Rehabilitationsmaßnahmen garantiert. Die medizinischen Schwerpunkte liegen heute in den Bereichen Orthopädie, unfallchirurgische Rehabilitation, Rheumatologie sowie Kardiologie, Angiologie und interdisziplinäre Schmerztherapie. Die Behandlungen werden in stationären sowie auch ganztägig ambulanten Reha-Formen erbracht. Direkt an die Klinik angebunden sind das Therapiezentrum sowie das Thermalsolebad mit Sauna. Das Therapieangebot ist vielfältig und richtet sich sowohl an stationäre als auch an ambulante Patienten. Hier finden gesetzlich Krankenversicherte mit Rezept, Privatversicherte, beihilfeberechtigte Versicherte und Selbstzahler optimale Voraussetzungen, um gezielt für ihre Gesundheit aktiv zu werden. Das Angebot wird ergänzt durch eine Vielzahl an Präventions- und Reha-Sport-Angeboten. Anwendung findet die Sole heute hauptsächlich im Thermalsolebad. Die warme Sole sprudelt in drei Innen- und zwei Außenbecken mit Wassertemperaturen von 29 °C und 32 °C. Zahlreiche Massagedüsen sowie Ruheliegen im Innen- und Außenbereich sorgen für Entspannung. Auch für Urlaubsgäste, die sich einfach nur erholen möchten, ist der Besuch des Thermalsolebads ein wohltuender Genuss. Ergänzt wird das Angebot durch eine Saunaanlage mit verschiedenen Ruhezonen und einen großen Sauna-Garten.

Seit Jahresbeginn 2006 gehört das Gesundheitszentrum in Bad Waldliesborn gemeinsam mit den beiden Heilbadgesellschaften Saline Bad Sassendorf GmbH sowie die Solbad Westernkotten GmbH zur Westfälisches Gesundheitszentrum Holding GmbH.

www.bad-waldliesborn.de

oben: Erholung im Sole-Außenbecken; mittig: Das alte Badehaus; unten: Therapiezentrum mit einem breiten Therapieangebot

Es lebe der Sport! – Mit dem Fußball fing alles an!

Lippstadt ist auch im sportlichen Bereich sehr vielseitig und erfolgreich. Seit der Gründung des SV Lippstadt 08 ist die erste Mannschaft in der Oberliga Westfalen das Aushängeschild Lippstadts im Fußball.

Teutonia 08

Im Jahr 1908 gründete sich der Lippstädter Spielverein Teutonia 08. Man spielte damals auf einer Wiese am Lippstädter Rüsing. Der Aufstieg begann mit der Wiederaufnahme des Spielbetriebs nach dem Ersten Weltkrieg. Zunächst wurde eine Jugendabteilung gegründet, die den Fußballnachwuchs fördern sollte. 1921 erfolgte dann die Einweihung des neuen Sportplatzes am Waldschlösschen sowie der Anschluss des Vereins SV Westfalia. Einen fußballerischen Durchmarsch machte man mit dem Aufstieg in die A-Klasse 1921, gefolgt von dem Aufstieg in die Kreisklasse bis in die Verbandsliga. Der Verein erweiterte sein Sportangebot mit der Gründung einer Schwimm- und einer

Mannschaftsbild SV Lippstadt, 2011

Altliga Teutonia, 2008

Leichtathletikabteilung 1923, der die Gründung einer Handballabteilung 1927 folgte. Kriegsbedingt musste der Fußballsport 1944 eingestellt werden, wenn auch eine Kriegssportgemeinschaft mit Borussia und dem Luftwaffensportverein Lippstadt auf dem Bruchbaum gegründet wurde. Nach dem Zweiten Weltkrieg begann man bereits 1945, den Sportbetrieb wieder aufzunehmen.

Und schon bald nach dem Neuanfang stellten sich die ersten Erfolge ein: 1947 stieg die erste Mannschaft in die Gauliga auf. 1957 gelang der Mannschaft um Werner Schnieder der Aufstieg in die Verbandsliga. Nach wechselhaften Jahren zwischen Verbands- und Landesliga errangen die Teutonen in den 1970er-Jahren weitere sportliche Triumphe. Nach zwei Aufstiegen hintereinander rückte die erste Mannschaft 1979 in die Oberliga vor, damals die höchste deutsche Amateurklasse beziehungsweise heute die dritte Liga. In den vier Jahren in dieser Klasse spielte man mit Mannschaften wie dem SC Paderborn und Preußen Münster auf Augenhöhe und lieferte sich auf dem Waldschlösschen vor drei- bis viertausend Zuschauern spannende Begegnungen.

Nach dem Abstieg 1984 gab es in den folgenden Jahren ein sportliches Tief bis hinab in die Landesliga, wo es zur Freude der Lippstädter Fußballfans ab 1988 endlich auch wieder Ortsderbys gegen Borussia Lippstadt gab. In allen Ortskämpfen gegen den alten Rivalen behielten die Teutonen dabei die Überhand. 1994 gelang der ersten Mannschaft unter Franz Günther der Wiederaufstieg in die Verbandsliga. Mit der Fusion 1997 stellte der Spielverein Teutonia den Spielbetrieb der Senioren ein. Nur noch die Altligamannschaft von Teutonia ist seitdem weiterhin aktiv. Im Jahr 2011 wurde sie Kreismeister der Ü-50-Mannschaften und vertrat den Kreis Lippstadt mit gutem Erfolg bei den Westfalenmeisterschaften in Oelde.

Das Sportangebot erweiterte sich, als 1970 eine Fußballdamenmannschaft und eine Badmintonabteilung gegründet wurden. Bereichert wird der Verein noch durch eine Boxabteilung. Die Badmintonabteilung ist heute sehr erfolgreich. So stieg die Seniorenmannschaft 2010 in die Landesliga auf, seit dem Jahr bildet Teutonia eine Spielgemeinschaft mit SV 03 Geseke. Die Schwimmabteilung entstand aus einer Gruppe junger Männer, die zunächst eine Schwimmvereinigung unter dem Namen „Wellenbrecher" gründeten und sich 1923 Teutonia anschlossen. Damals konnte die Abteilung lediglich in den Sommermonaten trainieren, denn in Lippstadt stand nur eine Flussbadeanstalt der Ostendorf-Schule zur Verfügung. Während dieser Zeit entstand auch die Gruppe „Wasserball". Nach dem ersehnten Bau des neuen Lippstädter Freibades 1932 wurden die Sportbedingungen bedeutend besser und die Wasserball- und Wettkampfmannschaften formierten sich neu. Während des Zweiten Weltkriegs ruhten die Vereinsaktivitäten. Unter Ferdinand Schornberg und Heinrich Schulte wurde der Schwimmsport 1948 wiederbelebt. Traumhaft wurden die Bedingungen, nachdem 1966 das Lippstädter Hallenbad gebaut worden war und die Gruppen nun ganzjährig trainieren konnten. Bei der Teilnahme an diversen Wettstreiten konnten gute Erfolge erzielt werden, unter anderem stellte Teutonia mehrfach den Südwestfalenmeister und der Verein nahm an

den Deutschen Meisterschaften und internationalen Wettkämpfen teil. Die Tage des Jakob-Koenen-Hallenbades sind mittlerweile gezählt; es wird ein neues Bad am Jahnplatz gebaut. Hier werden sich die erfolgreichen Aktivitäten der Schwimmabteilung von LS Teutonia 08 fortsetzen.[151]

Borussia 08 Lippstadt

Am 24. März 1908 wurde der Sportverein Borussia 08 Lippstadt von Schülern des Ostendorf-Ratsgymnasiums im Holländer Hof an der Langen Straße gegründet. Bereits zwei Jahre nach der Gründung stieg der Verein aus der untersten Spielklasse auf. Zwei weitere Aufstiege in Folge brachten Borussia 1935 in die zweitklassige Bezirksliga Ostwestfalen.

Nach dem Zweiten Weltkrieg nahm Borussia bereits 1946 den Spielbetrieb wieder auf und schaffte 1952 den Aufstieg in die Landesliga. Mit fünf Punkten Rückstand verpasste Borussia 1956 die Qualifikation für die neu eingeführte Verbandsliga. Ein Jahr später gelang der Aufstieg, jedoch folgte der sofortige Wiederabstieg. Im Jahre 1960 musste Borussia in die Bezirksliga absteigen. Von 1963 bis 1966 und 1967 bis 1970 kehrte der Verein in die Landesliga zurück. Erst ab 1973 konnte sich Borussia langfristig in der Landesliga etablieren, wobei 1974 mit der Vizemeisterschaft die bis dahin beste sportliche Platzierung erreicht wurde. Im Jahre 1993 endete die Landesligaära mit dem Abstieg als Tabellenletzter. Zwei Jahre später begann Borussia im Jugendbereich mit Teutonia zu kooperieren, ehe es 1997 zur Fusion der beiden Vereine zum SV Lippstadt 08 e. V. kam.

SV Lippstadt 08

Der Verein SV Lippstadt 08 entstand erst 1997 durch die Fusion von Borussia 08 und Teutonia 08, wodurch Lippstadt im Fußballbereich starken Auftrieb bekam. Bereits in seiner Gründungssaison 1997/1998 stieg der SV Lippstadt 08 in die Oberliga Westfalen auf und ist seitdem Lippstadts überregionales Aushängeschild im Fußballsport. Mit seinen mittlerweile 17 – teils überregional spielenden – Jugendmannschaften ist der Verein sowohl im Leistungsbereich als auch im Breitensport hervorragend aufgestellt und bundesweit als Ausbildungsverein hochtalentierter Nachwuchsspieler be- und anerkannt. Der Verein verfügt zudem über eine Gymnastikabteilung.[152]

Lippstädter Fußballvereine heute

In der Lippstädter Kernstadt gründeten sich weitere Vereine mit dem Schwerpunkt Fußball. So sind heute im Fußballbereich Athlitikis, Internationale Lippstadt, Madridista Lippstadt, Viktoria, SC, SV, Türkische Union Lippstadt und Hellas Lippstadt 05 sportlich aktiv.

Das ganze Spektrum der Finanzdienstleistung

Seit 1909 ist die Deutsche Bank in Lippstadt mit allen Dienstleistungen rund um Finanzfragen für ihre Kunden da. Kundenzufriedenheit ist und war dabei stets das höchste Maß und Ziel.

Die Wurzeln der Deutschen Bank in Lippstadt gehen auf die Bergisch-Märkische Bank zurück, die im Jahr 1872 ihren Geschäftsbetrieb in Elberfeld, einem heutigen Stadtteil von Wuppertal, aufnahm. Sie stammt somit, wie eine Vielzahl von Bank-, Industrie- und Handwerksunternehmen, aus der sogenannten Gründerzeit. Innerhalb weniger Jahre entwickelte sich die Bergisch-Märkische Bank zu einer der bedeutendsten Aktienbanken im rheinisch-westfälischen Industrierevier. Mit der Gründung einer Niederlassung in Lippstadt am 1. Mai 1909 zeigte sich eine Expansion der Bank auch in das alte westfälische Kernland.

Nachdem die 1870 in Berlin gegründete Deutsche Bank bereits 1897 mit der Bergisch-Märkischen Bank eine Interessengemeinschaft eingegangen war, kam es 1914 zur Fusion beider Banken. Die Bergisch-Märkische Bank wurde vollständig von der Deutschen Bank übernommen. So ging auch die Lippstädter Filiale in der Langen Straße auf die Deutsche Bank über. Kriegsbedingt musste die Filiale im Jahr 1917 wegen Personalmangels bis zum Ende des Ersten Weltkriegs schließen. In dieser Zeit wurden die Lippstädter Kunden von der Filiale in Paderborn betreut. Nach der Wiedereröffnung entwickelte sich die Lippstädter Niederlassung sehr positiv. 1921 kaufte die Bank als neues Domizil ein ehemaliges Hotel in der Bahnhofstraße und baute es in den folgenden Jahren mehrmals um. Nach dem Ende des Zweiten Weltkriegs reichte der Platz auch dort nicht mehr aus. Daher wurde ein Grundstück an der Woldemei erworben und die Deutsche Bank konnte 1969 einen zweistöckigen Neubau beziehen. Aber selbst dieser Neubau erwies sich ein Jahrzehnt später als zu klein. Zwischen 1969 und 1985 waren das Gesamtkreditvolumen um 437 Prozent und die Gesamteinlagen um 331 Prozent gestiegen, sodass die Mitarbeiterzahl stetig wuchs und ebenso der Einsatz neuer Techniken mehr Raum forderte. Daher wurde ein Nachbargrundstück erworben und ein Neubau errichtet, der Altbau wurde umgestaltet und die Fassade dem neuen Haus angepasst. Der heutige Gebäudekomplex an der Woldemei 17 konnte 1985 eröffnet werden und präsentierte sich mit modernster Technik. So gab es damals ein Rohrpostsystem, einen automatischen Kassentresor und bereits einen der ersten Geldautomaten im Stadtgebiet. Modernste Technik finden die Kunden der Deutschen Bank auch heute. Bankgeschäfte können rund um die Uhr an den Geldautomaten oder während der Öffnungszeiten im Servicebereich getätigt werden. 25 Mitarbeiterinnen und Mitarbeiter betreuen mehr als 11.000 Kunden persönlich, freundlich und kompetent – von der Kontoführung über die Geld- und Wertpapieranlage bis hin zur Vorsorge- und Finanzplanung sowie Vermögensverwaltung oder Stiftungsberatung. Firmenkunden bietet die Bank das ganze Spektrum einer internationalen Firmenkunden- und Investmentbank – von der Zahlungsabwicklung bis hin zur Begleitung von Börsengängen und Beratung bei Übernahmen und Fusionen.

www.deutsche-bank.de

links: Bankgebäude in der Bahnhofstraße, 1951; rechts unten: Die Deutsche Bank an der Woldemei seit 1985; rechts oben: Bankgebäude an der Woldemei, 1969

Der TC Grün-Weiß wird gegründet

Damen im Gründungsjahr 1911

Tenniscamp, 2011

Auf ein ungewöhnlich hohes Alter im Tennissport kann der TC Grün-Weiß Lippstadt zurückblicken, der im Jahr 2011 seinen 100. Geburtstag feiern konnte.

Bereits Ende des 19. Jahrhunderts fanden sich in Lippstadt tennisbegeisterte Bürger zusammen, die dem „weißen Sport in Lippstadt die Türen öffneten."[153] Im Nordwesten Lippstadts spielten die Tennisfreunde zunächst auf einem Gelände am Waldschlösschen, das von Familie Nies zur Verfügung gestellt wurde. Dort entstanden zwei Tennisplätze, die bis zum Zweiten Weltkrieg genutzt wurden. Im Jahr 1911 wurde dann offiziell der Lippstädter Tennis-Verein gegründet, dessen Vorsitz Postdirektor Hartung übernahm. Der Tennisverein wuchs im Laufe der Jahre, jedoch wurde der Tennissport mit Beginn des Zweiten Weltkrieges eingestellt. Nach Kriegsende stellte sich dann die Platzfrage. Es fanden sich einige Spieler zusammen, die in Bad Waldliesborn ein Gelände für zwei Plätze und eine provisorische Hütte organisieren konnten, sodass der Spielbetrieb dort wieder aufgenommen werden konnte.

Über Jahrzehnte war der Name „Grün-Weiß" sehr eng verbunden mit dem Namen des langjährigen Vorsitzenden (1969–1987) und Ehrenpräsidenten des Clubs, Dr. Karl-Heinz Flessenkämper. Als er 1962 das Vorstandsteam ergänzte, war er wesentlich an der Erstellung der neuen Platzanlagen am Kranenkasper noch im selben Jahr und des Vereinsheims im Jahr 1980 beteiligt. Heute stehen insgesamt elf Ascheplätze und eine Tennishalle den Sportlern zur Verfügung. Besonders stolz ist man bei Grün-Weiß auf das noch heute bestehende sogenannte Bambino-Turnier. Der damalige Jugendwart Alfred Linde, unter anderem Träger der Goldenen Ehrennadel des Westfälischen Tennisverbandes, war 1971 der Initiator des Turniers. Ziel ist es hier, frühzeitig Talente zu erkennen und zu fördern. Der Bezirk Ostwestfalen-Lippe führt dieses Turnier auch heute noch jährlich durch.

An den TC Grün-Weiß Lippstadt angeschlossen ist eine Tennisschule von Ute Strakerjahn, die zu den renommiertesten Trainerinnen in Deutschland zählt. Wenn auch nach der Ära Boris Becker und Steffi Graf, die durch ihre Erfolge in den 1980er-Jahren einen Tennisboom in Deutschland auslösten, der Tennissport allgemein an Mitgliederzahlen einbüßen musste, hat sich der TC Grün-Weiß Lippstadt mit inzwischen wieder über 400 Mitgliedern als einer der wichtigsten Sportvereine Lippstadts gehalten.

Bambino-Turnier 1975

Vorbereitung für das Vereinsjubiläum 2011

Die Volkshochschule der Stadt Lippstadt

Im Bestreben um den Wiederaufbau Deutschlands nach dem Ersten Weltkrieg bemühte sich das neu entstandene Volkshochschulwesen mit seiner Arbeit darum, eine Brücke zwischen der „gebildeten" und der „ungebildeten" Bevölkerung zu schlagen.

Nach dem Ersten Weltkrieg wurde 1919 in Lippstadt die Städtische Volkshochschule gegründet, woraufhin der erste Unterricht im Winter 1920 stattfand. Durch den Zugang zu einer gemeinsamen geistigen Arbeitsgemeinschaft sollten so geistige Werte miteinander geteilt, die Achtung voreinander erworben und die Unterscheidung von „Geistesarbeitern" und „Handarbeitern" beseitigt werden. Die ersten 10-wöchigen Vortragsreihen in Lippstadt umfassten vor der späteren Programmerweiterung die Themenfelder Religion, Philosophie, Recht, Staatslehre, Physik und Chemie. Treibende Kraft in dieser ersten Phase war der Oberlehrer des Ostendorfgymnasiums Dr. Dietrich. Nach 1926 wurde das Programm der Volkshochschule jedoch eingestellt, da es nicht mehr ausreichend angenommen wurde. Nach der Machtergreifung der Nationalsozialisten oblag die Volksbildung dann diesem Regime, sodass es von der Stadt Lippstadt aus offiziell keine Volkshochschule mehr gab.[154]

Erste methodisch-didaktische Pläne zur Durchführung der Volksbildung für Erwachsene gab es bereits 1940. Eine Neugründung der Volkshochschule in Lippstadt fand dann 1946 statt, woraufhin man im Januar 1947 mit dem Unterricht begann. 1948 wurde die Schule dann dem Landesverband angeschlossen. Ein besonders nennenswerter nebenamtlicher Leiter der Volksschule war von 1955 bis 1958 der Lippstädter Lehrer und Literat Thomas Valentin (1922–1980).[155]

Bis zum Jahre 2000 war die Lippstädter Volkshochschule in dem Gebäudekomplex an der Fleischhauerstraße untergebracht, in dem sich unter anderem auch die Marienschule, Aufbaurealschule und die Musikschule befanden, sowie in Räumlichkeiten am Lippertor. In den 1970er bis 1980er Jahren war außerdem der Verwaltungsbereich zusammen mit der Stadtbücherei und dem Stadtarchiv in Räumen des alten Sparkassengebäudes in der Spielplatzstraße.

Nach der Fertigstellung des Wohnparks Süd konnte die VHS dann im Sommer 2000 in das Gebäude an der Barthstraße umziehen, das sie sich seit dem mit dem Studienzentrum der FernUni Hagen teilt. Das Angebot der Einrichtung erstreckt sich mittlerweile von Vorträgen, Kursen und Semina-

Der viel genutzte Gebäudekomplex in der Fleischhauerstraße beherbergte auch FernUni und VHS, 2011; das heutige Gebäude von der VHS (Mitte und rechts) im Wohnpark Süd

ren bis hin zu Studienfahrten, und findet in zwei Semestern pro Jahr an sieben Tagen in der Woche statt.[156]

Am 1. Januar 2012 wurde die „VHS Lippstadt. Lippstadt–Anröchte–Erwitte–Rüthen–Warstein" gegründet. Für die überregionale Erwachsenen- und Weiterbildung der bis dahin noch dem VHS-Verbund Möhne-Lippe in Trägerschaft des Kreises Soest angehörigen Städte ist seither die Zentrale in Lippstadt zuständig.[157]

Das Weiterbildungszentrum der FernUniversität Hagen in Lippstadt

Mit dem Anliegen, die Weiterbildung zu fördern und den Numerus clausus abzubauen, wurde vom Land Nordrhein-Westfalen 1974 die FernUniversität Hagen gegründet. Als eine Hochschule mit den gleichen Zugangsvoraussetzungen wie andere Hochschuleinrichtungen ist diese nicht mit privaten Weiterbildungsmöglichkeiten zu verwechseln. Zum Wintersemester 1975/1976 folgte dann auch die Eröffnung einer Zweigstelle der FernUni in Lippstadt mit anfangs rund 30 Studierenden. Das Studienzentrum, das in erster Linie Verwaltungsbereich und Beratungsstelle ist, war zunächst in dem viel genutzten Schulgebäude an der Fleischhauerstraße untergebracht.

Im Jahre 1977 war die FernUni Hagen bereits zu einer Hochschuleinrichtung mit Niederlassungen in 24 Städten herangewachsen, bei der Studierende per Brief und Tonband das Arbeitsmaterial für zu Hause erhielten. In den Studienzentren haben sie eine Anlaufstelle für Treffen, Diskussionen und Austausch sowie den Zugang zu Mediengeräten und einer Handbibliothek. Das Konzept der FernUni richtete sich dabei von Anfang an in Lippstadt insbesondere an Berufstätige, Hausfrauen und Menschen mit Behinderung, denen so ein Hochschulabschluss ermöglicht werden soll. Die Teilzeitstudierenden, die diese Möglichkeit der Qualifikation neben ihrem alltäglichen Berufsleben am meisten nutzen, machen dabei schon immer den größten Anteil aus.

1980 vergrößerte sich das Studienzentrum innerhalb des Gebäudes an der Fleischhauerstraße durch einen Umzug von der zweiten in die erste Etage. Auf einer Fläche von nunmehr 400 Quadratmetern standen von da an zwei große Vortragsräume, mehrere kleine Räume und eine Teeküche zur Verfügung, sodass nun auch Verwaltungstreffen und Studientage ausgerichtet werden konnten.[158]

Nach dem Umbau des ehemaligen Kasernengeländes in den Wohnpark Süd in den 1990er-Jahren zog die Niederlassung dann zusammen mit der Volkshochschule Lippstadt in ein Gebäude auf dem „Feldherrnhügel", mit einer Nutzfläche von rund 500 Quadratmetern. Dort steht den Studierenden nun eine Präsenzbibliothek mit Büchern und Filmen zur Verfügung, die darüber hinaus auch von interessierten Nichtstudierenden genutzt werden kann. Dank der neuen technischen Ausstattung ist das Studienzentrum am neuen Standort an die virtuelle Uni Hagen angeschlossen, sodass die Studierenden an PCs direkten Zugang zu den Fachbereichen und der Universitätsbibliothek der FernUni Hagen haben.

Seit dem Sommersemester 2008 wurde zusätzlich die sogenannte „BürgerUniversität" eingerichtet, die auf das Semester verteilt Vorträge zu verschiedenen Themen anbietet. Durch das Einbeziehen aller Interessierten in das Bildungsangebot der Einrichtung wird versucht, den Wissenstransfer und die Kontakte zwischen der Hochschule und der Stadt zu verstärken.[159]

Das heutige Gebäude von der FernUni im Wohnpark Süd

Der SC Lippstadt DJK stellt sich vor

Wie zahlreiche andere Vereine trat auch der SC Lippstadt bei seiner Gründung einem katholischen oder einem evangelischen Verband bei. Die christlichen Werte und Leitgedanken sind in der Vereinsphilosophie bis heute erhalten geblieben.

Nachdem die DJK (Deutsche Jugendkraft) 1920 von Prälat Carl Mosterts in Würzburg als katholischer Dachverband gegründet worden war, traten ihr Vereine fast jeder katholischen Gemeinde bei. So gründeten sich bereits 1920 auch in Lippstadt der Sportverein DJK Arminia und 1927 im Lippstädter Süden DJK Olympia. Zunächst wurde auf dem Sportplatz Am Dielenpfad Fußball, Faustball und Schlagball als Vorläufer des Baseballs gespielt. Im Rahmen der Gleichschaltungspolitik der NSDAP wurde die DJK 1934 verboten. Im Jahr 1947 wurde die DJK Westfalenkraft, als Rechtsnachfolger der beiden Vereine Arminia und Olympia gegründet, und das Vereinsleben blühte mit Fußball, Turnen, Leichtathletik und Tischtennis neu auf. Neu im DJK-Verband war eine eigenständige Frauen- und Mädchengruppe. In den folgenden Jahren gründeten sich in Lippstadt zudem noch die Vereine Olympia, Viktoria, Concordia und Eintracht. Der Tennisbereich bekam 1962 am Margarethensee eine eigene Anlage mit sieben Aschenplätzen, die allerdings 2006 wegen rückgängiger Mitgliederzahlen aufgegeben werden musste, sodass seither für die derzeit 160-köpfige Tennisabteilung Plätze am Brandenburger Weg angemietet werden. Im Jahr 1970 kam es in Lippstadt zu einschneidenden Veränderungen, als vier DJK-Vereine zu einem neuen Verein fusionierten: Die Vereine DJK Olympia, DJK Eintracht und DJK Concordia lösten sich auf und traten in die DJK-Westfalenkraft ein, die ihren Namen dann in SC Lippstadt DJK e. V. änderte. Nur Victoria wollte wegen der erfolgreichen und großen Fußballabteilung eigenständig bleiben.

Der SC Lippstadt erweiterte im Verlauf seiner Geschichte immer wieder sein Sportangebot und blieb zeitgemäß. So präsentiert sich der Verein heute mit elf Abteilungen: Neben Fußball werden auch Handball, Boule (seit 2005), Radsport, Tennis, Tischtennis und Turnen angeboten. Die Leichtathletikabteilung ist heute mit rund 200 Sportlern vom Kindes- bis zum Seniorenalter eine der größten Abteilungen. Seit 1986 besteht die Tanzsportabteilung, die mit den Gruppen Pink Panthers im Bereich Rock 'n' Roll[160] und seit 1998 mit den Lippstadt Panthers im Bereich Cheerleading erfolgreich ist. Die Baseball-Abteilung wurde 1988 unter dem Namen BC Ochmoneks Lippstadt e. V. gegründet.

Außerdem wird Gesundheitssport zur Förderung der Belastbarkeit und des Herz-Kreislauf-Systems sowie der Koordination angeboten. Innerhalb des Vereins besteht seit 1995 der Seniorenring „Die Blau-Weißen" und führt SCL-Mitglieder über 60 Jahre monatlich zu kulturellen und gesellschaftlichen Veranstaltungen zusammen. So werden Tagesausflüge, Besichtigungen, Klönabende oder auch Radtouren angeboten. Am Kranenkasper findet man ein echtes Sportparadies mit der Tennisanlage von Grün-Weiß Lippstadt und den Sportanlagen des SC, die in unmittelbarer Nähe zusammenliegen. Die Sportanlagen des SC bieten neben den Sportplätzen und der Baseballanlage noch eine Boule-Anlage und einen großen Kinderspielplatz. Mit seinen fast 1.200 Mitgliedern und elf Abteilungen ist der SCL heute der zweitgrößte Sportverein in Lippstadt.[161]

Kompetenz in der Herstellung von Schweißmaschinen

Clemens Jungeblodt mit Belegschaft und einer elektrischen Lötmaschine, um 1960

Blick in die Werkstatt, um 1950

Wenn jemand in wirtschaftlich schwierigen Zeiten wie in den Inflationsjahren 1922/1923 ein neues Unternehmen gründete, widersprach das eigentlich der allgemeinen wirtschaftlichen Entwicklung – beweist aber aus heutiger Sicht unternehmerischen Spürsinn.

Den Weitblick, dass es nach wirtschaftlicher Krise auch wieder bergauf gehen würde, hatten Clemens Jungeblodt und seine Söhne Clemens jun. und Heinrich, als sie am 1. September 1923 die Metallröhren- und Elektrogroßhandlung Clemens Jungeblodt mit Firmensitzen in der Cappelstraße 25 und Soeststraße gründeten.

Die Offene Handelsgesellschaft gründete am Heiligabend 1923 zusammen mit dem Werksmeister der WMI, Richard Fritsche, die Elektro-Apparate-Bau GmbH (EAB) und ließ ihren hergestellten Bandsägenlötapparat patentieren. Rasch wurde die neue Firma mit langer Familientradition in Lippstadt als Installationsfirma für Wasseranlagen und als gute Kupferschmiede sowie als Elektroinstallationsbetrieb auf Höfen und in Dörfern bekannt. EAB baute die Bandsägenlötapparate in den Räumen des heutigen Stadtarchivs in der Soeststraße. Im Jahr 1935 wurden die Geschäftszweige der Gesellschaft zwischen den beiden Brüdern aufgeteilt. Während Heinrich Jungeblodt die Bereiche Metall, Röhren und Elektro weiter ausbaute, führte sein Bruder Clemens Jungeblodt die Firma EAB weiter. Die Firma zog von der Soeststraße in die Kolpingstraße um. Die Räumlichkeiten dort wurden allerdings mit wachsender Auftragslage und somit auch wachsender Firmengröße zu klein, sodass 1940 ein Grundstück an der Erwitter Straße 7 erworben wurde. Kann man die Gründerjahre als wirtschaftlich bescheiden zusammenfassen, so setzte ab 1940 mit dem Auflöten von Hartmetall auf Stahlhalter ein sehr positiver Aufschwung ein.

Die Firma EAB entdeckte in diesem Bereich eine Marktlücke und entwickelte eine elektrische Lötmaschine für das Auflöten von Hartmetall beziehungsweise für das Aufschweißen von Schnellstahl auf Stahlhaltern. Hiermit begann die eigentliche Erfolgsserie des Unternehmens, denn vor allem Zerspanungsbetriebe zeigten sehr großes Interesse an diesen Maschinen.

Gegen Ende des Zweiten Weltkriegs ruhten für einige Monate die Arbeiten im Unternehmen. Weil es zunächst an Materialien fehlte, passte man sich dem gegenwärtigen Bedarf an und reparierte ab Herbst 1945 Pumpenanlagen in landwirtschaftlichen Betrieben und ließ sich in Naturalien auszahlen. Diese wurden dann wiederum gegen neues Material für die Produktion eingetauscht. Der Betrieb erholte sich in der Nachkriegszeit rasch wieder und expandierte besonders mit dem Bau von Stumpf- (ab 1948) und Abbrennschweißmaschinen (ab 1952).

Im Jahr 1953 wurde schließlich an der Bunsenstraße ein Grundstück erworben und ein Jahr später eine neue Werkhalle errichtet. Neben der Werkshalle an der Bunsenstraße 1 wurde der Standort in Geseke ausgebaut. 1963 übernahmen die Söhne von Clemens Jungeblodt – Clemens und Eberhard – nach dessen Tod die Firmenanteile und Geschäftsführung. Der nicht mehr zeitgemäße Name des Unternehmens führte 1970 zu einer Umbenennung in IDEAL-Werk C. + E. Jungeblodt + Co. KG. Als die Raumkapazität an der Bunsenstraße nicht mehr ausreichte, erhielt das Unternehmen 1998 eine neue

Montagehalle im Gewerbegebiet Am Wasserturm. Dieser Standort wurde 2008 nochmals vergrößert. Im Zuge dieser Erweiterung wurde das Zweigwerk in Geseke geschlossen und nach Lippstadt verlegt.

Das Unternehmen beschäftigt heute rund 200 Mitarbeiter und hat sich zu einem der weltweit führenden Hersteller von Widerstandsschweißmaschinen entwickelt. Mit langjähriger Erfahrung steht IDEAL für Entwicklung und Fortschritt in der Herstellung von Schweißmaschinen und produziert für seine Kunden beispielsweise Gitterschweißmaschinen zur Fertigung von Drahtrosten, Displayartikeln, Einkaufswagen, Tierkäfigen, Kabelbahnen etc. Ebenso entstehen automatisierte Fertigungsstraßen für die Herstellung von Zaungittern, Regalböden und anderen Serienteilen. NC-Koordinaten-Schweißmaschinen werden für Bauteile aus Draht, Blech und Profilen wie Ventilatorenschutzgitter, Drahtcontainer oder Schaltschranktüren hergestellt.

IDEAL fertigt auch Stumpfschweißmaschinen für Draht, Litzen, Seile und Bandsägen sowie Lichtbogen-Bandschweißmaschinen für die Coil-an-Coil-Verbindung. Ein wachsender Geschäftsbereich ist die Herstellung von Laserschweißmaschinen für die Bandverbindung von Band in Stahlwerken. Wie in den zuvor genannten

Ideal-Export (1973)

Bereichen werden auch Sonderschweißmaschinen für Fahrzeugteile, Stahltürzargen oder Schweißpressroste kundenspezifisch produziert.

Die rund 40 beschäftigten Projekt- und Konstruktionsingenieure zeichnen sich durch Kreativität, Flexibilität und Innovation aus, indem sie speziell auf den Kundenwunsch abgestimmte Maschinenkonzepte entwickeln und konstruieren. Dabei vertraut das Unternehmen fast ausschließlich auf die hohe Qualität der eigenen mechanischen Fertigung in der Bunsenstraße.

Am Standort an der Hansastraße werden die neuen Maschinen montiert, in Betrieb genommen und erprobt. Nachdem sie vom Kunden abgenommen wurden, werden die Maschinen demontiert und zum Kunden geliefert. Dort werden die komplexen Schweißmaschinen erneut von den IDEAL-Mitarbeitern aufgestellt, eingerichtet und in Betrieb genommen. Zur Schulung und Einweisung sowie für den After-Sales-Service steht den Kunden ein kompetentes und engagiertes Team von circa 20 Servicetechnikern zur Verfügung.

IDEAL eröffnete 1995 ein eigenes Vertriebs- und Servicebüro in den USA und übernahm im Jahr 2004 eine Produktionsstätte in Südafrika. Seit den 1970er-Jahren hat das Unternehmen einen weltweiten Kundenstamm aufgebaut und exportiert heute über 70 Prozent seiner Produkte an eine anspruchsvolle Industriekundschaft auf allen Kontinenten. Ein attraktives Arbeitsumfeld und gutes Betriebsklima ist dem familiengeführten Unternehmen bis heute sehr wichtig. Auch die qualifizierte Ausbildung junger Menschen wird großgeschrieben, so sind bis zu 16 Auszubildende – Mechatroniker, Elektroniker, Zerspanungsmechaniker und Industriemechaniker – im IDEAL-Werk beschäftigt.

www.ideal-werk.com

Eine heutige Schweißmaschine

Preisanstieg und schwindende Kaufkraft

Seit Mitte des 19. Jahrhunderts setzte in Lippstadt ein deutlicher wirtschaftlicher Aufschwung ein, der auch im Stadtbild große Veränderungen mit sich brachte.

Das zu Wohlstand gekommene Bürgertum Lippstadts stellte seinen erlangten Reichtum auch nach außen dar. So wurden zahlreiche Fachwerkbauten, die bis Mitte des 19. Jahrhunderts das Stadtbild überwiegend geprägt hatten, durch steinerne Neubauten im Stil der Reichsgründungszeit beziehungsweise sogenannten Gründerzeit ersetzt. Bis heute bestimmen viele dieser Bauten das Bild der Langen Straße oder auch das anderer Straßen. Einzelne Villen dieser Zeit finden sich noch heute am Rande der Altstadt.

Als das Deutsche Reich gegen Ende des Ersten Weltkriegs durch militärische Misserfolge und daraus entstehende innere Aufstände zusammenbrach, wurde am 9. November 1918 in Berlin die Republik ausgerufen. In Lippstadt wurden daraufhin zwar Arbeiter- und Soldatenräte gewählt, diese bekamen aber faktisch keine Funktion, sodass sie 1919 wieder aufgelöst wurden. In Lippstadt ging das Alltagsleben weiter und man war an einem Umsturz der bestehenden Verhältnisse auf kommunaler Ebene wenig interessiert. Viel wichtiger erschien den Lippstädtern das Versorgungsproblem. Schon seit Beginn des Ersten Weltkriegs 1914 wurde die Lebensmittelversorgung zunehmend schwieriger. Die gesamte Versorgung wurde der zentralen Regelung durch das Reich unterstellt. Für bestimmte Lebensmittel wurde im Verlauf des

Krieges die Bezugsscheinpflicht eingeführt. Dieses System der Zwangswirtschaft lähmte sämtliche Wirtschaftszweige und blieb bis Ende 1920 spürbar. Der Beginn der 1920er-Jahre war wie auch anderenorts durch wirtschaftliche Not und Krisen geprägt. Es kam zu ernsten Versorgungsengpässen, sodass die Behörden zu Zwangsmaßnahmen griffen, wie beispielsweise die Beschlagnahme von Getreide. Neben Getreide fehlte es vor allem an Grundnahrungsmitteln wie Milch und Kartoffeln sowie den Energierohstoffen Gas und Kohle. Ebenso schwächten die Reparationszahlungen an die Siegermächte in Form von Rohstofflieferungen und Fertigwaren die deutsche Wirtschaft. Besonders der Energiemangel führte zu Betriebsstilllegungen oder Produktionseinschränkungen und verursachte einen erheblichen Preisanstieg. So erhöhte sich in Lippstadt beispielsweise allein der Wasserpreis um 270 Prozent. Die gestiegenen Versorgungskosten erforderten daher zwangsläufig einen Anstieg der Löhne und Gehälter, womit die Wirtschaftskrise verstärkt wurde und das Rad der Inflation ins Rollen geriet. Der stetige Preisanstieg war verbunden mit dem stetigen Verlust der Währung und der damit verbundenen Kaufkraft. Die Verteuerung und der gleichzeitige Mangel an Lebensmitteln ließ auch im Raum Lippstadt den Wucher, Tauschhandel und Schwarzmarkt aufblühen. Die fortschreitende Inflation nährte insbesondere die sozialen Probleme in der Stadt. So musste beispielsweise im Winter 1923/1924 in der Wilhelmschule eine Volksnotküche eingerichtet und durch Spenden unterhalten werden, um die zahlreichen verarmten Familien zu versorgen. Die Wohnungsnot und die hohe Arbeitslosigkeit blieben in Lippstadt während der Weimarer Republik ein ständiges Problem. Bis Ende des Jahres 1923, des Jahres der Hyperinflation, verlor das Geld dermaßen an Wert, dass auch die Stadt Lippstadt Notgeld herausgab. Die Lippstädter Tageszeitung „Der Patriot" kostete beispielsweise zum Jahresbeginn 600 Mark monatlich, im Juli bereits 8.500 Mark und ab September verlangte man schließlich 1.400.000 Mark und forderte bei dem täglichen Verfall des Geldes sogar nachträglich Aufschläge ein. In der letzten Oktoberwoche des Jahres kostete die Tageszeitung schließlich 250 Millionen Mark für die Bezugzeit von einer Woche. Die Inflation wurde durch die Ablösung der Papiermark und durch die Rentenmark am 15. November 1923 beendet.

Vielfach erreichten die Reallöhne im Durchschnitt erst wieder 1928 das Niveau des Vorkriegsjahres 1913.[162]

Die Deutsche Saatveredelung – führend in der Pflanzenzüchtung

Dass in ganz Deutschland und auch weltweit zahlreiche Lippstädter Gräser, Raps, Getreide und Zwischenfrüchte wachsen, ist wenigen bekannt. Die Deutsche Saatveredelung (DSV), heute eines der führenden Pflanzenzuchtunternehmen Deutschlands, hat seinen Hauptsitz in der schönen Lippestadt.

In ihrer langjährigen Geschichte durchlebte die DSV das Auf und Ab der politischen und wirtschaftlichen Bedingungen. Bescheidenen Anfängen folgten erfolgreiche Aufbaujahre in Landsberg an der Warthe. Dann der Verlust des Firmenstandortes, der Wiederaufbau in Lippstadt und während der letzten drei Jahrzehnte die rasante Aufwärtsentwicklung zu einem Spitzenunternehmen der Pflanzenzüchtung.

Während der Inflationszeit in der Weimarer Republik im Jahr 1923 schlossen sich in Landsberg an der Warthe (Polen) Landwirte zusammen, um in Zeiten knappen Saatgutes Futtergräser zu erzeugen. Am 31. Januar 1945 verlor die DSV jedoch durch den Einmarsch der russischen Armee ihre Betriebsstätte in Landsberg. Dr. Wilhelm Renius, der spätere Geschäftsführer der DSV, verließ am selben Tag mit dem Fahrrad die Stadt und machte sich auf den Weg nach Westen. Am 16. September 1945 gründete Dr. Renius im Keller des Hauses seiner Schwiegereltern in Lippstadt die DSV neu. Mit aus dem Krieg gerettetem Pflanzenmaterial und ehemaligen Mitarbeitern, die ihm nach Lippstadt gefolgt waren, wurde die Züchtung, Vermehrung und der Vertrieb von Futterpflanzen wieder aufgebaut.

1953 wurde eine eigene Betriebsstätte an der Landsberger Straße (heute SB-Markt) gebaut. Hier wurde mehr als 30 Jahre lang Saatgut aufbereitet und vermarktet, bis 1985 die Gebäude der ehemaligen Weissenburger Brauerei gekauft werden konnten. Die großzügige Grundfläche erlaubte den Bau von Lagerhallen, Büro- und Laborräumen. Das Betriebsgelände wurde im Jahr 2006 noch erweitert, als der von einer Großbäckerei genutzte östliche Teil des alten Brauereigeländes erworben werden konnte.

Heute agiert die DSV mit circa 340 Mitarbeitern weltweit und ist eines der führenden Pflanzenzuchtunternehmen für landwirtschaftliche Nutzpflanzen und Rasengräser in Deutschland. Zum Unternehmen gehören neben der Zentrale in Lippstadt sechs Saatzuchtstationen, eine Versuchsstation, zahlreiche Selektions- und Prüfstandorte in Deutschland, Frankreich, Großbritannien und den Niederlanden sowie ein flächendeckendes Beratungs- und Zweigstellennetz in Deutschland.

Kooperationen weltweit und Tochterunternehmen in England, Polen, der Ukraine und Frankreich ermöglichen die internationale Ausdehnung der Geschäftstätigkeit. Die DSV züchtet, vermehrt und vertreibt Gräser, Ölpflanzen, Getreide, Klee und verschiedene Zwischenfrüchte. Ebenso vertreibt das Unternehmen verschiedene Maissorten. Neue DSV-Sorten verfügen über beste Ertrags-, Qualitäts- und Resistenzeigenschaften und finden ihren Weg von Lippstadt in die Welt.

www.dsv-saaten.de

Die DSV an der Weißenburger Straße, 2011

Vom Fahrradhersteller zum Marktführer für qualitativ hochwertige Auszugsysteme

Ein gutes Beispiel dafür, wie sich Wirtschaft der Nachfrage beziehungsweise dem Markt anpassen muss, ist das Familienunternehmen Pöttker, das sich vom Hersteller für Fahrradsättel zum marktführenden Hersteller von Auszugsystemen für Tischmöbel entwickelt hat.

In wirtschaftlich schwierigen Zeiten gründeten Wilhelm Pöttker und Heinrich Schornberg im Inflationsjahr 1923 in der Bahnhofstraße 2 die Firma Pöttker & Co, die Fahrradsättel herstellte. Außerdem übernahm man auch die Vertretung für Fahrräder, Motorräder und Nähmaschinen der Firmen Dürkopp-Adler und Miele. Direkt neben dem Geschäft wurde außerdem von Wilhelm Pöttker eine der ersten Tankstellen Lippstadts errichtet.

Die Firma Pöttker & Co hatte sich bis zum Ausbruch des Zweiten Weltkriegs sehr positiv entwickelt und war in Lippstadt und Umgebung für Fahrräder, Motorräder und Nähmaschinen zu einer wichtigen Anlaufstelle geworden. Im Zweiten Weltkrieg war die Produktionsstätte verpachtet, während das Fahrradgeschäft weiter bestand. Nach Kriegsende wurde die Produktion von Fahrradsätteln zunächst wieder aufgenommen, bis 1953 Wilhelm Pöttker diese aus Altersgründen aufgeben wollte. In dieser Situation entschloss sich sein Sohn Norbert Pöttker, den väterlichen Betrieb weiterzuführen. Mit den vorhandenen Maschinen entstand ab 1954 eine Lohnstanzerei, die unter anderem für die Hella produzierte. Die Einnahmen investierte er in den Aufbau eines Werkzeugbaus und bildete sich nach dem Arbeitsalltag als Industriemeister und Maschinenbautechniker fort.

Nachdem dem Ende der 1950er-Jahre das Fahrradgeschäft aufgegeben wurde, siedelte der Betrieb 1963 in die Betriebsstätte am Breiten Weg (Wachtelgarten) um. Hier wurden dann ab 1973 die ersten Auszüge aus Stahl von der Firma Pöttker gebaut und der Möbelindustrie dieser Region angeboten.

Im Jahr 1987 erweiterte der Betrieb seine Produktionskapazitäten im Gewerbegebiet Am Mondschein und Sohn Godehard stieg in das Unternehmen ein und übernahm 1994 die alleinige Geschäftsführung. Während der Krisenzeit Mitte der 1990er-Jahre in der deutschen Möbelindustrie, konzentrierte man sich darauf, Funktionen für Tische weiterzuentwickeln. Gleichzeitig begann man mit dem Export, zunächst mal in Ost-Europa. Der Aufbau einer Produktionsstätte für die manuelle Fertigung in Polen begann 1996, in Serbien 2005. Die Gründung einer Vertriebsfirma in den USA erfolgte 2008.

Am Standort Lippstadt befinden sich heute die automatisierte Vorproduktion inklusive CNC Fertigung, der Werkzeugbau, Entwicklung und Musterbau von Tischauszügen, und die Verwaltung. Neben dem europäischen Markt bedient das Unternehmen mit circa 200 Mitarbeitern in drei Betriebsstätten die Märkte USA, China, Vietnam und Israel.

www.poettker.com

Godehard Pöttker erläutert Gästen die Auszugsysteme, 2009

Ein Blick in die früheren Produktionsstätten

Ein Blick in die Fertigung, 2009

Immer den richtigen Durchblick

Die Gründung eines Optik- und Fotogeschäftes von Martin Weiss und Hermann Haase am 30. Juni 1925 läutete auch in Lippstadt den Beginn der Goldenen Zwanziger ein und ist ein deutlicher Beleg für den in der Weimarer Republik einsetzenden Wohlstand in Deutschland.

Bis zu diesem Zeitpunkt gab es noch keinen Optiker in Lippstadt, sodass Menschen mit Sehschwächen meist gar keine Hilfe bekamen oder wohlhabendere Bürger sich eine Sehhilfe in entfernteren Städten anfertigen lassen mussten. Die Optiker Haase und Weiss hatten sich während der Ausbildung in der Meisterschule in Jena kennengelernt und eröffneten in Lippstadt am sogenannten Börsenbau gegenüber dem Bahnhof und Haase zeitgleich in Paderborn ihr erstes Unternehmen. Beide trennten sich jedoch Ende der 1920er-Jahre geschäftlich voneinander. Im Jahr 1935 zog die Familie mit dem Geschäft in den heutigen Firmensitz in die Lange Straße 63 um.

Die nächste Generation übernahm 1959 mit Werner und Inge Schwarz sowie ihrer Schwester Edith Weiss die Geschäftsführung. Neben Brillen wurden Ferngläser, Thermometer, Feldstecher, Barometer, Lupen, Fernrohre angeboten. Ebenso gehörten bis Ende der 1970er-Jahre Fotoapparate und ein Fotolabor zum Geschäftsbereich des Unternehmens. Mit dem Aufkommen der Fotoketten konzentrierte sich das Unternehmen dann auf den Bereich Augenoptik, der immer größer wurde. Ebenso erweiterte sich mit Aufkommen der Gleitsichtgläser (multifokal) und Kontaktlinsen das Aufgabenfeld. Wurden ursprünglich nur Ein- oder Zweistärkengläser (bifokal) angeboten, kamen in den 1960er-Jahren die ersten Gleitsichtgläser hinzu.

Bis heute werden die auf den Kunden angepassten Gläser unter anderem vom Unternehmen Carl Zeiss in Aalen (Baden-Württemberg) gefertigt und nach Lippstadt geschickt. Dort wurden sie in der Optikerwerkstatt des Unternehmens per Hand geschliffen und in die ausgewählte Fassung eingepasst. Diese mühsame Handarbeit übernahm bei Optik Weiss seit den 1950er-Jahren ein Schleifhalbautomat und seit circa 2006 ein CNC-gesteuerter Schleifvollautomat, der die Brillengläser fast spannungsfrei in die passende Brillenfassungsgröße bringt.

Der Fertigstellung der Brille geht allerdings ein ebenso wichtiger Schritt voraus, bei dem sich Optik Weiss sehr fachkompetent zeigt. Kommt ein Kunde mit Sehschwierigkeiten in das Unternehmen, wird zunächst durch eingehende Anamnese und verschiedene Messungen wie Sehtest oder die Augenglasbestimmung der Sehfehler ermittelt. Mit modernster Technik bestimmt beispielsweise ein Auto-Keratometer den Sehfehler und ermittelt die Daten, die zum Herstellen des individuell angepassten Brillenglases wichtig sind. Ebenso werden die persönlichen Brillenzentrierdaten mithilfe eines Videozentriergerätes ausgemessen.

Dass Optik Weiss für ständige Innovation steht, zeigt auch der Zeiss i.Profiler, der seit zwei Jahren eine große Hilfe beispielsweise bei Nachtsichtschwäche ist. Das Gerät kann Sehschwächen bis auf hundertstel Dioptrie genau messen.

Das Optikfachgeschäft wuchs, wurde mehrfach umgebaut und immer wieder dem Zeitgeist entsprechend modisch umgestaltet. Seit dem großen Umbau von 1978, bei dem das alte Fachwerkhaus völlig entkernt wurde, werden beide Obergeschosse für den Betrieb genutzt. Seit 1993 führen Karin und Norbert Schwarz in dritter Generation das Familienunternehmen, das sich als mehrköpfiges Team versteht.

www.weiss-optik.de

Optik Weiss, um 1960 … … und heute

„Lippstadt steht kopf!"

Aus einer ursprünglichen Werbeveranstaltung für Handwerk und Handel entstand in Lippstadt die wohl größte Veranstaltung des Jahres, eine Innenstadtkirmes, die seither Jung und Alt aus nah und fern in die Stadt lockt.

Zwischen dem Ersten und Zweiten Weltkrieg war die Kaufkraft der Bürger in der Stadt deutlich gesunken, da sich die allgemeine Armut weit verbreitet hatte. Die Preise waren wieder auf ein Vorkriegsniveau gedrückt worden, sodass im Handwerk und Handel kaum ein Gewinn verzeichnet werden konnte und sogar Konkurse drohten. In den nächstliegenden Städten wie Soest oder Paderborn existierten bereits zu dieser Zeit traditionelle Märkte um Allerheiligen beziehungsweise zu Libori, die zahlreiche und vor allem zahlungsfähige Besucher von außerhalb in die Stadt lockten. Im Jahre 1926 schlug daraufhin der damalige Bürgermeister der Stadt Lippstadt, Gottfried Holle, den Kaufleuten und Handwerkern vor, eine mehrtätige Veranstaltung auszurichten, bei der die wirtschaftliche und kulturelle Leistungsfähigkeit der Stadt präsentiert werden konnte.

Dabei setzte sich der vor dem Ersten Weltkrieg gegründete Verkehrsverein tatkräftig für die Umsetzung dieser Idee ein. Im Oktober desselben Jahres konnte dann die erste „Lippstädter Herbstwoche" mit dem Ziel der Werbung für Handwerk und Handel ausgerichtet werden – eine Veranstaltung, die auf keine eigene Tradition zurückgreifen konnte und insbesondere den mittelständischen Charakter der Stadt betonte. Diese fehlende Tradition ermöglichte jedoch, dass sich die Herbstwoche zwar in das jährliche Veranstaltungsprogramm der Stadt einreihen konnte, jedoch in Ausgestaltung und Verlauf veränderbar und anpassungsfähig blieb. Im Jahr 1927 wurde die zweite Lippstädter Herbstwoche so beispielsweise unter das Motto der 75-Jahrfeier der Kolpingfamilie gestellt. Im Rahmen dessen fand auch der erste große Umzug statt, der einen Querschnitt durch das Wirtschaftsleben der Stadt mit seinem Mittelstand im Vordergrund darstellte. Der Umzug sollte sich dann in verschiedenen Abwandlungen, aber zugleich mit dem Ziel der Werbung für die Stadt, mit der Zeit als ein fester Bestandteil der Herbstwoche etablie-

„Kanal in Flammen": Lampionboote und Wasserorgel

Traditionelles Höhenfeuerwerk am Dienstag

1926 Die Lippstädter Herbstwoche

Flaniermeile Lange Straße, 2011

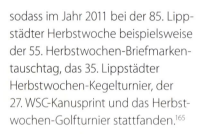

Kirmestreiben rund um die Marienkirche, 2011

ren. So wurde die Lippstädter Herbstwoche auch in den folgenden Jahren weitergeführt und wegen der Werbung für die Stadt immer wieder mit städtischen Zuschüssen bedacht.[163]

Während des Zweiten Weltkrieges fand die Herbstwoche lediglich 1945 nicht statt. Bereits ein Jahr später war die Lippstädter Herbstwoche die erste und größte nach dem Krieg stattfindende Veranstaltung der Stadt. Jedoch war diese noch von einigen Schwierigkeiten begleitet. So musste unter der Kontrolle durch die Besatzungsmacht erst vom ehemaligen Verkehrsdirektor Hans Bünker die Freigabe von Papier für den Druck des Programmheftes erwirkt werden. Nachdem diese Hürde mit viel Aufwand überwunden war, wurde in einer Nacht- und Nebelaktion das ausgeschöpfte Stromkontingent der Druckerei unter Friedrich Karl Laumanns kurzerhand am Stromzähler vorbei umgangen und so das Herbstwochenheft gedruckt.[164]

Der Rahmen der Herbstwoche wurde von der Stadt Lippstadt auch für verschiedene Anlässe und Veranstaltungen genutzt, so etwa 1959 für die Einweihung der Berliner Straße beziehungsweise B 55 als Umgehungsstraße entlang der östlichen Kernstadtgrenze bis zur Einmündung in die Erwitter Straße im Süden der Stadt. Weitere Ereignisse schlossen sich dem Rahmenprogramm der Herbstwoche im Laufe der Jahre an, sodass im Jahr 2011 bei der 85. Lippstädter Herbstwoche beispielsweise der 55. Herbstwochen-Briefmarkentauschtag, das 35. Lippstädter Herbstwochen-Kegelturnier, der 27. WSC-Kanusprint und das Herbstwochen-Golfturnier stattfanden.[165]

Die Lippstädter Herbstwoche wandelte sich im Laufe der Jahrzehnte von einer Werbeveranstaltung für Handwerk und Handel hin zu einer Innenstadtkirmes, die vom Bernhardbrunnen bis zum Kuhmarkt und vom Stadthaus bis zum Metzgeramtshaus mit Unterhaltung, kulinarischem Genussangebot und verschiedenen Feiermöglichkeiten für Jung und Alt herangewachsen ist. Es locken Fahrgeschäfte, Essens-, Getränke- und Verkaufsstände sowie ein umfangreiches Partyprogramm in den Abendstunden. Besondere Höhepunkte und feste Bestandteile der Herbstwoche sind der Eröffnungsabend im Stadttheater, der obligatorische Fassanstich durch den Bürgermeister der Stadt unter musikalischer Begleitung der Blaskapelle „De Klankentappers" aus der Partnerstadt Uden, die traditionellen Freifahrten am Eröffnungstag sowie die „Happy Hour" für die Fahrgeschäfte, der „Kanal in Flammen" im Grünen Winkel und die farbenfrohe Wasserorgel sowie das sich anschließende Höhenfeuerwerk, die Herbstwochenrevue im Stadttheater und natürlich das schon von Weitem zu sehende Riesenrad vor dem historischen Rathaus.[166]

Mit einem Taxi zum modernen Schülerspezial- und Reiseverkehr

Wenn man heute daran denkt, wie viele Taxen Lippstadt durchfahren, ist es kaum vorstellbar, dass der gebürtige Lipperoder August Mußhoff 1930 als erstes Taxiunternehmen in Lippstadt mit nur einem Fahrzeug begonnen hat.

Bereits in den 1920er-Jahren entdeckte August Mußhoff seine Leidenschaft zur Technik und erwarb den Motorradführerschein, um Motorradrennen an der Hohensyburg, der Iburg und auf einer Aschenbahn am Kranenkaspar in Lippstadt zu fahren. Nachdem er 1929 den Kfz-Führerschein erworben hatte, begann er mit seinem Mercedes 170 V ein Jahr später als Taxiunternehmer beziehungsweise nach damaliger volkstümlicher Bezeichnung als Hauderer (Mietkutscher).

Das Ein-Mann-Taxiunternehmen mit seinem Firmensitz in Lipperode wuchs rasch, sodass um 1930 bereits ein Bus mit 28 Sitzen zur Verfügung stand. Seine Buskonzession bezog sich dabei auf einen bestimmten Radius. So waren Fahrten bis zur Elbe zulässig, während Fahrten nach Berlin eine Sondergenehmigung erforderten. Während des Dritten Reiches erhielt Mußhoff sogar als einziger Hauderer aus Lippstadt die Genehmigung, weiterhin Juden befördern zu dürfen. Mit dem Einzug zum Kriegsdienst endete vorerst das Taxigeschäft.

Nach dem Krieg war Mußhoff zunächst mit einem Ford-Lkw, der mit Holz betrieben wurde, als Transportunternehmer tätig, bevor er zu Beginn der 1950er-Jahre den Taxi- und Busbetrieb wieder aufbaute. Als erstes Taxiunternehmen in der Region nutzte er eine Funkanlage. Im Jahr 1973 teilten sich der Taxi- und Busbereich auf, indem August Mußhoff den Taxibetrieb fremd verkaufte und sein Sohn Franz Mußhoff den Busbetrieb übernahm. Mit der Busflotte zog dieser dann an die Clevesche Straße und wechselte später immer mal wieder den Standort. Damals eröffnete sich dem Unternehmen ein sehr spezielles Aufgabenfeld, als die Werkstatt für Behinderte in Lippstadt aufgebaut wurde und diese einen Fahrdienst benötigte. Somit zeigt sich das Unternehmen Mußhoff bis heute für diesen sehr speziellen Fahrdienst im östlichen Kreisgebiet verantwortlich. Nachdem sich der Flughafen Paderborn-Lippstadt als harte Konkurrenz für den Busreiseverkehr etabliert hatte, wurde es für den Busreiseanbieter wirtschaftlich sehr schwierig. Erst nach der Übernahme des Unternehmens durch die Tochter Heike Igel und ihren Mann Detlef Igel wurde das Unternehmen langsam wieder neu aufgebaut und zählt heute 56 Mitarbeiter. Ein externer Sicherheitsbeauftragter überprüft regelmäßig die Qualität im Schülerspezialtransport, sodass die Firma Mußhoff für Sicherheit und Zufriedenheit seiner Fahrgäste steht.

Seit 2006 wurde der Reiseverkehr wieder neu aufgebaut und seit 2011 bietet ein Fahrradanhänger auch 40 Fahrrädern Platz für die verschiedensten Reiseziele. Die Expansion des Unternehmens bedingte einen Standortwechsel zunächst innerhalb des Gewerbegebietes Am Mondschein, bis 2011 mit dem ehemaligen Betriebsgelände des Unternehmens Reifen Finger an der Windmüller Straße 13 ein idealer Standort gefunden wurde.

Die Kunst des Veredelns

Das Familienunternehmen Schornberg steht seit 1932 für das Veredeln der unterschiedlichsten Formen und Gegenstände aus verschiedenen Metallen. Mit seiner langen Tradition ist das Unternehmen der einzige Galvanikfachbetrieb der Region.

Während man bis zur Jahrhundertwende metallische Gegenstände noch vernickelte, allerdings feststellen musste, dass sie allmählich ihren Glanz verloren, ging man zu Beginn des 20. Jahrhunderts dazu über, die Gegenstände zu verchromen. Das galt auch für Lampenteile, die von der Westfälischen Metall-Industrie hergestellt wurden. Nachdem Heinrich Schornberg lange im Werkzeugbau der WMI beschäftigt war und die Betriebsabläufe kennengelernt hatte, begann er 1932 auf der anderen Straßenseite der Lüningstraße neben dem elterlichen Haus eine Galvanik aufzubauen, um Umformwerkzeuge hart zu verchromen und Gegenstände zu veredeln. So wurden in den ersten Jahren aus Messing hergestellte Lampenringe im Betrieb verchromt.

Rasch kamen zahlreiche weitere Kunden mit den unterschiedlichsten großen wie kleinsten zu veredelnden Gegenständen hinzu, sodass der Betrieb wuchs. Als sein Vater 1973 plötzlich verstarb, übernahm Karl-Heinz Schornberg nach seiner Ausbildung im selben Jahr den Betrieb und wurde besonders während der ersten Jahre von einem langjährigen Meister unterstützt. Bis 1975 konnten im Betrieb an der Lüningstraße die unterschiedlichsten Gegenstände noch verkupfert, vernickelt, verchromt oder verzinkt werden. Nachdem die Schornberg Galvanik 1973 bereits Produktionsbäder im Gewerbegebiet Am Wasserturm in der Raiffeisenstraße 3 gebaut hatte, zog das Unternehmen 1975 vollständig in die neue Produktionsstätte um. Seit dieser Zeit spezialisierte man sich auf das Hartverchromen.

Nachdem die alte Betriebshalle an der Lüningstraße viele Jahre als Lager genutzt wurde, baute das Unternehmen 1984 dort erneut eine Anlage auf, um Gegenstände auch chemisch vernickeln zu können. Mit der Erweiterung des Unternehmens an der Raiffeisenstraße im Jahr 2000 wurde die chemische Vernickelung mit zum Hauptstandort verlagert und die Halle an der Lüningstraße wieder als Lager genutzt.

Heute werden unterschiedlichste Teile, sowohl Einzelteile als auch Kleinserien, aus den Bereichen Hydraulik, Antriebs- und Verpackungstechnik, Medizin und Optik im Unternehmen galvanisiert. Dazu kann der Gegenstand nach Anlieferung vom Kunden zunächst geschliffen oder mit Glasperlen gestrahlt werden, bevor er hart verchromt oder chemisch vernickelt wird. Beim Hartverchromen wird der Gegenstand zum Beschichten in einen Elektrolyten gehängt. Anschließend wird der verchromte Gegenstand abgespült und getrocknet und erreicht unmittelbar beziehungsweise nach dem Polieren oder Schleifen wieder den Kunden. Allerdings können nicht nur die unterschiedlichsten Gegenstände aus Stahl oder Buntmetallen chemisch vernickelt oder hart verchromt werden; bereits seit 1999 können zudem auch Gegenstände aus Aluminium chemisch vernickelt werden. Die Schornberg Galvanik wird heute von Karl-Heinz und Sohn Stefan Schornberg geleitet und hat seinen Kundenstamm deutschlandweit ausgebaut. Das Unternehmen beschäftigt elf Galvaniseure, einen Elektromeister für die Instandhaltung, einen Auszubildenden und drei Verwaltungsangestellte.

www.schornberg.de

Die Geschichte des WSC Lippstadt

„Kanu-Slalom ist ein Wettkampf, bei dem eine durch Tore vorgeschriebene Strecke auf bewegtem, schnell fließendem Wasser in kürzester Zeit möglichst fehlerfrei zu befahren ist." So steht es in den Regeln.

Diese Sportart auch in Lippstadt möglich zu machen und zu etablieren, ist bereits seit vielen Jahrzehnten das Ziel des WSC Lippstadt. Schon kurz nach der Gründung im Jahr 1932 entschieden sich erste Mitglieder, nicht nur gemeinsam Freizeit zu verbringen, sondern Kajakrennsport auf der Lippe zu betreiben. Mit viel Herzblut wurde organisiert, trainiert und erste beispiellose Erfolge stellten sich ein, die dann durch den Zweiten Weltkrieg unterbrochen wurden. Nach 1945 waren die Rennboote zerschlagen und das Bootshaus im heutigen Grünen Winkel war teilweise zerstört. Engagierte Vereinsmitglieder nahmen jedoch die Arbeit wieder auf und gewannen Nachwuchssportler, die schnell von sich reden machten. 1951 wurde der Kanuslalom, der zuvor überwiegend in Bayern und in Sachsen bekannt war, nach einem Wildwasserlehrgang des Kanuverbandes NRW auch in Nordrhein-Westfalen populär. So konnte der 1. Nordrhein-Westfälische Kajak-Slalom am 30. September 1951 in Lippstadt an der Burgmühle durchgeführt werden. Jahr für Jahr gehören seither Kanuslalom-Wettkämpfe zum festen Sportprogramm in Lippstadt.

1977 errichtete der WSC am Lippesee in Paderborn-Sande einen Segelstützpunkt. Diverse Sanierungsmaßnahmen des Bootshauses an der Esbecker Straße und der Bau des Leistungszentrums (1970/1972) an der Burgmühle gehören natürlich auch zur Vereinsgeschichte. Zahlreiche Erfolge konnten die WSC-Kanuten in der Vereinsgeschichte verbuchen: So sind Westdeutsche Meister, Deutsche Meister, Europameister, Weltmeister und Olympiateilnehmer aus den Reihen der WSC-Sportler hervorgegangen. Durch Sendungen in Film, Funk und Fernsehen wurde der Name der Lippstadt durch die Paddler des WSC in die Welt hinausgetragen. Erste herausragende international erfolgreiche Kanutin war Josefa Lehmkühler Köster, dann folgten Hans-Dieter Engelke und Ulrike Deppe. Seit einigen Jahren schreibt diese Erfolgsgeschichte die Lippstädterin und WSC-Mitglied Jasmin Schornberg fort, die allerdings für den Kanuring Hamm startet.

Jungfernfahrt und Bootstaufe am WSC-Bootshaus, 1949

Jugendliche beobachten gespannt die erste Fahrt mit dem neuen Boot, 1949

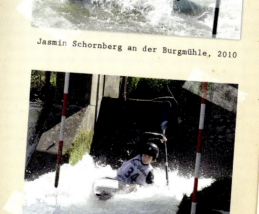
Jasmin Schornberg an der Burgmühle, 2010

Schleusendurchfahrt an der Burgmühle, 2010

BDM-Veranstaltung auf dem Jahnplatz unter dem Motto „Glaube und Schönheit", 1939/1940

Schützenfest in Lippstadt, Lange Straße um 1936

Die Stadt seit der Machtübernahme durch die Nationalsozialisten im Jahr 1933

Bereits vor 1933 – aber insbesondere nach der Machtübernahme durch die Nationalsozialisten – wurden die Veränderungen auch in Lippstadt immer deutlicher spürbar.

Bereits ein Jahr vor der Weltwirtschaftskrise war Lippstadt 1928 vom Arbeitskampf in der Metallindustrie stark getroffen, da Unternehmen wie die Westfälische Landeseisenbahn, die Vereinigten Stahlwerke (Union) und die Westfälische Metallindustrie (WMI) die größten Arbeitgeber in der Stadt waren. Die Lage spitzte sich bis Ende 1929 weiter zu, sodass zahlreiche Lippstädter sogenannte Fürsorgeleistungen in Anspruch nehmen mussten und teils sprichwörtlich von der Hand in den Mund lebten. Dies nährte den Boden für den Aufstieg der extremen Parteien. So gründete sich am 19. Dezember 1929 auch in Lippstadt die Ortsgruppe der Nationalsozialistischen Deutschen Arbeiterpartei (NSDAP). Im Jahr 1931 kam es mit der „Schlacht Am Tannenbaum" in der Nähe der Lippstädter Bellevue zur größten gewaltsamen Auseinandersetzung zwischen Kommunisten und Nationalsozialisten in Lippstadt, was die Spannungen zwischen den politischen Gruppen deutlich machte. Bei der Reichstagswahl im September 1930 erhielt die NSDAP in Lippstadt 10,5 Prozent der Stimmen und bei der Wahl im Juli 1932 sogar 19,1 Prozent und wurde nach der katholischen Zentrumspartei mit 48,3 Prozent die zweitstärkste Partei. Im November 1932 fiel sie dann hinter dem Zentrum und der Kommunistischen Partei Deutschlands (KPD) als drittstärkste

Die auf dem Rathausplatz angetretene HJ, um 1939

BDM-Veranstaltung auf dem Rathausplatz, um 1942

Partei zurück. Der Wahlkampfauftritt Adolf Hitlers am 12. Januar 1933 in Lipperode verschaffte der NSDAP bei der Wahl im März jedoch deutlichen Stimmenzuwachs, sodass die Partei in Lippstadt schließlich 26,7 Prozent der Stimmen erhielt.[167]

Nach der Machtübernahme Hitlers am 30. Januar 1933 begann sofort die Gleichschaltung der verschiedenen Organe und Verfolgung beziehungsweise Ausschaltung der politischen Opposition. So wurden in Lippstadt bis Ende des Jahres bereits 96 Personen in sogenannte Schutzhaft genommen und zahlreiche Personen polizeilich überwacht. Die Lippstädter KPD, die Sozialdemokratische Partei Deutschlands (SPD) und die Gewerkschaften wurden aufgelöst beziehungsweise zerschlagen.[168]

Kurz vor der Stadtverordnetenwahl im März 1933 wurde der amtierende Bürgermeister Gottfried Holle (Zentrumspartei) unter dem Vorwurf angeblicher finanzieller Unregelmäßigkeiten im Amt von der Regierung in Arnsberg beurlaubt und später zu einer Gefängnisstrafe verurteilt. Damit war auch das Ende der Zentrumspartei in Lippstadt besiegelt. Neben dem Lippstädter Bürgermeister wurden 16 weitere städtische Beamte, Angestellte und Arbeiter wegen angeblicher politischer Unzuverlässigkeit aus dem Dienst entlassen.

Zunächst übernahm der Rechtsanwalt Hermann Jerrentrup und zwei Monate später der Landgerichtsrat Malzbender kommissarisch das Bürgermeisteramt, bevor dies mit den NSDAP-Mitgliedern Justizobersekretär Heinrich Simon und ab 1935 Friedrich Fuhrmann besetzt wurde, der dann bis zum Einmarsch der Alliierten 1945 Bürgermeister blieb. Auch die Leitung der Polizei wurde mit dem bisherigen Führer der Lippstädter Schutzstaffel (SS), Karl Sattler, neu besetzt.[169]

Bei der Kommunalwahl vom 12. März 1933 errang die Zentrumspartei in Lippstadt nach wie vor die Mehrheit der Stimmen und entsandte mit 46 Prozent insgesamt 14 Vertreter in den Stadtrat. Drei Vertreter stammten aus der deutsch-national ausgerichteten Mittelpartei, jeweils zwei Vertreter aus der Wahlgemeinschaft „Westfälische Union – Arbeit und Industrie", zwei Sitze erlangte die KPD und ein Mandat die SPD.

Erstmals zog mit 22 Prozent und sechs Sitzen auch die NSDAP in das Stadtparlament Lippstadts ein. Jedoch verrichteten die gewählten Stadtvertreter nicht lange ihren Dienst, denn mit der Auflösung der Parteien und der Einführung der neuen, nach dem Führerprinzip aufgebauten Gemeindeordnung wurden die Stadträte ihres Amtes enthoben und ihre Nachfolger fortan ernannt statt gewählt.[170]

1933 Lippstadt unter der NS-Herrschaft – Teil 1

Veranstaltung der HJ vor dem Rathaus, 1944

Freiwilliger Arbeitsdienst und Arbeitsdienstpflicht

Zur Überwindung der Arbeitslosigkeit wurden deutschlandweit zahlreiche, vor allem jugendliche Arbeitslose für den Freiwilligen (Reichs-)Arbeitsdienst (FAD) verpflichtet. In Lippstadt begann man so im Sommer 1932 – bereits vor der Machtübernahme – mit Erdarbeiten und Regulierungen von Gräben und Wegen. Es entstanden auch neue Bürgersteige oder begradigte Flussläufe, wie beispielsweise derjenige der Gieseler, oder es wurde die Abholzung und Rodung für den Bau des Flugplatzes vorangetrieben. Gleichzeitig stellte man finanzielle Mittel zur Verfügung, um die Bauwirtschaft anzukurbeln. So wurden Verwaltungs- und Schulgebäude saniert und angesichts der Wohnungsnot in Lippstadt der öffentliche Wohnungsbau vorangetrieben. Ein Arbeitsdienstlager unter dem Namen „Deutsche Werke" wurde auf dem Gelände der ehemaligen Königlich Preußischen Artilleriewerkstatt an der Beckumer Straße eingerichtet sowie das Arbeitsdienstlager „In den Fichten" auf einem Waldstück am Delbrücker Weg.

Mit dem 1. Juli 1935 trat dann das Gesetz über die Arbeitsdienstpflicht für weibliche und männliche Jugendliche in Kraft, demzufolge es sich dann nicht mehr um eine „Freiwilligkeit" handelte.[171]

Die Idee von der „deutschen Volksgemeinschaft"

Das durch den zuvor verlorenen Ersten Weltkrieg geschürte Bedürfnis nach Gemeinschaft und Harmonie wurde durch eine Reihe an nationalsozialistischen Propaganda-Maßnahmen gestillt, insbesondere durch die Idee von der „deutschen Volksgemeinschaft", die soziale Differenzen überwinden wollte. Gefestigt wurde dieses Gemeinschaftsgefühl durch zahlreiche Sammel- und Spendenaktionen für die Not leidenden „Volksgenossen", was die Fürsorge füreinander betonen sollte, sowie durch die vielen nationalsozialistischen Feiertage im Laufe eines Jahres. Zu diesen zählten der Tag der Machtergreifung am 30. Januar, der Geburtstag Adolf Hitlers am 20. April, zu Ehren dessen 1933 die Lange Straße in Adolf-Hitler-Straße umbenannt wurde, der Tag der nationalen Arbeit am 1. Mai, die Sonnenwendfeier im Juni, Feiern zum Reichsparteitag im September, das Erntedankfest im Oktober, das mit der Lippstädter Herbstwoche verbunden wurde, und schließlich das Gedenken der vermeintlichen Opfer des gescheiterten Hitler-Putsches von 1923 am 9. November.[172]

NS-Verbände und NSDAP-Gliederungen

Auch die Lebensbereiche Arbeit und Freizeit wurden durch NS-Verbände und NSDAP-Gliederungen strukturiert. Zu den Gliederungen zählten die SS, die Sturmabteilung (SA), das Nationalsozialistische Kraftfahr-Korps (NSKK), der NSD Studentenbund, der NS-Dozentenbund, die Hitlerjugend (HJ) und die NS-Frauenschaft. Nach den Wahlen im März 1933 nahmen die Führer der SS und SA auch in Lippstadt dann wichtige politische Positionen ein, sodass der SA-Führer August K. Ratsherr der Stadt und der SS-Führer Karl Sattler Nachfolger des abgesetzten Polizeikommissars wurden. Die geplante Einrichtung eines SA-Schulungslagers in den ehemaligen „Deutschen Werken" des FAD wurde zwar unter hohem finanziellem Aufwand vorbereitet, jedoch nicht ausgeführt.[173]

Der NSDAP angeschlossene und in Gau- und Kreisgebiete unterteilte Verbände waren der NSD-Ärztebund, der Bund Nationalsozialistischer Deutscher Juristen, der NS-Lehrerbund, der Reichsbund der Deutschen Beamten, der NS-Bund Deutscher Technik und die Deutsche Arbeitsfront (DAF) sowie die NS-Gemeinschaft Kraft durch Freude (KdF), die ein breites Kultur- und Freizeitangebot bereithielt. So konnten beispielsweise von den 1938 angemeldeten Lippstädtern 70 an einer Moselfahrt, 110 an einer Nordlandfahrt und weitere an Fahrten an den Rhein, in die deutschen Gebirge oder nach Österreich teilnehmen. Besonders einflussreich wurde die DAF, die schließlich insgesamt über 20 Millionen Mitglieder zählte, da trotz der vorgeblich freiwilligen Mitgliedschaft die Nichtmitgliedschaft oder Kritik geahndet wurde. So entbrannte in Lippstadt ein Konflikt zwischen dem Katholischen Arbeiterverein und der DAF über die Mitgliedschaft von Jugendlichen. Eine Festnahme wegen des Verdachts, Flugblätter verfasst zu haben, wurde angesichts der mangelhaften Beweislage jedoch wieder rückgängig gemacht. In einem anderen Fall wurde ein Stellmacher der Westfälischen Landeseisenbahn, der gegen die Anordnungen der DAF gehandelt und diese kritisiert hatte, einem Bericht von 1935 zufolge in das Konzentrationslager Esterwege deportiert. Der Einfluss der NS-Verbände und -Gliederungen wurde vor allem für die von der Propaganda und damit auch größtenteils aus dem öffentlichen Leben Ausgeschlossenen deutlich spürbar, d. h. für Juden, sogenannte Erbkranke (Menschen mit tatsächlichen oder vermeintlichen Behinderungen) und politisch links Stehende.[174]

Die NS-Jugendorganisation im Konflikt mit den bestehenden Jugendverbänden

Die Jugendorganisation der NSDAP beziehungsweise des nationalsozialistischen Regimes stand unter dem Motto „Wer die Jugend hat, hat die Zukunft" und hatte die politische Ein-

„Stärkung der Volksgemeinschaft" – gemeinsames Mittagessen für alle Bürgerinnen und Bürger auf dem Rathausplatz, um 1940

flussnahme auf die Heranwachsenden zum Ziel. Unter dem Reichsjugendführer der NSDAP, Baldur von Schirach, wurden Jugendorganisationen wie die Hitler-Jugend (HJ), die 1929 unter dem NS-Schülerbund zusammengefassten NS-Schülergruppen, der 1930 gegründete Bund Deutscher Mädel (BDM) und der in die HJ eingegliederte Bund Deutsches Jungvolk sowie der NS-Studentenbund geführt. In Lippstadt führte die HJ propagandistische Werbearbeit durch und hisste so beispielsweise 1931 auf dem Dach des damaligen Realgymnasiums (Ostendorf-Gymnasium) eine Hakenkreuzfahne. Während alle weiteren Jugendorganisationen in die NS-Jugendorganisationen eingegliedert und die evangelischen Jugendverbände auch in Lippstadt aufgelöst wurden, leisteten die katholischen Verbände Widerstand. Jedoch wurden – bis auf die rein religiösen Verbände und Vereine – schließlich auch die Tätigkeiten der katholischen Jugendverbände, darunter die Lippstädter Sportvereine DJK Olympia und DJK Arminia, untersagt. In Lippstadt schürte dies zudem die bereits seit

Vorbeimarsch des Kampfgeschwaders 254 an Oberst Student, Lange Straße 1937

1933 bestehenden handgreiflichen Konflikte zwischen HJ-Mitgliedern und DJK-Mitgliedern, sodass HJ-Mitglieder beispielsweise die Fensterscheiben des Nikolausheimes einschlugen und Sprüche wie „Vater Kolping, Deutsche Jugend erwache, lasst Euch nicht mehr belügen" oder „Kein Pfaffe gibt Euch Brot" an öffentliche Flächen schmierten. Die teils nur geringe Mitgliedschaft der Volksschuljugend des Kreises in der HJ oder dem BDM, was sich durch politische und wirtschaftliche Hintergründe der Familien sowie durch den Mangel an örtlichen „Führern" erklären lässt, wurde allerdings von einem Lehrer an der Nikolaischule mit mehr Hausarbeiten für Nichtmitglieder vergolten. Untergebracht war die HJ in Lippstadt zunächst im „Haus der Jugend" in der damaligen Horst-Wessel-Straße, vorher und heute Kolpingstraße, und war mit Soest in einem sogenannten Bann zusammengefasst.[175]

Ab Ende 1941 wurde Lippstadt ein eigenständiger Bann und der Sitz verlagerte sich zunächst in die damalige Schlageterstraße, heute Spielplatzstraße, und später in ein Gebäude in der Geiststraße. Mit dem Ausbruch des Krieges wurde der Kreis Lippstadt dann auch Zielort der sogenannten Kinderlandverschickungen der HJ, wie zum Beispiel im Juli 1940, als 400 Kinder aus Bochum und Herne in die Region kamen.[176]

Kirche in der NS-Zeit
Neben den schon genannten Konflikten der kirchlichen Jugendorganisation mit den NS-Organisationen gerieten auch noch weitere kirchliche Einrichtungen – insbesondere der katholischen Kirche – und die Kirchen selbst in Auseinandersetzung mit der nationalsozialistischen Bewegung. So warnten die katholischen Bischöfe in Deutschland schon vor der Machtergreifung Hitlers vor dem Nationalsozialismus und dessen Kultur- und Rassenpolitik und versuchten, die katholischen Wähler zur Wahl der Zentrumspartei zu bewegen und so an sich zu binden. Besänftigende Versprechungen in einer Regierungserklärung Hitlers im März 1933 brachten jedoch einen Positionswechsel vieler katholischer Geistlicher mit sich. Im Juli 1933 kam es schließlich zwischen dem Vatikan und dem Deutschen Reich zum Abschluss eines Konkordats zur Wahrung der Bekenntnisfreiheit und Religionsausübung. Jedoch beanspruchte die HJ die alleinige Erfassung und Erziehung der Jugend, was auch in Lippstadt zu den bereits erwähnten Konflikten mit den katholischen Jugendverbänden führte. So wurden mehrere Pfarrer und Vikare auch staatspolizeilich verfolgt, verhört und deren Haushalte durchsucht.[177]

Im Fall des Nikolai-Pfarrers Peter Grebe wurde dieser 1942 für ein Gespräch, bei dem er belauscht wurde, wegen staatsfeindlicher Äußerungen bei der Parteileitung angezeigt. Dies führte zu einer Geldstrafe von 500 RM und zur Versetzung Grebes nach Gelsenkirchen und dann nach Olpe. Verhöre und Untersuchungshaft in Dortmund folgten, bis dass er Ende des Jahres 1943 für zwölf Monate im Gerichtsgefängnis inhaftiert wurde. Bei den Gerichtsverhandlungen 1944 wurde Grebe dann zum Tode verurteilt, das Urteil jedoch später in eine 10-jährige Haftstrafe umgewandelt, bis er schließlich im April 1945 von den sowjetischen Truppen befreit wurde.[178]

Die Nationalsozialisten hatten darüber hinaus die Absicht, eine große evangelische Reichskirche zu schaffen, indem sie alle evangelischen Landeskirchen zu einer zentral geführten Organisation zusammenfassen wollten. Im April 1933 wurde der Wehrkreispfarrer und Gauführer der „Deutschen Christen", Ludwig Müller, zum „Bevollmächtigten für die Angelegenheiten der evangelischen Kirche" ernannt und mit der Schaffung einer Reichskirche beauftragt. Bei der Wahl zum Reichsbischof zeichnete sich jedoch der Konflikt deutlich ab, als die Mehrheit der Landeskirchen zunächst für den Pfarrer Fritz Bodelschwingh stimmte. Zwar erreichten die Deutschen Christen in Westfalen bei der Wahl der Gemeindevertreter 66,7 Prozent, doch die Opposition „Evangelium und Kirche" konnte die Mehrheit der Vertreter in der Provinzialsynode stellen. In Lippstadt erreichten die Deutschen Christen nur 534 von 2.005 Stimmen, während 1.464 Wahlberechtigte für

Evangelium und Kirche stimmten. Müller, der jedoch Landesbischof wurde, erreichte dennoch, dass die nunmehr zehn Bistümer und Propsteien überwiegend von Deutschen Christen besetzt wurden. Von der Wittenberger Nationalsynode wurde Müller dann schließlich zum Reichsbischof gewählt, was die „Entfernung alles Undeutschen aus Gottesdienst und Bekenntnis", die „Entjudung des Evangeliums und der Kirche" sowie die Ausrichtung des Christentums an einer „nordisch-heldischen Jesusgestalt" zur Folge hatte.[179]

Als Reaktion auf die Beschlüsse der mehrheitlich von Deutschen Christen besetzten altpreußischen Synode, die unter anderem die Anerkennung des nationalsozialistischen Staates und die Übernahme des sogenannten „Arierparagraphen" verlangte, gründete der in Lippstadt geborene Pfarrer Martin Niemöller den sogenannten Pfarrernotbund. Aus diesem entwickelte sich schließlich die „Bekennende Kirche" mit der „Barmer Theologischen Erklärung" als Bekenntnisschrift und stellte sich dem Machtanspruch der Deutschen Christen entgegen. In Westfalen hatte die Bekennende Kirche 1933 zwar die Mehrheit in der Provinzialsynode, jedoch wurde die Synode 1934 aufgelöst und Westfalen nunmehr dem neu gegründeten evangelischen Bistum Münster unter der Leitung der Deutschen Christen unterstellt. In der neu geschaffenen westfälischen Bekenntnissynode formierten sich dann unter anderem Paul Dahlkötter, Johannes Dieckmann, Gottfried Ungerer und Heinz Berkemann als Vertreter der Bekennenden Kirche in Lippstadt. So versuchte man, sich gegen die Deutschen Christen zu wehren, und verweigerte diesen die Nutzung der Kirchen- und Gemeinderäume in Lippstadt für Gottesdienste und andere Veranstaltungen. Nachdem die Gottesdienste der Deutschen Christen dann zunächst in der Aula des Realgymnasiums (Ostendorf-Gymnasium) abgehalten wurden, wurde jedoch im Januar 1937 angeordnet, die Brüderkirche alle zwei Wochen zur Verfügung zu stellen. Als man dieser Anordnung nicht nachkam, wurde die Kirche von den Deutschen Christen gewaltsam geöffnet, die Schlösser ausgetauscht und so schließlich dem sich der Auflösung widersetzenden Presbyterium Lippstadts der Zutritt zur Kirche verwehrt.

Im Sommer 1937 kam Niemöller in seine Heimatstadt, um in der Marienkirche gegen die nationalsozialistische Kirchenpolitik zu predigen und die Gemeinde zum Bekenntnis aufzurufen. Wenig später, als im August 1937 die 5. Bekenntnissynode der Evangelischen Kirche der altpreußischen Union in Lippstadt tagte, waren Niemöller und auch andere Führungspersonen der Bekennenden Kirche bereits verhaftet und in Konzentrationslager verschleppt worden.[180] Die Bekennende Kirche in Westfalen hat zwar in besonderer Weise um die Verteidigung der Kirchenordnung, des Bekenntnisses und der Kirchenleitung gekämpft, scheiterte jedoch schließlich. Laut Kirchenhistorikern versagte sie vor allem durch ihr Schweigen gegenüber dem NS-Staat, der Judenverfolgung und den Euthanasieaktionen, wozu sie sich im Betheler Schuldbekenntnis als einzige preußische Kirchenprovinz bekannte. Einzelne Widerstandskämpfer bildeten hier die Ausnahme.[181]

Martin Niemöller[182]

– wurde am 14. Februar 1892 in der Brüderstraße in Lippstadt geboren
– diente während des Ersten Weltkrieges freiwillig bei der Kriegsmarine als U-Boot-Kommandant
– studierte nach dem Krieg Theologie in Münster
– 1930/1931 wurde er Pfarrer in Berlin-Dahlem
– seit 1933 widersetzte er sich der Theologie und dem Machtanspruch der Deutschen Christen
– wurde Führer des gegründeten Pfarrernotbundes und Vertreter der Bekennenden Kirche
– 1937 zu mehrmonatiger Festungshaft verurteilt
– 1938–1945 war er als „persönlicher Gefangener Hitlers" (Staatsfeind) im Konzentrationslager in Sachsenhausen und Dachau inhaftiert
– durch Amerikaner befreit
– im Oktober 1945 verfasste er das sogenannte Stuttgarter Schuldbekenntnis
– 1945–1948 stellvertretender Vorsitzender und bis 1955 Mitglied des Rates der Evangelischen Kirche in Deutschland (EKD)
– 1947–1964 Kirchenpräsident der Evangelischen Kirche von Hessen und Nassau
– 1948–1975 Teilnahme an der Weltkirchenkonferenz
– wandte sich ab 1949 gegen die Gründung der Bundesrepublik, die westdeutsche Wiederbewaffnung, die Westintegration und Anpassung der Kirche
– 1957 Präsident der Deutschen Friedensgesellschaft/Bund der Kriegsgegner
– 1961–1968 einer der sechs Präsidenten des Ökumenischen Rates der Kirchen (ÖRK)
– predigte bis 1976 jährlich in seiner Heimatstadt Lippstadt
– am 6. März 1984 in Wiesbaden verstorben und dort begraben

Von der Eisdiele zur Pralinenmanufaktur

Als Franz Peters 1936 die erste kleine Eisdiele Lippstadts in der Marktstraße 4 eröffnete, hätte sich der damalige Konditormeister noch nicht träumen lassen, einmal das bekannteste Stadtcafé von Lippstadt zu führen.

Man warb damals mit dem Slogan „Eis vom Kalten Franz" und funktionierte während der Wintermonate die Eisdiele zu einer Kaffeestube um. Rasch wurde das Café für seine hervorragenden selbst gemachten Torten, Kuchen und Gebäcke über die Stadtgrenze hinaus bekannt. Das Unternehmen zog 1936 in die Lange Straße 17 um und richtete dort ein Café ein. Nach zahlreichen An- und Umbaumaßnahmen entstand schließlich im Obergeschoss des Gebäudes eine große Backstube. Nachdem Norbert Frochte zunächst seine Lehre im Café Peters gemacht und danach andere Unternehmen kennengelernt hatte, kehrte er zum Unternehmen zurück und heiratete 1966 Bärbel Peters. Schließlich übernahm die zweite Generation 1977 das stadtbekannte Café und Norbert Frochte-Peters begann damit, einen neuen Bereich aufzubauen, indem der Konditor Pralinen herstellte. Diese wurden im eigenen Café angeboten oder zunächst nur an andere Konditoreien oder Süßwarenfachgeschäfte geliefert. Doch allmählich wurden die Pralinen und Gebäcke wegen ihrer guten Qualität so gefragt, dass Großkunden wie beispielsweise die Lufthansa gewonnen wurden. Die Pralinenherstellung expandierte dermaßen, dass verschiedene Räume in Lippstadt und sogar ein Außenlager in Langeneicke angemietet werden mussten, um dem gewachsenen Bedarf gerecht zu werden. Daher entschloss sich das Familienunternehmen 1991 dazu, einen neuen Standort im Gewerbegebiet am Wasserturm für die Pralinenfertigung und Gebäckherstellung aufzubauen.

Die Pralinen- und Gebäckherstellung und Vermarktung war stetig gewachsen, sodass die Unternehmensleitung 2008 wegen der Doppelbelastung zu dem Entschluss kam, das Café Peters zu schließen, um sich ganz der Pralinen- und Gebäckherstellung widmen zu können.

Für seine privaten Kunden hat Peters auf seinem Firmengelände einen Werksverkauf eingerichtet. Die bescheidenen 45 Quadratmeter reichten für den schnell gewachsenen Kundenstamm nicht mehr aus, sodass 2011 eine 200 Quadratmeter große Verkaufsräumlichkeit errichtet und eingeweiht wurde, die neben den selbst hergestellten Süß- und Salzgebäcken auch 120 verschiedene Pralinensorten im ständigen Verkaufssortiment hat. „Insgesamt produzieren wir sogar rund 400 Sorten für die zahlreichen Firmenkunden", weiß Christian Frochte-Peters zu berichten. Eine ganz besondere Spezialität nach der Idee von Norbert Frochte-Peters sind die Pecarés®, eine flache, rechteckige Praline mit einer weichen Füllung.

Für die Qualität in der Pralinenherstellung wurde das Unternehmen bereits mehrfach von Pralinenclubs ausgezeichnet. Einen großen Wert auf Innovation legt das Unternehmen, wenn es jedes Jahr rund 150 neue Trüffelsorten kreiert und die besten den Jurys zur Bewertung präsentiert.

Das moderne Familienunternehmen beschäftigt heute 65 – in der Hauptsaison sogar bis zu 200 Mitarbeiter – und wird in dritter Generation von den Geschwistern Dorothee und Christian Frochte-Peters geführt und steht mit seinen handgemachten Ziselierungen noch für echtes Handwerk und höchste Qualität.

www.peters-pralinen.de

Der 2011 eröffnete Werksverkauf

Vom Ein-Mann-Betrieb zum wichtigen Arbeitgeber

Als Ironie des Schicksals kann man die Entstehungsgeschichte der heutigen Liebelt Gruppe bezeichnen, wenn man die Biografie des Unternehmensgründers betrachtet.

Eigentlich wollte Eitel-Friedrich Liebelt mit seiner Violine eine musikalische Laufbahn einschlagen, wenn er nicht an der Sehne verletzt worden wäre. Daher nahm er eine Konditorausbildung auf, die er allerdings wegen einer Mehlstauballergie wieder aufgeben musste. Nachdem Eitel-Friedrich Liebelt dann als Gebäudereiniger angeworben wurde, machte er sich 1937 in Berlin mit einem Betrieb für Gebäudereinigung und Parkettrenovierung selbstständig und beschäftigte zehn Mitarbeiter. Gegen Kriegsende aus Berlin geflohen, kam die Familie auf einem Bauernhof in Bökenförde unter, von wo aus Eitel-Friedrich Liebelt nach Kriegsende seinen Betrieb wieder aufbaute. So zog er mit Bollerwagen und Putzzeug täglich zu Fuß nach Lippstadt, um Reinigungsdienste bei den Firmen Hella, CONACORD oder WLE durchzuführen. Zunächst wurde mit zwei Mitarbeitern ein provisorischer Firmensitz in einem Hinterhof am Südertor eingerichtet,

oben: Reinigung eines Reha-Zentrums
unten: Firmensitz an der Erwitter Straße

dann wechselte man 1954 mit inzwischen 80 Mitarbeitern zur Esbecker Straße. Das Unternehmen wuchs in der Folgezeit stetig, sodass 1964 ein größeres Betriebsgebäude an der Wiedenbrücker Straße bezogen werden musste. Nachdem die Töchter Heidi und Ute Liebelt geheiratet hatten, stiegen auch die Schwiegersöhne Egon Altmann und Friedrich Müller in das Unternehmen ein. Zwischen 1968 und 1972 wurde das Unternehmen in zwei Geschäftsbereiche umstrukturiert. So wird bis heute der Bereich Gebäudedienste von Familie Müller und der Bereich Böden von Familie Altmann geleitet. Seinen heutigen Sitz hat das Unternehmen 1979 erhalten, als Liebelt an der Erwitter Straße einen neuen Gebäudekomplex mit Heimtexmarkt errichten ließ, der bis 1999 als kleiner Baumarkt die Belange der Privatkunden bediente.

Im Jahr 2006 hat mit Jutta Müller und Thilo Altmann bereits die dritte Generation die Geschäftsführung übernommen. Schwerpunkt des Bereichs Gebäudedienste ist die Reinigung von öffentlichen Gebäuden, Seniorenheimen, Industrieunternehmen, Krankenhäusern und Kureinrichtungen, Arztpraxen, Wellnessbereichen etc. Der Geschäftsbereich Böden bietet das Entfernen alter Bodenbeläge an und verlegt anschließend fachgerecht Parkett, Teppichböden, Designbeläge, Linoleum- und PVC-Böden. Auch Versiegelungen, Estricharbeiten und Bautrocknung gehören zum Alltag der Liebelt-Handwerker hinzu.

Ein neuer Geschäftsbereich ist seit 2006 das Facility Management, bei dem Spül- und Küchendienste, Cateringservice und Hausmeisterdienste, zu denen Winterdienste und Grünflächenreinigung zählen, angeboten werden. Ebenso neu ist die Konzeptentwicklung für Kunden. So werden mithilfe der langjährigen Erfahrung Reinigungskonzepte für Seniorenheime, Krankenhäuser etc. erstellt, die über eigene Reinigungskräfte verfügen. 2011 wurde auf der CMS-Messe in Berlin das neue Web-Portal der Firma Liebelt vorgestellt, durch das Kunden zusätzlich Reinigungsdienste buchen können. Die Liebelt Gruppe, die am 1. April 2012 ihr 75-jähriges Betriebsjubiläum feiert, beschäftigt heute circa 2.600 Mitarbeiter aus insgesamt 46 Nationen und gehört mit über 1.000 Kunden zu einem der wichtigsten Dienstleistungsunternehmen und zugleich zu den wichtigen Arbeitgebern der Region.

Als Ausbildungsbetrieb bildet die Liebelt Gruppe heute Bürokaufleute, Glasreiniger, IT-Kaufleute und Gebäudereiniger aus. Das Unternehmen hat mit sieben Niederlassungen ein Einzugsgebiet von Nordrhein-Westfalen, Niedersachsen und Hessen.

www.liebelt.de

Die Lesekultur erhält ein Forum

Schon vor der Gründung der Stadtbücherei gab es in Lippstadt die Möglichkeit, Bücher zu leihen, was zum Teil eng mit dem Schulwesen und den Kirchen verbunden war. Die Geschichte der heutigen Thomas-Valentin-Stadtbücherei ist durch eine Vielzahl an Standortwechseln geprägt.

Bereits 1783 gab es in Lippstadt eine Niederlassung der Spennerschen Buchhandlung in Berlin. Die Lesekultur jener Zeit entwickelte sich ständig weiter, sodass es um 1800 schließlich neben verschiedenen Lesegesellschaften auch eine Leihbibliothek mit einem vielseitigen und reichhaltigen Angebot gab. Die Ausgabe der Bücher erfolgte an vier Tagen der Woche für eine Stunde in dem Haus des Kaufmanns Kottenkamp, wofür eine Jahresgebühr von zwei Reichstalern Berliner Courant oder eine Vierteljahresbeitrag von 27 Mariengroschen fällig war.[183]

Ein eher an die Jugendlichen der Stadt gerichtetes Angebot lieferte die Bücherei der gewerblichen Fortbildungsschule Anfang des 20. Jahrhunderts, die vor allem von Schülern genutzt wurde. Verwaltet wurde diese

mit rund 450 Bänden ausgestattete Bücherei von dem Realgymnasiallehrer Bohle. Mit einer Verfügung des Regierungspräsidenten vom 27. November 1913 wurde die Bücherei der gewerblichen Fortbildungsschule dann öffentlich anerkannt und die Stadt Lippstadt zum Träger dieser Einrichtung. Weitere Büchereien zu dieser Zeit waren außerdem die Hilfsbücherei am Realgymnasium sowie die Pfarrbüchereien von St. Nikolai und St. Joseph, die 1929 ebenfalls als öffentliche Volksbüchereien anerkannt wurden.[184]

Anfang November 1938 wurde dann die Städtische Volksbücherei mit Lesesaal im Stadtpalais an der Langen Straße beziehungsweise damals Adolf-Hitler-Straße 15 – Haus Epping, heutiges Standesamt – eröffnet. Die Leihgebühr für eine Auswahl aus den insgesamt rund 1.000 in abwaschbaren Bänden eingefassten Büchern betrug damals bei drei Wochen Leihdauer 10 Pfennig. Die Ausgabe fand an drei Tagen in der Woche für zwei Stunden statt. Städtische Mittel zur Anschaffung weiterer 400 bis 500 Bücher ermöglichten außerdem ein umfangreiches Angebot der 1938 veröffentlichten Neuerscheinungen sowie der Werke westfälischer Dichter.[185]

Im Jahre 1939 war der Bestand der Bücherei auf rund 1.500 Exemplare angewachsen. Mit Fortschreiten des Krieges wurden die Umstände und die Erziehung auch in dem Leseinteresse erkennbar, da sich 1940 die Jugendlichen vermehrt für Soldatenbücher begeisterten. Die Nöte während des Krieges machten sich dann auch in den finanziellen Möglichkeiten der Leser bemerkbar, sodass vermutlich deswegen die Leihgebühr 1941 um die Hälfte auf 5 Pfennig ermäßigt wurde und 1942 schließlich ganz entfiel. Das Jahr 1944 hat dann ein deutliches Lesebedürfnis der Bevölkerung zu verzeichnen, woraufhin die Städtische Bücherei einen deutlichen Aufschwung erlebte, nicht zuletzt wegen der noch unentgeltlichen Nutzung. So wurde der frühere Stadtverordneten-Sitzungssaal zum Lesesaal und anhand eines Sachkataloges konnte aus den in einem gesonderten Raum gelagerten Büchern ausgewählt werden.[186]

Mit dem Kriegsende 1945 und der Übernahme der Stadt durch die Alliierten wurde auf deren Anordnung hin der Bestand der Bücherei geprüft und rund 500 „politisch nicht tragbare Bücher" entfernt. Nach der Neuordnung der Bücherei wurde diese dann im Jahre 1946 wiedereröffnet. Die Wiedereinführung einer Leihgebühr von dann 20 Pfennig wurde 1951 jedoch mit der Begründung, „eine Bücherei sei eine Bildungsstätte, deren Benutzung jedermann möglich sein müsse", beanstandet. So wurde bis 1954 die Leihgebühr wieder auf 10 Pfennig für eine Leihdauer von vier Wochen gesenkt, wobei rund 1.000 Frauen die Stammleserinnen dieser Einrichtung bildeten. In diesen Nachkriegsjahren wurde der Saal des Stadtpalais zwischenzeitlich jedoch auch für die Essensausgabe benötigt, sodass die Bücherei auch im Grünen Winkel, im 2. Stock der später abgebrochenen Villa Kleine und im ehemaligen Haus der Jugend untergebracht war.

Am 7. Februar 1956 zog die Städtische Bücherei dann in die neu gestalteten Räume im Erdgeschoss des historischen Rathauses mit Leseecke und Büroräumen ein. Bis zum Jahre 1963 war der Buchbestand auf 9.200 Bände angewachsen und wurde 1965 endgültig auf die sogenannte „Freihand-Ausleihe", bei der man selbst aus den Regalen auswählt, umgestellt.

Das renovierte Gebäude in der Fleischhauerstraße beherbergt heute die Stadtbücherei.

Die alte Kapelle des ehemaligen Schulgebäudes dient heute als Raum für Autorenlesungen und Vorträge.

1938 Thomas-Valentin-Stadtbücherei

Im Jahre 1967 wurde die Bücherei erneut verlegt, diesmal vom Rathaus in Teile der Villa Linhoff an der Ostendorfallee. 1968 wurden schließlich alle Räume der Villa in den Betrieb der Bücherei mit einbezogen, bis die Bücherei 1976 in das ehemalige Sparkassengebäude an der Spielplatzstraße umzog, dessen zentrale Lage die Benutzerzahlen steigen ließ. 1977 wurde die Bücherei dann zur Depotbibliothek für die Stenographischen Berichte des Deutschen Bundestages. Im selben Jahr wurde außerdem nach einer Änderung der Gebührenordnung die Benutzung der Bücherei wieder kostenlos. Ein Jahr später erweiterte sich der Bestand der Bücherei um eine Abteilung mit Großdruckbüchern für Menschen mit Sehbehinderung sowie zweisprachige Kinderbücher in Anpassung an die Kinder der Gastarbeiterfamilien in Spanisch-Deutsch, Griechisch-Deutsch und Italienisch-Deutsch. Auf die Eröffnung der Artothek zum Verleih und später auch Kauf von Gemälden – bedingt durch Auflösung – folgte 1990 der „mobile Bücherdienst" als Service für Menschen mit Geh- und Sehbehinderung. 1993 wurde dann während einer dreimonatigen Schließung die Fläche der Bücherei um die des ehemaligen Stadtarchivs mit auf eine Fläche von insgesamt 870 Quadratmetern erweitert, wodurch nun auch Platz für Veranstaltungen im eigenen Haus geschaffen war. 1995 konnten dann Bücherkisten für Grundschulen zu den Themen Haustiere, Mittelalter und Erde in Zusammenarbeit mit dem Förderverein und mithilfe der Sparkasse angeschafft werden. Im Jahr 1996 erfolgte schließlich die Umstellung auf eine elektronische Erfassung des Bücherbestandes mit einem EDV-Programm. Einen Rückgang der Leserschaft, die angesichts der nun auch samstäglichen Öffnung weiter gestiegen war, verursachte 1998 die Wiedereinführung einer jährlichen Nutzungsgebühr.

Zur Erinnerung an den Lehrer, Schriftsteller und Drehbuchautor Thomas Valentin wurde die Bücherei 1998 außerdem in Thomas-Valentin-Stadtbücherei umbenannt. 2002 konnte dann zusammen mit der Bertelsmann Stiftung von der Stadtbücherei das Sonderprojekt „Medienpartner Bibliothek und Schule: Lese- und Informationskompetenz NRW" zur Förderung des Leseaktivität von Schülern sowie der Kooperation von Bücherei und Schule eingeführt werden. 2008 zog die Thomas-Valentin-Bücherei in die Räumlichkeiten an der Fleischhauerstraße um, die zuvor schon eine Reihe an Bildungseinrichtungen beherbergt hatte.

Der neue Standort mit durchgehender Öffnungszeit an vier Tagen, zentraler Lage, angenehmer Aufenthaltsqualität und barrierefreiem Zugang wird laut Auskunft der Bibliotheksleitung seither gut angenommen, was sich in der jüngeren Vergangenheit an sprunghaft ansteigenden Leser- und Ausleihezahlen zeigte. Mit dem Veranstaltungsraum der wieder hergerichteten „alten Kapelle" des ehemaligen Schulgebäudes wurde außerdem ein Raum für Autorenlesungen, Vorträge, Workshops, Tagungen, Ausstellungen, Sitzungen, Vorlesenachmittage etc. geschaffen, was das Angebot der Stadtbücherei zusätzlich bereichert.[187]

Die Südseite des renovierten Schulgebäudes mit der Kapelle, 2011

Thomas Valentin
- 1922 in Weilburg an der Lahn geboren
- 1947–1962 Lehrer in Lippstadt, er schrieb zu dieser Zeit Gedichte und Kurzprosa; Briefwechsel mit Hermann Hesse und Heinrich Böll
- 1955–1958 ehrenamtlicher Leiter der Volksschule Lippstadt, erste Publikationen seiner Werke, in den folgenden Jahren entstehen Romane, Erzählungen, Gedichte, Geschichten und Theaterstücke
- 1962 gibt Lehrberuf auf und ist seither freier Schriftsteller
- 1964–1966 Chefdramaturg am Theater der Freien Hansestadt Bremen
- 1969–1978 entstehen unter anderem Drehbücher
- 1980 stirbt Valentin am 22.12. und wird auf dem Lippstädter Hauptfriedhof beigesetzt
- 1981 wird dem Autor posthum das Drehbuch „Grabbes letzter Sommer" der Adolf-Grimme-Preis in Gold verliehen

Die Thomas-Valentin-Gesellschaft
Nachdem die Stadt Lippstadt als Erinnerung an den Literaten 1993 den Thomas-Valentin-Literaturpreis stiftete, wurde 1996 die Thomas-Valentin-Gesellschaft in Lippstadt gegründet. Sie hat sich zur Aufgabe gesetzt, das Gesamtwerk Valentins zu veröffentlichen und die Erinnerung an Thomas Valentin durch Vorträge, Lesungen und Ausstellungen aufrechtzuerhalten.

Die Zerstörung der Synagoge und die Vernichtung der jüdischen Minderheit

Das Leiden der jüdischen Minderheit unter den Nationalsozialisten stellt ein besonders dunkles Kapitel der Lippstädter Stadtgeschichte dar. Umso wichtiger ist es, dies mahnend in Erinnerung zu halten und so ein Vergessen der schrecklichen Ereignisse zu verhindern.

Vom Beginn des 20. Jahrhunderts bis 1945

In Lippstadt war schon damals die Lange Straße als Hauptdurchgangsstraße zur Hauptgeschäftsstraße geworden, an der auch viele jüdische Geschäfte angesiedelt waren. Zwischen 1900 und 1925 gab es in der Lippstädter Kernstadt zwischen 26 und 33 jüdische Geschäfte, darunter überwiegend Kolonialwarengeschäfte. Die Wahl eines jüdischen Stadtverordneten noch zu Anfang des 20. Jahrhunderts lässt die damalige soziale und gesellschaftliche Integration der jüdischen Bevölkerung in das Stadtleben vermuten. Mit der Gründung der NSDAP-Ortsgruppe 1929 machten sich die unterschwellig immer noch vorhandenen Vorbehalte gegenüber der jüdischen Bevölkerung im Zusammenhang mit der nationalsozialistischen Einstellung gegenüber Juden jedoch stärker bemerkbar. Im Jahre 1933 war der Anteil der jüdischen Einwohner in Lippstadt mit 126 Personen wieder auf 0,6 Prozent zurückgegangen. Gegen die jüdischen Gewerbetreibenden wurde nun mit Sprüchen wie „Was Du auch kaufst, ob groß ob klein, kaufs nie bei einem Juden ein!"[188] von der Kampfgemeinschaft zur Erhaltung des gewerblichen Mittelstandes vorgegangen. Laut einem Antwortschreiben der Stadt Lippstadt auf die Frage nach der Anzahl jüdischer Schüler, um ggf. eine jüdische Schulklasse zum Zwecke der Rassentrennung einzuführen, gab es am 11. Oktober 1935 noch elf volksschulpflichtige jüdische Kinder in der Stadt.

Der nationalsozialistische Rassengedanke führte schließlich zur völligen Vernichtung der jüdischen Bevölkerung in Lippstadt, da nur wenige vor dem Beginn der Deportationen die Stadt verließen. Auch gab es nur wenige Lippstädter, die versucht haben, Initiative für ihre Mitmenschen zu ergreifen und Widerstand zu leisten.[189] In der Reichspogromnacht vom 9. auf den 10. November 1938 wurden, inszeniert durch die Nationalsozialisten und als vermeintlicher Gegenschlag zu dem von einem Juden verübten Mord an einem deutschen Diplomaten in Paris, in ganz Deutschland Synagogen und Geschäfte demoliert, geplündert und jüdische Menschen verschleppt, misshandelt und ermordet. Auch die Lippstädter Synagoge wurde zerstört, als sie unter den Augen der Feuerwehrleute, welche lediglich die angrenzenden Häuser schützen sollten, „kontrolliert" ausbrannte. Ebenfalls wurden unter anderem Geschäfte in der Lippstädter Innenstadt demoliert sowie insgesamt 23 männliche Juden verhaftet und in das Konzentrationslager Oranienburg deportiert.

1939 verließ schließlich der letzte Synagogen-Gemeindevorsteher Julius Lichtenfels die Stadt und emigrierte mit seiner Familie nach Südamerika. Als Besitzer des Synagogengrundstückes mit den noch erhaltenen Resten der zerstörten Synagoge wurde 1940 der Kaufmann August Sommerkamp aus der Soeststraße eingetragen. In den Jahren darauf folgten zahlreiche

antijüdische Maßnahmen auch in Lippstadt, darunter das Verbot für Juden, städtische Anlagen wie den Grünen Winkel, die Ostendorfallee, das Friedhofswäldchen, die Lippstädter Bellevue oder den Weg entlang der Rhedaer Bahn zu betreten. Mit Kriegsbeginn und den alltäglichen Mängeln wurden jüdischen Bürgern außerdem keine Kleidermarken und Raucherkarten sowie auch keine Fleisch-, Fisch- und Milchwaren oder andere Mangelwaren ausgehändigt.

Eine weitere antijüdische Maßnahme war der ab dem Herbst 1941 in ganz Deutschland zur Kennzeichnung öffentlicher Diskriminierung zu tragende „Judenstern". Im April 1942 lebten noch 18 jüdische Menschen in Lippstadt, von denen fünf Ende April 1942 in einem ersten Sammeltransport nach Dortmund und von dort am 27. April 1942 zusammen mit rund 1.000 anderen nach Zamosc bei Lublin, einer Durchgangsstation zum Vernichtungslager Belzec, deportiert wurden. Weitere neun der in Lippstadt zurückgebliebenen Juden wurden nach Rüthen und Anröchte umgesiedelt und Ende Juli 1942 mit den übrigen vier Lippstädter Juden sowie anderen aus dem Kreis nach Dortmund und von dort aus am 29. Juli 1942 in einem Sammeltransport nach Theresienstadt deportiert. Somit waren schließlich nur noch vier sogenannte Mischehepartner in Lippstadt zurückgeblieben. Bis 1945 wurden neben Kriegsgefangenen und zahlreichen ausländischen, überwiegend weiblichen Zivilarbeitern auch jüdische Arbeiterinnen vom Frauenaußenkommando des Konzentrationslagers Buchenwald in Lippstadt sowie später auch Häftlinge aus Auschwitz, Bergen-Belsen und Ravensbrück beschäftigt. Diese arbeiteten in den Lippstädter metallverarbeitenden Betrieben WMI und den ehemaligen Lippstädter Eisen- und Metallwerken, unter anderem im Bereich der Munitions- und Flugzeugteileherstellung.[190]

Von 1945 bis in die Gegenwart

Der Kaufmann August Sommerkamp beabsichtigte 1947, das 1940 auf ihn eingetragene Synagogengrundstück zu räumen, doch das damit zusammenhängende Bauvorhaben wurde vonseiten der damaligen britischen Militärbehörde nicht bewilligt. 1953 wurde der Besitzwechsel in die Hände des Kaufmanns wieder rückgängig gemacht und das Besitztum ging an die Jewish Trust Corporation for Germany mit Sitz in London. Diese wiederum verkaufte 1954 das Grundstück an den Lippstädter Kaufmann Friedrich Seiger, dem ein Bauantrag an die Stadt Lippstadt 1957 bewilligt wurde und er so die Treppengiebel des ehemaligen Synagogengebäudes abtragen und ein Flachdach aufsetzen ließ. Des Weiteren wurden die Innenmauern des Gebäudes beseitigt

1938 Judenpogrom in Lippstadt

und eine Betondecke auf Pfeilern eingezogen, sodass das ehemalige Synagogengebäude fortan als Lagerraum genutzt werden konnte. Die später im Vorgarten errichteten Garagen mit darüber befindlicher Mietwohnung führten schließlich zur Zerstörung der Nordfassade, sodass von den Resten des ehemaligen Gebäudes heute nichts mehr zu sehen ist.[191]

Erst am 8. August 1985 wurde auf Initiative einer Lippstädter Bürgerin von der Stadt eine bronzene Gedenktafel an der Garagenfront angebracht, die an die im Grunde immer noch vorhandene Synagoge erinnern sollte, was durch die Aufschrift „Hier befand sich die am 9. November 1938 zerstörte Synagoge" auch ansatzweise deutlich wird. Nach einem Antrag des Heimatbundes Lippstadt e. V. auf Denkmalschutz und längerer Diskussion wurden die Reste der Synagoge für denkmalwürdig erklärt und am 25. Oktober 1988 unter Schutz gestellt. Seit der Einweihung am 4. November 2008 erinnert ein Edelstahlmodell vor den heute verborgenen Resten der Synagoge an das 1852 errichtete Gebäude. Auch sind im Rahmen eines historischen Altstadtrundganges auf einer Stele verschiedene Fotos des ehemaligen Gebäudekomplexes sowie ein Infotext zu finden.[192] Nach Angaben des Einwohnermeldeamtes leben heute neun eingetragene Menschen jüdischen Glaubens auf dem Stadtgebiet der Stadt Lippstadt, die verschiedenen Gemeinden und Verbänden in ganz Deutschland angehören. Eine eigene Gemeinde oder eine Synagoge gibt es seit der Verfolgung und Vernichtung der Juden im Lippstädter Raum nicht mehr.

Die nächste Gemeinde für die in der Region lebenden Menschen jüdischen Glaubens befindet sich in Paderborn. Bereits seit 1992 gibt es jedoch die Bemühungen, ein friedliches Miteinander der drei monotheistischen Religionen Judentum, Christentum und Islam in Lippstadt zu gestalten, wie das jährliche „Friedensgebet der Religionen" zeigt. Unter Mitwirkung von engagierten Bürgern und Geistlichen beziehungsweise Mitarbeitern der katholischen, griechisch-orthodoxen und evangelischen Kirchengemeinde in Lippstadt sowie der Mevlana Camii Moschee/Türkisch-Islamischen Union e. V. und der Jüdischen Kultusgemeinde Paderborn, zu der Lippstadt gehört, wird mit dem gemeinsamen Ziel, den Frieden und die Schöpfung zu wahren, jährlich ein solches Gebet veranstaltet. Im Jahre 1999 wurde außerdem von der ökumenischen Gruppe „Frauen für den Frieden" die Errichtung eines sogenannten Jüdischen Erinnerungszeichens initiiert, das von dem Künstler Ernst Ewers zum Rode entworfen und am 13. März 2003 vom damaligen Vorsitzenden des Zentralrates der Juden in Deutschland, Paul Spiegel, an der Rathausstraße (ehemalige Judenstraße) unweit der Marienkirche enthüllt wurde. Dies steht sichtbar für das Leben und Leiden der jüdischen Minderheit in Lippstadt und stellt im Rahmen der regelmäßigen Erinnerungsveranstaltungen einen wichtigen Anlaufpunkt dar, wie etwa beim genannten Friedensgebet oder dem Gedenken der Opfer der Reichspogromnacht am 9. November eines jeden Jahres.[193]

links: Ausgebrannte Synagoge nach Anschlag vom 9. November 1938, Rückansicht

rechts: „Rest" der ehemaligen Synagoge, durch An- und Umbau unkenntlich gemacht

Lippstadt während des Zweiten Weltkrieges von 1939 bis 1945

Aus Angst vor sozialen und politischen Unruhen wie gegen Ende des Ersten Weltkrieges war die Reichsregierung mit dem Angriff Hitlers auf Polen am 1. September 1939 bemüht, verhältnismäßig „normale" Zustände aufrechtzuerhalten. Die wirtschaftlich günstige Ausgangsposition des Reiches bewirkte zunächst, dass der Krieg nur wenig Einfluss auf den Alltag der Menschen nahm.

Die Verteilung von Bezugsscheinen beziehungsweise Lebensmittelkarten für Grundnahrungsmittel wie Fleisch, Fett, Butter, Käse, Vollmilch, Zucker, Marmelade, später auch Brot und Eier mag vielleicht den Eindruck der dringend erforderlichen Einschränkung erweckt haben, diese wurde aber in Lippstadt von der Lokalpresse als Vorsichtsmaßnahme dargestellt. Sogenannte Hamsterkäufe der Bevölkerung blieben jedoch nicht aus, was unter anderem zu Zuteilungsbeschränkungen für Luxusgüter wie Tabakwaren und Spirituosen führte. Des Weiteren riet man zur Versorgung mit „deutschen Produkten" und warb mit den Anbauzahlen für Getreide und Kartoffeln im Erntejahr 1938. Werbung für Pellkartoffeln mit der Begründung „Schälverluste sind vergeudetes Volksnahrungsgut", wie sie beispielsweise 1943 im „Patriot" erschien, wies dabei auf einen möglichst ökonomischen Umgang mit den Grundnahrungsmitteln hin. Die darüber hinaus erforderliche Versorgung in den fünf Kriegsjahren wurde nicht zuletzt durch die aus den eroberten Staaten bezogenen Nahrungsmittel, Rohstoffe und Arbeitskräfte gewährleistet. Einen ebenfalls wesentlichen Beitrag zur Versorgung leisteten die NS-Organisationen und -verbände ab Oktober 1939 mit Sammelaktionen. Im Kreis Lippstadt sammelte man bis Februar 1940 insgesamt 212.000 Kilogramm Altmaterial, während Winterhilfswerk (WHW) und HJ im Januar 1942 rund 42.000 Stück Winterkleidung sammelten. Die NS-Frauenschaft lehrte Hausfrauen sowohl kochen als auch

SA marschiert durch das verschneite Lippstadt, 1944

haushalten, sorgte zum Beispiel für die Ausbesserung der Kleidung und stopfte Soldatenstrümpfe. Die Frauenorganisation verpflichtete sich allerdings derart dem Dienst für den Staat, sodass vor allem auch durch Tätigkeiten im Rüstungsbetrieb die vom NS-Regime propagierten Aufgaben der „deutschen Frau" in den Hintergrund gerieten.[194]

Kriegsgefangene, Zivil- und Zwangsarbeiter
Unter den mehr als sechs Millionen Kriegsgefangenen sowie Zivil- und Zwangsarbeitern, die sich gegen Ende des Krieges im Deutschen Reich aufhielten, befanden sich vor allem Polen, Ungarn, Rumänen und Russen, aber auch Holländer, Franzosen und Italiener. Bereits vor Kriegsbeginn wurde der Arbeitskräftemangel insbesondere in der Landwirtschaft – aber auch in der Kriegswirtschaft – durch den Einsatz von deutschen Frauen und ausländischen Arbeiterinnen und Arbeitern behoben, wenn dies auch gegen die nationalsozialistische Ideologie sprach. Ab November 1939 wurden nach dem Angriff auf Polen in großem Maße polnische Arbeitskräfte zwangsweise eingesetzt.

In Lippstadt waren im April 1940 die ersten polnischen Zivilarbeitskräfte bei Lippstädter Bauern tätig; für Oktober 1944 wurde von der Stadtverwaltung die Gesamtzahl von 80 polnischen Arbeitskräften angegeben. Im gesamten Kreisgebiet waren zu dieser Zeit 3.483 Männer, Frauen und Kinder aus dem Ausland tätig. Die Behandlung dieser Arbeitskräfte in der Landwirtschaft ähnelte der traditionellen, bislang freiwilligen Saisonarbeit vor Kriegsbeginn; zwar harte Arbeit und wenig Lohn, doch insgesamt ähnlich der Behandlung von gewöhnlichen Knechten. Dies führte jedoch zu den sogenannten „Polenerlassen" im März 1940. Sie verfügten unter anderem die öffentliche Kennzeichnung der polnischen Arbeitskräfte durch ein „P" an der

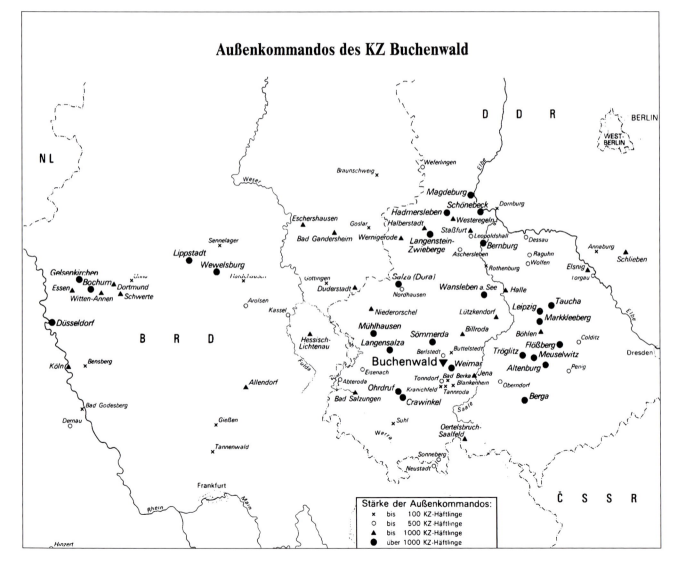

Kleidung, das in einem auf der Spitze stehenden violetten Quadrat stand, und somit noch vor dem „Judenstern" (1941) eingeführt wurde. Im Kreis Lippstadt wurden diese Vorschriften jedoch laut einem Ermahnungsschreiben von 1941 scheinbar nicht immer ordnungsgemäß eingehalten.[195]

Auch die überwiegend aus Russland stammenden sowjetischen Arbeitskräfte wurden nach dem Einmarsch in die Sowjetunion als Zwangsarbeitskräfte nach Deutschland gebracht und mit einem „Ost"-Abzeichen gekennzeichnet. Sie waren in verschiedenen Gemeinschaftslagern untergebracht, von denen es im Kreis Lippstadt im Februar 1944 insgesamt 17 Lager mit einer Kapazität von 10 bis 200 Personen und vier Lager mit über 200 bis 600 Personen gab. Die vier großen Lager in Lippstadt befanden sich in unmittelbarer Nähe der Arbeitsplätze: am Dielenpfad gegenüber der Westfälischen Metallindustrie (WMI), das sogenannte Rüsinglager an der ehemaligen Cappeler Landstraße (Beckumer Straße) nahe den ehemaligen Lippstädter Eisen- und Metallwerken, das Lager der ehemaligen Firma H. Jungeblodt an der Rixbecker Straße und das Lager des ehemaligen Reichsarbeitsdienstes (RAD) „In den Fichten" am Delbrücker Weg. Kleinere Lager gab es beispielsweise auf dem Werksgelände der Westfälischen Union an der Unionstraße, in der Klusestraße 28 sowie an der heutigen Beckumer Straße 87. Die meisten russischen Arbeiter beziehungsweise Ostarbeiterinnen und -arbeiter wurden bei den Lippstädter Eisen- und Metallwerken und bei der WMI sowie der Metallwarenfabrik H. Jungeblodt oder in der Landwirtschaft beschäftigt. Dabei war es keine Seltenheit, dass ausstehende Löhne der Arbeitskräfte nicht ausgezahlt, sondern mit Arbeitskleidung und Lebensmitteln verrechnet wurden.[196]

Jüdische Arbeiterinnen in den Frauenaußenkommandos des KZ Buchenwald

Um den wachsenden Bedarf an Arbeitskräften zu decken, wurden ab 1942 auch KZ-Häftlinge vor allem in der Rüstungs-, aber auch in der Privatindustrie eingesetzt. So wurden bis 1945 schließlich neben Kriegsgefangenen und zahlreichen ausländischen, überwiegend weiblichen Zivilarbeitern auch jüdische Arbeiterinnen in zwei vom Konzentrationslager Buchenwald organisierten Frauenaußenkommandos in Lippstadt beschäftigt, die aus den Konzentrationslagern Auschwitz, Bergen-Belsen und Ravensbrück kamen. Diese arbeiteten in den Lippstädter metallverarbeitenden Betrieben WMI und den ehemaligen Lippstädter Eisen- und Metallwerken, unter anderem im Bereich der Munitions- und Flugzeugteileherstellung. Unter Ausschluss der Öffentlichkeit

Reichssportwettkampf von HJ und BDM in Lippstadt: Siegerehrung auf einem Platz an der Geiststraße, 1941/42

Maifeiertag auf dem Rathausplatz, im Hintergrund das Stadtpalais, 1. Mai 1939

Veranstaltung der NSDAP im Kolpingsaal, 1944

Tag der Wehrmacht auf dem Rathausplatz

sorgte eine SS-Bewachung dafür, dass selbst unmittelbare Anwohner kaum etwas über die neu errichteten Außenkommandos beziehungsweise Außenlager erfuhren. So wurden 1.167 jüdische Frauen vom KZ Buchenwald aus in die beiden Lager nach Lippstadt überführt.

Im Juli 1944 wurde das SS-Kommando Lippstadt I in drei Baracken auf dem Gelände der Lippstädter Eisen- und Metallwerke an der Beckumer Straße untergebracht. Für das zweite Lager SS-Kommando Lippstadt II diente ab November 1944 das damalige Werk II der WMI in der Hospitalstraße 46 als Unterkunft. Während das Kommando I Munition und Handgranaten produzierte, wurden im Kommando II Höhenmesser für Flugzeuge hergestellt. Neben den KZ-Häftlingen arbeiteten damals auch Militärinternierte aus Italien, Kriegsgefangene und Zivilarbeiter aus Holland, Belgien, Frankreich, Kroatien, Polen und Russland ebenfalls in den Rüstungsbetrieben.[197]

Ende März 1945 wurden beide Lager aufgelöst und die überwiegend ungarischen, slowakischen und polnischen Insassinnen des ersten Lagers sollten in einem Fußmarsch in das KZ Bergen-Belsen überführt werden. Allerdings wurden die Frauen auf dem Marsch durch die heranrückende amerikanische Truppe bei Kaunitz befreit. Die Insassinnen des zweiten Lagers wurden zu Fuß nach Kreiensen bei Goslar geführt und dann mit der Bahn bis Leipzig transportiert. Dort wurde die Gruppe zusammen mit anderen Kommandos weitergeführt und Ende April bei Pirna von sowjetischen Truppen befreit. Nach dem Krieg dienten die Gemeinschaftslager der Ostarbeiterinnen und -arbeiter dann als Flüchtlingslager.[198]

Korrekturanstalt, Schutzhaft, Sterilisation und Euthanasie

Bereits 1821 wurde in dem Gebäude des ehemaligen Zisterzienser-Nonnenklosters im heutigen Lippstädter Stadtteil Benninghausen nach einer Bestimmung von 1794 ein Landesarmen- und Arbeitshaus eingerichtet. Dieses entwickelte sich zu einer „Korrekturanstalt" für sogenannte Bettler und Landstreicher, in der aber auch Fürsorgezöglinge, entmündigte Alkoholiker, Arbeitsscheue und später auch Geschlechtskranke untergebracht waren. Zwischen 1920 und 1926 und dann wieder 1933 bis 1938 war dort außerdem ein zusätzliches Hilfsstrafgefängnis eingerichtet und auch danach wurden dort weibliche Strafgefangene, Zuchthäuslerinnen aus dem Lager Oberems bei Gütersloh und Insassen des Zuchthauses in Werl untergebracht. Vom 29. März bis zum 28. September 1933 gab es hier außerdem ein sogenanntes „wildes" Konzentrationslager, das insgesamt 340 „Schutzhäftlinge" durchliefen.

Diese wurden außerordentlich brutal behandelt und auch misshandelt, was mindestens ein Mann nicht überlebte. Seit 1935 wurden dann vor allem ältere männliche Wanderarme untergebracht, die aufgrund schlechter gesundheitlicher Verfassung und mangelhafter Verpflegung und Versorgung oftmals in der Einrichtung starben.[199]

In der 1883 als Irren-Siechen-Anstalt eröffneten Heil- und Pflegeanstalt in dem Lippstädter Stadtteil Eickelborn wurde schon seit 1933 ebenfalls nach nationalsozialistischen Vorgaben gehandelt. So wurde im Sinne des „Gesetzes zur Verhütung erbkranken Nachwuchses" in den Jahren 1933 bis zum Kriegsende 1945 bei 490 Eickelborner Patienten die Zwangssterilisation in der Landesklinik Paderborn (Frauen) oder im Städtischen Krankenhaus Soest (Männer) durchgeführt.[200]

Mit Kriegsbeginn wurde das Auslese-Prinzip verstärkt und es begannen die Tötungsmaßnahmen gegen Menschen mit Behinderungen, psychisch Kranke und Juden. In Westfalen wurden vom 24. Juni bis zum 26. August 1941 schließlich 2.890 Patienten, darunter 422 aus der Einrichtung in Eickelborn, in die hessischen Anstalten Herborn, Eichberg, Scheuern, Kalmenhof/Idstein und Weilmünster deportiert. Dabei handelte es sich um Durchgangsstationen zu der Tötungsanstalt in Hadamar. Bei einer zweiten Verlegungsaktion 1943 wurden 319 Eickelborner Patienten in Heil- und Pflegeanstalten nach Erlangen, Regensburg, Günzburg und Kaufbeuren transportiert. Insgesamt 18 dieser nunmehr verstreuten Patienten wurden bis Kriegsende entlassen und weitere 113 befanden sich zu der Zeit noch in den Einrichtungen. Die übrigen wurden in Hadamar getötet oder in den anderen Einrichtungen ermordet wie beispielsweise allein 205 Patienten aus Eickelborn in Eichberg.[201]

Während die evangelische Kirche die rassenhygienischen Maßnahmen, darunter auch die Sterilisation, zunächst tolerierte, wandte sich die katholische Kirche schon früh gegen dieses Vorgehen. Der Widerstand ließ jedoch wegen der möglichen Gefahren für das abgeschlossene Reichskonkordat sowie für die kirchlichen Fürsorgeeinrichtungen nach. Gegen die Euthanasieaktionen der Nationalsozialisten während des Krieges bezogen jedoch schließlich beide Kirchen Position, wobei die Spaltung in der evangelischen Kirche zu keinem gemeinsamen Protest führte. Auch kam es zu keinem gemeinsamen überkonfessionellen Protest beider Kirchen, sodass schließlich nur eine Minderheit versuchte, kirchlichen Widerstand gegen die Euthanasieaktionen des nationalsozialistischen Regimes zu leisten.[202]

Hitlerjugend auf dem Rathausplatz angetreten, um 1941

Das gestellte Foto mit Ostarbeiterinnen vor einer Holzbaracke auf dem WMI-Gelände suggeriert eine „heile Welt" um 1943.

Vertrauensvoll – verlässlich – vernünftig

Das Team der Kanzlei Jakobs & Kollegen

Als Wilhelm Reimer sich 1942 selbstständig machte und als Buchführungshelfer eine der ersten Steuerberatungskanzleien in Lippstadt gründete, war er seiner Zeit weit voraus. Ebenso modern zeigt sich die heutige Steuerberatungssozietät Jakobs & Kollegen.

Obwohl der heutige Beruf des Steuerberaters erst 1961 durch das Steuerberatungsgesetz eingeführt wurde, gab es zuvor schon Pioniere – wie den Buchführungshelfer Wilhelm Reimer – die als spätere Steuerbevollmächtigte die wirtschaftlichen Interessen ihrer Mandanten vertraten. Zu Beginn der 1950er-Jahre suchte Wilhelm Reimer nach einem neuen Standort und verlegte seine Kanzlei nach zehn Jahren am Ostwall 10 in die Lange Straße 30a. Dort wurde die Kanzlei 1956 an seinen Sohn Heinz Reimer übergeben. Dieser verlagerte sie in die Kastanienallee und fand schließlich 1987 den idealen Standort an der Lipperoder Straße 2 in Lippstadt. Nachdem Diplom-Kaufmann Claus Jakobs seit 1993 als Steuerberater das Unternehmen unterstützte, übernahm er am 1. März 1996 die Kanzlei, die sich um alle Steuer- und Finanzangelegenheiten von Privatpersonen und mittelständischen Unternehmen kümmert.

Zu den klassischen Aufgabenfeldern einer Steuerberatungskanzlei gehören neben der Finanz- und Lohnbuchhaltung, dem Erstellen der privaten und betrieblichen Steuererklärungen und der Fertigung von Jahresabschlüssen und Einnahmen-Überschussrechnungen auch die Unterstützung der Mandanten bei Betriebsprüfungen, die Vertretung bei Finanzgerichten und beim Bundesfinanzhof. Claus Jakobs erweiterte nach der Übernahme 1996 das Aufgabenfeld seiner Kanzlei gezielt durch neue Tätigkeitsbereiche bei der Steuergestaltungs- und der Unternehmensberatung. So steht die Kanzlei seitdem zahlreichen Unternehmen mit fundiertem steuerlichem und betriebswirtschaftlichem Wissen zur Seite und berät unter anderem bei Existenzgründungen, Sanierungen, Unternehmensbewertungen, Unternehmensnachfolge, Unternehmensplanung und -sicherung sowie auch der privaten Vermögensplanung.

Die Kanzlei wuchs seit den 1990er-Jahren von damals zehn Mitarbeitern auf heute achtzehn Mitarbeiter zuzüglich der aktuellen Unternehmensleitung von Diplom-Kaufmann Claus Jakobs und Diplom-Betriebswirt Ulrich Osdiek. Solch eine Expansion zog auch eine räumliche Erweiterung nach sich, sodass die Kanzlei im Jahr 2001 erweitert, d. h. das Gebäude aufgestockt werden musste. So steht die mit modernster Technik ausgestattete Steuerberatungskanzlei für Kompetenz, Vertrauen und Verlässlichkeit. Jeder Mitarbeiter nimmt bei dem sich stetig ändernden Steuerrecht jährlich an circa zehn Fortbildungen im Steuerrecht teil.

Ebenso wichtig ist die stetige Ausbildung neuer Fachkräfte; so ergänzen Auszubildende das Unternehmen. Neben der vertrauensvollen Zusammenarbeit mit den Mandanten kann die Kanzlei auf langjährige gute Zusammenarbeit mit Anwälten und Notaren zurückblicken. Dass die Steuerberatungskanzlei mit dem Aufbau neuer Generationen zielgerichtet in die Zukunft schaut, zeigt sich daran, dass mit Diplom-Betriebswirt Ulrich Osdiek seit 2010 ein jüngerer Kollege in das Unternehmen eingetreten ist, der zusammen mit Claus Jakobs für Kompetenz, Erfahrung und Innovation steht.

www.jakobs-kollegen.de

Claus Jakobs und Ulrich Osdiek

Vom Jugend- und Altersheim zum modernen Seniorenzentrum

Jedes Jahr im Mai wird der Maibaum aufgestellt.

Das Evangelische Seniorenzentrum von Bodelschwingh GmbH war neben einem Bauernhof die Keimzelle des heutigen Ortsteils Lipperbruch.

Der Ortsteil Lipperbruch verdankt seine Entstehung dem Ausbau des Bruches zum Militärflughafen. Innerhalb des Kasernengeländes, das 1936 errichtet worden war, lag auch ein Lazarett. Nachdem der Fliegerhorst Lipperbruch im Zweiten Weltkrieg mehrmals von englischen Bombern angegriffen worden war, glich das Gebiet einem Trümmerfeld. Nach Ende des Krieges baute man das Lazarettgebäude wieder auf und richtete dort zunächst ein „Jugend- und Altersheim" für die Vertriebenen aus den ehemaligen deutschen Ostgebieten ein. Nachdem sich die jungen Bewohner verselbstständigt hatten, blieben die Älteren übrig und so entwickelte sich die Einrichtung zum Evangelischen Alten- und Pflegeheim von Bodelschwingh.

Die bewegten Anfänge

Der erste Leiter des Hauses, Diakon Kurt Bangel, berichtete 1954 von den bewegten Anfängen. Er schrieb in seinen Aufzeichnungen: „Oft hatten sie (die Alten) bessere Zeiten gesehen und standen nun vor den Trümmern eines gut gedachten Lebensabends. Im Lipperbruch fanden sie ein Plätzchen, wo sie nach einem rastlosen Leben, das ihnen manches Leid gebracht hatte, endlich ausruhen konnten. Das Gefühl des Beiseitestehens, des Unnützwerdens, die Einsamkeit wurde nun in der selbstgewachsenen Gemeinschaft von Jung und Alt verdrängt." Als im Jahr 1994 das St. Johannisstift Paderborn als Gesellschafter der GmbH eintrat, wurde das Heim auf seinen heutigen Namen Ev. Seniorenzentrum von Bodelschwingh GmbH umbenannt.

Kurzzeit- und Tagespflege

Im Jahr 1997 wurden ein Kurzzeitpflegebereich mit vierundzwanzig Plätzen und eine Tagespflege mit vierzehn Plätzen angebaut. Die Kurzzeitpflege hat seit den 1990er-Jahren zunehmend an Bedeutung gewonnen. Menschen kommen häufig nach einem Krankenhausaufenthalt in die Kurzzeitpflege, wenn sie zu Hause noch nicht allein ihren Lebensalltag bewältigen können oder wenn pflegende Angehörige selbst erkrankt sind.

Die Tagespflege bietet eine Tagesbetreuung für ältere Menschen. Die Senioren werden morgens vom hauseigenen Fahrservice von zu Hause abgeholt und am Nachmittag wieder nach Hause gebracht.

Kompetenzzentrum Demenz

Für die Pflege und Betreuung der Senioren stehen ca. achtzig Pflegekräfte bereit. Vierzig ehrenamtliche Seniorenbegleiter betreuen die Heimbewohner. Die Seniorenbegleiter werden im Seniorenzentrum speziell ausgebildet. Für ihren Dienst erhalten sie kein Geld, aber ihre Arbeit ist keinesfalls umsonst! Als Lohn empfinden sie die Freude und Dankbarkeit der alten Menschen. Das Seniorenzentrum setzt seit 2001 als Kompetenzzentrum Demenz einen Schwerpunkt in der Betreuung von Menschen mit Demenz. Neben zwei Sozialpädagogen betreuen vier ausgebildete Alltagsbegleiter und vier examinierte Pflegefachkräfte mit der Zusatzausbildung zur gerontopsychiatrischen Fachkraft die Bewohner, die an einer Demenz erkrankt sind.

Beste Qualität für die Bewohner

Zwei von der Heimaufsicht Soest bestellte Heimfürsprecher nehmen die Interessen der Senioren wahr. Im Ev. Seniorenzentrum von Bodelschwingh wird die Seelsorge besonders wichtig genommen. Zum wöchentlichen Gottesdienst kommen die Pfarrer ins Haus. Sie stehen auch für seelsorgerliche Gespräche zur Verfügung. Einer der angestellten Sozialpädagogen hat eine Zusatzqualifikation als Altenseelsorger. Der Hospizkreis Lippstadt begleitet Menschen in der letzten Lebensphase.

www.esz-lippstadt.de

Von der Stunde null zum neuen Lebensalltag

Spätestens 1945 wurde die Angst vieler Lippstädter zunehmend größer. Das Leben mit der Ungewissheit, wann die alliierten Truppen die Stadt erreichen würden und wie es dann weitergehen würde, plagte und beschäftigte die Einwohner. Denn die tägliche Presse berichtete nur von kleineren Erfolgen der Wehrmacht, die Bevölkerung wurde über das rasche Vordringen der Alliierten bewusst nicht informiert. Stattdessen gab das NS-Regime immer wieder Durchhalteparolen bekannt.

Weil zahlreiche Lippstädter zum Kriegsdienst einberufen wurden, machte sich im Verlauf des Krieges in allen Bereichen ein Arbeitskräftemangel bemerkbar. Nach dem erfolgreichen Frankreichfeldzug wurden französische Kriegsgefangene nach Deutschland transportiert, um unter anderem auch als Arbeitskräfte in Lippstadt eingesetzt zu werden. Im alten Mühlengebäude am Lippertor wurde ein großes Lager für diese Arbeiter eingerichtet. Die Produktion zahlreicher Lippstädter Unternehmen wurde auf kriegswichtige Erzeugnisse beziehungsweise Rüstungsbedarf umgestellt. Galt ein Unternehmen

oben links: Soldaten der 2. und 3. US-Panzerdivision von der 1. und 9. US-Armee auf dem Rathausplatz am 1. April 1945

unten links: Befreite Kriegsgefangene und Zwangsarbeiter am 2. April 1945 auf dem Rathausplatz

rechts: Die US-Armeezeitung The Stars and Stripes berichtete von der Schließung des Ruhrkessels am 1. April 1945.

als kriegswichtig, wurde die Produktion teils durch gefangene Soldaten, Zwangsarbeiter oder auch Frauen aus dem KZ Buchenwald aufrechterhalten. Zu Kriegszwecken wurden auch im hiesigen Raum zahlreiche Pferde gemustert und entschädigungslos beschlagnahmt, um fortan in den Dienst der Wehrmacht gestellt zu werden. Im Verlauf des Krieges zog das NS-Regime auch alle Kirchenglocken ein, um sie für den Rüstungsbedarf einschmelzen zu lassen.

Die Nationalsozialisten scheuten nicht davor zurück, auch Schüler aller Schulformen zum Kriegshilfsdienst heranzuziehen, um beispielsweise Kartoffelkäfer zu sammeln oder als Erntehelfer beziehungsweise zur Aushilfe in einem wehrwirtschaftlich wichtigen Betrieb einzusetzen oder an Sammlungen von Geld, Kleidung oder Altmaterialien zu beteiligen. Ab 1943 wurden dann sogar die drei obersten Klassen des Realgymnasiums (Ostendorf-Gymnasium) zum unmittelbaren Kriegsdienst herangezogen. Nach einer sechswöchigen Ausbildung in Paderborn wurden die 16- bis 18-Jährigen der obersten zwei Klassen zum Fliegerhorst Lipperbruch verlegt, wo sie als Luftschutzhelfer an Flakgeschützen eingesetzt wurden. Nach 1943 nahm die Lufthoheit der Royal Air Force im hiesigen Raum stetig zu. Der Fliegerhorst Lipperbruch wurde mehrmals angegriffen

Leben in Notunterkünften – das Flüchtlingslager am Dielenpfad, 1947; rechts: Lange Warteschlangen vor Läden waren um 1943 normal.

und wurde bei dem Großangriff vom 19. April 1944 erheblich zerstört. Auch wenn der Stadtkern von Lippstadt nicht Ziel dieses Angriffs war, fielen einzelne Bomben – teils in Notabwürfen – in das Stadtinnere, richteten aber keinen größeren Schaden an. Hingegen sorgte ein Angriff im Frühjahr 1945 im Süden Lippstadts (Hasenfang und Kampstraße) für stärkere Zerstörung.[203]

Insgesamt starben durch Bombenabwürfe über Lippstadt „vier Männer, vier Frauen, ein Kind und dreizehn Ausländerinnen."[204] Im Verlauf des Krieges stieg die Einwohnerzahl Lippstadts rasch an, da zahlreiche evakuierte Familien aus dem Ruhrgebiet in der Stadt und Umgebung untergebracht wurden. So erreichte die Stadt im letzten Kriegswinter eine Einwohnerzahl von 25.886.

Obwohl nach der Landung der Alliierten in der Normandie 1944 und dem stetigen Rückzug deutscher Truppen sowie der täglichen Präsenz von Aufklärungsflugzeugen und Tiefflieger, die sämtliche Aktivitäten am Boden kontrollierten, ein Ende des Krieges vorauszusehen war, wurden in Lippstadt zunächst alle Vorbereitungen auf eine partisanenartige Fortsetzung getroffen. So wurden die Lippebrücken zur Sprengung vorbereitet und Volkssturmeinheiten aus älteren Männern und halbwüchsigen Jungen aufgestellt. Außerdem wurden an allen Eingängen zur Stadt Panzersperren errichtet. Gleichzeitig begann man in der Parteizentrale mit der Aktensäuberung beziehungsweise Vernichtung.

Nachdem im März 1945 immer mehr Flüchtlinge aus den Ostgebieten, aber auch Soldaten von Westen auf dem Rückzug vor den heranrückenden Alliierten nach Lippstadt kamen, war spätestens jetzt vielen Bürgern bewusst,

1945 Das Kriegsende in Lippstadt

Übung des Volkssturmes und des Freikorps Sauerland, 1945

dass durch den unaufhaltsamen Vormarsch der alliierten Truppen bald der Einmarsch und somit das Ende des Krieges in dieser Region bevorstehen würde. So hingen im Frühjahr bereits zahlreiche weiße Fahnen beziehungsweise Betttücher aus den Fenstern der Häuser, obwohl die Tageszeitung selbst in ihrer Osterausgabe nichts von den heranrückenden Alliierten berichtete. Als dann die ersten Panzer gesichtet wurden, spitzte sich die Lage zu, weil die zurückziehenden deutschen Verbände versuchten – teils unter Gegenwehr – aus dem Ruhrkessel auszubrechen und sich mit den restlichen Verbänden im Harz und Teutoburger Wald zu vereinen. Angesichts dieser Gegenwehr wusste niemand, wie sich die Alliierten beim Vormarsch auf Lippstadt verhalten würden. In der Flakkaserne gab es noch ein randvolles Luftwaffendepot, das nun von zahlreichen Soldaten und Zivilisten auf der Suche nach Kleidung, Lebensmitteln, Spirituosen und Zigaretten geplündert wurde.[205]

Die Nachricht vom bevorstehenden Einmarsch der alliierten Truppen erreichte zahlreiche Lippstädter während des Festgottesdienstes am Ostersonntag, dem 1. April 1945. Am Nordwestrand der Stadt waren die ersten Einheiten des 67. Panzerregiments der 2. US-Panzer-Division gesichtet worden. Daraufhin schlugen einzelne Geschosse in der Altstadt ein und ließen Dachziegel und Fensterscheiben brechen. Insgesamt wurden 27 Häuser zerstört, 57 schwer, 76 mittelschwer und 357 leicht beschädigt.[206]

In den Wiesen und Gärten nördlich der Stadt kam es zu längeren Feuergefechten. Die Stadtbewohner suchten währenddessen panisch Schutz in Kellern und Luftschutzbunkern und harrten dort voller Ungewissheit aus. Dann wurden die in den Brücken über die Nördliche Umflut eingebauten Fliegerbomben gezündet. Allerdings reichte die Sprengkraft offenbar nicht aus, sodass nur ein Teil der Fahrbahn zerstört wurde und die Brücken passierbar blieben. Nördlich und südlich der Stadt kam es zu kurzen Panzergefechten, als deutsche Verbände aus der Senne das Feuer eröffneten. Am Südrand der Stadt ging die Artillerie in Stellung, um einzelne deutsche Widerstandsnester bei Gut Warte, Weckinghausen und Erwitte unter Beschuss zu nehmen. Das Artillerieduell forderte auch Opfer unter der Zivilbevölkerung, besonders bei den Flüchtlingstrecks, die an der Over-

Lippstadt aus der Sicht englischer Aufklärer, 1945

hagener Straße und Stirper Straße lagerten. Insgesamt starben während des Feuergefechts 55 Menschen. Nachdem die amerikanischen Einheiten aus Geseke kommend den sogenannten Ruhrkessel bei Bökenförde schlossen und als sichtbares Zeichen für die Einheiten in Lippstadt eine Scheune in Brand steckten, war der Zweite Weltkrieg fünf Wochen vor der eigentlichen bedingungslosen Kapitulation der Wehrmacht in der hiesigen Region vorüber, obwohl einzelne Kämpfe in der Nähe Lippstadts erst nach vier Tagen beendet waren. Nachdem die Amerikaner die Stadt eingenommen hatten, herrschte zunächst ein Durcheinander auf den Straßen, da die Fremd-, Zwangsarbeiter und Häftlinge in den Lagern befreit worden waren und durch die Innenstadt zogen. Schon bald kam es zu Plünderungen und Zerstörungen aus Hass und Vergeltung. Besonders Lebensmittel und Kleidung wurden aus Geschäften und Häusern entwendet, dabei zerschlugen die Plünderer achtlos Schaufensterscheiben oder für sie unbrauchbare Einrichtungsgegenstände. Erst das Eingreifen der Militärpolizei sorgte wieder für Ordnung. Noch am Ostersonntag wurde eine Ausgangssperre verhängt, der zufolge sich niemand mehr nach 18.30 Uhr auf der Straße aufhalten durfte. Auch am nächsten Tag konnte die Bevölkerung nur zwischen 9 und 12 Uhr ihre Häuser verlassen.

Die Amerikaner begannen nun damit, die befreiten russischen Gefangenen zu bündeln und schließlich abzutransportieren. Die Kranken und Schwachen wurden in das Lazarett für Fremdarbeiter in der Wilhelmschule eingewiesen. Beide Krankenhäuser wurden beschlagnahmt und das Pflegepersonal als Gefangene darin interniert. Das Evangelische Krankenhaus wurde bis Ende Mai für ein Jahr zu einem Soldatenspital.

Die schon vor Ausbruch des Krieges bestehende Wohnungsnot in Lippstadt steigerte sich dramatisch, nachdem die Amerikaner einige Häuser beschlagnahmt und ihren zurückbleibenden militärischen Führungsstab dort einquartiert hatten. Außerdem erreichten in den folgenden Wochen immer neue Züge mit Flüchtlingen die Stadt, die ebenfalls untergebracht werden mussten. Daher entstanden an den Stadträndern selbst gebaute Lager, in denen die Menschen notdürftig untergebracht waren. In den Kasernen, im Evangelischen Gemeindehaus und Kolpinghaus sowie in allen Schulen und größeren Gebäuden wurden ebenso Notunterkünfte eingerichtet. Nach der Rückführung der Franzosen wurde das Ostendorf-Gymnasium von Polen belegt, deren Heimkehr sich wegen der Fortführung des Krieges und sich anschließenden politischen Gründen hinauszögerte. Ein weiteres

oben: Plünderung der Brennerei Kisker in der Rathausstraße am 1. April 1945

unten: Befreite Fremd- und Zwangsarbeiter und deutsche Zivilisten plündern am 1. April 1945 Geschäfte in der Innenstadt.

144 1945 Das Kriegsende in Lippstadt

Über die Cappeltor-Brücke rollten nach ihrer Sprengung die ersten amerikanischen Panzer ein.

polnisches Lager entstand in der Nikolaischule. Außerdem mussten die Kolpingstraße, Klosterstraße und Kurze Straße (heute Lichtenbergstraße) für die Polen geräumt werden.[207] Die befreiten polnischen Zwangsarbeiter setzten Arbeitskommandos ein, in denen aktive Mitglieder der Nationalsozialistischen Partei zu Aufräumarbeiten herangezogen wurden. Immer wieder kam es zu Plünderungen, Handgreiflichkeiten und Schießereien, auch zwischen Amerikanern und Russen. Daher übernahmen belgische Einheiten den Ordnungsdienst in der Stadt, die auch ein rasches Zusammenführen der Russen in der Kaserne und deren Rücktransport organisierten. Nachdem das öffentliche Leben gegen Ende des Krieges völlig zum Erliegen gekommen war, sah die Militärkommandantur eine Lösung des Problems in der Zusammenarbeit mit Bevölkerungsgruppen und Institutionen, die nicht als Verfechter des NS-Regimes galten. Daher empfing der Kommandant eine Woche nach Besetzung der Stadt Vertreter der Kirchen und der nach Machtübernahme der Nationalsozialisten verbotenen Parteien. Nach den Gesprächen wurde am 10. Mai Stadtoberinspektor Hebenstreit als Bürgermeister und Amtsgerichtsrat Schulte-Steinberg an die Spitze des Kreises Lippstadt von der Militärkommandantur eingesetzt. Die Stadtverwaltung nahm auf Anordnung des Kommandanten nach einigen Tagen wieder die Arbeit auf. Somit konnte die Wasserversorgung nach zweitägiger Unterbrechung wiederhergestellt werden, ebenso – wenn auch eingeschränkt – die Versorgung mit Strom und Gas. Die Banken und Handwerksbetriebe nahmen mit Genehmigung der Militärverwaltung nach und nach ihren Betrieb wieder auf; ab dem 8. Mai wurde sogar wieder ein Wochenmarkt abgehalten, was unter anderem drauf schließen lässt, dass man bemüht war, zu relativ normalen Verhältnissen zurückzukehren. Im Juni 1945 nahmen auch die Schutzpolizei und Gendarmerie auf Anordnung der Besatzung ihren Dienst wieder auf, um die Ordnung inner- und außerhalb der Stadt sicherzustellen.

Das zu Beginn des Zweiten Weltkriegs eingerichtete Wirtschafts- und Ernährungsamt versuchte mittels Zuteilung, ein Minimum an Grundnahrungsmitteln für die Familien zu sichern. Von der Militärverwaltung waren 1.200 Kalorien pro Tag für jede Person festgesetzt worden, sodass eine Wochenration 500 bis 1.500 Gramm Brot, 50 bis 150 Gramm Fleisch, 1.000 Gramm Gemüse, 0,5 Liter Magermilch, 50 Gramm Nährmittel, 125 bis 250 Gramm Fett und 2.000 Gramm Kartoffeln betrug. Allerdings konnten selbst diese Minimalmengen nicht immer ausgegeben werden. Lange Warteschlangen vor den Geschäften gehörten rasch zum alltäglichen Leben beziehungsweise wurden Normalität.

Anfang Juli 1945 lösten englische Einheiten die amerikanische Besatzungstruppe in Lippstadt ab. Diese begannen wesentlich organisierter als die amerikanischen Verbündeten die städtische Selbstverwaltung auf

Befreite ausländische Arbeitskräfte in der Rathausstraße am 1. April 1945

demokratischer Grundlage aufzubauen. Zwar war von den Amerikanern der Stadtoberinspektor Hebenstreit als provisorischer Bürgermeister eingesetzt worden, doch musste nach seinem Fortgang nach Erwitte zunächst ein Vertrauensausschuss gebildet werden, der die demokratische Wahl eines Bürgermeisters vorbereitete. Von dieser Stadtverordnetenversammlung wurde der Reichsbahninspektor a. D. Johannes Hense als neuer Lippstädter Bürgermeister gewählt.

Allerdings entließ ihn der Kreiskommandant wenig später wieder, weil er seiner Meinung nach die von der Militärregierung erlassene Anordnung nicht erfüllt habe. Sein Nachfolger wurde Dr. Paul Gerlach. Anfang 1946 berief der Kreiskommandant 28 Stadtverordnete aus den Kreisen der CDU, SPD, KPD sowie acht parteilose Mitglieder, die ab dem 25. Februar wieder einen Stadtrat bildeten.

Der abgesetzte Bürgermeister Hense wurde in der Sitzung zum ehrenamtlichen Bürgermeister und Dr. Gerlach zum Stadtdirektor berufen. Am 15. September 1946 fanden dann bei sehr schlechter Wahlbeteiligung die ersten Kommunalwahlen statt, bei der die CDU 58,5 Prozent, die SPD 31,8 Prozent, die KPD 6,3 Prozent und das Zentrum 2,6 Prozent der Stimmen errangen. Trotz der zunächst weiteren Abhängigkeit von Weisungen und Genehmigungen durch die Militärregierung war damit eine demokratische Grundlage für die Selbstverantwortung der Stadt geschaffen worden.[208]

Die Versorgungslage wurde angesichts der schlechten Vorjahresernte ab 1946 allerdings zunehmend schwieriger. Der Schwarzhandel, der bevorzugt am Lippstädter Bahnhof seinen Umschlagplatz gefunden hatte, blühte trotz harter Gefängnisstrafen auf. Jedes Stück Land wurde mit Nahrungsmitteln und Tabak bestellt. Trotz der schwierigen Versorgungslage schöpfte man wieder Optimismus und Lebensfreude und veranstaltete zu Ostern 1946 eine Osterkirmes auf dem Geistplatz, ein Maifest am 1. Mai und im Oktober die traditionelle Lippstädter Herbstwoche.

Der harte Winter 1946/1947 traf die Bevölkerung wegen der ausbleibenden Kohlenlieferungen sehr hart. Um dennoch Brennmaterial zu beschaffen, sammelten Familien Holz in allen Waldstücken innerhalb und außerhalb der Stadt. Um vielen zumindest eine warme Mahlzeit am Tag zu ermöglichen, wurden in der Stadt Gemeinschaftsküchen eingerichtet. Durch Spenden aus den USA konnten im Dezember sogar fünf Tafeln Schokolade im Rahmen der Schulspeisung an Kinder verteilt werden. Die Versorgungslage änderte sich auch 1947 noch nicht. So mussten im Kreis Lippstadt zwischen Juni und Oktober 30 Polizisten die Sperrzone beziehungsweise die Felder bewachen, um Lebensmitteldiebstähle zu verhindern. Die Lebensumstände besserten sich dann bis zum Sommer 1948, sodass wieder eine gewisse Normalität einkehrte.[209]

Der geplante Krieg

Bereits mit Ausbruch des Zweiten Weltkriegs wurde deutlich, dass ein Krieg schon lange zuvor von dem NS-Regime detailliert geplant worden war, denn die Lebensmittelkarten waren bei Kriegsausbruch am 1. September 1939 bereits gedruckt. Die beiden Lippstädter Krankenhäuser wurden Reservelazarette und mussten die Hälfte ihrer Betten der Wehrmacht bereitstellen. In diesem Zusammenhang wurden im Park des Evangelischen Krankenhauses auch zwei große Baracken errichtet, um noch mehr Verwundete unterbringen zu können.

Vom Textilgroßhandel zum Textilienunternehmen für jedermann

Nach dem Zweiten Weltkrieg war Dietrich Paul Schmits bei dem Lippstädter Textilgroßhandel Wahlert und Sohn angestellt, bevor er 1948 im elterlichen Haus in der Soeststraße einen eigenen Textilgroßhandel eröffnete. Bei der Namensgebung bediente er sich der ersten Buchstaben seines Namens: di(etrich) – pa(ul) – sch(mits).

Seit der Unternehmensgründung beliefert der Großhandel Krankenhäuser, die Kliniken des Landschaftsverbandes Westfalen-Lippe mit ihren Häusern in Eickelborn, Benninghausen, Warstein, Dortmund, Gütersloh und Marsberg sowie Hotels mit Textilien aller Art. Seit den 1950er-Jahren profitierte das Unternehmen vom einsetzenden Wirtschaftswachstum und konnte seinen Kundenkreis erweitern.

Im Jahre 1961 kaufte D. P. Schmits das Eckhaus Soeststraße 35 von Wilhelm Brennecke, der hier eine Gaststätte mit Fremdenzimmern (Herberge zur Heimat) besaß. Das Haus wurde abgerissen und durch einen Neubau ersetzt. Das Erdgeschoss diente zur Erweiterung des Großhandels. In der ersten Etage wurden Wohnungen erstellt, und darüber hatten die Schwestern der Familienpflege ihr Domizil. Das Unternehmen entwickelte sich rasant. So kamen im Laufe der Zeit Seniorenheime, Kurkliniken, Mietwäschereien, Hotelgewerbe und Gastronomie, Arztpraxen und Apotheken sowie Behörden zum Kundenkreis hinzu. Ebenso wurden Einzelhandelsgeschäfte mit Textilien, Bekleidung und Kurzwaren beliefert. Bundesweit beziehen, damals wie heute, Justizvollzugsanstalten Textilien für die Insassen und Stoffe für die eigenen Nähereien. Auch Berufsbekleidung für das Handwerk und den medizinischen Bereich gehörte schon seinerzeit zum Angebot.

Als 1980 der Inhaber Dietrich Paul Schmits aus gesundheitlichen Gründen das Unternehmen nicht mehr weiterführen konnte, übergab er dieses Hubert Kühmann, der seit 1954 angestellt war. Von da an wurde das Geschäftsfeld, das bislang nur im Großhandel lag, um den Einzelhandel für Bekleidung, Wäsche und Heimtextilien erweitert. Das zog zwangsläufig auch große bauliche Veränderungen nach sich. Allmählich wurde die Verkaufs- und auch Lagerfläche immer wieder erweitert. Als Lagerraum wird heute sogar eine externe Fläche angemietet. Die größte bauliche Veränderung geschah 1995, als die zwei der drei alten Gebäude abgerissen und durch einen Neubau ersetzt wurden. Von anfänglich 80 bis 400 Quadratmetern ist dipasch damit auf eine Verkaufsfläche von 1.000 Quadratmetern gewachsen. 1994 trat der Sohn Andreas Kühmann in das Unternehmen ein und leitet seitdem den Einzelhandel. Waren in den 1980er-Jahren noch neun Mitarbeiter im Unternehmen beschäftigt, betreuen heute bis zu 40 erfahrene und teils langjährige Mitarbeiterinnen und Mitarbeiter die Groß- und Einzelhandelskunden mit kompetentem Fachwissen.

Früher wie heute steht das Familienunternehmen dipasch für ein komplettes Textilangebot mit Mode für die ganze Familie. Darüber hinaus sind Bettwaren bis hin zu Matratzen und Lattenrosten, Bettwäsche, Frottierwaren, Tischwäsche, Küchentüchern und Berufsbekleidung im Angebot. Zudem bietet das Unternehmen Einstickungen und Bedruckungen für Werbetextilien und Berufskleidung an.

www.dipasch.de

Ein Fahrzeug in neuem Glanz

Als mutigen und zugleich klugen Schritt kann man die Gründung einer Fahrzeuglackiererei in der Nachkriegszeit bezeichnen.

links: Im Spritzraum; rechts: Der heutige Betrieb in der Raiffeisenstraße

Zwar war das größte Leid im Nachkriegsdeutschland überstanden und ging es wirtschaftlich allmählich bergauf, ließ doch das Wirtschaftswunder der 1950er-Jahre noch etwas auf sich warten. Zu dieser Zeit entschloss sich Hubert Homberg 1949 eine Fahrzeuglackiererei am Soesttor zu gründen.

Als der Unternehmensgründer durch einen tragischen Verkehrsunfall ums Leben kam, führte zunächst seine Frau Anna den Betrieb weiter. Sie heiratete 1959 Josef Falkenstein, der in der Autolackiererei bereits seine Lehre gemacht hatte und dort als Geselle tätig war. Josef Falkenstein musste, um den Betrieb weiterführen zu dürfen, noch seine Meisterprüfung ablegen, bevor die Firma 1959 in Fahrzeuglackiererei Falkenstein umbenannt wurde.

Vom Soesttor zog der Betrieb Anfang der 1950er-Jahre zunächst an die Lipperoder Straße und dann in die Uhlandstraße. Zu diesem Zeitpunkt gab es nur zwei Fahrzeuglackierer in Lippstadt: Schmidt und Falkenstein.

Im Betrieb an der Uhlandstraße arbeitete man bereits mit Spritz- und Trockenraum, um den gewachsenen Kundestamm zeitlich angemessen bedienen zu können. Schließlich zog der am Rande des Wohngebietes gelegene Betrieb 1972 als einer der ersten Betriebe in das neu erschlossene Gewerbegebiet Am Wasserturm in die Raiffeisenstraße 6–8. Dort hatte man eine Spritzkabine für Pkw und eine für Lkw mit sich daran anschließendem Trockenraum errichtet. 1986 wurde dann eine zweite Spritzkabine mit Trockenraum errichtet. Eine weitere Modernisierung erfuhr das Unternehmen im Jahre 2007, als die alte Spritzkabine erneuert wurde. Der höhere Spritzraum ermöglicht es, dort auch höhere Fahrzeuge zu lackieren. Die neue Anlage mit Hebebühne stellt eine erhebliche Arbeitserleichterung dar. Zu Spitzenzeiten können somit am Tag bis zu 30 Durchgänge lackiert werden. Wer glaubt, in einer Fahrzeuglackiererei würden nur Autos, Wohnmobile und Lkws neu lackiert, der irrt: Denn in seinen Spritzkabinen erhielten auch schon Holz- und Gartenmöbel, Schränke, Drehbänke oder sogar WC-Brillen ein neues Aussehen.

Seit 1991 führt Johannes Josef Falkenstein als Geschäftsführer die Fahrzeuglackiererei, die 1983 in eine GmbH umfirmiert wurde. Nachdem der Seniorchef im Jahre 2000 gesundheitsbedingt ausgefallen war, unterstützt auch Ehefrau Rita Falkenstein den Familienbetrieb. Auch Sohn Johannes, der im elterlichen Betrieb die Ausbildung zum Bürokaufmann abgeschlossen hat, steht seinen Eltern zur Seite. Obwohl es mittlerweile mehrere Betriebe in Lippstadt gibt, die Autos oder Fahrzeuge lackieren, steht die Fahrzeuglackiererei Falkenstein mit zwei Meistern, vier Gesellen und zwei kaufmännischen Angestellten für Kompetenz und Beständigkeit in der Branche.

www.falkenstein-lackiererei.de

Ein VW-Käfer wird zum Lackieren vorbereitet, um 1968

Technische Kompetenz, Kreativität und Flexibilität für die Automobilindustrie

Als Heinrich Köhler 1949 seine Werkstatt gründete und zunächst Moped- und Fahrzeugteile wie beispielsweise Kindersitze für Fahrräder und Beinschilder für Mopeds produzierte, wird er nicht einmal im Traum daran gedacht haben, dass daraus einmal ein leistungsfähiger und kompetenter Direktzulieferer und Entwicklungspartner für die Automobilindustrie werden würde.

Zehn Jahre nach Firmengründung beschäftige das Unternehmen bereits 53 Mitarbeiter und erzielte erstmals einen Umsatz von über einer Million DM. Zu dieser Zeit produzierte man unter anderem Heckziergitter, Radzierblenden und Tankverschlüsse für die nationale Automobilindustrie sowie Lampenkästen aus Metall für Ersatzbirnen. Die folgenden Jahre waren durch stetiges Wachstum gekennzeichnet, sodass im Jahre 1970 die Mitarbeiterzahl erstmalig 100 überschritt. 1984 hatte sich das Unternehmen als Zulieferer der Automobilindustrie etabliert und erwirtschaftete einen Umsatz von mehr als zehn Millionen DM. Das Unternehmen bot im Jahre 1998 bereits 185 Mitarbeitern einen sicheren Arbeitsplatz. Im Zuge des Booms der Automobilindustrie im neuen Jahrtausend wuchs das Unternehmen weiter und beschäftigte 2006 rund 250 Mitarbeiter.

Die Familiengesellschafter schieden Ende der 1980er-Jahre aus dem Unternehmen aus. Es wird seitdem durch den heutigen geschäftsführenden Gesellschafter Norbert Börnemeier geführt.

Heute entwickelt und produziert die Köhler Automobiltechnik GmbH Teile für die Automobilindustrie, vor allem für namhafte deutsche Marken.

Das traditionsreiche Unternehmen, der Stammsitz ist seit mittlerweile 62 Jahren im Lindenweg in Lipperode, betätigt sich auf drei Geschäftsfeldern: Die Umformtechnik ist das größte Geschäftsfeld, hier produziert die Köhler Automobiltechnik unter anderem Sichtelemente aus Edelstahl, zum Beispiel Einstiegsleiten, Trittbretter und Edelstahlabdeckungen im Kofferraum, und Präzisionsbauteile wie Karosserieverstärkungen aus vorbeschichteten Blechen, Edelstahlprodukte für den Abgasbereich, Befestigungselemente für Fahrgestell und Motor sowie Komponenten für Getriebe und Lenkung oder geformte Rohre für Achsträger-Bauteile für Getriebe und Karosserie.

Ein weiteres Standbein ist die Herstellung von Betankungssystemen. Dazu gehören: Tankverschlüsse, Tankeinfüllrohre und spezielle Tankbefestigungen aus Edelstahl. Alle Produkte zeichnen sich durch hohe Qualität und großes Entwicklungs-Know-how aus.

Der Stammsitz von Köhler Automobiltechnik in Lipperode, 2010

Lippstadt im Spiegel der Zeit

Der Firmensitz im Lindenweg, um 1965

Schon in den 1960er-Jahren wurde mit der Entwicklung und Fertigung von Geräten und Anlagen zur Korrosionsprüfung und Umweltsimulation ein weiterer Fachbereich etabliert. Mit modernster Technik ausgestattet werden heute Salzsprühtruhen und -schränke hergestellt, ebenso Kondenswasser- oder Schadgasschränke bis hin zu begehbaren Kammern, die nach speziellem Kundenwunsch gefertigt werden.

Neben dem Stammsitz im Lindenweg, der im Laufe der Jahre, bedingt durch stetiges Wachstum des Unternehmens, mehrfach erweitert wurde, existieren zwei weitere Standorte. Ein Werk befindet sich in Lipperode „Zum Amt", ein weiteres im Gewerbegebiet Am Wasserturm, wohin im Jahr 2002 die Logistik und Teile der Produktion verlagert wurden. Die Köhler Automobiltechnik GmbH beschäftigt heute rund 300 Mitarbeiter, davon 12 Auszubildende, und zusätzlich 60 externe Heimarbeiter. Für den 2006 erfolgten Management-Buy-out, der aus dem damaligen Unternehmen mit amerikanischer Muttergesellschaft wieder einen mittelständischen Betrieb mit Sitz in Lippstadt gemacht hat, für die kontinuierliche Schaffung neuer Arbeitsplätze und die Investition in den heimischen Standort wurde dem Unternehmen Köhler Automobiltechnik GmbH im Frühjahr 2011 der Lippstädter Wirtschaftspreis verliehen.

Ein weiteres Bekenntnis des Unternehmens zum Standort Lippstadt erfolgte im Oktober 2011. Es wurde im Gewerbegebiet am Wasserturm ein rund 17.000 Quadratmeter großes Grundstück erworben, auf dem bis Mitte 2013 eine neue Halle gebaut werden soll. Dort wird dann die gesamte Logistik des Unternehmens sowie die Schweiß- und Montagetechnik konzentriert.

Ein Café mit Stil

Die Verkaufstheke, um 1955

Die aktuelle Inneneinrichtung

Die Gründung des Cafés Mütherich 1951 war eine mutige Entscheidung der damaligen Besitzer, zeigt aber auch erste Spuren des einsetzenden Wirtschaftswunders in Deutschland. Zu diesem Zeitpunkt konnten es sich die etwas wohlhabenderen Lippstädter wieder erlauben, Erholung, Austausch und Gemütlichkeit in einem Café zu suchen.

Zunächst hatte der gebürtige Lippstädter Alfred Mütherich eine Konditorausbildung in Emden gemacht und legte 1947 im Café Strakerjahn (Blumenstraße) seine Meisterprüfung ab. Mit seiner Frau Doris eröffnete er 1949 in Warstein ein Café. Doch unter der geschickten Vermittlung der Mutter, die seit Jahren in Lippstadt ein Putzmacher-Geschäft betrieb und ihren Sohn zurück nach Lippstadt holen wollte, konnte 1951 das Haus an der Langen Straße 75, in dem sich das Café Wetekamp befand, gemietet beziehungsweise nach einem Jahr erworben und nach gründlicher Renovierung als Café Mütherich eröffnet werden. Die Arbeit wurde durch stark ansteigende Kundenzahlen so viel, dass man sich entschied, das Café in Warstein, das seither täglich aus Lippstadt beliefert wurde, 1954 aufzugeben. Auch Sohn Hubert nahm 1964 in Bielefeld eine Konditorlehre auf und erwarb ab 1967 Kenntnisse zur Confiserie und Patisserie, unter anderem für ein Jahr auf dem Luxusschiff TS Bremen.

Ab 1969 leitete er im elterlichen Betrieb die Backstube und legte seine Meisterprüfung 1975 vor der Handwerkskammer in Köln ab. Ein Jahr später übernahm Hubert Mütherich zusammen mit seiner Frau Karin das Café. Um bei seiner Kundschaft stets zeitgemäß zu bleiben, wurde nicht nur der Name in Café M (1985–1996) oder danach in Café Mütherich Bistro geändert, sondern es wurde im Laufe seiner Geschichte immer wieder umgebaut und renoviert. So erfolgte beispielsweise 1985 ein großer Umbau, bei dem der in Ost-West-Achse bestehende Höhenunterschied von einem Meter rollstuhl- und behindertengerecht ausgeglichen wurde. Als Attraktion wurde ein drei mal drei Meter großes Aquarium in die Erde gebaut, auf dem Gäste sitzen konnten. Waren zu Gründerzeiten noch zwei Meister, zwei bis drei Gesellen und ein Lehrling in der Backstube beschäftigt, finden sich heute zwei Köchinnen und Konditorinnen in der Backstube sowie zehn Servicekräfte im Café. Demzufolge hat sich auch das Angebot grundlegend verändert. Gab es damals neben Kaffee und Kuchen noch selbst hergestelltes Gebäck und Pralinen sowie um die Mittagszeit kleine Gerichte wie Suppen und Wurst in Blätterteig, kamen gegen Ende der 1980er-Jahre auch verschiedene kleinere warme Gerichte und Tagesgerichte je nach Jahreszeit hinzu.

Anders als heute öffnete das Café bis 1969 noch morgens um 9 Uhr und schloss erst um 1 Uhr nachts seine Türen. Denn statt in Diskotheken ging man früher abends gerne ins Café und traf sich dort zum Dämmerschoppen. Ging die Dame des Hauses abends allein aus, so traf sie sich oft mit Freundinnen im Café. Ebenso suchten zahlreiche Gäste nach einem Kinobesuch das Café auf, um dort den Abend ausklingen zu lassen. Zu besonderen Anlässen wie der Herbstwoche oder zu Karneval wurde im Café sogar eine Bar eingerichtet, an der es damals Fassbier, Wein und Sekt im Ausschank gab. Zusätzlich verpflichtete Familie Mütherich eine Band, und die Lippstädter feierten abends im Café bei Musik und Tanz. Weil die Besucherzahlen durch die aufkommenden Diskotheken nachließen, entschieden die neuen Geschäftsinhaber Hubert und Karin Mütherich 1976, das Café von 9 bis 19 Uhr zu öffnen, und gaben das Abendgeschäft auf. Gewandelt hat sich auch das Angebot, so sind die handgemachten Teegebäcke und Pralinen aus dem Angebot zugunsten der kleinen warmen und kalten Gerichte sowie der Tagesangebote je nach Jahreszeit gewichen. Der größte Teil der Kuchen und der Torten wird früher wie heute noch selbst hergestellt. Seit 1985 gehört auch eine Thekenbar zum festen Bestandteil des Cafés, das noch heute mit seiner gemütlichen Inneneinrichtung und dem Straßencafé zum erholsamen Verweilen einlädt.

Vom Wohnungsunternehmen zur modernen Stadtentwicklungsgesellschaft

GWL-Häuser, 2010

Wie schon seit den 1920er-Jahren war besonders nach Ende des Zweiten Weltkriegs der Wohnraum in Lippstadt knapp.

Die GWL Gemeinnützige Wohnungsbaugesellschaft Lippstadt GmbH (GWL) wurde im Jahr 1951 unter dem Eindruck der auch in Lippstadt nach dem Zweiten Weltkrieg herrschenden Wohnungsnot gegründet. Initiatoren waren die Stadt Lippstadt unter dem damaligen Bürgermeister Jakob Koenen und einige Lippstädter Unternehmer. Auf Grundlage des damals geltenden Wohnungsgemeinnützigkeitsgesetzes entstand ein mehrheitlich kommunales Wohnungsunternehmen. Aufgabe der Gesellschaft war es, den dringend notwendigen Wohnungsneubau für die heimische Bevölkerung, für Flüchtlinge und Heimatvertriebene sowie für die von den Lippstädter Unternehmen benötigten neuen Arbeitskräfte voranzutreiben. Ein Großteil des heutigen Wohnungsbestandes der GWL von rund 1.500 Wohnungen stammt infolgedessen aus den 1950er- und 1960er-Jahren. Insbesondere nach Wegfall des Wohnungsgemeinnützigkeitsgesetzes im Jahr 1990 erweiterte sich das Geschäftsfeld der GWL zusehends. Neben der reinen Vermietung und Verwaltung des eigenen Wohnungsbestandes widmete sich die Gesellschaft wieder in großem Umfang dem Wohnungsneubau. Auch wurden in Zusammenarbeit mit der Stadt Lippstadt verstärkt neue Baugebiete für den Bau von Einfamilienhäusern entwickelt, erschlossen und vermarktet. Hier fanden besonders Familien mit Kindern zu sehr attraktiven Preisen ein neues Zuhause mit einer hohen Wohnqualität.

Darüber hinaus widmete sich die GWL verstärkt dem Bau und der Unterhaltung kommunaler Infrastruktureinrichtungen. Mittlerweile gehören die Stadtbücherei, die Volkshochschule, die Musikschule, der Baubetriebshof und andere städtische Einrichtungen zum Gebäudebestand der GWL und sind langfristig an die Stadt Lippstadt zur Nutzung überlassen.

Mit der GWL verfügt die Stadt Lippstadt über eine Stadtentwicklungsgesellschaft, die in enger Zusammenarbeit mit der Wirtschaftsförderungsgesellschaft wichtige Vorhaben für den Wohn- und Wirtschaftsstandort Lippstadt realisiert. So sind auch zukünftig neben dem Bau moderner, zentrumsnaher Häuser und Wohnungen vor allem die Erschließung weiterer Einfamilienhaus-Baugebiete sowie bei Bedarf auch die Errichtung neuer Gewerbebauten und Infrastruktureinrichtungen geplant.

Aktuelle Projekte sind zurzeit unter anderem der Bau von 25 barrierefreien Mietwohnungen in der Innenstadt an der Fleischhauerstraße sowie die Erschließung neuer Einfamilienhaus-Wohngebiete im Lippstädter Norden und im Ortsteil Cappel.

Steuern aus Leidenschaft

links: Wilhelm Fahle, † 1998, ehemaliger Prokurist der Lippstädter Treuhand GmbH

rechts: Unternehmensgründer und erster Lippstädter Steuerberater: Klaus Scheurer

Der steuerberatende Beruf hat sich seit Beginn des 20. Jahrhunderts entwickelt, nachdem die Steuergesetzgebung im Kaiserreich gegen Ende des 19. Jahrhunderts mehr und mehr gewachsen war. Die Inflationszeit der Weimarer Republik und die folgenden „Goldenen Zwanzigerjahre" erhöhten die Nachfrage nach qualifizierter Beratung in Steuerfragen.

Konnte während der Weimarer Republik der steuerberatende Beruf noch von jedermann ausgeübt werden, so galt ab 1933 eine besondere Zulassungspflicht für Steuerberater. Weil die Nachfrage dermaßen groß wurde, wurde zwei Jahre später mit dem Helfer in Steuersachen ein weiterer zulassungspflichtiger Beruf eingeführt.

Dieser Beruf blieb auch nach dem Krieg bestehen und so erlernte Klaus Scheurer ihn seit 1948, bevor er 1952 vom Finanzamt als Helfer in Steuersachen selbst zugelassen und als Partner in der Kanzlei Reimer aufgenommen wurde. Nachdem Klaus Scheurer 1958 – bereits vier Jahre vor der Gründung der ersten Steuerberaterkammer – seine Prüfung zum Steuerberater abgelegt hatte, trennten sich später die Weggefährten und Scheurer gründete eine eigene Kanzlei, mit der er zunächst viele Jahre an der Kastanienallee tätig war. Mit seiner Bestellung zum Steuerberater durch die Finanzverwaltung wurde Scheurer am 17. Februar 1959 dann der erste Steuerberater in Lippstadt. Waren die Anfänge noch bescheiden, so bewies er sehr viel Weitblick und befasste sich schon sehr früh mit Kapitalgesellschaften. Zu diesem komplexen Thema erwarb er sich damals vorausschauend ein umfangreiches Wissen und baute sich im mittelständischen Bereich einen großen Mandantenstamm auf. Dadurch wuchs das Steuerfachbüro stetig an, sodass zunächst 1973 der Umzug in das frühere Wohnhaus anstand. Im Zuge der weiteren Expansion wurde Anfang der 1980er-Jahre noch ein Anbau errichtet, weil sich der Qualenbrink als idealer Standort erwiesen hatte. Mit Wilhelm Fahle trat 1968 ein Mitarbeiter in das Unternehmen ein, der dieses auch fortan mit prägte. Scheurer hatte ein gutes Gespür für seine Mitarbeiter und erkannte deren Potenzial. So verwunderte es nicht, dass er dem engagierten Fahle bereits 1972 die Leitung der Lippstädter Treuhand GmbH Steuerberatungsgesellschaft übertrug. Mit seiner menschlichen herzlichen Art setzte sich Klaus Scheurer aber nicht nur für seine Mitarbeiter ein, auch und gerade Kunden bzw. Unternehmen profitierten von seinem Motto „Je schwieriger ein Problem, desto besser!".

Als Mandantenstamm und Aufgabenfeld zu Beginn der 1970er-Jahre sehr umfangreich wurden, kam Helmut Steltemeier 1973 als Partner hinzu. Zur Freude des Seniorchefs erlernten beide Söhne, Werner und Rolf Scheurer, den Beruf des Steuerberaters und Wirtschaftsprüfers und konnten als weitere Partner in das Unternehmen aufgenommen werden. 1996 wurde durch sie dann das dritte Standbein der Scheurer Gruppe – die Gebr. Scheurer GmbH Wirtschaftsprüfungs-

Klaus Scheurer und Helmut Steltemeier Ende der 1970er-Jahre auf einem Steuerberaterkongress in Travemünde

Lippstadt im Spiegel der Zeit

gesellschaft – gegründet. Über den Beruf hinaus engagierte sich Klaus Scheurer auch im gesellschaftlichen Leben Lippstadts. Er war nicht nur ehrenamtlich in der CDU, sondern auch viele Jahre im Rat der Stadt Lippstadt, im Finanz- und Hauptausschuss sowie als stellvertretender Bürgermeister tätig. Daneben erwarb er sich einen Ruf als Finanzexperte im Aufsichtsrat der Stadtwerke Lippstadt. Im November 2009 verstarb Klaus Scheurer, den die Mitarbeiter auch liebevoll „Opa Chef" nannten.

Die Leidenschaft für das Steuerrecht und das Steuern von Unternehmen erbten die beiden Söhne vom Vater.

Und wie der Vater, so engagieren sich sowohl Werner als auch Rolf Scheurer ehrenamtlich in Lippstadt und sind im Lions Club, Rotary Club, Kirchenvorstand und weiteren Vereinen tätig. Darüber hinaus unterrichtet Rolf Scheurer als Dozent an der Fachhochschule Hamm-Lippstadt.

Die Scheurer Gruppe ist von der Einzelkanzlei zu einem Team von über 50 Mitarbeitern gewachsen und damit eine der größten Kanzleien im Kreisgebiet geworden. Der Blick in die Zukunft ist der Unternehmensführung bis heute besonders wichtig geblieben. In gesellschafterlicher Verantwortung und für den eigenen Nachwuchs bildet die Scheurer Gruppe regelmäßig sechs Auszubildende aus. Weiterbildung, wie monatliche Mitarbeiterschulungen – oder auch der von Klaus Scheurer ins Leben gerufene Lippstädter Steuerberatungsarbeitskreis in Bad Waldliesborn – unterstreichen den hohen qualitativen Anspruch, den die Scheurer Gruppe an alle Mitarbeiter stellt. Dazu gehört aber auch ein gutes Betriebsklima. Jährlich finden ein- oder mehrtägige Ausflüge statt, ebenso wie gemeinsame Treffen, Bowlen oder After-Work-Partys, die das freundschaftliche Miteinander im Unternehmen widerspiegeln.

Das heutige Führungsteam der Scheurer Gruppe: die geschäftsführenden Gesellschafter und Steuerberater Werner und Rolf Scheurer (vorne rechts und Mitte) sowie Helmut Steltemeier (nicht im Bild), die Prokuristen der Scheurer und Partner GmbH Steuerberaterin Birgit Kabus und Steuerberater Andree Scheidler (hinten) sowie die Prokuristen der Lippstädter Treuhand GmbH Domenic Tillmann (vorne links) und Gabriele Greshoff (nicht im Bild)

Wir steuern! – Die Scheurer Gruppe heute

Heute vereint die Scheurer Gruppe drei verschiedene Firmen unter einem Dach: Die Kernkompetenz der *Scheurer und Partner GmbH Steuerberatungsgesellschaft* liegt in der Erstellung von handelsrechtlichen und steuerlichen Jahresabschlüssen und den damit einhergehenden betrieblichen Steuererklärungen. Begleitung bei Betriebsprüfungen und Vertretung vor Finanzgerichten ist selbstverständlich. Spezialkenntnisse liegen in Unternehmensübergaben und Unternehmensumstrukturierungen. Diese bedürfen nicht nur fundierter betriebswirtschaftlicher und steuerrechtlicher Vorbereitung, sondern insbesondere der Fähigkeit, beiderseitige Wünsche zu erkennen und mit einzubeziehen. Weitere Beratungsfelder sind unter anderem Finanzierungs- und Liquiditätsplanungen sowie steuerliche Beratung bei Testamenten und Erbfolgen. Die *Lippstädter Treuhand GmbH* steht seit 1967 ihren mittelständischen Kunden als Steuerberatungsgesellschaft hauptsächlich bei Buchhaltung und Lohnsteuer zur Seite, aber auch zur Übernahme von treuhänderischen Aufgaben. Die *Gebr. Scheurer GmbH* hat sich als Wirtschaftsprüfungsgesellschaft auf handelsrechtliche Jahresabschlussprüfungen spezialisiert und prüft insbesondere mittelgroße und große Kapitalgesellschaften. Dazu gehören auch gemeinnützige Einrichtungen.

Moderner Metallbau in Schlosser-Tradition

Am Eingang zum Schützenplatz im Weihewinkel zeigt sich der Stolz des Lippstädter Südens. Dort ragt ein schmiedeeisernes Tor in die Höhe, zusammengehalten von Edelstahlschrauben, jeder der beiden Flügel verziert mit einer bronzenen Lipperose. Über 100 Jahre ist es alt. Einst sicherte es die Pforte zur Brauerei Weissenburg in der Nachbarschaft, bis die Familie Nies es den Schützen schenkte. Wind und Wetter setzten ihm im Laufe der Zeit jedoch gehörig zu. Als Kind des Südens wollte Peter Brannekemper dem Verfall nicht länger zusehen: 2009 sorgte er für eine grundlegende Renovierung des Tores, das seitdem wieder in Schützengrün erstrahlt – so fest verankert wie der Metallbaubetrieb selbst in seiner Heimat.

Dabei war es wohl ein Zufall, dass Vater Franz Brannekemper sich vor sechs Jahrzehnten ausgerechnet für Lippstadt entschied. Gebürtig stammt er aus Herbern und in Münster ging er in die Lehre. Am 1. April 1951 legte Brannekemper in Stuttgart seine Prüfung zum Schlossermeister ab. Eine Ausschreibung der Handwerkskammer führte ihn schließlich zurück nach Westfalen: 1952 übernahm er die Werkstatt Sander in Lippstadt Kahlenstraße. Der junge Handwerker etablierte sich rasch in der Stadt. Nach wenigen Jahren beschäftigte er bereits elf Mitarbeiter. 1961 zog Brannekemper in die Stirper Straße 111 um. Fortan schlug die Familie im Süden Wurzeln. Sohn Peter nahm 1973 im elterlichen Betrieb eine Lehre auf und legte 1983 seine Meisterprüfung ab. Damit war die Nachfolge gewährleistet: 1988 übernahm er die Geschäftsleitung. Seine Frau Birgit zeichnet seitdem für den kaufmännischen Bereich verantwortlich. Damals war die Schlosserei bereits zur Damaschkestraße übergesiedelt. Der Umzug ermöglichte neuerliches Wachstum: Inzwischen ist der Betrieb schon mehrfach erweitert worden. Im selben Maße nahmen auch die Möglichkeiten zu, auf Kundenwünsche einzugehen. Schon Franz Brannekemper fertigte Tore, Treppen, Geländer und dergleichen stets passgenau nach den Bedürfnissen der Auftraggeber. Die zweite Generation sieht sich ganz in dieser handwerklichen Tradition – und sorgt genau deshalb fortwährend dafür, die technische Ausstattung der Werkstatt und die persönliche Qualifikation der Mitarbeiter auf dem neuesten Stand zu halten. Individuelle Lösungen sind heute das Maß aller Dinge. Die Firma Brannekemper ermöglicht sie so raffiniert wie nie zuvor.

In der alten Schlosserei war Stahl noch der einzige Werkstoff. Die moderne Metallgestaltung gliedert sich hingegen in die drei Felder Stahlbau, Edelstahlbau und Blechbearbeitung. Im Edelstahlbereich ist das Unternehmen bereits seit Beginn der 1980er Jahre tätig. Mit dem großen Maschinenpark lässt sich das jeweilige Material nach Bedarf schneiden, kanten, walzen, biegen, nibbeln oder wendeln. In einer speziellen Kabine können Edelstahlteile mit Glasperlen gestrahlt werden, um eine mattere Optik zu erhalten. Brannekemper fertigt heute aus Metall beinahe alles, was man sich vorstellen kann: vom Carport über Türen, Zäune und Markisen bis hin zu exklusiven Gartenmöbeln sowie Wannen, Gestelle und Verkleidungen jeder Art oder auch ganze Ladeneinrichtungen für Firmenkunden. Ein weiteres Standbein machen Vertrieb, Montage und Wartung von Brandschutztüren und -toren aus.

Voraussetzung für dieses breite Leistungsspektrum ist ein kenntnisreiches Team. Deshalb nimmt der Betrieb jährlich zwei Auszubildende auf. Die derzeit 30 Mitarbeiter besuchen regelmäßig Schulungen und Weiterbildungen. Fünf Meister sowie 13 geprüfte Schweißer für Alu, Stahl und Edelstahl zeugen von Qualität durch Kompetenz. Der Chef selbst lebt diese Philosophie vor. Peter Brannekemper hat sich zum staatlich geprüften Restaurator im Schlosser- und Schmiedehandwerk fortgebildet. Somit darf sein Betrieb Restaurierungsarbeiten ausführen. Das hat nicht nur dem Tor des Südlichen Schützenbundes zu neuem Glanz verholfen. Die Firma Brannekemper hat auch schon die Kreuze und Hähne zahlreicher Kirchtürme demontiert, restauriert und wieder aufgesetzt – und im Jahr 2011 sogar den Adler des Lippstädter Rathauses.

www.brannekemper.de

Die erste italienische Eisdiele in der Region

Es war für Lippstadt eine Neuheit und zugleich Besonderheit, als Familie Campo 1952 in Lippstadt die erste italienische Eisdiele der Stadt eröffnete.

Die Brüder Giovanni, Giorgio und Corinto waren 1949 aus Norditalien zunächst nur für ein paar Monate nach Deutschland gereist, um bei Bekannten in Eisdielen zu arbeiten. Dort sammelten sie Erfahrungen in der Eisherstellung und Vermarktung, bevor sie 1952 nach Lippstadt zogen und am 23. Juni in einem Neubau in der Langen Straße 70 eine Eisdiele eröffneten. Damit betraten die drei Brüder in Lippstadt Neuland und die Lippstädter wurden skeptisch, als die Eisdiele im September wieder schloss. So kamen Gerüchte in Umlauf, das Geschäft sei bereits Konkurs gegangen. Was den Lippstädtern bis dahin wohl nicht bewusst war, ist die Tatsache, dass man Eis am besten zwischen März und September verkauft. Diese Öffnungszeiten des Cafés hält die Familie sogar bis heute aufrecht. Die Brüder schlossen also ihr Geschäft über den Winter vorübergehend, reisten während der kalten Jahreszeit zurück zur Familie in die italienischen Dolomiten, um für die nächste anstrengende Saison Kräfte zu sammeln. Denn ab März öffnet das Eiscafé sieben Tage in der Woche – auch an Sonn- und Feiertagen. In den Herbst- und Wintermonaten wird das Geschäft seit Jahren an einen sogenannten fliegenden Händler vermietet.

Nachdem Giovanni 1954 eine eigene Eisdiele in Minden eröffnet hatte, zogen Cortino und Giorgio Campo-Bagatin in die Lange Straße 61 um, gegenüber dem heutigen Standort des Geschäftes. Die beiden Brüder eröffneten 1957 in der Langen Straße 22 ein zweites Geschäft, um den gewachsenen Kundenzahlen gerecht zu werden. Schließlich zog man 1968 von der Langen Straße 61 in das gegenüberliegende Gebäude Nr. 52 um, wo sich noch heute am Eingang zur Lippe-Galerie das Eiscafé Campo befindet. Die beiden Brüder trennten sich 1972 geschäftlich, Corinto übernahm dann das Geschäft in der Langen Straße 22 und Giorgio behielt die Eisdiele in der Langen Straße 52.

Nach 47 Jahren Eisgeschichte in Lippstadt übernahmen 1999 Anita und Stefano Campo das Eiscafé von ihrem Vater Giorgio und führen es gemeinschaftlich bis heute. Geplant ist, im Jahr 2012 das 60-jährige Betriebsjubiläum zu feiern.

Die damalige Eisdiele mit anfangs nur vier selbst produzierten Eissorten wahlweise mit oder ohne Sahne lockte ziemlich schnell eine große Kundschaft an. Für 10 Pfennig pro Kugel genoss man gerne die leckere Erfrischung für zwischendurch. Die Eisdiele entwickelte sich bis in die 1970er-Jahre zu einem Eiscafé, in dem die Auswahl an verschiedenen Eissorten deutlich zugenommen hatte und warme und kalte Getränke angeboten wurden. Außerdem stand mit dem Spaghettieis ein neuer Marktrenner auf der Speisekarte. Heute stehen am Eingang zur Lippe-Galerie insgesamt 32 Eissorten im Programm, die nach wie vor selbst hergestellt werden.

Hinzu kommen Eisvariationen mit Obst, Likören, Joghurt und Diabetikereis. Zudem werden noch Tiramisu, Apfelstrudel und Toast angeboten, außerdem eine große Auswahl an Milch-, Eis-, Kaffee- und Kakaogetränken sowie auch Bier, Spirituosen und alkoholfreie Kaltgetränke.

Die heutigen Geschäftsinhaber Anita und Bruder Stefano Campo-Bagatin

Katholisches Kinderheim, um 1950 an der Weihenstraße

Betreuung und Bildung der Waisen

Seit der Gründung Lippstadts bedeutete das Zusammenleben auch eine Fürsorge der Stadt für seine verarmten Bürgerinnen und Bürger. So entstand neben dem Armenhaus auch ein Waisenhaus. Zugedachte Spenden wu#rden von der Stadt verwaltet. Wöchentlich wurde noch im 18. Jahrhundert an jeder Tür für die „General-Armen-Casse" gesammelt.[210]

Katholisches Kinderheim

Mit der Gründung des Dreifaltigkeitshospitals wurde auch das Katholische Waisenhaus aufgebaut. Das alte Waisenhaus musste 1888 einem Neubau weichen, der gegenüber des Schauroth'schen Palais an der Weihenstraße 15 lag. Bis 1899 unterstand das Waisenhaus der Hospitalverwaltung und wurde dann unter Leitung der Vinzentinerinnen selbstständig. Das Kinderheim erfuhr eine segensreiche Zeit, denn Lippstädter verschiedener Konfessionen bedachten die Einrichtung mit Spenden. So war es üblich, dass um den 19. November am Elisabethstag die Lippstädter Schulkinder Geschenke zum St. Josefskinderheim brachten.[211] Weil später kein Unterricht mehr ausfallen sollte, wurden die Gaben mit einem Lkw von den Schulen abgeholt. Die Heimkinder besuchten die Nicolaischule, die neben der Pestalozzischule in der Kolpingstraße beheimatet war. Das Kinderheim wurde 1971 aufgelöst und die Heimkinder auf andere Einrichtungen aufgeteilt.[212] Das Gebäude wurde nach Auflösung des Kinderheimes von der Caritas Lippstadt und der Verwaltung des Dreifaltigkeitshospitals genutzt. Den neueren Teil des Hauses bewohnten Ärzte. Das Gebäude wurde 1985 abgerissen und das Grundstück wird heute als Parkplatz genutzt.

Evangelisches Kinderheim

Im Jahr 1852 wurde das Evangelische Krankenhaus mit Waisenhaus an der heutigen Kolpingstraße/ Ecke Weihenstraße gebaut. Damals wurden acht bis zehn Betten für Kranke, vier Betten für Alte und vier Betten für Kinder aufgestellt. Im Oktober 1913 wurde das neue Evangelische Krankenhaus an der Wiedenbrücker Straße bezogen, in dem auch ein Kinderheim mit wenigen Betten untergebracht war. Als die Anzahl der Heim- beziehungsweise Waisenkinder gegen Ende des Zweiten Weltkriegs und in der Nachkriegszeit gestiegen war, richtete man um 1950 aus Platzgründen das Evangelische Waisenhaus im Haus der Familie Burmann an der Wiedenbrücker Straße ein, in dem es bis 1975 untergebracht war. Dann erfolgte der Umzug in einen zweistöckigen Neubau im Ortsteil Lipperbruch. Dort

Lippstadt im Spiegel der Zeit 157

Das Evangelische Krankenhaus zu Beginn der 1930er-Jahre an der Wiedenbrücker Straße

war nach Ende des Zweiten Weltkrieges für einige Jahre ein Jugend- und Altersheim eingerichtet worden, das zunächst Senioren und elternlose Kinder aus den Ostgebieten aufnahm. Nachdem die evangelische Kirchengemeinde die Trägerschaft übernommen hatte, wurde das Haus in „Evangelisches Alten- und Pflegeheim von Bodelschwingh" umbenannt. Mit dem Umzug nach Lipperbruch fanden sich in dem Neubau 60 Plätze in 5 alters- und geschlechtsgemischten Gruppen zu 12 Kinder, die von jeweils drei Erzieherinnen und Erziehern betreut wurden.

Anfang der 1980er-Jahre erfolgte eine einschneidende Umstrukturierung des Heimes, indem die Kinder und Jugendlichen in betreute Wohngruppen untergebracht wurden, die damals teilweise im benachbarten ehemaligen Mitarbeiterwohnhaus lagen und heute über das Stadtgebiet verteilt sind. Das Evangelische Kinderheim wurde 1985 zu einem Pflegeheim umgebaut und das Kinderheim zog nach einer Umbaumaßnahme in ein Bedienstetenheim um. 1994 erfolgte die Übernahme des Ev. Kinderheimes in Lippstadt durch das St.-Johannesstift Paderborn. Das Kinderheim in Lipperbruch wurde zwischen 1995 und 1997 schrittweise aufgelöst und die Kinder und Jugendlichen auf verschiedene Außenwohngruppen verteilt. Das Gebäude wird heute als Kurzzeitpflege des Seniorenzentrums von Bodelschwingh genutzt.

1959

1959 Drei Kinderheime in der Stadt

Kinderheim St. Hedwig

Gegen Ende des Zweiten Weltkriegs kamen die vertriebenen Hedwigschwestern aus Schlesien nach Schloss Körtlinghausen in den Kreis Lippstadt. Sie kümmerten sich um verwaiste Kinder. 1948 zogen die Schwestern mit dem Kinderheim nach Schloss Overhagen. Die Kongregation der Hedwigschwestern errichtete 1959 ein Heim mit einer Heimschule am südlichen Stadtrand zwischen Stirper Straße und heutiger St.-Hedwig-Straße. In die „Schule für Erziehungshilfe", so ihr offizieller Name, gingen zunächst alle Heimkinder, die über die Jugendämter in das Kinderheim kamen. Die Schule förderte die Kinder durch ein gutes Lehrerkollegium, kleine Klassen bis zu 12 Schülern und durch eine insgesamt gute Lernatmosphäre. Hinter dem Schulgebäude befanden sich große Sport- und Spielflächen, ein Gemüse- und Obstgarten, im Innenhof der große Schulhof und eine Grünfläche mit einer Minigolfanlage.

Das Hedwigsheim wurde in den 1970er-Jahren um eine Turnhalle, ein kleines Hallenbad, ein Kinderhaus und ein weiteres Schulgebäude mit Fachräumen erweitert. Die Heimschule wurde später auch für Kinder mit besonderem Förderbedarf für den gesamten Kreis Soest geöffnet.

Das Hedwigsheim wurde 1998 aufgelöst und die Kinder in anderen Einrichtungen untergebracht. Das Heimgelände wurde verkauft und zu Wohnungen umgebaut. Die Schule besteht weiter und wurde von der Stadt Lippstadt übernommen.[213]

links: Kinderheim St. Hedwig nach der Erweiterung von 1974–1975
rechts: Kinderheim St. Hedwig, 1959; rechts oben: Hedwigschule heute

zeitlos modern – seit über 50 Jahren

Als Friedrich Hüsken mit seiner Frau Helge im März 1962 das Unternehmen gründete, bereicherte ihr Modehaus die Lange Straße mit exklusiver internationaler Mode.

Zu Beginn der 1960er-Jahre gab es noch zahlreiche Facheinzelhandelsgeschäfte in der Lippstädter Innenstadt, die das Stadtbild in einer heute kaum noch bekannten Art und Weise prägten.

Hüsken, 1962

Nachdem das Ehepaar die Modemessen in Paris und Berlin bereist und Ware für den Herbst geordert hatte, konnte das Modehaus am 2. September 1962 eröffnet werden. Damit war Hüsken eine der ersten Boutiquen für internationale Designermode in ganz Deutschland. Das Modehaus befand sich zunächst unter dem Namen „Die Masche" gegenüber dem Rathaus. Als die Familie ein frei gewordenes Geschäft eines Kürschners anmieten konnte, zog man nach grundlegender Renovierung ein Jahr später in die Lange Straße 55. Nach dem erfolgreichen Einstieg in den Verkauf von Designermode entschloss sich das Unternehmen 1970 in der Kahlenstraße 13–15 unter dem Namen „Hüsken 2000" eine Boutique für junge, ständig wechselnde und preisgünstige Mode zu gründen. Mit diesem Konzept, einem Modehaus für Designermode und einer Boutique für junge Mode, expandierte das Unternehmen 1972 nach Gütersloh und bedient seither auch Kunden im ostwestfälischen Raum.

Der Sohn Oliver Hüsken und seine Frau Ulrike traten 1991 als Geschäftsführer in das Unternehmen ein und wurden im Jahr 2009 Inhaber des Unternehmens. Um das nördliche Einzugsgebiet zu erweitern und um in Ostwestfalen eine herausragende Stellung im exklusiven Modeeinzelhandel zu erreichen, eröffnete das Unternehmen im Juni 2011 ein Modehaus in Bielefeld. Somit erarbeitet das Ehepaar Hüsken für eine Kundschaft, die von Minden/Osnabrück im Norden bis ins Sauer- und Siegerland im Süden reicht, überzeugende Modearrangements von mehr als

Hüsken Store, 1975

60 tonangebenden Marken aus Mailand, Paris, London, Berlin und Düsseldorf. In den bald fünf Jahrzehnten des Bestehens brachten Hüskens fast alle namhaften Designer in diese Region: Chloé, Yves Saint Laurent, Dior, Mugler, Gaultier, Céline aus Frankreich, Burberry aus England, Dries van Noten und Ann Demeulemeester aus Belgien, Yohji Yamamoto und Issey Miyake aus Japan, Norma Kamali und Donna Karan aus den USA, Jil Sander und Rena Lange aus Deutschland.

Seit Jahren ist heute die italienische Mode führend, die durch ihre weichen Materialien und ihren Farbreichtum besticht. Mailand ist längst zum Modezentrum geworden, sodass Hüsken etwa 60 Prozent seiner Ware dort ordert. Dazu gehören bekannte Häuser wie Prada, Armani, Etro, Cucinelli,

Modehaus Hüsken heute

Missoni, Loro Piana und viele mehr. Die insgesamt 28 Mitarbeiter in den fünf Häusern wurden fast alle im Unternehmen ausgebildet, um den exklusiven Kundinnen eine herzliche, anspruchsvoll individuelle Beratung zu bieten. Zurzeit befinden sich sieben junge Damen in drei Berufen bei HÜSKEN in der Ausbildung.

Das Unternehmen, das im Jahr 2012 sein 50-jähriges Betriebsjubiläum feiern wird, blickt mit einem guten Geschäftsmodell und viel Erfahrung in die Zukunft, in der – so hoffen Ulrike und Oliver Hüsken – sich bald auch die dritte Generation, die Töchter Helen und Hannah, für das Modebusiness begeistern.

www.huesken.de

Wo Wasser ist, ist Leben

Von ihrer Quelle in Bad Lippspringe fließt die Lippe mit einem Höhenunterschied von 123 Metern und über eine Lauflänge von 220 Kilometern durch ein Einzugsgebiet von insgesamt 4.881 Quadratkilometern, bis sie bei Wesel in den Rhein mündet. Bevor sie von Osten her Lippstadt erreicht, wird sie unterirdisch von Seitengewässern aus wasserreichen Gebieten wie Haarstrang, Eggegebirge sowie von Nebenflüssen wie Pader und Alme gespeist.

Bei der Gründung Lippstadts war neben anderen Vorteilen der Lage auch der Überweg über die Lippe ein strategisch guter Zug des Edelherrn Graf Bernhard II. zur Lippe. Der Fluss bedeutete eine stetige Trinkwasserversorgung und übernahm rasch nach der Stadtgründung auch entsprechende Schutzfunktionen. So sind die heutige Nördliche und Südliche Umflut teils Überreste ehemaliger Festungsgräben, wie der Vergleich mit älteren Karten zeigt. Bestand bis dahin unter anderem schon zu Römerzeiten in kleinerem Umfang Schifffahrt auf der Lippe und Überlegungen, den Wasserweg nutzbarer zu machen, so kam es doch erst zu Beginn des 19. Jahrhunderts zur intensiven Nutzung der Lippe als Verkehrsweg, indem Kaufleute die Lippe als Ost-West-Handelsroute nutzten. 1816 erkundeten dann preußische Beamte die Lippe und 1819 wurde schließlich eine regelmäßige Fahrt auf dem durch Wehre regulierten Strom eingerichtet. Zwischen Lippstadt und Lünen (Dortmund) waren auf der teils regulierten Lippe Schiffe von bis zu 75 Fuß Länge und 31 1/3 Fuß Breite (etwa 23 x 9,5 Meter) zugelassen.[214]

Eine Fahrt von Lippstadt zur Lippemündung in den Rhein dauerte damals sechs Tage. Die Zahl der Schiffe stieg von anfangs elf Schiffen bis auf 78 Schiffe im Jahr 1836. Der Schiffverkehr auf der Lippe bedeutete auch eine Regulierung des Wasserstandes sowie das Heben der Schiffe durch insgesamt 19 Schleusenanlagen, wodurch ab 1830 eine Fahrt flussaufwärts bis Boke (Delbrück) möglich war. In Lippstadt selbst lagen jedoch seit dem Mittelalter Mühlen direkt am Fluss, sodass zur besseren Nutzung der Lippe 1829 eigens der parallele Schifffahrtskanal mit Schleuse gebaut und 1830 in Betrieb genommen wurde. Der Handel durch die Lippeschifffahrt erreichte Mitte des 19. Jahrhunderts seinen Höhepunkt, als 1840 circa 1.646.000 Zentner Fracht über den Fluss verschifft wurden. Besonders der Salz- und Holztransport stieg deutlich an. In Lippstadt befand sich im heutigen Grünen Winkel auf der Höhe des Finanzamtes damals ein kleiner Hafen, der mit einem Freihafen sogar ein zollfreies Gelände besaß. Aus dem Lippehafen wurde beispielsweise Getreide, Salz, Wolle, Pottasche, Branntwein, Glas, Leinen und Schiefer exportiert, während Wein, Kolonialwaren, Tannenholz und Steinkohle typische Importprodukte waren.[215]

Gegen Mitte des 19. Jahrhunderts waren die Verkehrszahlen dann rückläufig, woran auch die Aufhebung des Lippezolls im Jahr 1866 nichts änderte. Vor allem die Eisenbahn, aber auch die neu gebauten Chausseen ermöglichten einen viel schnelleren Frachtentransport, sodass sich der Schienen- und Straßenverkehr auch für den Handel als Transportweg durchsetzte. Schließlich wurde 1884 der Schiffsverkehr in Lippstadt völlig eingestellt, nachdem der Schifffahrtskanal bereits verkrautet und versandet war.

Das untere Lippewehr heute

Lippstadt im Spiegel der Zeit

Das Hochwasser von 1965
links: Klosterstraße und Nicolaiweg
rechts oben: Dammbruch bei Lipperode
rechts unten: Marktstraße

Wo Wasser ist, ist auch Gefahr

Zwar bot die Gründung der Stadt an der Lippe die bereits genannten Vorteile, doch von der Lage am Fluss gingen ebenso Nachteile aus, wie etwa die Überflutung der unmittelbar an der Lippe gelegenen Stadtteile. Hochwasser war daher vermutlich schon seit der Stadtgründung eine dauerhafte Gefahr, mit der sich die Bewohner des Öfteren auseinandersetzen mussten.[216]

Nach der offiziellen Einstellung der Schifffahrt auf der oberen Lippe wurden so Ende des 19. Jahrhunderts zunächst entsprechende Baumaßnahmen für den ungehinderten Abfluss der Lippe bei Hochwasser geschaffen. Zu diesem Zwecke entfernte man teilweise die Schleusen oder nahm zumindest die Tore heraus. Auch gab es eine Meldepflicht gegenüber dem Wasserbau-Inspektor in Hamm über die Wasserstände der Lippe sowie deren Nebenbäche.[217]

Doch trotz dieser getroffenen Schutzmaßnahmen kam es in der jüngeren Geschichte der Stadt noch einige Male zu schwerwiegenden Hochwassern. So gab es im November 1890 die sogenannte Katharinenflut in Lippstadt, bei der unter anderem sogar der Lippedeich in Lipperode an zwei Stellen brach und das Dorf teilweise bis zu 1,50 Meter unter Wasser gesetzt wurde. Weitere Überschwemmungen durch Hochwasser gab es in den Jahren 1909 und beim Winterhochwasser im Februar 1946.[218]

Am schlimmsten getroffen wurde Lippstadt jedoch im Juli 1965. Bei einem Katastrophenhochwasser kam es im oberen Lippegebiet zu riesigen Überschwemmungen, die an der oberen Lippe fünf Menschen das Leben kosteten. Bereits am Donnerstag, den 15. Juli, hatte es infolge schwerer Gewitter und Regenfälle Überschwemmungen von Straßen und Feldern in den Regionen bei Delbrück und Paderborn gegeben. Diese Katastrophenmeldungen erreichten Lippstadt freitags abends, sodass vom Wasserwirtschaftsamt in Lippstadt Warnungen ausgesprochen wurden. Da die Flüsse Alme nördlich von Brilon, die bei Schloss-Neuhaus (Paderborn) in die Lippe mündet, und Heder aus Upsprunge, die bei Schwelle (Salzkotten) in die Lippe mündet, der oberen Lippe zu viel Wasser zuführten, drohte diese auch in Lippstadt über die Ufer zu treten. Dies betraf die Lippedörfer Hörste, Lipperode, Cappel und Benninghausen sowie Großteile des Stadtgebietes. Besonders betroffen waren die Gebiete der zwischen den Lippearmen wie auf einer Insel gelegenen Innenstadt sowie des Lippstädter Nordens und Südens.[219]

Am Samstagmorgen konnte in Lippstadt bereits das „reißende Wasser" der Lippe beobachtet werden, was während der Marktzeiten auch viele Schaulustige nach Lippstadt zog. Währenddessen waren die Lippe sowie die Glenne und der Bokerheidekanal in Cappel bereits über die Ufer getreten. Erste Keller liefen voll und für die Feuerwehr, deren Telefonleitungen heiß liefen, begann beim Auspumpen der überfluteten Räume ein regelrechter Kampf gegen Windmüh-

1965 Die Lippe

links: Geiststraße und Dammbruch bei Lipperode; rechts: Lange Straße und Rathausplatz

len. Gegen Mittag wälzte sich von Esbeck her die angestaute Hochwasserwelle mit enormer Geschwindigkeit und Wassermenge nach Lippstadt hinein, deren Gefahr bis dahin trotz vorheriger Untersuchungen nicht so hoch eingeschätzt worden war. In der Erwartung eines Hochwassers wie 1946 wurden Sandsäcke gefüllt und die Hilfsorganisationen Bundeswehr, Technisches Hilfswerk, Deutsches Rotes Kreuz, Malteser-Hilfsdienst und die Feuerwehr standen in Bereitschaft. Durch das Übertreten der Ufer hatte die Lippe bis zum Nachmittag den gesamten Stadtkern sowie die Straßen im Norden überflutet. Der normalerweise bei etwa 1,70 Meter liegende Pegel der Lippe war von nachmittags 3,85 Meter bis um 17 Uhr auf 5,09 Meter gestiegen. Ab da standen die Langestraße und der Marktplatz etwa ein Meter hoch unter Wasser, sodass der Keller des Stadthauses volllief und die Herren Oberkreis- und Stadtdirektor ihren Sitz zur Organisation der Hilfsdienste in das Kreishaus an der Spielplatzstraße verlegten.

Wegen der Explosionsgefahr musste kurz darauf der Strom in den meisten Stadtteilen abgestellt werden, sodass beispielsweise die Krankenhäuser mit Notstromaggregaten versorgt wurden. In diesem Stadtteil standen ebenfalls die Keller unter Wasser, da die Kolping-, Kloster- und Weihestraße überflutet und die Menschen teilweise in Häusern eingeschlossen waren. Der Stromausfall und auch das teils eingebrochene Telefonnetz erschwerten die Arbeit der Hilfskräfte, die von der stellvertretenden Bürgermeisterin Dr. Christ tatkräftig unterstützt wurden. Der Bataillonskommandeur Oberstleutnant Loeffler behielt dabei die nötige Ruhe und den Überblick über die Situation und organisierte die Hilfsdienste entsprechend.

Neben den Menschen und Gebäuden in den Stadtgebieten war auch das Vieh auf den überschwemmten Wiesen betroffen und war vom Wasser eingeschlossen oder stand bereits bis zum Hals darin. Zu diesem Zeitpunkt wurde bekannt, dass mit dem Höchststand des Hochwassers erst nach Mitternacht zu rechnen sei, was den Einsatz und die Hoffnungen vieler zum Erliegen brachte. Am späten Abend überflogen Hubschrauber immer wieder das Gebiet, um die Lage zu erkunden und nach Möglichkeiten Menschen und Vieh zu retten. Der steigende Wasserstand führte auch teils zur Evakuierung der umliegenden Siedlungen, sodass beispielsweise Kinder und ältere Menschen aus Lipperbruch evakuiert und in der Josefschule untergebracht wurden. Am Sonntagmorgen war der Wasserstand dann wieder um die ersten zehn Zentimeter gesunken.

Infolge der immer lauter werdenden Bitten um Grundnahrungsmittel wie Brot und Milch wurden von der Einsatzleitung Fahrzeuge der Erwitter Molkerei organisiert, die – in Abweichung von der sonst üblichen Route zur Milchabholung bei den umliegenden Landwirten – Lippstadt mit Grundnahrungsmitteln versorgen sollten. Auch war die eigene Versorgung mit Brot oder anderen Lebensmitteln kaum möglich. So bemühte sich die Bäckerinnung unter Innungsmeister Bernhard Bartmann um die Brotversorgung, woraufhin aus den Nachbarkreisen eine Brotlieferung für den folgenden Tag zugesagt wurde.

Die Lebensmittelknappheit sollte sich auch nach der Überschwemmungskatastrophe als eines der Folgeprobleme herausstellen, was Lippstadt von der Hilfe der Nachbarkreise abhängig machte. Kurz vor Mittag traf dann der Kommandeur der 7. Panzergrenadierdivision General Reidel aus Unna im Kreishaus in Lippstadt ein und lobte die bis dahin geleistete Arbeit von Oberstleutnant Loeffler. Zusammen mit dem Oberkreisdirektor Dr. Schlarmann, dem Stadtdirektor Herhaus, den Bundeswehroffizieren und Einsatzleitern beriet man sich nun über weitere Maßnahmen. Die pausenlos tätigen Mitarbeiter der Hilfsorganisationen waren jedoch inzwischen stark erschöpft. Neben den Wasserschäden in den Gebäuden waren auch Straßen unterspült und aufgerissen, Brücken einsturzgefährdet und beispielsweise auf dem Marktplatz lagerten sich die aus den Abortgruben hochgedrückten Fäkalien ab. Auf dem Wasser trieben Baumäste, Haustierkadaver und Einrichtungsgegenstände. Wegen der Infektions- und Seuchengefahr wurden entsprechende Vorsichtsmaßnahmen zum Gebrauch von Wasser, übrig gebliebenen Lebensmitteln, Gebäudereinigung und Hygiene veröffentlicht.[220]

Wo Wasser ist, ist heute Hochwasserschutz
Noch im September 1965 wurde daraufhin das Leichtweiß-Institut der Technischen Universität Braunschweig mit der Planung des Hochwasserschutzes in Lippstadt beauftragt, um die entsprechend nötigen Maßnahmen für den künftigen Hochwasserschutz einzuleiten. Das im Rahmen dieser Untersuchung erarbeitete und wiederholt geänderte Konzept mit mehreren maßstabsgetreuen Modellversuchen ergab unter anderem einen Spitzenabfluss bei dem Hochwasser im Juli 1965 von 350 bis 380 m³/s. Dem steht ein regulärer Mittelwasserabfluss von 18,0 m³/s entgegen.

Zur Erhöhung der Hochwassersicherheit wurden folgende Maßnahmen vorgesehen: der Ausbau der Lippe vom Steinwehr hinter der Wilhelmschule bis zur Brücke der ehemaligen Rhedaer-Bahn, wobei so auch ein Toter Arm entstand; der Ausbau der Lippe von der sogenannten Westtangente Udenerstraße bis zur Einmündung des Schifffahrtskanals in die Lippe; der Ausbau des Schifffahrtskanals und damit Änderung desselben in den Haupt-Lippearm, der bei Hochwasser heute zur Wasserabführung dient; Ausbaumaßnahmen im Bereich der Nördlichen Umflut, die so ebenfalls zur Wasserabführung bei Hochwasser dient; der Neubau und die Sanierung von insgesamt sieben Wehren; der Neubau von fünf Brücken sowie der Bau von insgesamt 26 Hochwasserrückhaltebecken entlang der oberen Lippe mit einem Gesamtvolumen von 39,5 Millionen Kubikmeter. Dazu wurde für die Maßnahmen im oberen Lippegebiet 1991 der Wasserverband für das Obere Lippegebiet (später dann Wasserverband Obere Lippe) mit Sitz in Büren gegründet. In Lippstadt wurden seither weite Teile der Schutzmaßnahmen umgesetzt, wie beispielsweise die Ersetzung der unteren Schleuse im Schifffahrtskanal 1981 durch ein modernes Stauwehr.

Auch wurden wichtige Brücken mit einer größeren Spannweite erneuert, ebenso das Obere Kanalwehr und das Wehr am Tivoli einschließlich des Lippebugs. Als letzte Baumaßnahme soll der Wehrkomplex an der Burgmühle, das sogenannte Stiftswehr, erneuert werden. Die Neugestaltung des Grünen Winkels nach den erfolgten Veränderungen und Ausbaumaßnahmen in diesem Gebiet geschah 1984.[221]

Weitere Maßnahmen zum Hochwasserschutz betreffen außerdem die Überschwemmungsgebiete beziehungsweise sogenannten Lippeauen. Dabei handelt es sich um ökologischen Hochwasserschutz, indem die Aue durch den Rückbau des befestigten Flussbetts in ein breites und flaches Flussbett bei natürlicher Flutung das Wasser zurückhält und so den Flusslauf entlastet. Zwischen dem sogennanten Pegel Bentfeld (Delbrück) und Lippstadt kann so durch die Aue eine Hochwasserwelle wie 1965 mit einer Spitze von 350 m³/s auf 278 m³/s reduziert werden. Bewaldete Aue hingegen wäre sogar in der Lage, die Wirkung zu verstärken und eine mögliche Hochwasserwelle um 45 Prozent, das heißt auf 194 m³/s, zu dämpfen. Umfassende Umgestaltungs- und Renaturierungsmaßnahmen der Lippeaue haben bereits schon dazu geführt, nicht nur die natürliche Flusslandschaft wieder herzustellen, sondern auch den Hochwasserschutz zu verstärken. So hat man an der Lippe bereits zehn Jahre vor der im Dezember 2000 verabschiedeten Wasserrahmenrichtlinie der Europäischen Union mit dem Auenprogramm begonnen. Ziel der Wasserrahmenrichtlinie ist es, Gewässer bis zum Jahre 2015 in einen „guten Zustand" mit sauberem Wasser und einer intakten Lebensgemeinschaft von Tier- und Pflanzenarten zu bringen. Der dadurch erreichte Hochwasserschutz im Lippegebiet stellt dabei einen wesentlichen Effekt dieser Renaturierung dar.[222]

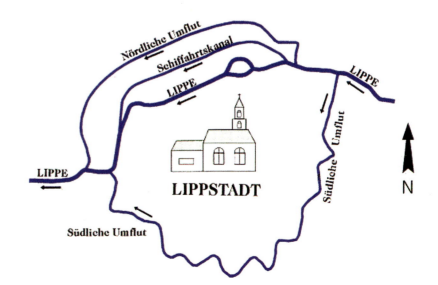

Freundschaft verbindet!

Gäste aus Uden auf der Treppe des alten Rathauses, 2011

Um den Gedanken eines vereinten Europas zu verwirklichen, strebte die niederländische Gemeinde Uden Ende der 1960er-Jahre eine freundschaftliche Verbindung zu einer ausländischen Gemeinde an.

Nach ersten Kontakten mit Lippstadt wurde dann am 22. Oktober 1971 eine offizielle Partnerschaft geschlossen. Diese niedergeschriebene deutsch-niederländische Verbindung wurde seither mit viel Leben gefüllt. Jährlich beteiligen sich bis zu 1.000 Bürgerinnen und Bürger beider Städte an Programmen, die u. a. von den Mitgliedern des Partnerschaftskomitees aus Lippstadt und der Stichting Jumelage aus Uden geplant und angeregt werden. Von Anfang an waren außerdem zahlreiche Vereinsvertreter und Vertreter der Verbände beider Städte sehr engagiert, die Partnerschaft durch gegenseitige Besuche zu fördern. So sollte man heute nicht mehr nur von einer Partnerschaft, sondern vielmehr von Freundschaft sprechen. Neben den vielen offiziellen Veranstaltungen sind es dabei natürlich auch gerade die privaten Kontakte, die den Reiz der Städtefreundschaft ausmachen. Bürgerinnen und Bürger aus Uden reisen beispielsweise nach Lippstadt, um die heimischen Schützenfeste mitzufeiern oder den Weihnachtsmarkt zu genießen, während die Lippstädter immer wieder gerne am 30. April den Königinnentag in Uden erleben oder den Militärflughafen Volkel besichtigen. Ausstellungen, Bürgerfahrten, Chor- und Orchesterkonzerte, Fußballturniere, Kunstprojekte, Praktikantenaustausche sowie Schülerbegegnungen dokumentieren einen regen partnerschaftlichen Austausch mit bis zu 30 verschiedenen

Partnerschaftskomitee, 2011

Lippstadt im Spiegel der Zeit

Austausch der Partnerschaftsurkunden zwischen Bürgermeister Dr. Schampers und Bürgermeister Koenen, 1971

Kutschfahrt zum Herbstwochenumzug 2010 mit Bürgermeister Christof Sommer und Udener Gästen

Begegnungen pro Jahr. 2011 wurde die 40-jährige Städtefreundschaft zuerst im Juni in Uden und im September in Lippstadt mit zahlreichen Gästen gefeiert. In Lippstadt standen hierbei gemeinsames Spielen und vielfältige Darbietungen mit niederländischem Flair auf dem Programm. Insbesondere die seit vielen Jahren in Lippstadt beliebte Udener Blaskapelle Klankentappers sorgte hierbei für Stimmung in der ganzen Altstadt.

Patenschaft für Bielitz-Biala

Die Patenschaft über die ehemalige ostdeutsche Stadt Bielitz-Biala beziehungsweise heutige polnische Stadt Bielsko-Biala wurde am 28. Juli 1955 per Ratsbeschluss festgelegt und von Lippstadt übernommen. Aus der Patenschaft entwickelte sich im Laufe der Jahre eine enge Verbundenheit zu der Heimatgruppe Bielitz-Biala e. V., die nicht nur in Lippstadt, sondern mit mehreren Zweiggruppen im gesamten Bundesgebiet aktiv ist.

Die Bielietzer Heimatfreunde treffen sich regelmäßig in ihrer Patenstadt zu Delegiertentagungen, Bundestreffen und weiteren Veranstaltungen.

Lippstadt ist auch der Sitz der Heimatstube, die als Archiv, Bücherei und Tagungsort gleichermaßen dient. In der Heimatstube werden Trachten, Fotos, Landkarten und Kunstgegenstände sowie eine umfangreiche Sammlung an heimatkundlichen Schriften, Literatur zur Siedlungsgeschichte, Festschriften und Zeitungsausgaben präsentiert, die an die ehemalige schlesische Heimat erinnern sollen. Besondere Bedeutung hat die umfassende Heimatkartei Stadt und Kreis Bielitz-Biala, die stetig aktualisiert wird.

Bürgermeister Christof Sommer (Mitte) überreichte Udens Bürgermeister Henk Hellegers sowie José Huisman-de Bie eine Erinnerung an die 40 Jahre Städtepartnerschaft, 2011

1971

Ein idealer Raum für ein vielseitiges kulturelles Angebot

Eine wichtige Einrichtung für Lippstadt entstand mit dem Stadttheater am Cappeltor, das einen eigenen Raum für die Vielfalt an kulturellen Veranstaltungen bietet.

Bereits vor dem Bau des Stadttheaters an der Nördlichen Umflut hat es in Lippstadt Theateraufführungen und Konzerte gegeben. So war man beispielsweise nach 1945 bemüht, anstatt des zuvor einseitigen Angebots der NS-Zeit wieder kulturelle Vielfalt zu bieten. Dazu standen dem Anfang des Jahres 1946 gegründeten „Neuen Theater" der Saal der Gaststätte Sommerkamp-Alsen am Ostende der damaligen Klusestraße oder der Saal des Kolpinghauses sowie kleinere Versammlungsstätten zur Verfügung. Der Kolpingsaal war jedoch zeitweise von den Engländern beschlagnahmt, konnte aber 1946 für Aufführungen des Westdeutschen Bühnenkünstlerdienstes angemietet werden.[223]

Nachdem 1968 der baufällig gewordene Altbau des Ostendorf-Gymnasiums weichen musste, konnte das von dem Architekten Prof. Gerhard Graubner entworfene neue Stadttheater am Cappeltor am 30. September 1973 feierlich eingeweiht werden. Zu den Baukosten in Höhe von rund 7 Millionen DM haben dabei die Lippstädter Bürger durch Spenden und ehrenamtliches Engagement einen wesentlichen Beitrag geleistet.

Das 30 Meter hohe Gebäude bietet mit seinen heute 787 Plätzen den Lippstädtern sowie den Kulturliebhabern der Umgebung – egal ob groß oder klein – einen geeigneten Ort für die verschiedensten Veranstaltungen: Opern, Operetten, Musicals, Sinfonie- und Kammerkonzerte, Sprech- und Tanztheater, Kleinkunst und Kabarett sowie Kindertheater und -konzerte.[224] Als Tournee- bzw. Gastspieltheater wird keine eigenes Schauspielensemble unterhalten. Es gastieren national und international renommierte auswärtige Schauspieler, Künstlergruppen und Bühnen in Lippstadt, so dass ein sehr vielfältiges Programm aller Sparten geboten werden kann. Vieles im Theater muss variabel sein. So kann beispielsweise die Bühne bis auf 14 Meter geöffnet sowie

Stadttheater, 1973

Stadttheater heute

der Orchestergraben vollkommen geschlossen oder stufenweise bis auf drei Meter herabgesetzt werden.[225] Für Interessierte bietet die KWL (Kultur und Werbung Lippstadt GmbH) auch Theaterführungen an, die einen spannenden Blick in die technischen Einrichtungen und das vielseitige Geschehen hinter den Kulissen versprechen.[226]

Das Stadttheater wird seit 1992 in Regie der KWL geführt. Gemeinsam mit dem Städtischen Musikverein, dem Kunst- und Vortragsring, dem Kulturring und weiteren Veranstaltern wird ein umfangreiches und abwechslungsreiches Programm zusammenstellt, dass die unterschiedlichsten Interessen des Publikums abdeckt. Für den Theaterbetrieb steht heute mit drei hauptamtlichen Technikern und Hilfskräften für die Bereiche Bühne, Foyer, Kantine und Pforte ein rund dreißigköpfiges Theaterteam zur Verfügung.

Der ursprüngliche Arbeitstitel „Mehrzweckaula" wies schon früh darauf hin, dass das Stadttheater ursprünglich auch als Aula des Ostendorf-Gymnasiums genutzt wurde. Heute finden neben Theater- und Musikveranstaltungen auch öffentliche Veranstaltungen der Stadt Lippstadt wie beispielsweise der Neujahrsempfang oder Schulentlassungen einiger Lippstädter Schulen und Vieles mehr im großen Saal, im Foyer oder auf der Studiobühne statt.[227]

Gaststätte Alsen-Sommerkamp mit Eingang Neues Theater (rechts), um 1946

Eingang Neues Theater, Alsensaal, um 1946

Lippstadt bekommt 16 neue Gemeinden …

Seit der durch den Wiener Kongress ermöglichten Übernahme Westfalens durch Preußen konnten umfangreiche Gebiets- und Verwaltungsreformen durchgeführt werden. Zunächst wurden 1816 die Kreise als neue Verwaltungsbezirke gebildet. Lippstadt wurde mit den früheren kurkölnischen Gogerichtsbezirken Geseke, Rüthen und Erwitte neue Kreisstadt und zugleich Sitz des Landrats. Danach entstanden die Ämter Anröchte, Rüthen, Erwitte und Störmede, denen wiederum alle Dörfer des Kreises zugeordnet wurden. Jedes Dorf hatte einen eigenen Bürgermeister und einen Gemeinderat und war den Ämtern mit ihren Amtsdirektoren an der Spitze verpflichtet.

Seit den 1960er-Jahren wurde überlegt, wie man die Ämter und Städte zur besseren Organisation, Effizienzsteigerung und aus Gründen der Kostenreduzierung zusammenfassen könnte. So verabschiedete der Landtag von NRW am 8. Mai 1974 das Gesetz über die Kommunale Neugliederung des Landes. Mit dieser Gebietsreform wurden ab dem 1. Januar 1975 die bestehenden Ämter aufgelöst und 16 Gemeinden in die Stadt Lippstadt eingemeindet. Die Dörfer Cappel, Lipperode, Hellinghausen, Herringhausen, Overhagen, Benninghausen, Bökenförde, Rixbeck, Dedinghausen und Esbeck stammten dabei aus dem Altkreis Lippstadt, während Hörste, Rebbeke und Garfeln aus dem sogenannten Entenschnabel des Altkreises Büren, Bad Waldliesborn aus dem Altkreis Beckum und Eickelborn und Lohe aus dem Altkreis Soest entstammten.

Die Einwohnerzahl Lippstadts stieg von 44.562 im Jahr 1974 auf 67.279 im Folgejahr an, die Stadtfläche vergrößerte sich um 280 Prozent. Damit bekam die alte „Stadt tor Lippe" ein völlig neues Gesicht. Denn nicht nur politische Veränderungen waren die Folge, wie die Bildung neuer Wahlbezirke und die damit verbundene neue Struktur des Stadtrates. Es standen schlagartig auch die Kindergärten, Schulen, Straßen und Wege, Friedhöfe usw. unter der Verwaltung der Stadt Lippstadt. Daher musste die Verwaltung den neuen Anforderungen entsprechend organisatorisch neu aufgestellt werden. In den folgenden Jahren musste in dem

oben: Kreishaus an der Lipperoder Straße bis 1975

mittig: Stadthaus

unten: Rathaus

Lippstadt im Spiegel der Zeit

oben: Stadthaus

unten: Altes Kreishaus an der Spielplatzstraße, 1969

neuen Gebiet auch eine einheitliche Straßennamenordnung gefunden werden, denn jeder Straßenname durfte nur einmal vorkommen. So hatten beispielsweise viele Orte eine Straße namens „Birkenweg". Mit der Auflösung der alten Ämter mussten auch die Löschgruppen, die neben den Amtsfeuerwehren in den einzelnen Dörfern entstanden waren, nun von der Stadtverwaltung zusammengeführt und neu organisiert werden. Auch im Vereinsleben war man, was Zuschüsse und Verwaltungsangelegenheiten betraf, nun ganz an Lippstadt gebunden. Insgesamt begann eine Phase des Zusammenwachsens und der Neuorientierung, die heute ein stolzes Ergebnis aufweist. So ist Lippstadt mit seinen Ortsteilen zu einer Einheit zusammengewachsen. Das zeigte sich besonders deutlich im Jahre 2000, als man gemeinsam während der Lippstädter Herbstwoche der Eingliederung vor 25 Jahren gedachte und sich in einem prächtigen Umzug durch die Innenstadt präsentierte.

… und verliert seinen Kreissitz

Noch in den 1960er-Jahren war Lippstadt als Mittelpunkt eines Einzugsbereiches von 70.000 Einwohnern eingeschätzt worden, was die Kreisverwaltung 1965 angesichts der Bevölkerungszunahme zu einem Neubau an der Lipperoder Straße bewog. Allerdings zog man erst 1969 vom Landratsamt in der Spielplatzstraße in den Norden. Auch auf der Kreisebene wollte man größere Bezirke bilden. Daher stand die Entscheidung aus, einen der bisherigen Kreise, Lippstadt oder Soest, in dem anderen aufgehen zu lassen.

Nach Standortprüfung durch das Institut für Landeskunde in Godesberg wurde bescheinigt, dass Lippstadt erhebliche Standortvorteile besäße, weil die Bevölkerungszahl, die Bevölkerungsdichte und das Arbeitsplatzangebot größer seien und für die Kreisverwaltung bessere Arbeitsmöglichkeiten bestünden. Allerdings fand die Landesregierung dieses Gutachten nicht überzeugend genug und schlug 1973 entgegen aller Erwartungen Soest als Sitz des neuen Großkreises vor. Das bedeutete für Lippstadt den Verlust von rund 400 Arbeitsplätzen und war für viele Lippstädter ein harter Schlag, der bis heute vielerlei Unverständnis weckt, da Lippstadt heute immer noch die größte Stadt im Kreisgebiet ist.[228]

Bad Waldliesborn

Mit 4.783 Einwohnern[229] ist Bad Waldliesborn der größte und zugleich der nördlichste Ortsteil der Stadt Lippstadt. Erstmals wurde die ehemals zur Benediktinerabtei Liesborn gehörende Bauernschaft „Suderlage" im Jahre 1165 urkundlich erwähnt. Der Name „Bauerschaft Suderlage" (südlich gelegener Ort) oder plattdeutsch „Brauk" (das Bruch, feuchtes Sumpfgebiet) war bis 1914 der offizielle Ortsname und wurde dann in Bad Waldliesborn umbenannt. Bei der Namensgebung griff man auf die Benennung des Haltepunktes „Wald-Liesborn" der sogenannten Rhedaer Bahn, der im 19. Jahrhundert angelegten Bahnlinie zwischen Münster und Lippstadt, zurück.[230]

Im Wappen des Ortes ist ein roter Kübelhelm mit rotem Damhirschgeweih zu sehen, was sich auf die Familie von Suderlage bezieht. Ebenso soll im oberen Bereich des Wappens auf die Landschaft, auf die Nutzung der Solequelle und auf die Glenne als Nebenfluss der Lippe hingewiesen werden. Die 1466 erstmals erwähnte St.-Paulus-Kapelle zur Kluse bildete den früheren Mittelpunkt der Bauerschaft Suderlage. Wegen Baufälligkeit wurde sie 1972 abgerissen. Die Kapelle und der danebenliegende Kapellenkotten (Kluse-Kotten, 1938 abgebrannt) gehen wahrscheinlich auf eine Einsiedelei zurück, die wie die meisten Kotten und Höfe der Bauerschaft bis 1803 zum Benediktinerkloster Liesborn gehörten und dorthin abgabepflichtig waren. Suderlage gehörte bis 1919 noch zur Pfarrei Liesborn.

Der Bischof zu Münster schickte damals aufgrund der Entwicklung des Kurbades einen Pfarr-Rektor als ersten hauptamtlichen katholischen Pfarrer. Die katholische Kirche St. Josef wurde 1929 erbaut und ist die einzige katholische Kirche im Stadtgebiet, die bis heute noch zum Bistum Münster gehört. Nach dem Zweiten Weltkrieg gründete sich durch den Zuzug zahlreicher Ostvertriebener eine evangelische Kirchengemeinde, welche die Friedenkirche 1957/1958 errichtete. Die häufig benutzte Bezeichnung „Lippstadts schönste Tochter" lässt sich auf den herausragenden Rang als Bade- und Kurort zurückführen. Der Ortsteil hat mit seinen Kuranlagen mit dem Park eine Augenweide vorzuweisen und ist durch den Kurbetrieb überregional bekannt. Dabei war der Fund solehaltigen Wassers einem Zufall zu verdanken. Eine Bochumer Bohrgesellschaft vermutete Steinkohlevorkommen in der feuchten Region nördlich der Lippe und ließ im Jahr 1900 Probebohrungen durchführen. Dabei fand man unweit des „Kreuzkempers" (heute Gaststätte Lindenhof) statt des schwarzen Goldes solehaltiges, sehr mineralstoffhaltiges Wasser in einer Tiefe von 900 Metern. Die Quelle ist eine der kohlensäurehaltigsten Quellen Deutschlands und hat einen hohen Jod- und Eisengehalt. Doch trotz dieser heilkräftigen Grundlage für einen Badebetrieb dauerte es noch einige Jahre, bis diese vorzügliche Quelle genutzt werden konnte. Im Jahre 1904 wagte es der Hamburger Großkaufmann Wilhelm Eichholz, im Umkreis der entdeckten Quelle ein Heilbad zu errichten. So entstanden die Villen an der heutigen Quellenstraße und es wurde mit dem Bau eines Bade- und Kurmittelhauses im älteren Teil des heutigen Kurparks begonnen. In einem Nebengebäude

Die Seilscheibe eines Bergwerks erinnert im Kurpark daran, dass man 1900 nach Kohle suchte und Sole fand.

der damaligen Gaststätte Lindenhof begann Eichholz mit der Ausgabe der ersten Bäder. Das Bad trug in dieser Zeit für einige Jahre den Namen des Besitzers: Bad Eichholz. Doch bereits 1908 kamen Gerüchte über einen Konkurs auf, die Bauvorhaben kamen zum Erliegen, das Bade- und Kurmittelhaus blieb unvollendet, der Badebetrieb ruhte bald auch völlig, bis es 1912 schließlich zur Zwangsversteigerung kam. Dabei gingen der umfangreiche Grundbesitz und die vorhandenen Gebäude in das Eigentum der neu gegründeten Deutschen Badegesellschaft zu Hamburg-Altona über. Diese holte mit dem Berliner Sanitätsrat Dr. Stolte einen tüchtigen Geschäftsführer mit Weitblick herbei, der gleichzeitig als Badearzt fungierte.

Die Deutsche Badegesellschaft geriet in den 1920er-Jahren jedoch in Finanz- und Liquiditätsschwierigkeiten und verkaufte das Bad an den belgischen Staatsangehörigen Jakob Bellings aus Brüssel. Dieser bestellte seine Tochter Julia Frische zur Geschäftsführerin der neu gebildeten „Bad Waldliesborn GmbH". Ihr Mann, der Langenberger Gastronom Anton Frische, übernahm daraufhin die Führung des Kurhauses Lindenhof. Bis 1944 blieb das Bad in Privatbesitz der Familie Frische, doch noch vor dem Ende des Zweiten Weltkrieges ging es dann durch geschickte Verhandlungen in kommunalen Besitz über. So kaufte der Provinzialverband Münster, der Kreis Beckum, das Amt Liesborn-Wadersloh und die Gemeinde Liesborn das Bad von der inzwischen alleinigen Besitzerin Julia Frische. Nachdem in den Nachkriegsjahren des Zweiten Weltkrieges zunächst die verloren gegangene Sole in den Jahren 1947/1948 neu erbohrt worden war, setzte parallel zum Deutschen Wirtschaftswunder ein steiler, nie für möglich gehaltener Aufstieg des Bades und Ortes Bad Waldliesborn ein: Zahllose neue Kurmitteleinrichtungen und Kliniken wurden errichtet, der Kurpark wurde großzügig erweitert, viele neue Gast- und Beherbergungshäuser entstanden, eine zentrale Wasserversorgung und Abwässerbeseitigung wurde gebaut und eine Umgehungsstraße brachte schließlich eine erhebliche Verkehrsberuhigung für den Badeort. Die positive Entwicklung des Bades hielt an, sodass im Jahre 1959 sogar eine zweite Bohrung nach Sole durchgeführt werden konnte, die in einer Tiefe von 898 Metern fündig wurde. Die Zahl der Kurgäste stieg im Jahre 1965 auf über 10.000, die Abgabe der Kurmittel kletterte auf die stolze Zahl von 250.000. Da war es nur eine Frage der Zeit, dass der Kurort im Jahre 1974 als staatliches Heilbad anerkannt wurde. Ein Jahr später wurde der Liesborner Ortsteil Waldliesborn im Zuge der Kommunalen Neuordnung der Gemeinde Liesborn entzogen und der Stadt Lippstadt

Die Eichholzklinik

zugeteilt. Seit dieser Zeit stoßen am nördlichsten Punkt von Bad Waldliesborn und Lippstadt, dem sogenannten „Dreiländereck", die Grenzen von drei der fünf nordrhein-westfälischen Regierungsbezirke zusammen: Münster (Kreis Warendorf/Gemeinde Wadersloh), Detmold (Kreis Gütersloh/Gemeinde Langenberg) und Arnsberg (Kreis Soest/Stadt Lippstadt). Das Thermalsolebad wurde in den 1970er-Jahren in Betrieb genommen, in den 1980er-Jahren das erste Mal erweitert und 1996/1997 schließlich ein weiteres Außenbecken gebaut, sodass es heute mit drei Innen- und zwei Außenbecken das zweitgrößte in Westfalen ist und zahlreiche Therapiemöglichkeiten in der 29 bis 32 °C warmen Sole bietet. Mit der Reha-Klinik Panorama und der Eichholz-Klinik verfügt Bad Waldliesborn über zwei Kurzentren, die sich auf die Rehabilitation nach kardiologischen und orthopädischen Erkrankungen spezialisiert haben. Die Zahl der Gäste und Einwohner wuchs in dieser Gründerzeit beständig. Den wirtschaftlichen Aufschwung des Heilbades erkennt man nicht nur an den Kureinrichtungen, sondern auch an den zahlreichen Hotels und privaten Unterkünften, an dem großen Angebot an Gastronomie und an den vielseitigen Einkaufsmöglichkeiten. Bad Waldliesborn hat ein sehr reges Vereinsleben. Allein der Sportverein SV Bad Waldliesborn hat insgesamt circa 760 Mitglieder, von denen in der Fußball-Jugendabteilung über 170 Kinder und Jugendliche spielen. Außerdem wird auch in der Tennisabteilung aktive Jugendarbeit geleistet. Der größte Verein im Ort ist der Schützenverein mit über 1.000 Mitgliedern und einer Sportschützenabteilung, die in den letzten Jahren viele Siege bis hin zur Landesebene erringen konnte. Der Musikverein Bad Waldliesborn sorgt mit seinem Kurorchester nicht nur für die musikalische Unterhaltung der Kur- und Erholungsgäste, sondern widmet sich intensiv der Ausbildung von Jugendlichen an Musikinstrumenten und führt auch ein Jugendblasorchester.[231]

Benninghausen

Menschliche Siedlungsspuren sind in Benninghausen zwar schon in früherer Zeit nachgewiesen, aber die erste sichere urkundliche Erwähnung des Ortes Benninghausen findet sich mit einer Papsturkunde von 1124. Der Ortsname bedeutete damals soviel wie „bei den Häusern der Leute des Benniko".[232]

Das heutige Ortswappen ist geteilt in ein rotes oberes und ein silbernes unteres Feld; oben ein wachsender goldener Löwe (Familie von Erwitte), unten ist das durchgehende schwarze Kreuz Kurkölns dargestellt.

Der Ritter Johann von Erwitte und seine Frau Hildegunde stifteten 1240 das Zisterzienserinnenkloster Benninghausen zu ihrem eigenen Seelenheil und stellten die schon vorhandene Eigenkirche sowie die Ländereien mit dazugehörigen Leuten zur Verfügung. Nach einer wechselvollen Geschichte wurde das Kloster 1804 vom Großherzogtum Hessen, zu dem das Herzogtum Westfalen seit 1802 gehörte, aufgelöst. Nach der Säkularisation standen die Gebäude des Klosters ab 1804 einige Jahre leer und man fand zunächst keine Verwendung. Erst 1820 übernahm die Provinz Westfalen das gesamte Areal und richtete im Kloster ein Landarmen- und Arbeitshaus ein, das sich aufgrund der sozialen Erfordernisse stetig veränderte beziehungsweise erweitert wurde. Seit 1933 diente ein Teil des Gebäudekomplexes auch als Hilfsstrafgefängnis. Auf dem Gelände wurde außerdem ein sogenanntes wildes Konzentrationslager errichtet, in dem politische „Schutzhäftlinge" inhaftiert und misshandelt wurden.[233]

Ab 1945 vom Landschaftsverband Westfalen-Lippe als Landespflegeanstalt geführt, folgte 1968 die Umbenennung in Westfälisches Landeskrankenhaus – Langzeitkrankenhaus für Psychiatrie – und 1988 in Westfälische Klinik für Psychiatrie Benninghausen.

Die Entstehung der Pfarrei Benninghausen erfolgte parallel zu der Gründung des Klosters 1240. Der Neubau der romanischen Pfarrkirche St. Martinus dürfte noch im 13. Jahrhundert erfolgt sein. Im Jahre 1514 folgte ein weiterer Neubau, der mit einer Erweiterung von 1892 und dem romanischen Turm den heute vorhandenen Kirchenbau darstellt. Die Kirche selbst, ein vierjochiger Saalbau, ist mit schönen Kreuzrippengewölben versehen, deren Schlusssteine mit Figuren geschmückt sind. Neben dem spätgotischen Sakramentshäuschen und dem achteckigen Taufstein, beide aus dem 16. Jahrhundert, ragt ein wahres Kleinod aus dem gesamten Kircheninventar heraus: das Benninghauser Kreuz. Es handelt sich

Blick auf die Lippebrücke und Bootsanleger in Benninghausen
links: Kornspeicher auf dem Hof Schulte-Hötte in der Bauerschaft Ünninghausen

um ein höchst bedeutendes Werk spätottonischer Plastik in der Nachfolge des Kölner Gero-Kreuzes. Die Herkunft ist allerdings nicht bekannt.

Anders als in den meisten Ortsteilen gibt es in Benninghausen eine evangelische Kirchengemeinde, deren Ursprünge mit der Gründung des Landarmenhauses zusammenhängen. Dieses wurde 1820 im ehemaligen Kloster Benninghausen gegründet und nahm Menschen ohne festen Wohnsitz auf. Weil im Zuge der Industrialisierung Menschen aus dem Ruhrgebiet und aus dem Preußischen Kerngebiet zuzogen, kamen auch zahlreiche evangelische Christen in das Landarmenhaus.[234] Die Seelsorge übernahm ein evangelischer Pfarrer im Dienst des Staates. Das blieb auch so, als sich die Einrichtung zum Provinzial-Arbeitshaus, weiter zur Landespflegeanstalt, dann zum Landeskrankenhaus für psychisch Kranke und schließlich zum LWL-Pflegezentrum, zum LWL-Wohnverbund und zur LWL-Klinik für Psychiatrie und Psychotherapie wandelte.

Im Jahr 1883 wurde die Anstalt Benninghausen durch die neu gegründete Anstalt in Eickelborn ergänzt, wodurch auch die Anstaltsgemeinde beträchtlich wuchs. Als 1913 die Zahl der in Benninghausen untergebrachten Personen so groß geworden war, dass der Betsaal mit Platz für an die 100 Personen und ebenso die katholische Dorfkirche nicht mehr ausreichten, wurde das Erdgeschoss eines Wirtschaftsgebäudes zur Anstaltskirche umgebaut. Die Gottesdienste für die beiden Konfessionen wurden nacheinander gehalten. Nach dem Zweiten Weltkrieg wurde die Anstaltsgemeinde eine Heimat für die vielen nach Benninghausen und Eickelborn sowie in die umliegenden Dörfer gekommenen Flüchtlinge. Im Jahr 1978 wurde aus dem Seelsorgebezirk, der die Dörfer am westlichen Stadtrand von Lippstadt umfasst, die Evangelische Kirchengemeinde Benninghausen.[235]

Vom Bauerndorf zum Dienstleistungsort

Benninghausen mit seinen fast 2.000 Einwohnern liegt an der Grenze der Münsterländer Bucht zu den Hellwegbörden, am linken Ufer der oberen Lippe, etwa 7 Kilometer westlich der Kernstadt Lippstadt. Seit der kommunalen Neuordnung am 1. Januar 1975 gehört Benninghausen als einer von 17 Stadtteilen zur Stadt Lippstadt. Das Amt Erwitte, dem die Gemeinde Benninghausen bis dahin angehörte, wurde zu diesem Zeitpunkt aufgelöst. Zeitgleich ging der Kreis Lippstadt im neuen Kreis Soest auf. Zu Benninghausen gehören auch die Streusiedlungen Heide, Kaldewei, Ünninghausen (1267) und Hemissen. Eine deutliche Zäsur erfuhr Benninghausen mit Beginn der 1950er-Jahre, als südlich der L 636 mit dem Bau von Siedlungshäusern begonnen wurde. Es entstanden zunächst acht Häuser, denen im Laufe der Jahre in mehreren Bauabschnitten mittlerweile rund 250 Ein- und Mehrfamilienhäuser folgten. Somit lebt die überwiegende Zahl der Benninghauser im neuen Wohngebiet, während im alten Dorfkern nördlich der L 636 die dort ansässigen landwirtschaftlichen Betriebe schrittweise aufgegeben wurden. In diesem Bereich haben sich neben der vorhandenen Wohnbebauung Gewerbe und Dienstleister angesiedelt.

Die sich in der Ortsmitte kreuzenden wichtigen Landesstraßen L 636 (Ost–West) und L 848 (Nord–Süd) sichern neben verschiedenen Kreisstraßen den Anschluss an das überregionale Straßennetz. Regelmäßige ÖPNV-Verbindungen bestehen nach Lippstadt und Soest. Eine günstige Infrastruktur gewährleistet ein adäquates Wohn- und Arbeitsumfeld. Die dörflichen Strukturen sind klar gezeichnet, zeigen aber auch den Wandel der Zeit. Dies wird im religiösen, schulischen und kulturellen Bereich, im Vereinsleben und besonders auch in der Arbeitswelt deutlich.

Die evangelische Kirchengemeinde unterhält Im Brühl ihr Gemeindehaus für kirchliche und gesellschaftliche Veranstaltungen. Das Pfarrheim der Katholischen Kirchengemeinde St. Martinus befindet sich in der Dorfstraße und schließt das Familienzentrum und den Jugendtreff ein. In beiden Gemeindehäusern werden wechselseitig zum Beispiel Seniorennachmittage abgehalten. Der katholische Kindergarten, seit

Haupteingang zum ehemaligen Kloster Benninghausen; heute ist in dem Gebäude eine Station der LWL-Kliniken untergebracht.

2007 das erste Familienzentrum in Lippstadt, wird von einem rührigen Förderverein unterstützt. Das Familienzentrum St. Martin erhielt nicht nur das „Gütesiegel Familienzentrum", sondern auch den „Innovationspreis Familienzentrum NRW 2007". Damit wurde das Projekt „Lippstädter Bücherwürmer" prämiiert, das Leseförderung mit Familienarbeit verbindet.

Die zurzeit noch dreizügige Grundschule Benninghausen wird von 275 Schülern aus den Stadtteilen Lohe, Eickelborn, Benninghausen, Hellinghausen, Herringhausen und Overhagen besucht. Auch der Wegfall der Schulbezirke hat die Frequentierung nicht beeinträchtigt. Die Benninghauser Grundschule war auch die erste offene Ganztagsschule im Bereich der Stadt Lippstadt. Etwa 50 Kinder nehmen dieses Angebot an. Mit Unterstützung engagierter Eltern wurde ein Förderverein gegründet, der sich besonders für die Ausstattung der Grundschule einsetzt.

Bei ungefähr 2.000 Einwohnern stehen im Ort 919 Arbeitsplätze und gute Versorgungsmöglichkeiten zur Verfügung. Das Vereinsleben hat in Benninghausen einen hohen Stellenwert. In rund 20 Vereinen gehen die Benninghauser ihren Neigungen nach. Die größten Vereine sind der Schützenverein, der Sportverein und der Karnevalsverein, wobei der Sportverein mit seinen Abteilungen Fußball, Tennis, Schießsport, Damensportgruppe und Alte Herren schon über 500 Mitglieder zählt. Weiter sind zu nennen: Kameradschaft ehemaliger Soldaten, Angelsportverein, V.d.K. Sozialverband, DLRG, Freiwillige Feuerwehr – Löschgruppe Benninghausen, DJK-Judo, Eine-Welt-Kreis, Katholische Jugend und KfD Benninghausen. Dem Sportverein stehen auf der Benninghauser Heide ein großzügiges Sportgelände mit insgesamt drei Fußballfeldern und Sportheim sowie vier Tennisplätze mit Tennisheim zur Verfügung. In Nachbarschaft zu den Sporteinrichtungen befindet sich auch der Schützenplatz. Die Vogelstange ist in unmittelbarer Nähe der für Freiluftveranstaltungen beliebten Grillhütte an der Lippe installiert. Alle örtlichen Vereine haben sich im Förderverein für Heimatpflege zusammengeschlossen. Hier werden die jährlichen Termine abgestimmt und gemeinsame Projekte beschlossen. Der Förderverein hat aber auch eigene Aufgaben von der ehemaligen Gemeinde Benninghausen übernommen. Er richtet im dreijährigen Turnus das Gemeindefest aus – die übrigen beiden Jahre sind die Kirchengemeinden an der Reihe –, organisiert die jährliche Dorf- und Flurreinigung, besucht die Altersjubilare ab 80 und beteiligt sich an Aktionen auf dem Weihnachtsmarkt in Lippstadt.

Im neuen Feuerwehrstützpunkt West ist seit 2010 die gemeinsame Unterkunft der Löschgruppen Benninghausen und Eickelborn realisiert worden, deren bisherige Feuerwehrgerätehäuser nicht mehr den heutigen Anforderungen entsprachen. Ebenfalls 2009 ist ein neuer Schulanbau realisiert worden. Eine besondere Attraktion ist seit einigen Jahren die Renaturierung der Lippeaue. Stand ein großer Teil der Dorfbewohner diesem Projekt des StUA zunächst kritisch gegenüber, so hat es inzwischen breiten Zuspruch gefunden. Klostermersch und Lippeaue wurden weitgehend der Natur überlassen und mit einer Rückzüchtung der Heckrinder und mit Konikpferden besetzt. Durch die Entfesselung der Lippe in diesem Bereich soll die ursprüngliche Auenlandschaft wieder entstehen und gleichzeitig Retentionsraum bei Hochwasser geschaffen werden. Das Projekt wird von der Arbeitsgemeinschaft Biologischer Umweltschutz (ABU) begleitet. Zwei Aussichtstürme bieten den Besuchern einen guten Überblick beziehungsweise Einblick in die renaturierten Flächen. Die ABU und die Bezirksregierung Arnsberg bieten in regelmäßigen Abständen Informationsveranstaltungen mit Führungen in diesem Gebiet an, um die Natur vor Ort erlebbar zu machen.

Unter dem touristischen Aspekt ist die durch Benninghausen verlaufende Römerroute als Radwanderstrecke ebenso zu sehen wie die geführten Kanutouren auf der Lippe mit Ziel und Anlegestellen beim Landgasthof Becker und am Grillplatz/Vogelstange.[236]

Die katholische Kirche St. Martin mit dem Ehrenmal, 2011

Bökenförde

oben links: Wallfahrtskirche St. Dionysius; rechts oben: Schloss Schwarzenraben; links unten: Idylle beim Hof zur Osten; rechts unten: Die jährliche Dreifaltigkeitsprozession zum Brünneken in der Feldflur

Der südlichste Ortsteil von Lippstadt wurde im Jahr 1005 erstmals urkundlich erwähnt, als Bischof Rethar von Paderborn durch eine Schenkung Kaiser Heinrichs II. einen Haupthof in Bökenförde erhielt. Für das Paderborner Domkapitel war der Grundbesitz in Bökenförde von größerem Interesse, da es sich hierbei um Landbesitz auf kölnischem Territorium handelte. Im Laufe der Geschichte kam es nämlich immer wieder zu Grenzstreitigkeiten zwischen beiden geistlichen Staaten, bei denen exterritorialer Besitz eine besondere Rolle spielte. Der Ortsname „Bökenförde" wird aus der Kontraktion der Wörter „Buchen" und „Furt" erklärt, die sich im Gemeinde- und in den Vereinswappen widerspiegeln. Bis ins 19. Jahrhundert hinein musste man das Flussbett der südlich des Dorfes fließenden Gieseler und kurz darauf das der Pöppelsche durchqueren, um von Bökenförde aus in das Westernkötter Feld oder nach (Bad) Westernkotten zu gelangen.

Den Mittelpunkt des alten Dorfes bildet die romanische Pfeilerbasilika St. Dionysius aus dem 12. Jahrhundert. Die Kirche wurde an der Nordseite um eine Wallfahrtskapelle erweitert, um das Gnadenbild zu beherbergen. Seit dem Mittelalter wird die romanische Sitzmadonna verehrt. Durch Wunderberichte aus dem 18. Jahrhundert wurde die katholische Kirchengemeinde zum Wallfahrtsort. Auch überregionale Pilgergruppen zieht es zum möglichen Erscheinungsort des Gnadenbildes in die Feldflur hinaus, wo am Brunnen und in der Kapelle innegehalten und gebetet wird. Das Brünneken ist auch am Pfingstmontag jährlich das Ziel der Dekanatsmännerwallfahrt, an der Hunderte Männer aus dem Dekanat Lippstadt teilnehmen. In der Gemarkung Bökenförde liegt auch das Schloss Schwarzenraben, das 1031 als Wambeke erstmals urkundlich erwähnt wurde. Das Wasserschloss wurde ab 1765 erbaut und im barocken Stil nach dem verheerenden Schlossbrand von 1935 wiederaufgebaut.

Als südlichster Punkt Lippstadts gehört auch der Hof zur Osten zu Bökenförde. Der Hof mit der alten Wassermühle, der zwischen 1015 und 1036 erstmals urkundlich erwähnt wurde, als er an das Domkapitel Paderborn übertragen wurde, gehörte ursprünglich zum Dorf Ostheim, das während der Soester Fehde zerstört und aufgegeben wurde. Der Hof zur Osten besaß wegen seiner Mühle hingegen größere Bedeutung, sodass er bestehen blieb und fortan dem Dorf Bökenförde zugerechnet wurde.

Bökenförde zählte bis zum Zweiten Weltkrieg um 480 Einwohner. Durch Evakuierte und besonders nach Kriegsende durch die Einquartierung der Ostvertriebenen wuchs die Bevölkerung bis 1950 auf 784 Einwohner an. Nachdem 1962 nördlich des Dorfes Bauland freigegeben wurde, wuchs und entwickelte sich der Ort stetig weiter. Nach dem Fortgang des britischen Militärs aus Lippstadt wurde die sogenannten Engländersiedlung als ganze Siedlungseinheit umstrukturiert.

Politisch gehörte Bökenförde zunächst zum Amt Erwitte, dann zum Amt Störmede und ist seit 1975 Ortsteil von Lippstadt.[237] Für das kulturelle Leben setzen sich viele Bökenförder in 14 Vereinen und Gruppierungen ein und gestalten ein harmonisches Zusammenleben innerhalb des rund 1.600 Einwohner zählenden Dorfes.[238] Ein besonderer Höhepunkt war im Jahr 2005 das 1000-jährige Jubiläum, bei dem Bökenförde auch überregional auf sich aufmerksam machte und Zusammenhalt von Alt und Jung demonstrierte.[239]

Cappel

Der Ortsteil Cappel ist in den letzten Jahrzehnten besonders durch das Wirtschaftswachstum der im Norden Lippstadts angesiedelten Unternehmen Hella und Rothe Erde mit Lippstadt zusammengewachsen.

Um 1140 wurde in Cappel das Prämonstratenserinnenkloster erbaut, das von den Edelherren zur Lippe und anderen Adeligen zur Ausstattung und Versorgung umfangreichen Grundbesitz erhielt. Die errichtete Kirche (lat. capella) gab dem Kloster und wachsenden Dorf seinen Ortsnamen. Der um das Kloster entstandene Ort Cappel gehörte ursprünglich zur Pfarrei Liesborn.[240]

Somit gehörte auch das Kloster zum Bistum Münster, wurde aber im 12. Jahrhundert dem Erzbistum Köln zugeordnet. Wegen des Klosters wurde Cappel zu diesem Zeitpunkt bereits eigenständige Pfarrei. Noch heute ist die ursprünglich kreuzförmige romanische Pfeilerbasilika aus der Mitte des 12. Jahrhunderts mit zweitürmigem Westbau eine Sehenswürdigkeit im Ortskern. Nach dem Übertritt der Edelherren zur Lippe zum protestantischen Glauben wurde der Frauenkonvent, der unter Leitung eines Propstes stand, 1588 in ein freiweltliches protestantisches Damenstift umgewandelt, was es auch trotz gegenreformatorischer Bestrebungen während des Dreißigjährigen Krieges 1623 und 1633 blieb. Ein politischer Schachzug des Hauses Lippe war es, dass ab 1628 die Stiftsleitung Äbtissinnen aus der Familie der Grafen zur Lippe unterstellt wurde.

Seit dem 19. Jahrhundert lebten sogar 21 Stiftsdamen, die nun auch aus Beamten- und Militärfamilien aufgenommen wurden, aber aus dem Land Lippe stammen mussten, im Cappeler Stift. Das protestantische Damenstift bestand bis 1971, als es durch ein Landesgesetz mit dem Stift St. Marien in Lemgo vereinigt wurde.[241] Heute ist in Teilen der Stiftsgebäude eine evangelische Berufsfachschule als „Berufskolleg Stift Cappel" untergebracht.

Im Zuge der einsetzenden Industrialisierung in Lippstadt siedelten sich zahlreiche Familien von Fabrikarbeitern in Cappel an. Da sie meist katholischer Konfession waren, gründete sich 1857 eine eigene

links oben: Heilige Messe auf dem Spielplatz; links unten: Das Abteigebäude heute
rechts oben: Die katholische Kirche Mariä Himmelfahrt; rechts unten: Cappel feiert Schützenfest

Kirchengemeinde, die zwischen 1862 und 1865 die katholische Kirche Mariä Himmelfahrt erbaute.

Nach dem Sieg über Napoleon kam Westfalen durch die auf dem Wiener Kongress von 1815 festgelegte Neuordnung zu Preußen, während Cappel und Lipperode beim Fürstentum Lippe verblieben. Der bis dahin politisch selbstständige Ort wurde 1949 an den Kreis Lippstadt angegliedert und 1975 ein Ortsteil Lippstadts.

Zahlreiche Vereine sorgen auch in Cappel für ein abwechslungsreiches Dorfleben. So finden jährlich zwei Gemeindefeste und ein Kinderbiwak statt. Für Senioren bieten die Frauen- und Männergemeinschaften sowie die Caritas ein abwechslungsreiches Programm durch das Jahr. Die 1979 gegründete Cappeler Laienspielschar sorgt mit Theateraufführungen für die kulturelle Unterhaltung, während der Sportverein für Jung und Alt ein vielseitiges sportliches Programm bietet.

Bei der Brauchtumspflege ist der Schützenverein sehr engagiert und wird dabei von der Interessengemeinschaft Cappel unterstützt, die sich für die Verschönerung des Ortskerns einsetzt. Mit seinen rund 2.700 Einwohnern zeigt sich Cappel als intakte, lebendige Gemeinschaft, in der konfessionsübergreifendes Miteinander gelebt wird.[242]

Dedinghausen

Nach Angabe der Homepage des Ortes und zahlreicher Printmedien wurde Dedinghausen im Jahr 1036 erstmals urkundlich erwähnt. In der neueren Forschung wird diese Ortsnennung allerdings einem heute wüsten Ort Dedinghausen bei Bad Lippspringe zugeordnet. Die erste gesicherte urkundliche Nennung des Ortes Dedinghausen bei Lippstadt findet sich in einer Papsturkunde aus dem Jahr 1183. Der Ortsname bedeutete so viel wie „bei den Häusern der Leute des Thedi/Thedo".[243]

In früherer Zeit grenzten bei Dedinghausen die Bistümer Köln und Paderborn aneinander. Als Folge des fortwährenden Strebens nach Gebietserweiterung kam es nach 1180 immer wieder zu Auseinandersetzungen zwischen beiden geistlichen Staaten. In Dedinghausen zeugen heute noch der Grenzstein am Lämmerbach sowie die Namensgebung „Kölner Grenzweg" von diesen Streitigkeiten.

Seit 1843 gehörte Dedinghausen zum Amt Störmede und wurde erst im Rahmen der kommunalen Neugliederung 1975 ein Stadtteil von Lippstadt. Kirchlich ist Dedinghausen eine Filialgemeinde von Esbeck und bildet zusammen mit Esbeck, Rixbeck, Hörste und Bökenförde einen Pfarrverbund. Im Jahr 1925 erfüllten sich die Dedinghäuser einen Wunsch und bauten eine eigene katholische Kirche, die dem heiligen Johannes dem Täufer geweiht ist.

Schon seit dem Jahr 1825 gibt es in Dedinghausen ein Schulgebäude. Zuerst stand ein im Fachwerkstil erbautes Gebäude auf dem Gelände der heutigen Gastwirtschaft Kehl. 1901/1902 wurde ein neues, größeres Schulhaus errichtet. Die Schule wurde dann in den Jahren 1956/1957 um weitere Schulgebäude erweitert und beherbergt heute den Bürgertreff.

Mit der Aufgabe der Volksschule und dem Neubau einer Grund- und Hauptschule mit Lehrschwimmbecken und Sporthalle bekam Dedinghausen auch von den umliegenden Ortsteilen stärkeren Zulauf. Nachdem die Hauptschule geschlossen wurde, bestehen auf dem Schulgelände am Kleefeld neben der Grundschule noch die Westfalenakademie, an der Physiotherapeuten ausgebildet werden, eine Sporthalle sowie ein Lehrschwimmbecken, das von vielen Schulen und Vereinen genutzt wird. Seit 1912 besitzt Dedinghausen einen Bahnhof, das sorgt unter anderem für eine verkehrstechnisch gute Anbindung an den Stadtkern.

Mit 1.888 Einwohnern zählt Dedinghausen zu den mittelgroßen Ortsteilen Lippstadts und ist ein sehr lebendiger Ort mit einem regen Vereinsleben. Sechzehn Vereine bieten im dörflichen Leben viel Abwechslung, unter anderem ein Sportverein mit den verschiedensten Abteilungen von Bogensport bis Zumba (Tanz), ein Karnevalsverein, Schützenverein, Musikverein, Feuerwehr und DLRG-Ortsgruppe.

Nicht zuletzt der Schulstandort, der Kindergarten und die Nähe zur Stadt Lippstadt tragen dazu bei, dass Dedinghausen seit Jahren das niedrigste Durchschnittsalter im gesamten Stadtgebiet von Lippstadt hat.[244]

oben links: Der Dedinghäuser Bahnhof, 1970; oben rechts: Gemütliches Beisammensein beim Dorffest; unten links: Der Hof Remmert-Meilf; unten rechts: Der Bürgertreff

Eickelborn

Heute sind im Ortsteil Eickelborn rund 2.200 Einwohner an der westlichen Stadtgrenze Lippstadts beheimatet. Erste schriftliche Belege des Ortsnamens beziehen sich auf die Person des Erembertus de Ekeneberne, der 1250 in einer Urkunde genannt wird.

Der Ortsname wird in der neuesten Forschung als „eine Stelle bei einer mit Eichen bestandenen Quelle"[245] gedeutet. Das Stift Meschede hatte umfangreichen Besitz in Eickelborn, der vor Ort durch einen Schultenhof verwaltet wurde. Die dort ansässigen Ministerialen hatten auch ein eigenes Wappen, das Eickelborn heute als Ortswappen führt. Im silbernen Schild findet sich ein schwarzer Bär mit goldenem Halsband über dem Helm.

Das Dorfbild war bis ins 17. Jahrhundert von zwei Wasserburgen geprägt, eine von dem Adelsgeschlecht von Eickelborn und ab 1483 von den Familien von Pentling und von Hugenpoet bewohnt. Der Dreißigjährige Krieg, die Pest und der Siebenjährige Krieg brachten Elend, Zerstörung und Tod über das Dorf und seine Bevölkerung, sodass auch die Wasserburgen zerstört und als solche nicht wieder aufgebaut wurden. Als Filialgemeinde gehörte Eickelborn bis 1844 zum Kirchspiel Horn und somit bis 1802 zum Gogericht Erwitte. Bis 2004 gehörte die katholische Kirche zur Pfarrei Benninghausen und seither zum Patronalverbund Lippstadt Süd-West.

Im alten Ortskern von Eickelborn findet sich die Dorfkapelle St. Antonius der Einsiedler, die zum adeligen Gut gehörte und 1622 erstmals erwähnt wurde. Im Turm befindet sich mit der Bronzeglocke aus der Zeit um 1450 eine der ältesten Glocken

Sportheim (links) und Schützenhalle (rechts), 2010

Lippstadt im Spiegel der Zeit

Die evangelische Kirche

Der neu gestaltete Dorfplatz mit Brunnenanlage

Die St.-Antonius-Kapelle heute

Westfalens. Der Altar, der links den heiligen Antonius und rechts den heiligen Georg zeigt, wurde im Jahr 1774 aufgestellt. Im Jahre 1938 wurde an der Rückseite des Chorraumes ein Marienaltar errichtet, der bei Prozessionen eine Station darstellt. Das spitzgieblige Werk, das aus Anröchter Stein geschaffen wurde, beherbergt eine holzgeschnitzte Madonna mit Kind. 1942 wurde der Eingang der Kapelle durch einen Vorbau gegen Witterungseinflüsse geschützt. Unter diesem Vordach ist heute auch das Kriegerdenkmal von Eickelborn untergebracht, das auf zwei Tafeln die Namen der Gefallenen der beiden Weltkriege trägt. Neben dieser Kapelle gab es noch eine Anstaltskapelle, die von den Gläubigen sonntags besucht werden durfte. Wegen Platzmangels wurde 1922–1925 die katholische Kirche St. Josef des Landeskrankenhauses erbaut, die seither – wegen Kostenbeteiligung der politischen Gemeinde Eickelborn – auch die Kirche des Dorfes ist.

Die Provinz Westfalen erwarb 1878 das Rittergut Eickelborn, auf dessen Gutsgelände zwei Gebäude errichtet und zwischen 1883 und 1887 als Irren-Siechen-Anstalt Eickelborn genutzt wurden. Die psychiatrische Krankenanstalt Eickelborn wurde dann vor dem Ersten Weltkrieg erweitert, wodurch Ärzte, Pflegepersonal und Handwerker in Eickelborn eine neue Heimat fanden und zum Wachstum des Ortsteils beitrugen. Am 15. November 1926 erfolgte die Grundsteinlegung für eine evangelischen Anstaltskirche, die bereits ein Jahr später durch den damaligen Generalsuperintendenten Zöllner eingeweiht werden konnte. Sie bot im Schiff Platz für 260 Patienten und auf der Empore für 60 Personen aus den Familien der Bediensteten. Die Anstaltskirche rahmte als repräsentatives Gebäude an der Hauptstraße zusammen mit der etwa zur gleichen Zeit erbauten katholischen Anstalts- und Dorfkirche das Verwaltungsgebäude der Eickelborner Anstalt ein.[246] Heute wird die Kirche nicht mehr für Gottesdienste genutzt.

Damals wie heute ist die Westfälische Klinik für Psychiatrie Lippstadt und das Westfälische Zentrum für forensische Psychiatrie Lippstadt unter dem Dach des Landschaftsverbandes Westfalen-Lippe der größte Arbeitgeber im Ort.

Eickelborn gehörte seit dem 19. Jahrhundert zum Amt Oestinghausen und wurde dann im Zuge der kommunalen Neugliederung am 1. Januar 1975 ein Ortsteil der Stadt Lippstadt.

Zahlreiche Vereine und Gruppierungen prägen das Alltagsleben in Eickelborn. Für Alt und Jung bieten Vereine wie die St.-Antonius-Schützenbruderschaft, der Sportverein Blau-Weiß, die kfd Eickelborn-Lohe, der Männergesangverein oder der Frauenchor, die Kolpingfamilie sowie die Feuerwehr ein breites und abwechslungsreiches Freizeitangebot.[247]

Der Ortsteil feiert 2012 aufgrund einer Urkunde, in der Henricus de Eckeneberne 1262 genannt wird, seinen 750. Geburtstag.

Esbeck

Das Straßendorf Esbeck liegt am linken Lippeufer rund drei Kilometer östlich von Lippstadt und wurde als Ebike im Jahr 1036 erstmals urkundlich erwähnt, als der Paderborner Bischof Meinwerk dem dortigen Busdorfstift ein Vorwerk Ebike in Besitz gab. Der Ortsname bezeichnete ursprünglich einen zum Austrocknen neigenden Bach.[248]

Esbeck wird im Güterverzeichnis des Grafen Ludwig von Arnsberg zwischen 1281 und 1313 bereits als Pfarre aufgeführt und besaß eine eigene Kirche. Hierfür mussten die Esbecker einen Pfarrhof, zwei Hufen Land und einen ansässigen Ministerial-Adel vorweisen. Aus der in Esbeck ansässigen niederadligen Familie stammt der zwischen 1277 und 1299 in Lippstadt erwähnte Ratsherr und Bürgermeister Albert von Esbeck. Die heutige katholische Kirche wurde in den Jahren 1978/1979 anstelle der alten Kirche neu errichtet.

Das Ortswappen ist in Rot gehalten mit drei S-förmig gestalteten silbernen (weißen) Wellenbalken. Das Wappen geht auf das Siegel der im Spätmittelalter in Lippstadt und Soest, ansässigen Familie von Esbeck zurück.

Weltlich gehörte Esbeck seit dem 14. Jahrhundert zur Herrschaft der Herren von Hörde zu Störmede, die wiederum ihre Herrschaft von den Grafen von Arnsberg erhalten hatten. Seit 1817 gehörte Esbeck zum neu gegründeten Kreis Lippstadt.

Nachdem 1843 das Amt Geseke und 1845 das Amt Störmede gegründet worden waren, gehörte Esbeck zunächst zum Amt Geseke und danach bis zum 1. Januar 1975 zum Amt Störmede. Mit der kommunalen Neugliederung ist das Dorf ein Ortsteil der Stadt Lippstadt geworden und zählt heute 2.300 Einwohner. 1986 feierten die Esbecker das 950-jährige Bestehen ihres Ortsteils. Als Dorfmittelpunkt findet sich seitdem ein gemauerter Brunnen direkt vor dem Hof Schnieder. Die Infrastruktur Esbecks und die Nähe zur Stadt haben diesen Ortsteil zu einem beliebten Wohnort gemacht, nicht zuletzt durch die neu erschlossenen Baugebiete.

Vom 27. bis 29. Mai 2011 feierten die Esbecker anlässlich der ersten urkundlichen Erwähnung vor 975 Jahren ihr Dorfjubiläum, zu dem Gäste aus nah und fern kamen.[249]

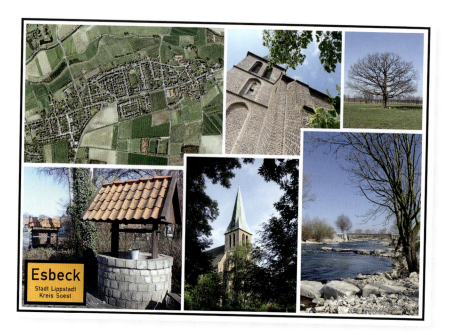

Buntes Treiben beim Dorfjubiläum, 2011

Garfeln

Garfeln liegt im östlichen Bereich der Stadt Lippstadt und grenzt an den Kreis Paderborn. Die Ortschaft befindet sich nördlich, abseits der Landstraße 636, als lose Gruppierung einiger alter Hofanlagen am Dörferweg. Im Westerfeld – westlich des alten Dorfkernes – gibt es eine jüngere Wohnbebauung. Separiert hiervon hat sich ein Neubauquartier in Richtung Hörste etabliert, dessen Bezug zum Dorfkern jetzt durch Lückenbebauung geschlossen wird. Erstmals urkundlich erwähnt wurde der Ort im Jahre 1280 durch das Adelsgeschlecht der Herren von Garfeln.[250]

Die ursprüngliche Bedeutung des Ortsnamens ist auch nach neuester Forschung nicht ganz sicher festzustellen. Möglicherweise bezieht sich der Name Garfeln auf flache, relativ spitz zulaufende Landstücke im Uferbereich der Lippe. Dazu würde auch die Nennung einer Furt Garfeln (Gareflen) durch die Lippe im Jahre 1301 passen.[251]

Der Ort gehört seit dem Mittelalter zur Pfarrei Hörste. Seit 1894 steht die dem heiligen Josef geweihte Dorfkapelle auf dem Hof Schulte. Die Brandenbaumer Mühle ist bereits 1491 nachgewiesen. Nahe dieser Mühle befanden sich eine Zollstelle, als Grenze zwischen den Fürstbistümern Paderborn und Köln, sowie ein Freistuhl der Familie von Hörde zu Boke. Von 1890 bis 1967 besaß der Ort eine eigene Grundschule und 1963 wurde am „Fosshöller" ein Sportplatz angelegt. 1946 und 1965 wurde Garfeln wie auch Lippstadt von einer verheerenden Flutkatastrophe heimgesucht. Im Zuge der kommunalen Neuordnung und der Auflösung des Kreises Büren wurde Garfeln von der Stadt Salzkotten zur Stadt Lippstadt eingemeindet.

Das Dorfleben wird überwiegend von Straßenfestgemeinschaften, den St.-Johannes-Böllerschützen und den Lippegänsen geprägt. Diese Gruppierungen veranstalten Feste und bewahren das alte Brauchtum in Form von Osterfeuer und dem jährlichen Böllern zur Prozession. Darüber hinaus findet man im Ort überall bürgerliche Eigeninitiative. Der in Eigenleistung erstellte Dorfplatz und der Spielplatz im alten Ortskern wurden bei der Teilnahme am Dorfwettbewerb mit Sonderpreisen ausgezeichnet.

Durch die gute nachbarschaftliche Beziehung zu Hörste sind in der Vergangenheit auch eine Reihe gemeinsamer Vereine, wie der Sport- und Schützenverein und der Heimatbund Hörste-Garfeln, entstanden.[252]

Die Dorfkapelle St. Josef auf dem Hof Schulte

Idylle am Lippewehr

Der Spielplatz im Ortskern

Hellinghausen

Im Westen der Stadt Lippstadt liegt der Ortsteil Hellinghausen, der mit 418 Einwohnern zu den kleineren Ortschaften Lippstadts gehört. Das Dorf liegt in unmittelbarer Nähe zur Lippe und besitzt als Straßendorf eine ausgeprägte Ost-West-Ausdehnung, die von Natur- und Landschaftsschutzgebieten umgeben ist. Der Ortsteil Hellinghausen wird erstmals unter dem Namen Hailredinghusen in der sogenannten Jüngeren Corveyer Tradition genannt, die zwischen 973 und 975 verfasst wurde. Der Ortsname war eine Lagebezeichnung und bedeutete ursprünglich „bei den Häusern der Leute des Helo oder der Hailred".[253] Die heutige katholische Kirche stammt nach der Inschrift über dem Eingangsportal aus dem Jahr 1782. Ihr ging allerdings ein viel älteres Bauwerk voraus, das nach Aufzeichnungen des Hellinghausener Pastors Clemens Fleige (1879–1904) in das Jahr 890 zurückreicht. Belegt wird diese Jahreszahl in der Herzfelder Chronik von St. Ida. Die Heilige gilt gemäß den Eintragungen aus dem Kirchenbuch von Ostinghausen als Erbauerin dieser Kirche. So soll dieses frühere Bauwerk die erste Steinkirche in Westfalen gewesen sein. Im Laufe der Jahrhunderte wurde sie mehrfach ausgeplündert und zerstört. In der Pfarrkirche begleitet bis heute ein historisches Orgelwerk den sonntäglichen Gottesdienst. Es stammt aus dem Jahre 1783 und wurde von dem Paderborner Hoforgelmacher Johann Gottlieb Müller erbaut. Im Jahre 1845 wurde das Instrument von dem weltbekannten Orgelbauer Carl Kuhlmann vollständig neu aufgebaut und ist heute die größte in Westfalen noch vorhandene Orgel dieses Orgelbauers, die zudem in ihrem Bestand am besten erhalten ist. Um dieses Gotteshaus befand sich bis 1875 der Friedhof für die Gemeinden des Kirchspiels Hellinghausen, Herringhausen und Overhagen. Ebenso gehörten die bei Cappel gelegenen mittelalterlichen Einzelhöfe Böbbing und Nomeke zur Hellinghäuser Kirche, obwohl sie nördlich der Lippe lagen und die Bewohner zum Kirchgang nach Hellinghausen mit einem Boot übersetzen mussten.[254] In direkter Nachbarschaft der Kirche lag die einklassige Volksschule, die bis 1930 von den Kindern aus Hellinghausen und Herringhausen besucht wurde. Heute ist die Kirche ein gefragter Ort für kirchliche Feierlichkeiten. Das Kirchspiel Hellinghausen hieß früher Hailredinghusen und wurde vermutlich circa im 11. Jahrhundert in Vridehardiskirkin umbenannt. In einer Urkunde aus dem Jahre 1236 taucht der Name als Vredehardiskerken auf. Dieser Ort verdankt aller Wahrscheinlichkeit nach seinen Ursprung einer fränkischen Anlage an der Lippe. Die Vorsilbe „Fried" stammt vermutlich von eingefriedet und „hardt" von der Bezeichnung Höhe. Da das ursprüng-

liche Zentrum des alten Dorfes um die Kirche herum auf einer Anhöhe lag, wird auch heute noch dieser höher liegende Bereich „Gottesinsel" genannt. Demnach scheint diese Deutung am wahrscheinlichsten.

Die Bezeichnung Vredehardiskerken verschwand aber wieder im 13. Jahrhundert, nachdem die Ehe zwischen der Tochter des Themo de Vrederikeskerken mit Johann von Schorlemmer kinderlos geblieben war. So erscheint in alten Urkunden gegen Ende des 13. Jahrhunderts wieder der Name Hailredinghusen, das spätere Hellinghausen. Die Aufzeichnungen der alten Hellinghauser Lehrerfamilie Hoischen (1839–1928) belegen, dass die ursprüngliche Lage des Dorfes nördlich der Kirche in den Lippewiesen gewesen sein muss. Die Straßen von Herringhausen und Overhagen haben demnach früher direkt zur Kirche geführt. Damit ist auch die heutige Lage der Kirche, abseits des Dorfes, auf der „Gottesinsel" zu erklären. Früher lag die Kirche an zentraler Stelle in der Mitte des alten Dorfes. Es wird vermutet, dass die Abholzung des Auenwaldes in der Lippeaue zu einem erheblichen Anstieg des Grundwasserspiegels geführt hat. Auch die regelmäßigen Hochwasser werden dazu beigetragen haben, dass die Menschen den Auenbereich verlassen mussten und auf die wesentlich trockenere Sanddüne gezogen sind. Damit lässt sich auch die deutlich erkennbare Ost-Westausdehnung des heutigen Dorfes erklären. Westlich der „Krummen Wende" stand bis zum Jahre 1445 die Burg Friedhardtskirchen. Nachdem in der Soester Fehde im Jahre 1445 unter anderem auch diese Burg zerstört worden war, kam es zu einer Aufteilung in vier Rittersitze. Schloss Overhagen, Schloss Herringhausen, Schloss Ober Hellinghausen und das Schloss Nieder Hellinghausen (Junkerschloss). Während die beiden erstgenannten noch gut erhalten sind, ist vom Schloss Ober Hellinghausen am östlichen Rand des Dorfes nur noch der Schlossgraben zu sehen. Vom Schloss Nieder Hellinghausen zeugt heute noch das Torhaus, welches in den vergangenen Jahren liebevoll restauriert worden ist.[255]

Nachdem im Jahre 1995 die Wiesen in der Lippeaue im Rahmen des Lippeauenprogrammes vom Land NRW aufgekauft wurden, begann man wenig später mit der Renaturierung der Lippe und der Schaffung des Schutzgebietes „Hellinghauser Mersch." Die Gebietsbetreuung liegt seitdem in den Händen der ABU (Arbeitsgemeinschaft biologischer Umweltschutz im Kreis Soest e. V.) Die Bewirtschaftung des Weide- und zum Teil auch Ackerlandes wurde eingestellt und die Flächen wurden sich selbst überlassen. Nun beweiden Heckrinder und Koniks (Wildpferde) die gesamte Fläche. Die Hellinghäuser erfreuen sich jedes Jahr, wenn im Frühjahr die ersten Storchenpaare ihre Kreise über den Häusern ziehen. Seit nunmehr vier Jahren brüten sie erfolgreich in der Hellinghauser Mersch. Aber auch Kraniche, Graureiher, Silberreiher und verschiedene seltene Entenarten können von dem neu geschaffenen Aussichtshügel in der Nähe der Kirche beobachtet werden. Für das kulturelle Leben zeigen sich vier Vereine verantwortlich, die mit ihren Veranstaltungen im Laufe eines Jahres zum Gemeinschaftsleben im Dorf beitragen. Obwohl Hellinghausen der drittkleinste Stadtteil ist, verfügt es über ein Blasorchester, das weit über die Stadtgrenzen hinaus bekannt ist und zahlreiche Veranstaltungen im Stadtgebiet musikalisch begleitet.[256]

Das Versteinerte Brot

Besonders bekannt ist das „Versteinerte Brot" im Eingangsbereich der Kirche. Der Sage nach lebten in Hellinghausen zwei Schwestern. Eine lebte in Überfluss, die andere in Armut. Als die arme Mutter das Jammergeschrei ihrer hungrigen Kinder nicht mehr ertragen konnte, bat sie ihre Schwester um ein Stückchen Brot. Die reiche Schwester wies die Bettelnde mit den Worten ab, dass sie kein Brot habe und dass das Brot in ihrem Hause zu Stein werden solle. Als die Reiche am nächsten Morgen den Schrank öffnete, war das Brot zu Stein geworden, und die böse Schwester stürzte vor Schreck zu Boden und starb.[257]

Herringhausen

Mit 362 Einwohnern ist Herringhausen der zweitkleinste Ortsteil der Stadt Lippstadt.[258] In einer Urkunde vom Jahre 1522 aus dem Damenstift Cappel wird der Ort Herdynckhusen erstmals erwähnt.[259]

Da in diesem Zusammenhang auch vom Amt Friedhardtskirchen die Rede ist, ist ziemlich eindeutig, dass hiermit das heutige Herringhausen gemeint ist, denn der Ort gehörte zu diesem Amt. Der Ortsname bedeutet so viel wie „bei den Häusern der Leute des Hard(i) beziehungsweise Hardo".[260]

Ein imposantes Bauwerk am Rande des Ortes ist das Schloss Herringhausen. Das zweigeschossige Herrenhaus wurde zwischen 1720 und 1730 im Barockstil für Leopold Anton von Schorlemer und seine Ehefrau Anna Franziska Theresia von Niehausen errichtet und ist heute noch Wohnsitz der Familie von Schorlemer.

Das Schloss ist der Geburtsort des bekannten Bauernkönigs Freiherr Burghard von Schorlemer-Alst (1825–1895), der als Initiator der ländlichen Genossenschaftsbewegung und als Gründer des Westfälischen Bauernvereins gilt.

Herringhausen gehörte politisch wie auch konfessionell zum alten Westfalen und ist daher von der katholischen Konfession geprägt. Kirchlich gehört Herringhausen zu Overhagen beziehungsweise zum Pastoralverbund Lippstadt Süd-West. Allerdings besitzt der Ort eine eigene Kapelle. Sie ist mit den Innenmaßen von 8,54 Meter Länge und 5,45 Meter Breite ein kleines Gotteshaus, aber eines der wenigen Gotteshäuser im Besitz der Stadt Lippstadt. Die Kapelle wurde von den Dorfbewohnern 1860 erbaut.

Allerdings hatte die heutige Kapelle mehrere Vorgängerbauten. Aus alten Aufzeichnungen geht hervor, dass es zwischen 1725 und 1797 im Ort eine Loretto-Kapelle gab. Es ist aber nicht mehr genau nachweisbar, wann und wo diese gestanden hat. Vermutlich gab es schon viel früher eine Kapelle,

Schloss Herringhausen, 2005

da in Aufzeichnungen von 1594 schon vom Kapellenland die Rede ist. In der heutigen Kapelle befindet sich unter anderem eine Madonna auf der Mondsichel mit Jesuskind und einer Taube. Ihre Entstehung wird in die zweite Hälfte des 15. Jahrhunderts datiert. Diese Madonna hat somit möglicherweise schon in der alten Loretto-Kapelle gestanden. Heute wird in der Kapelle noch einmal wöchentlich die heilige Messe gefeiert.

Das kulturelle Zentrum in Herringhausen ist das Bürgerhaus „Alte Schule", die 1930 als Volksschule mit zwei Klassenzimmern und einem Lehrmittelraum sowie Lehrerwohnungen erbaut wurde. Letztere konnten immer samstags von der gesamten Dorfbevölkerung genutzt werden. 1969 wurde der Schulbetrieb eingestellt und 1975 übergab die Stadt Lippstadt dann der Schützenbruderschaft St. Clemens Friedhardtskirchen Herringhausen-Hellinghausen das Gebäude zur Nutzung. In zwei Umbaumaßnahmen 1983 und 1987 wurde die Schule dann zum Kommunikationszentrum ausgebaut. Einwohner von Herringhausen und Hellinghausen können die Räumlichkeiten für private Feste anmieten und ortsansässige Vereine nutzen das Gebäude für Versammlungen und Vereinsfeste.

Der größte „Einzelverein" in Herringhausen ist mit 125 Mitgliedern der Förderverein Herringhausen. Er ist 2001 gegründet worden und führt innerorts Projekte wie zum Beispiel die Erhaltung der Kapelle, Erweiterung des Spielplatzes oder Aufstellen von Sitzgruppen durch. Weitere Vereine sind die Schützenbruderschaft St. Clemens Friedhardtskirchen Herringhausen-Hellinghausen, der Schießsportverein Horrido und der Taubenverein Westfalenstolz. Dies sind aber Vereine, die sowohl zu Herringhausen als auch zu Hellinghausen gehören. Innerhalb dieser Vereine zeigt sich die enge Verbundenheit der beiden Ortsteile, die nicht nur auf die gemeinsame Pfarrgemeinde zurückzuführen ist.[261]

Der Kinderspielplatz mit der Vogelstange, 2011

Das Bürgerhaus als Treffpunkt für alle Dorfbewohner, 2007

Hörste

Der älteste schriftliche Beleg für Leben und Wohnen in der hiesigen Region findet sich mit der Nennung der „Mark der Einwohner von Hörste" aus dem Jahr 881. Hier steht nicht wie bei den meisten Urkunden der Ort, sondern seine Bewohner im Vordergrund,[262] denn König Ludwig kam der Bitte des Paderborner Bischofs nach und bestätigte die von seinem Vater und seinem Großvater der Paderborner Diözese erteilten Schutz- und Immunitätsprivilegien. Dabei weitete er die bestehenden Privilegien aus und nahm auch die Malmannen[263] der Hörster Mark („Hursteromarcu") in seinen königlichen Schutz, das heißt, er unterstellte sie der Gerichtsbarkeit des Bischofs und entzog das Gebiet somit der bisherigen gräflichen Gerichtsbarkeit. Als Gerichtsstand wurde das Gericht des Paderborner Bischofs beziehungsweise des von ihm ernannten Vogtes bestimmt.[264] Zu Hörste gehört auch politisch das Dorf Öchtringhausen, das wie zahlreiche Orte der Region mit der Endung „-inghausen" wie auch Mettinghausen, Mantinghausen, Mönninghausen, Bönninghausen und Dedinghausen im 9./10. Jahrhundert entstanden ist. Bei den Ortsnamen geht jeweils der erste Teil des Ortsnamens auf eine Person zurück. Für Öchtringhausen kann eine Person namens Other in Betracht gezogen werden. So wird der Ortsname als „bei den Häusern der Leute des Ohtheri" gedeutet.[265] Eine schriftliche Erwähnung des Ortes ist aus dieser frühen Zeit nicht nachgewiesen. Ein erster Hinweis auf die Existenz des Dorfes Öchtringhausen findet sich mit der Nennung von Hermannus de Ochtrinnghusen im Jahr 1284.

Bis zur kommunalen Neugliederung im Jahr 1975 war Hörste eine politisch eigenständige Gemeide, die dem damaligen Kreis Büren zugeordnet gewesen ist. Gemeinsam mit Mettinghausen/Rebbeke bildete Hörste räumlich gesehen den westlichsten Teil der Fläche des Kreises Büren, den sogenannten „Entenschnabel", da die Fläche des Kreises Büren bildlich die Form einer Ente aufwies. Beiderseits der L 636, welche die alte Ortslage vom Westen nach Osten durchquert, hat sich die Streusiedelung der Hofanlagen um die katholische Kirche als dörflichen Mittelpunkt von Hörste

entwickelt. Abseits südlich der L 636 haben sich Neubaugebiete etabliert. Im Außenbereich liegen Splittersiedlungen, Thiekamp und Herlar. Der eigentliche Dorfkern ist um die katholische Kirche St. Martin und um den dortigen Kirchenplatz positioniert. Die Gruppierung der Hofanlagen ist lose an der Schleusenstraße und beiderseits der L 636 aufgereiht. Der ruhige Bereich um Kirche und Kirchplatz ist der dörfliche Bezugspunkt der Ortslage und als Ensemble zusammen mit dem großkronigen Baumbestand und den Fachwerkhäusern ein absolutes schützenswertes Kleinod. Im Randbereich des Kirchplatzes schließt sich das neu renovierte Pfarrheim an.

Der Ort Hörste mit rund 1.600 Einwohnern bietet für einen Ort seiner Größenordnung eine äußerst reichhaltige Infrastruktur: Kindergarten, Grundschule, Ärzte und Apotheke, Tankstelle, Restaurants, Gärtnereibetriebe, Handwerksbetriebe, Einkaufsmöglichkeiten für den täglichen Bedarf. Im Jahr 1975 wurde für die evangelischen Christen die Lukas-Kirche in Hörste am damaligen Ortsrand eingeweiht.

Die Nähe zu Lippstadt mit seinen zahlreichen Möglichkeiten erweitert das dörfliche Angebot. Über 20 Vereine und Gruppen bieten den Bewohnern reiche Gelegenheit, ihre Freizeit zu gestalten. Allein das Sport- und Fitnessangebot des VfL Hörste-Garfeln mit rund 700 Mitgliedern und des DJK Hörste umfasst mehr als 15 Disziplinen, zum Beispiel Fußball, Tennis, Volleyball, Boule, Walking, Power-Gymnastik, Hip-Hop oder Zumba. Außerdem sind auch der Schützenverein oder das Tambourcorps im Ortsleben sehr stark engagiert. Die Anlaufstellen für die Freizeitgestaltung sind das mit Garfeln gemeinsam entwickelte und genutzte, außerordentliche Sportgelände, die örtliche Turnhalle der Grundschule, die Heimatstube in den Räumlichkeiten der Feuerwehr sowie das Pfarrheim. In allen Vereinen wird der Betreuung von Kindern und Jugendlichen eine besondere Aufmerksamkeit gewidmet. In diesem Zusammenhang ist die Jugendarbeit der örtlichen Kolpingjugend besonders erwähnenswert. Neben den regelmäßigen Veranstaltungen im Ort werden jährlich drei bis vier Ferienlager für Kinder und Jugendliche angeboten. Um die Belange der Orte, um ihre Geschichte und gegenwärtige Gestaltung kümmern sich der Heimatbund Hörste-Garfeln und der Heimatverein Öchtringhausen. Der Förderkreis Frankreich weitet den Horizont über unsere Landesgrenzen hinaus. In vielen Jahren sind Beziehungen zum nordfranzösischen Dorf St. Magerite d' elle gewachsen. Zahlreiche weitere Vereine und konfessionelle Gruppen sorgen für weitere Vielfalt im Leben unserer Gemeinden, sodass Angebote für sämtliche Altersgruppen vorhanden sind.[266]

Die romanische Kirche St. Martin aus der Mitte des 12. Jahrhunderts

Lipperbruch

Im Vergleich zu den meisten gewachsenen Dörfern, die 1975 eingemeindet wurden, ist Lipperbruch ein sehr junger Ortsteil. Im Jahr 1996 feierte er gerade einmal sein 50-jähriges Bestehen. Vor der zivilen Besiedlung war bis 1936 ein Fliegerhorst der Wehrmacht entstanden. Davor war der Lipperbruch eine weite, ungastliche und relativ unbewohnte Landschaft. Der Blick auf ein Luftbild des Ortsteils zeigt deutlich seine Einbindung in eine weite Wiesen- und Weidelandschaft, die Lipperbruch zu Recht den liebenswerten Beinamen „Stadtteil im Grünen" eingebracht hat. Der Margaretensee, die zahlreichen Kanäle und Bachläufe, Rad- und Spazierwege (zum Beispiel die Römerroute) machen Lipperbruch zu einem lebenswerten Wohnbereich für Lippstadt. Der ehemalige Lippische Bruch erstreckte sich zwischen der Stadt Lippstadt und den Ortschaften Lipperode, Mastholte, Benteler und Suderlage (heute Bad Waldliesborn). Zentrum des Lippischen Bruchs dürfte das Gebiet des heutigen Stadtteiles Lipperbruch gewesen sein. Im geografischen und landwirtschaftlichen Sinne versteht man unter Bruch das in Niederungen gelegene Land, das gleichsam einen Übergang zwischen Sumpf und Moor bildet.

Der Verkauf und die Überlassung von Landflächen durch die Familie Cosack, Gut Mentzelsfelde, ermöglichten eine Besiedlung des Bruches, so 1934 zur Errichtung eines Segelflugplatzes, 1935/1936 zum Ausbau als Fliegerhorst, ab 1946 zur Schaffung von Siedlungen und des Kirchbaus der katholischen Kirche Maria Frieden, 1966 für die Errichtung der Marienschule und für zahlreiche andere Einrichtungen.

Lipperbruch war insgesamt über sieben Jahrzehnte Garnisonsstandort: Die von der nationalsozialistischen Herrschaft errichtete „Richthofen-Kaserne" war Luftwaffenstandort bis zur amerikanischen Bombardierung 1944 und zur Kapitulation der Wehrmacht. Auf dem noch freien ehemaligen Rollfeld errichteten die Engländer 1951 ein Unterkunftslager für 800 Soldaten, das sogenannte „Camp El Alamein". Diese Anlage wurde von 1956 bis 1957 für die Ausbildung von Zollanwärtern der Bundes-Zollschule genutzt. Schon bald nach der Gründung der Bundeswehr zogen wieder erste deutsche Soldaten in den nun „Lipperland-Kaserne" benannten Komplex ein. Infolge der weltpolitischen Wende wurde der Standort 2006 aufgelöst. Das weitläufige Kasernengelände steht zu ziviler Nutzung noch zur Disposition.

Nach dem Krieg wurden die zerbombten Unterkunftsgebäude des „Fliegerhorstes" durch Flüchtlinge und Vertriebene aus den deutschen Ostgebieten als notdürftige Bleibe genutzt, wodurch zunächst die schamhaft-friedliche Bezeichnung „Siedlungen an der Mastholter Straße" aufkam. Ein Jahr nach dem Krieg wurde die Gemarkung „Fliegerhorst" durch Verwaltungsbeschluss der Stadt Lippstadt offiziell in „Lippstadt-Lipperbruch" umbenannt, das heißt, die Siedlung gehörte noch zur Kernstadt.

Bereits 1947 waren dort wieder 700 Menschen ansässig. Die „Deutsche Bauernsiedlungsgesellschaft mbH" errichtete in den Jahren 1953 bis 1964 auf dem Gelände vier Siedlungen mit insgesamt 122 sogenannten Nebenerwerbsstellen,

Eingang Wache zum Fliegerhorst, 1940

die den vertriebenen Landwirten in bescheidenem Rahmen die Möglichkeit zu Ackerbau, Viehhaltung und Gartennutzung boten. In den folgenden Jahrzehnten verdichtete sich der Stadtteil durch individuelle Bebauung, Straßenbau und die Schaffung einer zweckdienlichen Infrastruktur. Erst 1984 beschloss der Stadtrat Lipperbruch als eigenständigen Stadtteil einzustufen und damit gleichberechtigt neben die anderen 16 Ortsteile zu stellen.

Ein eigenes Wappen wurde erst 1986 geschaffen. In Anlehnung an das Landeswappen ist es dreigeteilt: ein weißer Wellenbalken im grünen Umfeld links oben kennzeichnet die Bruchlandschaft mit den Wasserläufen. Die Kultivierung des Geländes, den Neubeginn und das Wachstum symbolisiert oben rechts ein junger Eichenbaum. Die rote lippische Rose im unteren Wappenteil erinnert an die Zugehörigkeit zu Lippstadt.

Die katholische Kirche wurde in den Jahren 1954/1955 errichtet. Auf dem Gelände der ehemaligen Militäranlage, die durch die früheren Gegner vernichtet worden war, sollte Maria als Friedenskönigin die Schutzpatronin einer neuen friedvollen Zeit sein, was durch den Namen der Kirche „Maria Frieden" zum Ausdruck kam. Auch bei der evangelischen Kirche sind die Bezüge zur kriegerischen Vorgeschichte der Siedlung überdeutlich. Das Gebäude wurde 1958/1959 auf den Trümmerresten des ehemaligen Fliegerhorstes errichtet. Zur Namensgebung „Christophorus" – der Schutzpatron der Reisenden – führte der damalige Pfarrer Ungerer aus, dass die meisten Gemeindeglieder über weite Wege, Flüsse und Trümmer hier angekommen seien. Beide Kirchen wurden in Eigenleistung und durch Spenden errichtet.[267]

Heute zählt Lipperbruch knapp 2.400 Einwohner. Der Ort verfügt über eine gute Infrastruktur und mit Kindertagesstätte, Grundschule, Gymnasium und Berufskolleg für Bildungsgänge mit sozialem Schwerpunkt ein hervorragendes Bildungsangebot. In der aktiven Freizeitgestaltung bietet der örtliche Sportverein ein abwechslungsreiches Programm an Sportarten. Lipperbruch verfügt ferner über einen Schützenverein, einen Männergesangverein, die katholische und evangelische Frauengemeinschaft sowie die katholische Arbeitnehmerbewegung. Besondere Erwähnung soll auch der 2009 gegründete Bürgerring Lipperbruch finden, der sich seither um die Belange des Ortes kümmert und schon über 200 Mitglieder zählt. Auch die Löschgruppe Lipperbruch/Bad Waldliesborn der Feuerwehr Lippstadt hat in Lipperbruch einen Stützpunkt. Zahlreiche Rad-, Fuß- und Wanderwege laden zu sportlichen Aktivitäten ein. Der Margaretensee ist Tummelplatz für Lang- und Kurzzeitcamper. Der dort ansässige Segelclub bietet Kurse vom Kinder- bis Seniorenbereich an und sorgt durch sportliche Erfolge auf nationaler und internationaler Ebene stets für Schlagzeilen.

Zwei getarnte Kesselwagen mit Flugbenzin auf Bahngleis im Bereich des heutigen Wasserwerkes, um 1943

Lipperode

Der nördlich der Lippe gelegene Stadtteil mit heute 4.153 Einwohnern gehörte früher zum Fürstentum Lippe-Detmold und späteren Freistaat Lippe. Erst 1949 wurde der Ort aus dem Regierungsbezirk Detmold als amtsfreie Gemeinde in den (Alt-)Kreis Lippstadt eingegliedert. Am 1. Januar 1975 verlor Lipperode die Selbstständigkeit und wurde gegen den Willen des damaligen Gemeinderates ein Stadtteil Lippstadts.

1248 werden „castellani [...] de Lipperothe", also Burgmannen von Lipperode erstmals urkundlich erwähnt.[268]

Auch in einer Urkunde des Klosters Liesborn wird von den in der Burg Lipperode ansässigen Burgmannen der Edlen Herren zur Lippe berichtet. Diese Burg, die als ein massiger Wohnturm mit Abmessungen von 20 mal 22 Meter und mehr als 2 Meter starken Mauern an einer Furt über die Lippe oberhalb Lippstadts errichtet wurde, war einer der größten Wohntürme in Ostwestfalen. Sie wurde offensichtlich von Bernhard III. zur Lippe (um 1194 bis 1265) erbaut, der in seiner „Stadt tor Lippe" (= Lippstadt) keine Burg errichten durfte. Mehrfach wechselte die Burg in den verschiedenen Fehden – Tecklenburger Fehde, Eversteiner Fehde oder Rietberger Fehde – den Besitzer und wurde seit 1589 von Amtmännern verwaltet.

Von 1600 bis 1610 wurde die Burg zu einer der größten Festungen in Ostwestfalen vom Reichsgrafen Simon VI. zur Lippe ausgebaut und mit einer Garnison von 30 Soldaten belegt. Festung und Garnison mussten später wieder aufgelöst werden. Das bisher in Burgnähe existierende Dorf Lipperode, dessen Name als Rodeland an der Lippe gedeutet wird,[269] wurde abgebaut und an der heutigen Bismarckstraße wieder aufgebaut.

1612 wurde eine Station der Thurn- und Taxischen Post am heutigen Gasthaus Voss, dem ältesten Fachwerkhaus des Ortes, eingerichtet. In dieser Zeit fiel Lipperode an das Haus Lippe-Alverdissen (1616) und wurde erst wieder im Stadthagener Vergleich von 1748 dem Haus Lippe-Detmold zugesprochen. Immer wieder wurde das Schicksal Lipperodes von der Lippe bestimmt. Große Überschwemmungen ereigneten sich in den Jahren 1681, 1735, 1890 (Katharinenflut), 1946 und 1965 und zogen das Dorf in Mitleidenschaft. Zum Schutz wurde südlich des Dorfes ein Damm gebaut, der schon 1764 erwähnt wurde und nach der Flutkatastrophe von 1965 verstärkt und erhöht wurde, sodass bis heute größere Überschwemmungen vermieden wurden.

Im Norden Lipperodes, links des Boker-Heide-Kanals, stießen schon immer mehrere Grenzen zusammen. An dieser Stelle wurde ein markanter Grenzstein errichtet. Schon 1585 wird berichtet, dass bei den „wendischen Specken" von uralten Zeiten her drei „Freie Stühle" gestanden hätten.

Hier tagte im Mittelalter ein sogenanntes „Freigericht". Dieses Gericht sprach Recht nur über oder gegen „Freie", auch über Grafen und andere Landesherren. Es war nicht für Abhängige und Leibeigene zuständig. Eine Aufgabe bestand in der Beurkundung

rechts: Sommerfest am Josefshaus, 2011

unten links: Erntedankumzug, 1938

unten rechts: Getreideernte, um 1955 im Lipperoder Bruch mit Karl und Johannes Rieger (Kalte Str.)

Lippstadt im Spiegel der Zeit

von Eigentumswechseln von Grundstücken, von Schenkungen und Ähnlichem. Es wurde zuletzt 1771 erwähnt. 1623 wurde Lippstadt durch spanische und pfalz-neuburgische Truppen belagert, zunächst mit nur mäßigem Erfolg, aber mit hohen Verlusten. Dann versuchten die Belagerer durch die Umleitung der Lippe das die Stadt schützende Wasser abzugraben. Man grub oberhalb Lipperodes – auf der Grenze zu Niederdedinghausen – einen tiefen Graben (= Nigge Lippe, neue Lippe genannt) durch das Bruch. Doch dies misslang. Die sandigen Ufer stürzten ein und viele Arbeiter ertranken. Noch heute erinnert eine Wegbezeichnung im Bruch, „Am Spanischen Graben", an dieses Werk.

Lange Zeit war ein Geschehen aus den Jahren 1837 bis 1851 völlig vergessen. In dieser Zeit wurde in drei „Wäschen" das sogenannte Raseneisenerz im Neuen Bruch im Norden Lipperodes abgebaut, zum Lippstädter Hafen – am heutigen Finanzamt – transportiert und von dort nach Lünen verschifft, wo es verhüttet wurde. Noch heute sieht man in den Gräben Lipperodes eine ölig schillernde Oberfläche, die durch das gelöste Eisen entsteht, das sich auch als brauner Belag an den Grabenrändern absetzt. Zunächst bestand in Lipperode wohl nur eine Burgkapelle, denn 1257 wird ein Johannes, capellanus von Lipperothe, erwähnt doch schon 1400 wird eine Kirche und 1410 ein Pfarrhaus angeführt. 1555 kam die Reformation nach Lipperode. Zunächst wurde das evangelisch-lutherische und 1620 das evangelisch-reformierte Bekenntnis angenommen. Erst 1862 wurde wieder eine Kapelle und 1904 die heutige katholische St. Michaelskirche errichtet. Heute hat sich das Verhältnis der Konfessionen stark gewandelt, sodass sich 2.199 zum katholischen und 1.268 Einwohner zum evangelischen Glauben bekennen. Die erste jüdische Familie lebte seit 1590 in Lipperode und 1773 wird erstmals eine Synagoge erwähnt.

Bereits 1771 wird der noch heute existierende jüdische Friedhof angeführt. Die Synagoge wurde während der Pogromnacht am 9. November 1938 nicht zerstört, obwohl die SA bereitstand. Es erging aber offensichtlich kein Befehl zur Zerstörung. Die jüdischen Familien wanderten 1938 mit 13 Personen nach Argentinien aus. Die Synagoge wurde verkauft und zu einem Wohnhaus umgebaut.

Heute ist Lipperode ein bevorzugter Stadtteil Lippstadts, weil es sowohl mit öffentlichen als auch mit privaten Versorgungseinrichtungen bestens ausgestattet ist. Kindergärten, Grundschule, Realschule decken das Bildungsangebot ab. Mehr als 100 große und kleine Unternehmen sowie ein großer Lebensmittelmarkt bieten ihre Waren an und versorgen die Bevölkerung. Auch die medizinische Grundversorgung ist gewährleistet und eine Werkstatt für behinderte Menschen mit entsprechender Heimunterbringung ist seit fast einem Jahrhundert ansässig. Zahlreiche Vereine und Zusammenschlüsse bilden neben den Kirchen das soziale Gerüst des Stadtteils. Neben den kirchlichen Vereinen sind dies insbesondere der TUS Lipperode sowie der TV Lipperode mit seinen bekannten Turngruppen. Auch Gesang und Musik sind mit sechs Vereinen überdurchschnittlich gut vertreten. Der Schützenverein ist ein wichtiges Glied in dieser Gemeinschaft und der Heimatverein und die Fürstlich Lippischen Schützen von 1813 halten die geschichtliche Tradition im Ort aufrecht. Handel, Handwerk und Gewerbe haben sich im Gewerbe- und Förderverein zusammengeschlossen und der Naturschutzbund – NABU – achtet auf die Naturschutzgebiete am Zachariassee und am Merschgraben, während drei Taubenvereine sich dem Taubensport sehr erfolgreich widmen.[270]

oben: Altes Gasthaus Voss, 2011
unten: Katholische Kirche

Lohe

Der Name Lohe ist eine Bezeichnung für Gehölz beziehungsweise Wald. Zur Entstehungsgeschichte des Ortes gibt es eine Legende, nach der die Ritter de Lo schon vor dem 12. Jahrhundert hier den heiligen Hubertus besonders verehrten. Die Jäger suchten damals an diesem Ort Hilfe gegen den Biss tollwütiger Hunde. Ebenso wurde an dieser Stelle das Brot gesegnet, das man den von tollwütigen Hunden gebissenen Menschen und auch dem Vieh zur Speise gab. Ferner soll der Sage nach in Lohe der Hubertsschlüssel aufbewahrt worden sein, den man glühend gemacht auf die Wunde des gebissenen Tieres auflegte. Die alte Linde vor der heutigen Kapelle bezeichnete die alte Malstätte, um die dann Menschen siedelten. Erstmals urkundlich erwähnt wurde Lohe 1313 unter dem Namen Rovesloh (später Rudolfsloh), was als „Wald des Rolf" gedeutet wird.[271] Auf dem Loher Wappen ist die 1967 gefällte Linde zu sehen, die neben der Kapelle zum Wahrzeichen des Ortes wurde. Ebenso wurde der heilige Hubertus als Schutzpatron der Kapelle mit einem Hirsch im Wappen eingearbeitet.

Ab dem 19. Jahrhundert setzte sich der Name Lohe durch. Erstmals wurde 1313 eine Petrus-und-Paulus-Kapelle genannt. Nach den Wirren des Dreißigjährigen Krieges, durch den zahlreiche Kirchen und Kapellen des Umlandes entweiht worden waren, wurde die Kapelle 1649 durch den Weihbischof Bernadus Frick schließlich zu Ehren der heiligen Petrus und Hubertus neu geweiht. Weil das Gotteshaus im Laufe der Jahrhunderte baufällig geworden war, errichteten die Loher 1878 eine neue St.-Hubertus-Kapelle. Interessant dabei ist, dass die alte Glocke während des Neubaus in die nebenstehende alte Linde gehängt wurde, um dann wieder im Neubau zu erklingen. Im Jahr 1948 erhielt die Kapelle eine neue Ausmalung und wurde 1977 mit einem hohen Anteil an Eigenleistung durch die Loher Bürger renoviert. Bei einem Dachstuhlbrand im Jahr 2006 blieb der Innenraum verschont, die Kapelle erhielt aber eine neues Dach. Die katholische Gemeinde gehörte ursprünglich zum Kirchspiel Horn und wurde 1911 nach Ostinghausen und 1980 nach Benninghausen umgepfarrt und gehört heute zum Pastoralverbund Lippstadt West.

Das heute älteste Gebäude von 1745 gehörte als Verwalterhaus zum damaligen Schloss oder Herrenhaus Rodolfloh. Nachweislich wohnte zwischen 1617 und 1743 die Familie von Berswordt in dem mit einer Gräftenanlage umgebenen Schlossgebäude im sogenannten Ochsenkamp. In dem einst ausschließlich durch die Landwirtschaft geprägten Dorf gibt es heute nur noch drei landwirtschaftliche Betriebe. Mit zehn Gewerbe- und Handwerksbetrieben, fünf Dienstleistungsbetrieben und einem Direktvermarkter ist der kleinste Ortsteil gewerblich gut aufgestellt.

Das Leben innerhalb des 219 Seelen-Dorfes ist sehr rege. So organisieren der Schützenverein und die Löschgruppe das Schützenfest und das Dorffest, das mit einem Kinderschützenfest verbunden ist. Gruppierungen wie der Singekreis, Kartenspiel für Senioren, die Fußballtruppe, die Karnevalsgruppe oder der Heimatverein gestalten aktiv das Dorfleben.

Das Dorf hinterließ im Jahr 1999/2000 bei der Jury „Unser Dorf soll schöner werden" einen guten Eindruck, dass Lohe auf Kreisebene mit dem 1. Platz und auf Landesebene mit dem 2. Platz ausgezeichnet wurde.[272]

Overhagen

Im Südwesten Lippstadts liegt kaum von der Kernstadt getrennt der Ortsteil Overhagen, der im Rahmen der kommunalen Neugliederung seit 1975 zu Lippstadt gehört. Der Ort wurde 1203 erstmals urkundlich erwähnt, indem der Kölner Erzbischof dem Kloster Oelinghausen verschiedene vom Grafen zu Arnsberg und anderen erworbene Besitzungen bestätigte.[273] Der Ortsname bedeutet so viel wie „über´n" oder „hinter´m Wald" beziehungsweise „oberhalb" oder „jenseits einer Umhegung".[274] Diesbezüglich wird vermutet, dass Menschen vom vorher besiedelten Hellinghausen aus hinter den Wald (Großes Holz) in das weniger durch Lippehochwasser bedrohte Gebiet umgesiedelt sind und somit der Ortsname entstand.

Overhagen war bis 1975 politisch selbstständig und gehörte zum Amt Erwitte und ist kirchlich heute noch Teil des Kirchspiels Friedhardtskirchen, zu dem noch die Ortsteile Hellinghausen, Hellinghausen und der Böbbinghof (heute Cappel) gehören. Eng mit dem Kirchspiel verbunden ist die adelige Familie von Schorlemer, die bereits 1217 erwähnt wird. Noch heute wohnt und lebt die Familie auf Schloss Herringhausen und kann neben Schloss Overhagen noch das sogenannte Junkernschloss in Hellinghausen zu ihrem Eigentum zählen. Die enge Verbindung zwischen Kirchspiel und der Familie Schorlemer wird auch im Overhagener Wappen deutlich. Es enthält im unteren Teil den gezinnten Querbalken aus dem Wappen der Familie Schorlemer und im oberen Teil die ineinander gelegten Hände des früheren Gerichtssiegels des Patrimonialgerichts Friedhardtskirchen.

Eine Besonderheit im Ort ist das Wasserschloss, das 1619 anstelle der mittelalterlichen Burg im Stil der Lipperenaissance unter dem Baumeister Laurentz von Brachum aus Wesel errichtet wurde. In den Jahren 1735 und 1850 wurde der Bau nachhaltig verändert. Im Schloss und auf seinem Gelände ist seit 1962 das Gymnasium Schloss Overhagen untergebracht. Ebenfalls an der Gieseler liegt unweit des Schlosses die 1851 als Ziegelbau errichtete Wassermühle. Bis zum Ende des Zweiten Weltkrieges war Overhagen ein kleines Dorf mit 350 bis 450 Einwohnern. Bis heute ist das Dorf auf rund 1.300 Einwohner gewachsen. Seine Nähe zu Lippstadt und sein intaktes Dorfleben machen Overhagen als Wohnort begehrt. Die Dorfgemeinschaft veranstaltete 2003 zur ersten urkundlichen Erwähnung vor 800 Jahren ein ereignisreiches Jubiläumsjahr mit insgesamt 13 verschiedenen Veranstaltungen.

Trotz der Nähe zur Stadt hat das Dorf über die Jahre sein eigenständiges Bild und Teile seiner Struktur bewahren können. Ein Kindergarten, ein Schießstand und das Bürgerhaus befinden sich im Gebäude der ehemaligen Volksschule, die gegenüber der katholischen Kirche errichtet wurde. Die Schlosskapelle ist in den 1970er-Jahren von der evangelischen Kirchengemeinde gekauft worden, wird aber nur noch gelegentlich für Gottesdienste genutzt. Die Sportanlagen mit Fußball- und Tennisplätzen befinden sich am nördlichen Ortsrand und ein Reiterhof am südwestlich Dorfrand. Im ehemaligen Munitionsdepot der britischen Armee an der südlichen Gemarkungsgrenze wird heute eine Blindenhundeschule betrieben. Das dörfliche Leben ist von Vereinsstrukturen geprägt. Neben einem sehr großen Sportverein (SWO) mit rund 15 Fußballmannschaften ist der fast 600 Mitglieder zählende sehr aktive Schützenverein die zweite große Säule im Leben des Dorfes. Darüber hinaus gibt es rund zehn weitere Vereine, die Gelegenheit bieten, dem Hobby gemeinschaftlich nachzugehen.[275]

Schlosskapelle

Schlossgräfte Overhagen

Rebbeke

links oben: Renovierte Hofstelle Fraune; rechts oben: Alte Schule; links unten: Blick auf die ehemaligen Baggerseen; rechts unten: Gemeindewappen am Platz vor der Alten Schule, 2011

An der nordöstlichen Kreis- und Stadtgrenze liegt der Ortsteil Rebbeke, zu dem auch noch das Dorf Mettinghausen und die Siedlung Niederdedinghausen gehören. An der nordwestlichen Gemarkungsgrenze befand sich früher am Grenzstein der ehemals eigenständigen Territorien Rietberg, Paderborn und Lippe beziehungsweise der heutigen Kreise Soest, Paderborn und Gütersloh eine Gerichtsstätte. Das Schwert als Gerichtssymbol ist Hauptbestandteil des Rebbeker Gemeindewappens und verweist auf diesen alten Freistuhl. Die Gemarkung liegt zwischen Lippe und Boker Kanal und weist den Charakter einer Streusiedlung mit Hofgruppen (Drubbeln) und Einzelhöfen auf.

Zunächst waren die drei Bauerschaften selbstständig, bis sie ab 1816 zusammen mit Mantinghausen zur Gemeinde Rebbeke zusammengefasst wurden. Das Dorf Mantinghausen wurde 1861 schließlich wieder abgetrennt. Kirchlich gehören die drei Ortschaften – wahrscheinlich schon seit dem Mittelalter – zur Pfarrei Hörste. Die Nähe zu Hörste lässt darauf schließen, dass es deshalb keine kirchlichen Bauten in den drei Orten gibt.

In seiner gegenwärtigen Siedlungs- und Wirtschaftsstruktur unterscheidet sich Rebbeke ganz beträchtlich von den Nachbarorten Hörste und Mantinghausen. Der Charakter einer rein bäuerlichen Gemeinde ist hier weitgehend erhalten geblieben. Auch in jüngster Zeit ist keinerlei nennenswerte Neubautätigkeit zu beobachten.

Die 534 Einwohner zählende Gemeinde Rebbeke hat mit dem SC 84 Mettinghausen und seiner Fußball-, Gymnastik-, Lauf- und Radfahr-Abteilung sowie dem Heimatschutzverein und der Freiwilligen Feuerwehr ein reges Vereinsleben.

Das Dorf Mettinghausen wurde 1194 als villa Methinchusen erstmals urkundlich erwähnt. Erste menschliche Siedlungsspuren zeigen sich allerdings als archäologische Quelle bereits in der Bronzezeit (circa 1600–800 v. Chr.). So fand man Hügelgräber mit Urnenbestattung in den Lippedünen, den sogenannten Sandbergen von Boke, Mantinghausen, Mettinghausen und Dedinghausen. Ebenfalls in den Lippedünen sind die zahlreichen Funde der Eisenzeit bis in die römische Kaiserzeit lokalisiert. Der Ortsname wird als Personenname gedeutet, der wiederum eine Kürzung des Wortes Mathala (Gericht beziehungsweise Gerichtsstätte) darstellt. Eine Übersetzung des Ortsnamens wäre „bei den Häusern der Leute des Mad(d)o".[276]

Die Siedlung Niederdedinghausen ist wie die beiden anderen Dörfer in den Lippeniederungen gelegen, die durch eiszeitliche Ablagerungen charakterisiert sind. Die Sande sind zum größten Teil von der Lippe und ihren rechten Nebenflüssen aus der nordöstlichen benachbarten Senne herbeitransportiert worden. Die abgelagerten Kiese und Sande hatten beziehungsweise haben eine besondere wirtschaftliche Bedeutung. Sie wurden in ausgedehnten Gruben für die regionale Bauwirtschaft abgebaut. Die Lippeniederung bietet trotz fehlender größerer Waldflächen nicht zuletzt durch die reizvollen landschaftlichen Kontraste sehr angenehme Umwelt und Erholungsbedingungen. Die noch vorhandenen Waldreste bestehen zu 70 Prozent aus Kiefern, während die Eichen mit nur 10 Prozent im Wesentlichen noch in Form einer schützenden Einrahmung der Höfe zu finden sind.[277]

Rixbeck

Durch mehrere Bauerweiterungen gewachsen und dadurch um seine Ost-West-Achse gedehnt, grenzt Rixbeck im Osten direkt an den Lippstädter Süden. Erstmals erwähnt wurde der Ort 1136. Der Ortsname bedeutet so viel wie „umzäunte Siedlung des Rikheri".[278]

Die ursprüngliche Siedlungszelle ist noch heute südlich der Kirche durch Bauernhöfe geprägt. Im 13. Jahrhundert gewannen die Herren von Störmede mehr und mehr Einfluss im Dorf, sodass im 16. Jahrhundert östlich der heutigen Kirche eine Burganlage der Herren von Hörde zu Störmede und Rixbeck vorhanden war. Gegenüber wurden die „Kötter am Berge" angesiedelt. Dies waren acht kleinere Höfe, die in Abhängigkeit zu der adligen Familie standen. Es lässt sich feststellen, dass Rixbeck im gesamten Mittelalter und in der frühen Neuzeit nicht wesentlich gewachsen ist.

Erst durch die Industrialisierung und das rasche Wachstum der Stadt Lippstadt mit seiner Industrie und seinem produzierenden Gewerbe wuchs Rixbeck auch. Ab 1902 entstanden kleinere Arbeitersiedlungen, die allerdings nicht an den alten Ortskern anknüpften: im Westen Im Schlingfeld (Unterdorf); im Norden die Walachei (Alpenstraße); südwestlich Niggenbrügge (Am Wasserturm), im Volksmund Klein-Bethlehem. Im Schlingfeld siedelte sich zudem eine Ziegelei an. Von dort bis zum Wasserturm wurden Schwellen verlegt, um mithilfe der Loren „ausgetonten" Lehm und Mergel zur Herstellung der Ziegel zu transportieren. Wie in zahlreichen Dörfern war der Wohnraum nach dem Zweiten Weltkrieg durch die Unterbringung der Ostvertriebenen und später durch das einsetzende Wirtschaftswunder, wodurch die Lippstädter Firmen stark wuchsen, knapp geworden, sodass man Anfang der 1960er-Jahre die Siedlungen im Osten und Norden erweiterte. Die Nähe zum Arbeitsplatz in Lippstadt machte Rixbeck 1998 abermals so attraktiv, dass das Dorf im Nordosten um 65 Wohneinheiten wuchs.

In wirtschaftlich schwieriger Zeit zwischen 1924 und 1925 wurde zunächst die Schule erbaut, die bis 1976 genutzt wurde: erst als einklassige Volksschule mit den Jahrgängen 1–8 und später als Grundschule.

oben und rechts unten: Rixbeck aus der Luft, 2005
links unten: Die St. Antoniuskirche Rixbeck

Im Zuge der Schulreform wurde die Schule in Rixbeck geschlossen, seitdem besuchen die Grundschüler die Schule in Dedinghausen.

Neben der Schule wurde 1925 auch die Kirche fertiggestellt. Die St. Antoniuskirche wurde von der Bevölkerung Rixbecks aus eigenen Mitteln erbaut. Das Dorf gehört heute zum Pfarrverbund Esbeck-Rixbeck-Dedinghausen-Hörste-Bökenförde, zuvor war es eine Filialgemeinde der Pfarrei Esbeck. Als letztes Werk der eigenständigen politischen Gemeinde kann der Kindergarten in Rixbeck betrachtet werden. Aus Furcht, dass die Kindergartenkinder nach der kommunalen Neugliederung bereits nach außerhalb gebracht werden müssten, baute die Gemeinde einen eigenen Kindergarten, der 1975 eingeweiht wurde. Seit 2011 steht nach baulicher Erweiterung die Einrichtung als Kindertagesstätte zur Verfügung.

Neben dem 1972 gegründeten Sportverein Alpinia und dem Schützenverein mit einer eigenen Schießsportabteilung gibt es im Ort noch eine Löschgruppe und zwei Seniorengruppen, die sich einmal im Monat treffen. Die nun vom Bürgerring verwaltete alte Schule dient heute den Vereinen und den 1.153 Dorfbewohnern als Freizeitzentrum.[279]

Kompetenz in Antriebstechnik

Die WIAG Antriebstechnik GmbH wurde 1975 vom Ingenieur Werner Hüsten und dem Kaufmann Gerhard Kemerink gegründet. Zunächst nutzte man die Räumlichkeiten der kleinen Schreinerei Wilmes im Lippstädter Ortsteil Lohe.

Die Anfänge des Unternehmens waren bescheiden. Man startete mit zwei Fräsmaschinen, zwei Drehmaschinen und einer Säge – allesamt in gebrauchtem Zustand. Mit nur zwei Beschäftigten war täglich viel Improvisationsgeschick gefragt. Allerdings wuchs das Unternehmen rasch und damit verbunden reichte die Räumlichkeit in Lohe nicht mehr aus, so dass bereits im Jahr 1978 eine weitere Produktionsstätte im neu erschlossenen Industriegebiet in Benninghausen errichtet wurde. Kontinuierliches Wachstum sorgte innerhalb weniger Jahre dafür, dass außerdem eine neue Produktions- und Lagerhalle gebaut wurde.

Im Jahre 1984 entschloss man sich dazu, die CNC-Fertigungstechnik einzusetzen und erwarb die erste CNC-Maschine. Im Zuge der weiteren Expansion wurden eine neue Fertigungshalle sowie ein neues Bürogebäude gebaut. Das Unternehmen zählte ein Jahr später bereits 40 Mitarbeiter und entwickelte sich neben der Herstellung von Antriebsrädern auch zu einem bedeutenden Händler für Zahn- und Keilriemen in Europa. In den darauf folgenden Jahren wurde der Maschinenpark kontinuierlich erweitert und man etablierte sich zu einem Systemanbieter für Antriebstechnik.

Frühzeitig sicherte man sich ausreichende Expansionsfläche und bebaute im Jahre 1997 eine freie Fläche „Im Haferfeld". Im Jahr 2007 erfolgte der Ausbau der Gebäude im „Haferfeld", um der steigenden Auftragslage gerecht zu werden.

Verbunden mit diesem Schritt war gleichzeitig der Einstieg in ein neues Produktsegment. Man entschied sich, die Fertigungstiefe weiter zu erhöhen und Zahnräder in geschliffener Ausfertigung in das Produktionsprogramm aufzunehmen. Dies sollte gleichzeitig auch der Grundstein für die spätere Entwicklung und Produktion von Sondergetrieben sein.

In den Jahren 2000 bis 2009 hat die Firma WIAG Antriebstechnik GmbH im Zuge von Akquisitionen ihren Handlungsspielraum vergrößert. So gehört seit 2009 die Firma Krebs & Kessel GmbH als 100%iges Tochterunternehmen dazu. Zudem hält die WIAG maßgebliche Beteiligungen an den Firmen J. Timmer sowie an AGO S.R.L in Rumänien. Zu den Kunden der WIAG Antriebstechnik GmbH zählen nunmehr seit Jahrzehnten viele namhafte Firmen der deutschen und europäischen Maschinenbauindustrie. Diese schätzen den Zulieferer als kompetenten Partner im Bereich von Maschinenbauteilen und kompletten Baugruppen.

Im Jahr 2005 legte Werner Hüsten die Geschäftsführung in jüngere Hände, so dass heute mit seinen Kindern Michael, Udo und Nicole Hüsten nun die zweite Generation die WIAG und die damit verbundenen Unternehmen, die heute an ihrem Stammsitz in Lippstadt 170 Mitarbeiter beschäftigt, leitet. So fertigt die WIAG Antriebstechnik GmbH heute hochpräzise Zahnräder, Verzahnungselemente für Zahnriemenantriebe, komplette Baugruppen und Sondergetriebe sowie mechanisch bearbeitete Zeichnungsteile aller Art. Mit weltweit mehr als 200 hochqualifizierten und motivierten Mitarbeitern an verschiedenen Standorten sieht man sich für die zukünftigen Herausforderungen als Zulieferer von Antriebskomponenten für den gesamten Maschinenbau gut gerüstet. Als Gesellschafterin des CARTEC sowie Mitglied des Standortforums Lippstadt ist die WIAG jederzeit bemüht, den regionalen Austausch fortwährend zu intensivieren und zu begleiten.

Standort Im Weizenfeld

Standort Im Haferfeld

www.wiag.de

1979 Deutsche Industriebau Gesellschaft

Bauen mit Vertrauen

Seit den 1970er-Jahren fertigt die Deutsche Industriebau Gesellschaft Zweckgebäude und steht seither für Innovation und Qualität beim Bauen.

Die Deutsche Industriebau Gesellschaft für schlüsselfertigen Industriebau Lippstadt + Geseke mbH wurde im Jahr 1979 als Teil der Volker Westermann Unternehmensgruppe in Lippstadt gegründet. Heute leitet Volker Westermann, der auf nahezu 35 Jahre weitreichende Branchenkenntnisse vertraut, als geschäftsführender Gesellschafter gemeinsam mit dem Geschäftsführer Karsten Kußmann das Unternehmen am 10.000 Quadratmeter großen Hauptsitz im Gewerbegebiet Am Mondschein.

Anfang der 1980er-Jahre fertigte die Deutsche Industriebau Gesellschaft erste mobile Zweckgebäude und Produktionshallen für die „Top 1000 Industrie" und öffentliche Auftraggeber wie Krankenhäuser, Schulen und Kindergärten. Die innovative Modulbauweise ermöglicht nahezu jeden Raumwunsch und eine Flächenbedarfsanpassung durch Erweiterung oder Rückbau der Gebäude ist jederzeit möglich. Sehr vorteilhaft ist auch die kurze Bauzeit, da die Mobilbauten innerhalb von Stunden, Tagen oder maximal Wochen erstellt werden. Da das größte Entwicklungspotenzial im Charter-Bereich liegt, erwarb das Unternehmen im Gewerbegebiet Ost in Geseke eine Fläche von circa 75.000 Quadratmetern und baute im Jahr 2000 eine weitere Betriebsstätte mit Modulbauverwaltung, Modulbau-, Pavillon- und Hallen-Ausstellung sowie einer Logistik- und Servicestation. Zurzeit betreut und verchartert die Deutsche Industriebau Gesellschaft rund 500 Mietobjekte in ganz Europa. Im Jahr 2010 erwarb die Volker Westermann Gruppe weitere 80.000 Quadratmeter gegenüber der Betriebsstätte, auf der ein attraktiver Industrie- und Gewerbepark entstand. So stehen dem Großflächen-Profi insgesamt 155.000 Quadratmeter Fläche im Osten Gesekes zur Verfügung.

Seit Jahren beweist die Deutsche Industriebau Gesellschaft, dass sich Wirtschaftlichkeit, Funktionalität und Ästhetik im Bereich des Industrie-, Modul- und Hallenbaus nicht ausschließen müssen. Die ganzheitliche Betreuung des Kunden sowie ein ausgewogenes Verhältnis zwischen Investition und Effekt wird dabei großgeschrieben, sodass nach Fertigstellung der Bauaufgabe jedem Kunden ein funktionales, kosteneffizientes und nachhaltiges Gebäude mit hohen ästhetischen Ansprüchen übergeben werden kann. So ergeben hochwertige Materialien, professionelle Verarbeitung und ein erfahrenes Team in der Summe nicht weniger als höchste Qualität, auf die der Kunde vertrauen kann. Die Deutsche Industriebau Gesellschaft als innovatives professionelles Unternehmen mit 150.000 zufriedenen Kunden ist heute eines der erfolgreichsten Unternehmen im Bau, Verkauf und der Vercharterung von Modul- und Industriebauten in Deutschland und dem benachbarten Ausland. Hallen, Container, Pavillons und Seecontainer runden das Programm ab.

Mit über 75 Mitarbeitern und 150 Fachunternehmen realisiert die Deutsche Industriebau Gesellschaft Bauprojekte individuell, schnell und kostengünstig.

www.deutsche-industriebau.de

1985 — Das 800-jährige Stadtjubiläum

Feierliche Eröffnung der Jubiläumsfestwoche im Stadttheater am 25. Mai 1985

Eine Stadt feiert Geburtstag

Das 800-jährige Stadtjubiläum Lippstadts im Jahre 1985 wurde mit zahlreichen, auf das gesamte Jahr verteilten Veranstaltungen sowie einer Jubiläums-Festwoche begangen.

Erste Planungen für ein großes Stadtjubiläum wurden schon 1957 vorgenommen, als man zu jener Zeit noch von dem Gründungsjahr 1168 ausging. Es tagte erstmals ein eigens gebildeter Ausschuss, dessen Vorsitz Hans Schwade übernommen hatte. Jedoch zeigte sich, dass die Gründungsgenehmigung für die Stadt durch Kaiser Friedrich Barbarossa an Bernhard II. zur Lippe wohl erst 1185 erteilt wurde, weshalb das große Jubiläumsfest zunächst wieder in weitere Ferne rückte. Allmählich folgten dann die Planungen für eine Jubiläumsfeier im Jahre 1985, zu dessen Zweck schon in den 1950er-Jahren unter anderem der Rahmen für die Erarbeitung einer Stadtgeschichte abgesteckt wurde. Das ursprünglich auf rund 600 Seiten angelegte Werk zur Erweiterung und Ergänzung der bis dahin bestehenden stadtgeschichtlichen Literatur entwickelte sich unter dem Herausgeber Wilfried Ehbrecht jedoch zu einer zweibändigen Chronik, die unter Mitwirkung verschiedener Autoren auf über 1.100 Seiten die Geschichte von der Gründung Lippstadts bis in die jüngste Vergangenheit aufarbeitete. Weitere Dokumentationen, Werke und Beiträge anlässlich des bevorstehenden Stadtjubiläums schlossen sich in den Jahren der Vorbereitung an, darunter ein Bildband, die Edition des Bürgerbuchs (1576 bis 1810), ein Städteatlas, Federzeichnungen von Lippstadt und ein Film im Super-8-Format. Für das Jahr 1985 selbst sollten sich die verschiedenen Veranstaltungen, Feste, Ausstellungen und Aktionen im Zeichen der 800-Jahrfeier sowohl auf das gesamte Jubiläumsjahr verteilen als auch in einer Jubiläums-Festwoche Ende Mai konzentriert werden. Besonders erwähnenswert ist dabei die Fotoausstellung „Menschen und Ereignisse", die im März des Jubiläumsjahres im Heimatmuseum eröffnet wurde und Fotodokumente aus dem Nachlass des Lippstädter Bildjournalisten Walter Nies über den Altkreis Lippstadt aus den Jahren 1935 bis 1952 zeigte.[280]

Die Festwoche über die Pfingstfeiertage vom 25. Mai bis zum 2. Juni 1985 begann mit einem ökumenischen Gottesdienst. Es folgte ein Festakt im Stadttheater, bei dem rund 600 geladene Gäste zur offiziellen Eröffnung der Jubiläumswoche von Bürgermeister Franz Klocke begrüßt werden konnten. Besondere Programmpunkte der Auftaktveranstaltung waren der von Regierungspräsident Grünschläger überreichte Geburtstags-Scheck in Höhe von 90.000 DM für den Bau einer gewünschten Tribüne am Waldschlösschen, die Überreichung einer großen historischen Karte Lippstadts durch Landrat Josef Raulf, ein Vortrag von Prof. Dr. Stoob aus Münster unter dem Titel „Lippstadt im westfälischen Hansequartier" sowie die Übergabe der zweibändigen Stadtgeschichte an den Bürgermeister durch den Leiter der Autorengemeinschaft vom Münsteraner Institut für vergleichende Städtegeschichte, Dr. Wilfried Ehbrecht.[281]

Die sich anschließende Festwoche war durch ein umfangreiches und vielseitiges Programm geprägt, das

Westfalentag am 1. und 2. Juni 1985 im Stadttheater

neben den Bürgerinnen und Bürgern der Stadt Lippstadt auch viele Gäste aus nah und fern zu den Feiern und Veranstaltungen anlockte. So bot das Theater Ensemble Lippstadt e. V. (Schlosstheater Overhagen) an einigen Tagen unter dem Titel „Eine Stadt spielt ihre Geschichte" verschiedene historische Spielszenen der Lippstädter Stadtgeschichte auf insgesamt sieben Bühnen in der Kernstadt dar.[282] Passend zum Jubiläumsjahr und wegen der engen Verbindung zwischen Stadtjubiläum und dem Archiv zur fundierten Aufarbeitung der Stadtgeschichte wurde außerdem am 29. und 30. Mai der 37. Westfälische Archivtag in Lippstadt ausgerichtet.[283]

Als Ausdruck der guten Beziehung zwischen der Stadt Lippstadt und den dort stationierten Soldaten wurde am Donnerstagabend auf dem Rathausplatz der Große Zapfenstreich dargebracht. Dabei waren 65 Fahnenabordnungen der 18 Lippstädter Schützenvereine anwesend sowie Fackelträger des Fernmeldebataillons 7, das Tambourcorps des Lippstädter Schützenvereins und das Heeresmusikkorps 7.[284]

Für die vorbildliche Zusammenarbeit von Stadt und Garnison beziehungsweise Soldaten wurde der ehemaligen Bürgermeisterin Dr. Barbara Christ im Rahmen eines kleineren Empfanges und als erster Frau in der Bundesrepublik Deutschland während der Jubiläumsfestwoche das Ehrenkreuz der Bundeswehr in Gold verliehen, nachdem sie bereits 1982 mit der Korpsmedaille und 1983 mit der Ehrennadel der 7. Panzerdivision ausgezeichnet worden war.[285]

Für den 31. Mai hatte sich die Partnerstadt Uden ein besonderes Geschenk einfallen lassen und veranstaltete im Stucksaal des Stadtpalais (Standesamt) eine sogenannte „Brabanter Kaffeetafel", eine alte folkloristische Tradition der Provinz Nordbrabant, bei der deftige Kost serviert und in größeren Gruppen gemeinsam verspeist wurde.[286] Abends veranstaltete die Freiwillige Feuerwehr einen Kameradschaftsabend, bei dem etwa 1.200 Gäste sowie Feuerwehrabordnungen der Partnerstädte Uden, Markersdorf in Niederösterreich, Paris, Oxford und Berlin-Tegel in der Südlichen Schützenhalle feierten.[287]

Bei einem abschließenden Handwerksmarkt am letzten Festwochenende wurde rund um die Marienkirche die Leistungsfähigkeit der Branche von 23 handwerklichen Berufszweigen aus 20 Innungen der Kreishandwerkerschaft von der Vergangenheit bis zur neuesten Entwicklung der Gegenwart vorgestellt und demonstriert.[288] Ebenfalls am letzten Wochenende fand der 41. Westfalentag des Westfälischen Heimatbundes als Höhepunkt der Festwoche mit rund 500 Gästen im Stadttheater statt. Im Rahmen dieser Veranstaltung wurde dem 36-jährigen westfälischen Schriftsteller Dr. Hans Georg Bulla, geboren in Dülmen, der Annette-von-Droste-Hülshoff-Preis verliehen.[289]

Werbung anlässlich des Stadtjubiläums

- 2.000 Plakate DIN A1
- 2.000 Plakate DIN A2
- 15.000 Etiketten für Briefe
- 15.000 Stadtprospekte „Erobern Sie Lippstadt"
- 15.000 Exemplare einer kleinen Stadtgeschichte
- 40.000 Bildpostkarten
- 5.000 Tragetaschen
- 50.000 Programmfaltblätter
- 2.000 Autoaufkleber
- 1.000 Namenschilder für Tagungen
- 9 große Hinweisschilder an Einfahrtsstraßen
- 3 Großtransparente über Straßen gespannt
- 1 Transparent am Stadttheater für Westfalentag
- 6.000 Stecknadeln im Umlauf
- Postwertstempel im Gebrauch
- Postsonderstempel mit Marienkirchmotiv während Festwoche und vier Wochen danach erhältlich
- 1,75 Millionen Bierdeckel mit Hinweis auf das Jubiläum

Wirtschafts- und Technologieförderung bedeutet Leistungen für Unternehmen und Standort

Lippstadt ist ein bedeutender Wirtschaftsstandort der Region. 1985 wurde die Wirtschaftsförderung Lippstadt GmbH (WFL) als Tochtergesellschaft der Stadt Lippstadt gegründet. Ihre zentralen Aufgaben sind: Bestandspflege und -sicherung, aktive Standortwerbung, Ansiedlung neuer Unternehmen, Existenzgründungsförderung.

Die WFL versteht sich als Dienstleister für die heimische Wirtschaft. Zentraler Bereich ist die Bestandspflege, zu der die Beratung zu Fördermöglichkeiten ebenso gehört wie die Pflege von Unternehmenskontakten. Zur optimalen Betreuung von Existenzgründungen betreibt die WFL gemeinsam mit der IHK Arnsberg in Lippstadt das STARTERCENTER NRW Hellweg.

Kooperationen und Informationsaustausch der Betriebe unterstützt die WFL durch die Initiierung und Begleitung von Netzwerken wie dem „Lippstädter Standortforum e. V.", eine Interessenvertretung für alle Unternehmen in Lippstadt. „Unternehmen Wasserturm e. V." setzt sich für die speziellen Belange der Unternehmen in Lippstadts größtem Gewerbegebiet ein. „LUNA", der Zusammenschluss der Lippstädter Unternehmerinnen, bietet für diese Zielgruppe regelmäßige Veranstaltungen. „ISG Westliche Altstadt e. V." ist die jüngste Initiative, die es sich zur Aufgabe macht, den Bereich rund um die Cappelstraße aufzuwerten.

Unternehmensverlagerungen und Erstansiedlungen erfordern die bedarfsgerechte Bereitstellung von attraktiven Gewerbeflächen – eine Aufgabe von Stadt und WFL, die Unternehmen auch bei den zur Ansiedlung nötigen Verfahren unterstützt.

Lippstadt ist die größte Stadt im Kreis und Einkaufsziel für ein Einzugsgebiet von circa 350.000 Menschen (GMA 2007). Maßnahmen für den Einzelhandel und die Vermeidung von Leerständen in der Innenstadt bedeuten hier Standortsicherung. Hierzu gehört beispielsweise die regelmäßige Veröffentlichung eines Shoppingplanes. Neben der Bestandspflege ist die Öffentlichkeitsarbeit für den Wirtschaftsstandort ein weiteres Aufgabenfeld der WFL. Beispielsweise zeigt eine in Kooperation mit Stadt und KWL produzierte DVD in vielfältiger Weise die Schönheiten und attraktiven Angebote Lippstadts und der Umgebung und dient der Unterstützung der Unternehmen bei der Personalgewinnung. Konkretes Standortmarketing führt die WFL in Zusammenarbeit mit den Partnern aus Südwestfalen auf der weltweit größten Gewerbeimmobilienmesse EXPO REAL in München durch.

Um Unternehmensgründern aus dem Bereich Automotive und Neue Technologien optimale Voraussetzungen für einen Firmenstart zu bieten, wurde im Jahr 1998 das Technologiezentrum CARTEC an der Erwitter Straße gegründet. Neben bedarfsgerechten, repräsentativen Räumlichkeiten bietet es seinen Mietern gute Verbindungen zur Industrie sowie zu den Hochschulen der Umgebung. Die WFL ist bestrebt, die Rahmenbedingungen für den Wirtschaftsstandort Lippstadt zu verbessern. Mit der Bewerbung um eine neue Hochschule wurde dieses Ziel konsequent verfolgt und konnte als Erfolg verbucht werden. Die Hochschule Hamm-Lippstadt nahm 2009 ihren Betrieb auf. Die durch die WFL angestoßenen Aktivitäten zdi-Zentrum und KinderUni Lippstadt fördern seither den Zugang von Kindern und Jugendlichen zu Technik und Naturwissenschaften.

Seit 2011 ergänzt das KFE–Kompetenzzentrum Fahrzeug Elektronik die technologische Infrastruktur in Lippstadt um einen wesentlichen Baustein. In Kooperation mit Unternehmen aus dem Automotivesektor wird hier die Forschung und Entwicklung vor allem im Bereich der Elektromobilität vorangetrieben.

Wilhelm Coprian, seit 1993 Geschäftsführer der Wirtschaftsförderung Lippstadt GmbH

www.wfl-lippstadt.de

Uwe Stelle – Inhaber der Firma Stelle Datentechnik

Immer einen Schritt voraus!

„Das Bessere ist des Guten Feind" – nach diesem Motto erfindet sich die Firma Stelle Datentechnik seit 1986 immer wieder neu, um ihren Kunden von der besten Technik das zur Verfügung zu stellen, was sie schneller, effizienter und kostengünstiger macht.

Als Vertriebsleiter eines Soester Unternehmens für Bürotechnik befasste sich Uwe Stelle schon sehr früh mit neuester Technik und erlebte das anbrechende Computerzeitalter aus nächster Nähe. Um 1977 brachte er einen der ersten Microcomputer Commodore PET 2001 auf den regionalen Markt und stattete damals zahlreiche Firmen und die Universität Paderborn mit dem Gerät aus. Größtes Problem war allerdings, dass es damals noch keine Software dazu gab und die Geräte bestenfalls bessere Schreibmaschinen waren. Daher entwickelte Uwe Stelle auch Software, um den Kunden eine Komplettlösung zu bieten. Als das Unternehmen Apple mit LISA seinen ersten Computer mit Grafik veröffentlichte, entwickelte Stelle daraufhin ein leistungsstarkes Programm für den Sirius Computer und nannte es MONA. Mit eigenem Ideenreichtum machte sich Uwe Stelle 1986 selbstständig und nutzte die kaufmännische Software der Firma KHK (heute Sage) als Standardsoftware, erwarb Lizenzen, programmierte die Software speziell für die Bedürfnisse seiner Kunden um und entwickelte sie durch eigene Module weiter.

Begann die Unternehmenskarriere zunächst als Ein-Mann-Unternehmen in einer umgebauten Garage im Dusternweg, so führte die rasch wachsende Kundschaft dazu, dass noch im selben Jahr ein Programmierer und ein Softwarebetreuer den Firmengründer künftig unterstützten. Als eines der ersten Unternehmen richtete Stelle noch im Gründungsjahr Homeoffice-Plätze ein. Mit diesem Novum übernahm Stelle damals eine Vorreiterrolle in der Region. Das rasche Wachstum des Unternehmens führte schließlich dazu, dass man 1989 in den heutigen Firmensitz in das Gewerbegebiet Am Wasserturm umzog. Stelle Datentechnik hatte ein Jahr zuvor als eines der ersten Unternehmen eine elektronische PC-Kasse mit Barcode-Scanner herausgegeben, von denen rund 2.500 Geräte deutschlandweit zum Einsatz kamen. Die Entwicklung des Citymanagers zeigt besonders deutlich, dass Stelle bis heute eine Vorreiterrolle im IT-Bereich einnimmt. Denn noch vor Beginn des Internetzeitalters wurde zusammen mit der Wirtschaftsförderung diese Säule entwickelt, die in der Lippstädter Innenstadt aufgestellt werden sollte und den Besuchern der Innenstadt die Gelegenheit geben sollte, über eine Stichwortsuche verschiedene Informationen zu Geschäften oder der Stadthistorie zu erhalten.

War es bis 1997 in Lippstadt nur möglich, sich über ein Modem von einem Punkt aus in entfernt gelegene Städte ins Internet einzuwählen, richtete Stelle in diesem Jahr den ersten Einwahlpunkt in Lippstadt ein und konnte seine Errungenschaft damals auf der Lippeschau präsentieren. Als Technologieführer sponserte und installierte Stelle 2006 auch die ersten offiziellen Webcams Lippstadts auf dem Rathaus und Stadtpalais, sodass der Rathausplatz seither auf der Homepage gezeigt wird.

Bis heute wurden insgesamt 80 Software-Module entwickelt, die eine ideale Ergänzung der kaufmännischen Sage-Software darstellen. Mit der großen Kompetenz im Software-Bereich führt Stelle seit Mitte der 1990er-Jahre auch Betriebsanalysen durch und zeigt Verbesserungs- und Einsparmöglichkeiten auf. Für Uwe Stelle steht heute fest, dass die Zukunft im IT-Bereich in noch mehr Mobilität liegt. Deshalb hat das Unternehmen 2010 mobile Erfassungssysteme auf den Markt gebracht, die mit den unterschiedlichsten Geräten wie PC oder Smartphone kombinierbar sind.

Teamarbeit ist mehr als die bloße Addition der Teile

Ein guter Anwalt ist an erster Stelle ein aufmerksamer Zuhörer, der das Anliegen der Mandanten erfasst, analysiert und sie fachkompetent berät und vertritt. Diesen Anspruch erhebt die Kanzlei NIESTEGGE Rechtsanwälte PartG seit über 25 Jahren für sich.

Das fünfzehnköpfige Kanzleiteam, darunter sechs Anwälte, widmet sich vorrangig dem Bau-, Verkehrs-, Arbeits-, Verwaltungs-, Gesellschafts- und Erbrecht sowie dem Ehe- und Familienrecht. Der Kanzleigründer, Dr. Heinz B. Niestegge, konzentriert sich inzwischen im Wesentlichen auf das Notariat. Dr. Niestegge betont, die Juristerei werde immer komplexer. Es wäre fatal zu glauben, man könne als „Einzelkämpfer" alles gleichermaßen gut betreuen. Für ihn ist Teamarbeit mehr als die bloße Addition der Einzelkomponenten – damit meint er etwa den unerlässlichen Austausch zwischen jungen und erfahrenen Kollegen. Hiervon profitieren alle, nicht zuletzt die Mandanten.

Der Erfolg gibt dieser Philosophie recht: Die Kanzlei NIESTEGGE versteht sich als Partner ihrer Mandanten, will Privatpersonen wie Mittelstandsunternehmen auf Augenhöhe begegnen und kompetent beraten. Mit diesem Ansatz trat Dr. Niestegge 1986 an und hat ihn bis heute stets verfolgt. Tatsächlich haben sich viele Dauermandatsverhältnisse entwickelt, vor allem zu den zahlreichen Mittelstandsunternehmen, die von der Kanzlei NIESTEGGE umfassend in allen Rechtsgebieten betreut und vertreten werden. Jeder Mandant hat seinen persönlichen Ansprechpartner, der – soweit erforderlich – den jeweiligen Fachanwalt hinzuzieht.

Für das NIESTEGGE-Team ist die Zusammenarbeit mit Steuerberatern genauso selbstverständlich wie der Kontakt zu den passenden Anwälten im Ausland oder zu Patentanwälten im Inland. Aktuelle Herausforderung in diesem Bereich ist oft die Regelung der Unternehmensnachfolge: Neben den gesellschaftsrechtlichen und familienrechtlichen Fragen muss in jedem Einzelfall geprüft werden, mit welcher Gesprächs- und Verhaltensweise die sehr heterogenen Interessen der beteiligten Personen dauerhaft befriedigt und manchmal auch befriedet werden können – oft eine große diplomatische Aufgabe für den Anwalt oder Notar. Die Kanzlei am Mühlenweg, unmittelbar am Lippstädter Stadttheater gelegen, ist in einer Kaufmannsvilla aus dem Jahr 1904 untergebracht; das stattliche Haus atmet den klassisch-hanseatischen Geist. Gleichwohl steht modernste Büro- und Kommunikationstechnik zur Verfügung. Mandanten können innerhalb eines geschützten Bereichs sogar selbst online auf Unterlagen zugreifen.

Neben fachlicher Qualifikation, Erfahrung und Spezialisierung jedes einzelnen Teammitgliedes ist eines für die Kanzlei NIESTEGGE sehr wichtig: „Die Erfolgsaussichten eines Rechtsstreites besprechen wir mit unseren Mandanten immer sehr offen; wir möchten nicht sinnlos Kosten produzieren, so etwas hilft auf lange Sicht weder uns noch den Mandanten. Neben dem Rechtsstreit werden auch alternative Lösungswege aufgezeigt, die dem Ziel des Mandanten dienen, wenn es geht, auch ohne Streit vor Gericht."

Das NIESTEGGE-Team: Dr. jur. Heinz B. Niestegge, Heike Egen, Dirk Möhring, Britta Schieffer, Dr. jur. Michael Hoppe, Gregor H. Burmann

www.niestegge.de

Ein Wochenende im Zeichen der Schützen

Ein Höhepunkt in der Vereinsgeschichte des Südlichen Schützenbundes war die Ausrichtung des 7. Europaschützenfestes vom 12. bis 13. September 1987 in Lippstadt.

Dem Europafest ging am Freitag das Kreisschützenfest als Höhepunkt beziehungsweise Abschluss aller Schützenfeste im Altkreis Lippstadt voraus. Nach einem Kreiskönigsschießen, aus dem Wolfgang und Brunhild Juwig vom Schützenverein Lipperbruch als Kreiskönigspaar hervorgegangen waren, schloss sich der Schützenball in der Südlichen Schützenhalle an.

Das Europaschützenfest begann am Samstagmorgen mit einem Empfang im Lippstädter Rathaus. Anschließend wurde am frühen Nachmittag um die Würde des Europakönigs gerungen. Die Südliche Schützenhalle bot nach dem Vogelschießen am Samstagabend ein eindrucksvolles Bild mit bunten Uniformen von ordengeschmückten Schützen aus zwölf Nationen und Traditionsfahnen. Nach den Klängen der Europahymne nahm der Präsident der Europäischen Schützen, Leo Jans, die Proklamation des neuen Europaschützenkönigs vor. Mit Horst und Anita Walter als neues Europaschützenkönigspaar war es dem Schützenverein Rixbeck gelungen, sich international bekannt zu machen. Nach der Krönung wurden von Fallschirmspringern der Luftlandebrigade 27 aus Lipperbruch die Europa- und Stadtfahne in einer spannenden Landeaktion inmitten der angetretenen Vereine und Bruderschaften auf dem Festgelände an der Südlichen Schützenhalle eingeflogen. Daran schloss sich abends der Festball in der Südlichen Schützenhalle an.

Der Sonntag begann mit einem Festgottesdienst mit dem Paderborner Erzbischof Dr. Johannes Joachim Degenhardt und unter Beteiligung von 2.500 Schützen und Gästen. Wegen des schlechten Wetters musste der Festgottesdienst allerdings kurzfristig in die Schützenhalle verlegt werden. Das Wetter besserte sich ab Mittag wieder, sodass der Festumzug planmäßig durchgeführt werden konnte und mit circa 30.000 Gästen an den Straßenrändern zu einem erstklassigen Erfolg wurde. Die über 250 Gastvereine aus unterschiedlichen europäischen Ländern fanden auf dem großen Festgelände entlang der Weißenburger Straße in der Zeltstadt genügend Platz. Das Fest hinterließ bei zahlreichen Gästen einen so positiven Eindruck, dass auch der prominente Ehrengast und Schirmherr des Ritterordens des Heiligen Sebastians in Europa, seine Kaiserliche Königliche Hoheit Otto von Habsburg, die Gelegenheit nutzte, sich bei der ganzen Stadt für die erstklassige Arbeit zu bedanken. Der Bundesoberst des Sauerländer Schützenbundes Wilhelm Haake betonte: „Lippstadt hat uns wie Freunde aufgenommen, und wir sind uns als europäische Schützen hier in dieser Stadt nähergekommen."[290] Eine Besonderheit stand mit diesem gelungenen Großereignis in Verbindung. So wurde auf Antrag der Stadtverwaltung zum Europaschützenfest vom Ministerium für das Post- und Fernmeldewesen sogar eine Sonderbriefmarke mit einer Auflage von 30 Millionen Stück herausgegeben.[291]

Minister Dr. Christian Schwarz-Schilling übergab das erste Sonderpostwertzeichen am 20. August 1987 in einem feierlichen Akt am Lippstädter Rathaus.

Neben Bürgermeister Franz Klocke und Stadtdirektor Friedrich-Wilhelm Heraus (links) begrüßten auch Leo Jans als Präsident der Europäischen Gemeinschaft Historischer Schützen (Vierter von links) und Kreisoberst Konrad Thiemeyer (Fünfter von links) die Gäste.

„Aus Liebe zum Sport seit 1988!"

Ein Lebenstraum wurde wahr, als Dietmar und Hannelore Arndt am 2. September 1988 ein eigenes Sportfachgeschäft in Lippstadt eröffneten.

Dietmar und Hannelore Arndt waren vor ihrer Selbstständigkeit lange der Handelsgesellschaft im Kreis Soest durch ihre Position als Prokuristin bei dem Weka-Kaufhaus in Lippstadt und seiner Position als Geschäftsführer bei dem Weka-Kaufhaus in Soest verbunden. Dietmar Arndt war ferner dem Sport jahrelang verbunden und war bei Borussia Lippstadt als Spieler, Masseur, Trainer und Schiedsrichter tätig. Sie erfüllten sich beide einen Traum, als sie 1988 ihr eigenes Sportfachgeschäft in der Langen Straße 68 eröffneten. Zusammen mit der Intersport Deutschland eG, unter dem alle Händler selbstständig sind, aber über den Verband eng zusammenarbeiten, einkaufen und ein umfangreiches Serviceangebot nutzen konnten, wurde Sportbekleidung und Sportartikel auf damals 240 Quadratmetern angeboten. Die Fläche hatte man vom Sporthaus Ziegler & Pietring übernommen. Die Familie Arndt übernahm auch einen Teil des fünfköpfigen Teams.

Bis Mitte der 1990er-Jahre lag die Kernkompetenz des Unternehmens in den Bereichen Fußball, Laufen und Wandern. Dann begann eine stetige, aber besonnene Wachstumsphase des Unternehmens, als 1995 mit dem Erwerb des Gebäudes in der Langen Straße 78 und einem Umbau eine 400 Quadratmeter große Verkaufsfläche zusätzlich zur Verfügung stand. Dort wurden Schuhe und Hartwaren wie Zelte oder Tenniszubehör verkauft, während in Sporthaus Arndt 1 nur noch Textilien verkauft wurden. Das angrenzende Weka-Kaufhaus schloss Mitte 1998 endgültig seine Pforten und die Zukunft der großen Warenhausfläche blieb zunächst ungewiss. Doch dann erwarb Familie Arndt zusammen mit der Volksbank Lippstadt das Weka-Gebäude und nach einer Komplettsanierung entstand mit dem „Haus am Bernhard" ein modernes Sportfachgeschäft mit einem Fitnessstudio, zwei Kinderärzten und damals noch Büroflächen der Volksbank in den oberen Stockwerken. Im März 1999 konnte Intersport Arndt auf einer Fläche von 2.000 Quadratmetern und einem Team von 20 langjährigen Mitarbeitern als nunmehr größtes Sporthaus im Kreis Soest eröffnen. In der Langen Straße 68 gründete Hannelore Arndt mit dem Wäschehaus Arndt einen neuen Unternehmenszweig. Dieser Zweig ist bis heute ein Wäschefachgeschäft mit einem Team von sieben Mitarbeitern, in dem Unterwäsche, Dessous und Miederwaren für Damen und Herren angeboten werden.

Das Sportfachgeschäft wurde in den folgenden Jahren immer wieder modernisiert und umgebaut, so auch 2002, als man einen zentralen Kassenbereich im Erdgeschoss schuf. Die Freude der Eltern war groß, als im Oktober 2004 Sohn Ingo als Geschäftsführer in den elterlichen Betrieb eintrat. Er hatte nach seiner kombinierten Lehre als Einzelhandelskaufmann und seiner Ausbildung zum Betriebswirt VWA zunächst noch drei Jahre in verschiedenen Intersportgeschäften deutschlandweit Erfahrungen und Eindrücke gesammelt, bevor er zurück nach Lippstadt kam und seither zusammen mit seiner Frau Sabine das Unternehmen leitet. Die während und besonders nach seiner Ausbildung gesammelten Ideen und Erfahrungen ließ Ingo Arndt in den

Lippstädter Betrieb einfließen, sodass bis heute Innovation im Firmenleben eine große Rolle spielt, frei nach dem Motto: „Wir müssen anders und besser sein als andere!" So erfolgte 2005 zunächst ein Umbau und Renovierung, wodurch u. a. eine vergrößerte und eigenständige Wanderabteilung geschaffen wurde. Die Zahl der Mitarbeiter hatte sich zu dem Zeitpunkt schon auf 30 erhöht. Dann erfolgte die größte Umbaumaßnahme in der Unternehmensgeschichte, als bei laufendem Betrieb im Jahr 2010 bis 2011 das Untergeschoss, Erdgeschoss und die 1. Etage vollständig umgebaut wurden, wodurch eine Verkaufsfläche von 2.500 Quadratmetern geschaffen wurde. Damit wuchs Intersport Arndt zum größten Sportfachgeschäft zwischen Bielefeld und Dortmund, Meschede und Gütersloh. Getreu dem Motto „Anders sein!" schufen Familie Arndt und Team ein Fachgeschäft, das sich durch seine optische und gestalterische Aufteilung in Sportwelten von allen anderen Sportgeschäften abhebt und durch seine Highlights besticht, die es so in Lippstadt und Umgebung vorher noch nicht gab.

Mit fast 40 Mitarbeitern stehen Kundenfreundlichkeit, Beratungskompetenz, Kundenservice, Produktqualität, Marken- und Produktvielfalt ganz oben in der Unternehmensphilosophie. Die Mitarbeiter werden regelmäßig durch Schulungen von Firmen weitergebildet. Ebenso wichtig ist der Unternehmensführung die Ausbildung von Lehrlingen, um dauerhaft geschultes und neues Fachpersonal aufzubauen. Derzeit unterstützen acht Auszubildende den Betrieb. Für ihre zahlreichen Stammkunden gibt das Unternehmen jährlich eigene Kataloge heraus. Das Besondere daran ist, dass statt unbekannten Models die eigenen Mitarbeiter die neue Kollektion auf Fotos vorstellen. Getreu dem Leitspruch „Wir müssen unserem Kunden bieten, was andere nicht haben!" bietet Intersport Arndt seinen Kunden ein Höchstmaß an Exklusivität. So steht mit dem Tweet Mirror ein Spiegel beziehungsweise großer Bildschirm zur Verfügung, mit dem Kunden ein Foto von ihrem neuen Outfit anfertigen und gleich via Internet, MMS, Facebook oder Twitter versenden können, um sich vielleicht vor dem Kauf noch eine Rückmeldung einholen zu können.

In der Badeabteilung stehen den Kunden Umkleidekabinen mit individuell einstellbarer Beleuchtung zur Verfügung. Beispielsweise können unterschiedliche Farbtöne in unterschiedlicher Intensität eingestellt werden, wodurch sich das Wohlfühlen der Kunden erhöht. Auch eine Hochgeschwindigkeitsrutsche für Kinder und ein geplantes Kinderfernsehprogramm lassen das Sportfachgeschäft zum Erlebnishaus und zugleich Mehrgenerationenhaus werden, denn auch fußballbegeisterte Fans können samstags die Bundesligaspiele mitverfolgen. „Bei Intersport Arndt sollen sich unsere Kunden wohlfühlen!", versichert der Geschäftsführer Ingo Arndt. Auf drei Etagen sind die Bereiche Trend- und Sportmode, Laufen und Walking, Bade-Beach-Freizeit, Wandern und Trekking, Fußball und Fankurve, Tennis, Fitness- und Kraftsport, Vereinssport, Inlineskates und Zubehör, Fitness und Training, Kindersportausrüstung sowie Wintersport und Zubehör untergebracht. Im Untergeschoss befindet sich außerdem die Skiwerkstatt, in der eine vollautomatische Schleifmaschine die Ski und Snowboards fahrtüchtig macht. Für seine Kunden hält das Unternehmen mit Kursangeboten und Sportfahrten einen zusätzlichen Service bereit. Zufriedene Kundinnen finden sich auch bei der jährlich veranstalteten Ladies Night, bei der ein umfangreiches Programm geboten wird. Der Intersport-Verbund sieht das Lippstädter Fachgeschäft nach dem Umbauprojekt 2011 als modernstes und schönstes Sportfachgeschäft seines Verbandes.

www.intersport-arndt.de

Kontinuierliches Wachstum über mehr als zwei Jahrzehnte

Seine Begeisterung für die Informatik entdeckte der gebürtige Bökenförder Matthias Ferber schon früh. Somit war es nicht verwunderlich, dass er bereits während seiner Schulzeit am Ostendorf-Gymnasium mit Software-Entwicklung zusätzliches Taschengeld verdiente und kurz darauf gemeinsam mit dem Inkassounternehmen Bürger eine Entscheidung getroffen wurde, die für seinen weiteren Lebensweg richtungsweisend war: die Entwicklung einer Software für das Forderungsmanagement.

Am 1. Mai 1990 gründete Matthias Ferber sein eigenes Unternehmen, die Ferber EDV-Betreuung. Im Oktober desselben Jahres lernte er an der Universität Paderborn unter anderem Jochen Schneiders kennen, der zunächst der erste studentische Mitarbeiter wurde und seit 2009 der zweite Geschäftsführer des jungen Unternehmens ist, das inzwischen in die Ferber-Software GmbH umgewandelt wurde. Nach den Anfängen der Software-Entwicklung im ausgebauten Dachboden der Eltern zog Matthias Ferber mit seinen Mitarbeitern mehrfach in andere Räumlichkeiten, zuletzt in das CARTEC-Gebäude an der Erwitter Straße. Doch auch hier sprengte das kontinuierliche Wachstum von Ferber-Software die Kapazitätsgrenzen. Daher wurde der Entschluss gefasst, ein eigenes Gebäude zu errichten. Der neue Arbeitsplatz für bis zu 100 Mitarbeiter konnte somit am neu entstandenen Konrad-Adenauer-Ring im Mai 2009 bezogen werden. Das moderne Umfeld spiegelt sich im Arbeitsklima des Ferber-Teams wider: Jeder duzt jeden, gemeinsame Aktivitäten steigern das partnerschaftliche Miteinander bei gleichzeitiger Leistungsorientierung. Unternehmensstrategie und Neuigkeiten aus dem Unternehmen werden allen Mitarbeitern einmal im Monat vorgestellt, damit jeder auf dem Laufenden ist und eigene Ideen einbringen kann.

Weil die meisten Inkassounternehmen gegen Ende der 1980er-Jahre noch mit Schreibmaschinen und Papier arbeiteten, war die Entwicklung einer speziellen Software in diesem Bereich ein neuer und vielversprechender Markt. Doch wie kam die Software zu ihrem ungewöhnlichen Namen „IKAROS"? Mit einem Schmunzeln erzählt der Firmengründer gern, dass ihn jugendlicher Überschwang dazu brachte, sein Produkt nach der größten Absturzlegende der Antike zu benennen. Es stellte sich heraus, dass in diesem Fall der Name nicht Programm war, da sich die Software äußerst stabil und performant zeigt. Insbesondere zu den Anwendern wird ein enger Kontakt gesucht und auf dem jährlich stattfindenden Anwendertreffen intensiv gepflegt. Zusätzlich tagt vierteljährlich der sogenannte Anwenderbeirat, der als Interessensvertretung der Anwender für eine stetige Weiterentwicklung und Optimierung des Produktes sorgt. Seit der Unternehmensgründung ist Ferber-Software kontinuierlich in jedem Jahr gewachsen. Zu den mittlerweile über 150 Kunden gehören Dienstleister im Forderungsmanagement, unter anderem Inkassounternehmen und Rechtsanwaltskanzleien, ebenso wie Konzerne, die ihr eigenes Forderungsmanagement betreiben, unter anderem Banken, Versicherungen und Energieversorger. So gehören beispielsweise das Bertelsmann-Unternehmen arvato infoscore, TeamBank, R+V Versicherung und E.ON edis zu den Firmenkunden.

Wohin führt der weitere Weg? Ferber-Software plant weiter zu wachsen und den Status des Marktführers im Bereich Inkasso-Software in Deutschland auszubauen. Die langfristige Vision ist, zum führenden IT-Partner für das Forderungsmanagement in ganz Europa zu werden. Dem zukunftsorientierten Unternehmen wurde 2010 der erste Lippstädter Wirtschaftspreis verliehen.

www.ferber-software.de

Alt und neu vereint – das Stadtarchiv im Alten Steinwerk

Das wiederentdeckte Alte Steinwerk, um 1981

Bis 1974 fristete das Stadtarchiv im Rathaus ein Schattendasein. Nach einem mehrjährigen Zwischenspiel in der früheren Sparkasse an der Spielplatzstraße erhielt das Archiv im „Alten Steinwerk" in der Soeststraße angemessene Räumlichkeiten.

Nachdem die Druckerei Laumanns 1980 ihre Betriebsstätten an der Kolpingstraße aufgegeben hatte, wurde bei Voruntersuchungen zur dortigen Stadtsanierung auch das dazu gehörige Gebäude an der Soeststraße genauer untersucht. Dabei kamen zur Überraschung aller Beteiligten drei Wände eines Steinwerks, also eines Hinterhauses aus Bruchsteinmauerwerk, zum Vorschein, das in die Mitte des 15. Jahrhunderts datiert werden konnte. Zu dieser Zeit wurde in Lippstadt vorwiegend Fachwerk gebaut und nur wenige steinerne Häuser sind bislang bekannt geworden. Im Inneren des wiederentdeckten Steinwerks wurde eine Holzbalkendecke mit Bemalung freigelegt, die aus der zweiten Hälfte des 17. Jahrhunderts stammt. Die Befunde waren so bedeutend, dass das Gebäude nicht, wie ursprünglich vorgesehen, abgerissen wurde. Stattdessen restaurierte man das Steinwerk und ergänzte es im vorderen Teil durch einen Neubau, der die alte Bausituation wiedergibt. Denn dem Steinwerk war ursprünglich ein Vorderhaus aus Fachwerk vorgelagert. Dies war eine typische Bauweise in Hansestädten, wo Kaufleute ihre wertvollen Waren und Besitztümer in einem steinernen Hausteil vor Feuer und Einbruch schützten. Ob dies auch für Lippstadt gilt, ist nicht endgültig geklärt, zumal die Besitzgeschichte der frühen Zeit aufgrund fehlender schriftlicher Belege nicht mehr zu rekonstruieren war. Möglicherweise sollte das Steinhaus auch vorrangig einen repräsentativen Eindruck erwecken.[292]

1991 — Das Stadtarchiv öffnet seine Türen

Seit 1991 ist das Stadtarchiv passend zu den dort aufbewahrten, zum Teil jahrhundertealten Dokumenten in diesem bedeutenden historischen Gebäude untergebracht. Im hinteren Teil befindet sich der Benutzersaal. Gleichzeitig ist dies eine öffentliche Begegnungsstätte, in der vorwiegend kulturelle Veranstaltungen wie Vorträge oder Lesungen gehalten werden und einige Gruppen und Vereine regelmäßig tagen. Der Raum ist flexibel zu gestalten – als Vortragsraum für etwa 50 Besucher oder als Tagungsraum. Die restaurierte Balkendecke wurde in großen Teilen wieder an ihrem ursprünglichen Ort eingebaut und schmückt den hohen Saal auf besondere Weise. In dem neu errichteten Vorbau befinden sich die Funktionsräume des Archivs: Büros, Archivbibliothek, Seminarraum, Werkstatt und vor allem die Magazine, die sicher vor Hochwasser und anderen Gefahren in den oberen Geschossen untergebracht sind. Dort lagern heute in Rollregalanlagen, verpackt in archivgerechten Kartons aus säurefreiem Material, 1.400 laufende Meter Archivalien. Pergamenturkunden, Amtsbücher, Akten, Karten und Pläne, Plakate, Stiche und Ansichten, Münzen und Banknoten, Fotos aller Art und in verschiedensten Formaten, Filme und Videos und schließlich digitale Datenträger geben über rund 800 Jahre Stadtgeschichte Auskunft.

Ein Archiv ist weder ein Museum noch eine Bibliothek, auch wenn es oft mit diesen beiden in einem Atemzug genannt wird. Im Unterschied zu einem Museum sammelt ein Archiv nicht aktiv, sondern es hat „Zuwachs" an Unterlagen aller Art aus der Verwaltung, für die es zuständig ist. Das Stadtarchiv Lippstadt entscheidet, was an Akten, Plänen, Bildern und elektronischen Daten aus der Stadtverwaltung Lippstadt so wichtig ist, dass man es auf Dauer aufbewahrt. Alle Archivalien sind Unikate, die es nur einmal auf der Welt gibt, und sie sind nur in Ausnahmefällen veröffentlicht. Die Stücke sind deshalb unersetzlich – das ist der Unterschied zur Stadtbibliothek, die Bücher bei Verlust oder Beschädigung in der Regel durch neue Exemplare ersetzen kann, sofern es sich nicht um sehr alte Ausgaben handelt.

Ein Archiv gibt es ungefähr so lange wie Lippstadt selbst. Denn sobald diese die ersten Urkunden von ihrem Gründer Bernhard II. zur Lippe und seinen Nachfolgern erhalten hatte, sorgte sie dafür, dass diese wichtigen Dokumente sicher verwahrt wurden. Dies geschah über Jahrhunderte im Rathaus, und lange genügte dafür eine Truhe mit mehreren Schlüsseln. Im 19. Jahrhundert setzten dann erste Bemühungen ein, das noch vorhandene Schriftgut zu sichten und zu ordnen, was der Lehrer und Historiker Dr. Robert Chalybäus 1874/1875 unternahm. Nach 1945 kümmerte sich dann Dr. Franz Herberhold, Archivar in Münster und gebürtiger Lippstädter, um das Archivgut, bis 1983 mit Dr. Hartwig Walberg der erste hauptamtliche, fachlich ausgebildete Archivar die Leitung des

Die Soeststraße 8 in einer Zeichnung von E. Kott, um 1938

Das Stadtarchiv heute

Deckenmalerei aus dem 17. Jahrhundert

Archivmagazin mit Rollregalanlage

Der Lesesaal wird auch als Vortrags- und Tagungsraum genutzt.

Stadtarchivs übernehmen konnte.[293] Nachdem die Archivleiterstelle nach dem Fortgang Walbergs jahrelang vakant blieb, leitet seit 2002 Dr. Claudia Becker als hauptamtliche Archivarin das Stadtarchiv Lippstadt.

Das Stadtarchiv hat nach dem 2010 erneuerten NRW-Archivgesetz festgelegte Aufgaben: die in der Stadtverwaltung nicht mehr benötigten Unterlagen aller Art zu bewerten, Archivwürdiges zu übernehmen, gegebenenfalls zu reinigen oder restaurieren zu lassen, dann fachgerecht zu verpacken und im Magazin bei den erforderlichen klimatischen Bedingungen zu verwahren. Damit man weiß, was sich in den großen Mengen an Archivalien verbirgt, werden diese durch Findmittel inhaltlich erschlossen („verzeichnet"). Dies geschieht heute nicht mehr wie früher durch hand- oder maschinenschriftliche Karteien und Findbücher (Repertorien), sondern per EDV. So kann elektronisch bequem nach Personen und Sachbetreffen recherchiert werden.

Den gesetzlichen Vorgaben entsprechend finden sich im Stadtarchiv in erster Linie Unterlagen aus der Stadtverwaltung. Neben diesem amtlichen Schriftgut übernimmt das Archiv nach seinen Möglichkeiten aber auch Bestände aus privater Herkunft (Provenienz), etwa von Personen und Familien, Vereinen und Verbänden etc., die mit der Stadt Lippstadt in Beziehung stehen. Jeder und jede Interessierte hat das Recht, Archivalien auf Antrag einzusehen. Ausnahmen gibt es nur, wenn das Archivgut erst restauriert werden muss, bevor es vorgelegt werden kann, oder wenn bei jüngeren Unterlagen Datenschutzvorschriften zu beachten sind. In allen anderen Fällen kann man die Archivalien im Lesesaal des Stadtarchivs einsehen, unabhängig davon, zu welchem Zweck man dies tut: aus persönlichen Gründen, für Schule oder Studium, zur Erforschung der eigenen Familiengeschichte, der Geschichte des Wohnhauses, des Vereins, der Schule oder des Ortsteils. Hier sucht und findet man Antworten auf verschiedenste Fragen wie „Haben Sie meinen Opa im Archiv?" oder wie der alte Lippstädter Bahnhof ausgesehen hat, wie der Milchladen hieß, den es früher in der Nähe des Bernhardbrunnens gab, oder wann und warum welche Straße einen neuen Namen bekam und vieles mehr. Anfragen kommen nicht nur aus Lippstadt selbst, sondern aus der ganzen Welt, wie aus den Niederlanden, England, Israel, Russland, Südafrika, Kanada und Brasilien.

Die Nachforschungen zu den verschiedenen Themen sind eine Spurensuche in der Geschichte und haben viel mit Detektivarbeit gemein – manchmal ebenso mühsam, meist aber auch sehr spannend.

Durch Zufall groß geworden

Wer hätte gedacht, dass Styropor eigentlich nur durch einen Zufall erfunden wurde? Das Chemieunternehmen BASF entdeckte 1931 zufällig, dass ein eigentliches Abfallprodukt mit Wasserdampf expandiert und dadurch Styroporkügelchen entstehen.

Seit Jahrzehnten wird der Werkstoff für die Wärmedämmung von Häusern und als Verpackungsmaterial verwendet. Die Herstellungstechnik ist bis heute gleich geblieben, aber es entwickelte sich bedingt durch steigende Rohstoffpreise für Gas oder Erdöl ein wachsender Markt für Dämmmaterialien aus Styropor. Als Betriebselektrikermeister hatte Stefan Wroblewski in den Firmen Knauf und Bronk die Herstellung von Verpackungsmaterialien aus Styropor kennengelernt und gelangte 1992 zu der Überzeugung: „Das kann ich auch und sogar besser!" So übernahm er in dem Jahr den Standort der Firma Bronk, den ehemaligen Hof Landgräber an der Hansastraße, und produzierte sowohl Verpackungs- als auch Dämmmaterial aus Styropor. Das schnelle Wachsen des Unternehmens erzwang einen Neubau, der Ende 1998 als heutiger Standort in der Bertramstraße bezogen werden konnte. Für die Produktion wird Rohstoffgranulat, bestehend aus Benzol und Styrol, als Abfallprodukt bei der Erdölverarbeitung angeliefert. Das Granulat wird dann mit Wasserdampf versetzt, worauf sich die kleinen Körnchen explosionsartig vergrößern. Die entstandenen einzelnen Styroporkügelchen werden nun getrocknet, bevor sie zu Blöcken verarbeitet werden. Die vier Meter hohen Blöcke werden dann mit einem heißen Draht in die entsprechenden Größen geschnitten und verpackt. Im Unternehmen werden aber auch Styroporplatten mit Falz, Nut und Feder oder auch Gefälleplatten für Flachdächer produziert. Ebenso wird Rollladendämmung hergestellt, bei der Präzision gefragt ist.

Für den Bereich Verpackung werden je nach Kundenwunsch spezielle Formteile aus Styropor angefertigt. Die Lkw-Flotte, bestehend aus elf Jumbozügen, und auch Spediteure bringen die leichte Ladung zu den Fachmärkten deutschlandweit. Ein Nebenbereich des Unternehmens ist das Anfertigen von Styroporteilen für Firmen und Privatkunden. So entstand beispielsweise ein Iglu oder auch ein Podest in Nierenform. Ebenso werden Buchstaben, Logos, Wegweiser oder Spielformen aus Styropor angefragt, die zum Beispiel bei Messen und Ausstellungen benötigt werden oder als Spielformen zur Freude der Kinder bemalt werden können. Interessant ist, dass die Abfälle unendlich oft recycelt werden können, indem man die Stücke zerreibt, bis wieder die einzelnen Kügelchen vorliegen, die dann wieder dem Arbeitsprozess zugeführt werden können. Auch Styroporteile aus dem Gelben Sack können wiederverwendet beziehungsweise recycelt werden. Man kann das Altmaterial als Schüttgut beim Estrichbau sowie als Zuschlag bei Leichtbetonen verwenden oder auch der Blumenerde zuführen, um sie zu durchlüften. Damit ist Styropor nachweislich umweltfreundlicher als Pappe.

Lippstädter Hartschaumverarbeitung ist im Laufe seiner Unternehmensgeschichte stetig gewachsen. Waren es 1992 noch zehn Mitarbeiter, kann das Unternehmen heute 70 Mitarbeiter und zwei weitere Werke in Polen vorweisen. Seit 2007 wird Stefan Wroblewski von seiner Tochter Violetta als Geschäftsführerin im kaufmännischen Bereich und von seinem Neffen Albert Wroblewski-Sperl als Geschäftsführer im Bereich Produktion unterstützt.

Das Unternehmen heute

Ein Blick in das Lager

www.lphv.de

Weltmarktführer für Frontend-Module

Viele aus dem Raum Lippstadt haben den Namen HBPO schon einmal gehört oder kennen das Gebäude an der Rixbecker Straße 111, dennoch wissen die wenigsten, dass sich hinter dem Namen ein Unternehmen mit weltweit 1.300 Mitarbeitern und über 1 Milliarde Euro Umsatz verbirgt.

Nachdem der Fahrzeugbau immer komplexer wurde, begannen die Automobilhersteller vor etwa 25 Jahren zu überlegen, wie man die Komplexität am Fahrzeug in Grenzen halten und gleichzeitig die Produktion schlanker machen könne. Dabei reifte die Idee, wie bis dahin schon bei den Autositzen üblich, noch mehr zu modularisieren. Beim Fahrzeughersteller sollten künftig statt einer Montage von Einzelteilen komplette Module, die von Zulieferunternehmen zusammengesetzt und angeliefert werden, montiert werden. Diesbezüglich trat der Markt 1992 an das Unternehmen Hella heran und die ersten fertig entwickelten Module wurden für den VW Golf A3 montiert und just-in-sequence geliefert. Dieser Bereich von Hella wurde schließlich ausgegründet und hat seither eine sehr positive Entwicklung genommen. 1999 kam die Firma Behr dazu. Seit 2002 ist HBPO mit dem Joint-Venture-Partner Samlip auch unter dem Namen SHB in Südkorea erfolgreich. 2004 fand der letzte große Schritt, die Beteiligung von Plastic Omnium als dritter Gesellschafter und die Gründung der HBPO GmbH, statt.

HBPO ist als einziges Unternehmen weltweit auf Design, Entwicklung, Montage und Logistik komplexer Frontend-Module spezialisiert. Mit über vier Millionen Frontends jährlich ist das noch junge Unternehmen damit Weltmarktführer in diesem Bereich. Zu den Kunden zählen nahezu alle namhaften Automobilhersteller wie zum Beispiel VW, Audi, Porsche, Mercedes-Benz, Hyundai, Chrysler oder MINI. Auch für die wichtigen Zukunftsthemen wie Leichtbau, CO_2-Reduktion und Aerodynamikverbesserung im angestammten Bereich der Frontend-Module ist HBPO der kompetente Ansprech- und Entwicklungspartner für die Automobilhersteller. Alle Lieferungen erfolgen im sogenannten Just-in-sequence-Verfahren. Das bedeutet, dass das richtige Frontend zur richtigen Zeit, in der richtigen Reihenfolge an das Montageband des Automobilherstellers geliefert wird. Für die Logistik von HBPO bedeutet dies eine besondere Herausforderung, da die Frontends teils vier Stunden nach Auftragseingang beim Kunden sein müssen. Daher befinden sich die Montagestätten von HBPO immer in der Nähe der Autohersteller.

Seit 2006 befindet sich der weltweite Hauptsitz der HBPO GmbH an der Rixbecker Straße 111. Darüber hinaus ist HBPO mit fünf Entwicklungsstandorten in der Welt vertreten. In den derzeit 18 Produktionsstätten in Asien, Nord und Mittelamerika und Europa werden die Frontend-Module gefertigt und direkt an die Montagelinie des Automobilherstellers geliefert.

www.hbpogroup.com

Identitätsaufbau als Grundkonzept

Seit den frühen 1980er-Jahren befindet sich die gesamte grafische Industrie in einem rasanten Wandlungsprozess, der mit der Kommerzialisierung des Internets und dem massiven Einsatz computergestützter Technologien Ende der 1990er-Jahre auf einen neuen Höhepunkt zulief.

Fotografie im wörtlichen Sinne: Lichtmalerei vorm Lippstädter Rathaus

Waren gut zehn Jahre zuvor die Rollen noch klar verteilt, fanden sich klassische Druckereien und traditionelle Werbeagenturen jetzt in einer Welt voller fantastischer Möglichkeiten wieder, in der jeder auf Knopfdruck erschaffen konnte, was immer ihm gefiel. Aber wie so häufig bei schnellen Entwicklungen steckte der Teufel im Detail. Die Kreativität der Werber wurde allzu häufig ausgebremst durch die Tücken der Technik.

Zu dieser Zeit lernten sich in Lippstadt drei junge Männer kennen, die sich aus völlig unterschiedlichen Richtungen denselben Problemen näherten. Gunnar Luig, frischgebackener Diplom-Ingenieur Maschinenbau der RWTH Aachen, Markus Macherauch, technischer Leiter eines mittelständischen IT-Unternehmens, und Ralf Nolte, Leiter des Design-Bereichs einer Druckerei. Ihnen schien die Verbindung von Kreativität und Technik in einer „neuen" Form von Agentur als der passende Ansatz, viele der aufkommenden Probleme in der Umsetzung von Werbekonzepten von vornherein auszuschließen. Die beim schon fast sprichwörtlich gewordenen Bier geborene Idee manifestierte sich im Oktober 1997 mit der Gründung der concept.id – Agentur für Medien – Luig und Partner GbR, einem kleinen Unternehmen, das sich in einem Dachgeschoss-Apartment in der Westernkötter Straße einmietete. Die zur Verfügung stehenden 37 Quadratmeter wurden umfassend mit IT-Technik ausgestattet und dienten den drei Gesellschaftern bis Ende 1998 als Domizil.

Dann forderte der fortwährende Erfolg seinen Tribut und concept.id benötigte mehr Platz. Gefunden wurde dieser im repräsentativen Neubau eines BusinessCenters im Gewerbegebiet Am Mondschein. Wirkten die dort angemieteten 420 Quadratmeter anfangs noch großzügig, stellte sich schon nach geraumer Zeit heraus, dass die Erweiterung des hausinternen Kreativspielraums auch Platz benötigen würde. War wenige Jahre zuvor die Anforderung hier noch vorrangig eine reibungslos funktionierende Technik gewesen, so sind heute Flexibilität und Zeit die wesentlicheren Faktoren. Durch die Einrichtung eines modernen digitalen Fotostudios sowie die Anschaffung eines eigenen Digitaldrucks ließen sich viele Projekte nun zeitnah hausintern lösen.

Auch wenn alle technischen Voraussetzungen geschaffen sind, sind es am Ende doch Menschen, die den Erfolg eines Unternehmens ausmachen. Dies sahen auch die Unternehmensgründer so und setzten schon früh auf eigene Auszubildende.

Lippstadt im Spiegel der Zeit   213

Seit 2001 ist concept.id anerkannter Ausbildungsbetrieb der IHK und stellt jährlich eine Lehrstelle. Als Full-Service-Werbeagentur bietet concept.id seinen Kunden ein breites Leistungsspektrum. Neben der klassischen Werbung sind selbstverständlich auch die „neuen" Medien ein wesentlicher Bestandteil der im Hause entstehenden Kampagnen. Sechs Kreative stehen heute im Dienst der concept.id und bringen ihre Ideen und ihr Know-how in das Unternehmen ein. Dass sich das für die Kunden auszahlt, zeigt sich am stetigen Wachstum der Agentur und an den Auszeichnungen, die für die geleisteten Arbeiten vergeben wurden. So ehrte der Marketing Club Paderborn mehrfach Kunden der concept.id als „Überflieger des Jahres" für ihre ausgezeichnete Marketingarbeit. Aber auch Endkunden würdigten den kreativen Output und zeichneten Anzeigenkreationen mit Leserpreisen der Verlage aus. Heute betreut concept.id eine Vielzahl von Kunden aus den Bereichen Dienstleistung, Produktion und Handel – vom Handwerksbetrieb bis zum Konzern.

www.concept-id.de

Die Agentur bietet viel Platz für Kreativität.

Sie stehen für den Erfolg von concept.id: Der Kaufmann: **Markus Macherauch,** *verantwortlich für die Zahlen bei concept.id; Der Werber:* **Ralf Nolte,** *kreativer Kopf der Agentur und kompetenter Ansprechpartner für Kunden; Der Techniker:* **Gunnar Luig,** *analysiert und löst alle Internet- und Netzwerk-Herausforderungen*

Kon | zept, das; (lat. concipere = erfassen) Entwurf, erste Fassung einer Idee, grober Plan; wird i.d.R. als Sammlung von Leitgedanken verstanden, verfasst Eckpunkte eines Projekts, kann eine oder mehrere Eigenschaften einer Menge von Objekten, Beziehungen oder Fähigkeiten beschreiben.

concept.id

ID, die; a) Identifikationsbezeichnung; vergl. *Identifikator*; ein künstlich zugewiesenes Merkmal zur eindeutigen Identifizierung eines Objektes, b) Abk. *Iden | ti | tät*, die; (lat. idem = derselbe), Echtheit einer Person oder Sache; völlige Übereinstimmung mit dem, was sie ist oder als was sie bezeichnet wird.

Am Anfang war das Wort: Wenn Passion zum Beruf wird

In dieser Fabrik rauchen keine Schlote. In dieser Fabrik rauchen Köpfe. In dieser Fabrik gibt es keine routinierte Fließbandarbeit. Hier wird individuell gefertigt. Mit viel Liebe zum eigenen Tun entstehen hier Produkte von höchster Qualität: In ihrer Translation Factory bietet Mary Elizabeth Picot-Guéraud seit 1998 Übersetzungsdienste an, die von zahlreichen Kunden im In- und Ausland geschätzt werden.

Was wird aus einem Mädchen, das in eine Familie hineingeboren wird, wo die Eltern liebend gern miteinander reden, wo fleißig diskutiert wird, wo Zeitungen und Bücher allgegenwärtig sind, wo es an jedem Tag im Jahr einen regen Austausch an Gedanken gibt? Kurz, wo Wörter und Sprache eine allgegenwärtige Dominanz ausüben?

Ein solches Mädchen lernt die Wörter, die Sprache zu lieben. Sie wird später einmal Schriftstellerin. Auch Journalistin wäre ein naheliegender Beruf. Ein Beruf, in dem das Wort und die Sprache ähnlich dominant sind wie früher im Familienleben. Auch der Lehrberuf liegt an einem so vorgezeichneten Weg. Mary Elizabeth Picot-Guéraud ist eben diesen Weg gegangen. Sie wurde Lehrerin. Und weil sie merkte, dass da noch mehr in ihr schlummert, hat sie einen Beruf hinzugefügt, in dem sie gleichfalls ihre Liebe zu Wort und Sprache ausleben kann: Sie wurde Übersetzerin. Und das mit wachsendem Erfolg. 1998 gründete sie ihre Translation Factory in Lippstadt. Für die erfolgreiche Unternehmerin wird im Rückblick auf ihr bisheriges Leben ein roter Faden erkennbar, ein Faden, an dem sich Stationen aneinanderreihen, wo wiederum Sprache tonangebend war.

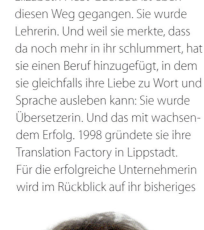

Als englisches Au-pair-Mädchen kam sie nach Deutschland und lebte in Hamburg in einer Journalisten-Familie. Ihre Studienfächer waren Latein und Altgriechisch. Sie verliebte sich in einen zweisprachig (deutsch-französisch) aufgewachsenen Franzosen aus dem Elsass, den sie heiratete und mit dem sie sich in Lippstadt niederließ. Somit kamen zur englischen Muttersprache zwei Fremdsprachen hinzu, in denen die sprachbegabte Frau schnell zu Hause war. Als Englisch-Dozentin fand Mary Elizabeth Picot-Guéraud schließlich an der International Business School in Bad Waldliesborn einen Job, in dem es wiederum um Sprache ging.

In ihrer Factory lässt sich die Unternehmerin vom Anspruch leiten, ihren Kunden nicht eine simple Übersetzung zu liefern, nicht nur Wörter vom Deutschen ins Englische oder umgekehrt zu übertragen. Ziel ihrer Arbeit ist es immer, die Gedanken, Werte, Geschichten, Traditionen, Mentalitäten oder Ideen hinter den Wörtern zu erspüren, kurz: das Wesen der Texte. Dabei beackert die Übersetzerin ein weites Feld an Themen. Das reicht unter anderem von Literatur und Handbüchern für zum Beispiel IT-Firmen und Designmöbel-Hersteller über Werbekampagnen und Image-Broschüren bis hin zu Biografien, TV-Drehbüchern (unter anderem „Terra X") oder gar Prospekten für Antiquitäten-Häuser in der Schweiz.

Sprache entwickelt sich heutzutage immer rasanter. Für die Translation Factory sind moderne Hard- und Software sowie kundenspezifische Übersetzungs-Datenbanken die Antwort. Und wo die Chefin mit ihrer Factory einmal an Grenzen stößt, weiß sie auf ein großes Netzwerk an erfahrenen Kollegen zurückzugreifen, die auch andere Sprachkombinationen anbieten. Bei allem Tun hilft Mary Elizabeth Picot-Guéraud aber nicht zuletzt der enge Kontakt zur Heimat, zum Elternhaus, zur englischen Muttersprache. Dort, wo sie ihre Wurzeln hat, schließt sich für die Unternehmerin der Kreis ihres bisherigen Lebens – Am Anfang war das Wort. Und ist es immer noch.

Mehr als der normale Makler: Der Immobilienprofi

Seit 2011 beherbergt das alte Zollamt, das im Jahr 1854 am Lippertor 8–10 erbaut wurde, das moderne Unternehmen Groß Immobilien & Dienstleistungen.

Nach dem Maschinenbaustudium und seiner Tätigkeit als Geschäftsführer in einem Unternehmen aus der Finanz- und Immobilienwirtschaft entschloss sich Rainer Groß 1999, ein Immobilienbüro zu gründen. Seine ersten Kunden begriffen schnell, dass sein Name nicht für den normalen Immobilienmakler stand, sondern dass sich dahinter viel Sachkompetenz verbarg. So wuchs der Kundenstamm rasch durch mündliche Empfehlung, eine Strategie, die das Unternehmen übrigens bis heute verfolgt und auf aufwendige Werbung verzichtet.

Das Unternehmen ist mit seinem Kundenstamm bis heute stetig gewachsen, anfänglich standen zunächst in Lippstadt bescheidene 25 Quadratmeter Bürofläche zur Verfügung. Im Jahr 2005 entschloss man sich das Büro zu erweitern und verlegte das Unternehmen in die Marktstraße. Nachdem die oberen Etagen des Gebäudes im alten Zollamt jahrelang leer standen, erwarb Rainer Groß das Gebäude und verlagerte im August 2011 abermals seinen Firmensitz in das historische Gebäude am Lippertor und erweiterte die Büroflächen.

Das Kerngeschäft des Unternehmens liegt zwar in der Immobilienvermittlung, doch gehören die Finanzierungsberatung und -vermittlung ebenso zu den weiteren Aufgabenfeldern des Unternehmens wie die Planung oder auch die Konzeption von Sanierungen, Umbaumaßnahmen und Neubauten. Ein weiteres Tätigkeitsfeld ist die Bewertung von Immobilien und Liegenschaften. Durch weitere Qualifikation wurde Rainer Groß 2003 auch TÜV-zertifizierter Berater bei Feuchtigkeitsschäden.

Hinsichtlich der Planung und der Konzeption von Sanierungen, Um- und Neubauten plant das Unternehmen mit dem Kunden gemeinsam die Projekte und entwickelt Vorschläge und Lösungen. Hierbei arbeiten die vier Mitarbeiter sehr eng mit einem Architekten und Statiker sowie einem Bauingenieur zusammen. Nachdem dieser Bereich zunehmend gewachsen war, gründete Rainer Groß 2006 die Lippe Immobilien GmbH, die seither für ihre Kunden Neubauten plant und realisiert. Frei nach dem Prinzip Hand in Hand wird vollendet, was Groß Immobilien & Dienstleistungen begonnen und entwickelt hat. Bis heute ist das Unternehmen seiner Philosophie treu geblieben und sieht die Kunden als Partner. Es geht nicht um den Verkauf, sondern um eine fachkompetente Beratung, zu der auch der Hinweis auf Probleme und Missstände gehört. Allerdings können dem Kunden durch die langjährige Erfahrung Lösungsmöglichkeiten und ein Kostenrahmen vorgestellt werden. Als Berater und Gutachter versteht sich das Unternehmen ebenso als neutraler Berater beziehungsweise als Mittler zwischen Kunden und Verkäufer. Künftig wird Groß Immobilien & Dienstleistungen möglicherweise auch den Bereich Gebäudemanagement aufnehmen, um der gewachsenen Nachfrage nachzukommen. Auch ist eine Erweiterung für den Bereich Immobilienmarketing und Home Staging vorstellbar und nicht auszuschließen.

Im Besonderen gilt: „Die wichtigste Person in unserem Unternehmen ist der Kunde!"

rechts: „Altes Zollamt"; links oben: Verkaufsobjekt EFH in Lippstadt; rechts oben: Moderne Badgestaltung; links unten: Beispiel eines Wohnraumes; rechts unten: Detail einer Neubau DHH in Lippstadt

Schrittmacher des automobilen Klima-Komforts

Mehr Komfort für Menschen in Bewegung: Die Behr-Hella Thermocontrol GmbH (BHTC) ist weltweit eines der führenden Unternehmen im Bereich Klimaregelung und Thermomanagement für die Automobilindustrie.

Die Kompetenzen der BHTC umfassen den gesamten Prozess von der Konzeption über die Entwicklung bis hin zur Produktion kompletter Klimaregelungssysteme. Das BHTC-Motto „Comfort in motion" steht für eine Klimatisierung und Bedienung im Fahrzeug, bei der sich alle Insassen im Auto rundum wohlfühlen. Unabhängig von Umgebungs- und Fahrbedingungen leisten die perfekt aufeinander abgestimmten Produkte einen wesentlichen Beitrag zum entspannten und sicheren Fahren.

Im Jahr 1999 wurde die Behr-Hella Thermocontrol GmbH (BHTC) als Joint Venture der Behr GmbH & Co. KG und der Hella KGaA Hueck & Co. gegründet. Die Mutterfirmen Behr und Hella bündelten in diesem neuen Unternehmen ihr technisches Know-how in den Bereichen Klimaregelung und Thermomanagement. Zunächst startete die BHTC mit 47 Mitarbeitern innerhalb des Hella Werkes 4 in Hamm.

Am 10. Juni 1999 wurde der Grundstein, im wahrsten Sinne des Wortes auf der grünen Wiese, am heutigen Hauptsitz in der Hansastraße im Gewerbegebiet Am Wasserturm, gelegt. Schon ein Jahr später war der Neubau fertiggestellt und die Fertigung in den eigenen Hallen begann. Bis Mitte 2001 war auch die schrittweise Verlagerung der Fertigung aus Hamm abgeschlossen und alle Bereiche wie zum Beispiel Entwicklung, Vertrieb und Fertigung konnten sich auf den weiteren Geschäftsaufbau konzentrieren. Ein wichtiger Schritt hierbei war die erste Teilnahme der BHTC an der Internationalen Automobilausstellung (IAA).

Die Produktion lief auf Hochtouren und der erste Neuanlauf in den eigenen Fertigungshallen, eine Klimaautomatik für Audi, wurde erfolgreich gemeistert. Die internationale Entwicklung der BHTC-Gruppe startete 2002 mit der Gründung der ersten Tochtergesellschaft in den USA. Die BHTC Inc. entwickelt, produziert und vertreibt seither Bediengeräte für den US-Markt. Zu dem Zeitpunkt waren weltweit über 600 Mitarbeiter für BHTC tätig und das Wachstum ging weiter.

Der Bereich Nutzfahrzeuge wurde weiter erschlossen und die Personalabteilung war kontinuierlich auf der Suche nach motivierten Arbeitskräften. In den Folgejahren wurde der Kundenstamm stetig ausgebaut und neue, große Aufträge konnten hinzugewonnen werden. Die Lippstädter Entwickler präsentierten damals wie heute Innovationen und technische Meilensteine unter anderem bei den Klimasensoren. Im Jahr 2004 erfolgte der Eintritt in den asiatischen Markt. Im aufstrebenden Schwellenland China wurde die BHTC Shanghai Co. Ltd. gegründet. Auch hier war es der richtige Schritt und die Investition wurde mit mehreren großen Aufträgen innerhalb des ersten Jahres belohnt. Das dynamische Wachstum ging weiter. Daher ließ sich BHTC die Gelegenheit nicht entgehen und präsentierte auf der IAA 2005 eine Vielzahl von Innovationen und einen neuen, internationalen Unternehmensauftritt. Mit mehr als 20.000 Einheiten, die

BHTC im Gewerbegebiet Am Wasserturm, 2011

Lippstadt im Spiegel der Zeit

Klimabediengerät im Innenraum des Audi A8

Innovative Konzepte für intuitive Bedienung

Ein Blick in die Produktion

täglich das Werk in Lippstadt verließen, und den technologischen Meilensteinen aus der Entwicklung wurde die weitere Internationalisierung vorangetrieben: die positive Entwicklung des lokalen indischen Marktes begründete 2006 den Schritt nach Pune in Indien.

Auch in Lippstadt standen die Zeichen weiterhin auf Zukunft. Die Klimatisierung von Fahrzeugen mit neuen Antriebskonzepten wie Hybrid oder Elektro standen im Fokus. Durch die vorausschauende Entwicklung, die Nähe zum Kunden und die Innovationskraft war BHTC im Jahr 2007, knapp acht Jahre nach der Gründung des Unternehmens, der Marktführer in Europa und der Technologieführer weltweit. Dieses wurde durch die Verfeinerung von „Physiocontrol" – eine dem Körperempfinden angepasste Komfortklimatisierung – und dem Thema „Intuitive Bedienung" in Verbindung mit Fahrsicherheit unterstrichen. Allein im Jahr 2007 fanden über 100 Ingenieure eine neue spannende Aufgabe bei BHTC und die Gesamtmitarbeiterzahl überschritt die 1.000er-Marke.

Die Leistungselektronik, mit Produkten wie Gebläseregler und elektrische Zuheizer, spielte zunehmend eine größere Rolle und wird mit der Mutterfirma Behr im Systemverbund vermarktet.

Das Thema Innenraumdesign, energiesparende und gleichzeitig komfortsteigernde Fahrzeugklimatisierung rückte immer mehr in den Fokus der Entwicklung. Parallel ging das internationale Wachstum weiter. Im Jahr 2008 eröffnete BHTC ein Vertriebsbüro in Japan und eine neue Fertigungsstätte in den USA. Alle diese Faktoren ließen auch die Zahl der Mitarbeiter auf weltweit über 1.300 steigen.

Dann kam das Jahr 2009. Die weltweite Finanz- und Wirtschaftskrise machte auch vor BHTC nicht halt. Der Einbruch der Produktionszahlen bei den Pkw und noch dramatischer bei den Nutzfahrzeugen zwang auch BHTC zum Gegensteuern. Mit Programmen zur Kostensenkung, Kurzarbeit und umsichtigen unternehmerischen Entscheidungen gelang es, die Krise zu meistern und gestärkt daraus hervorzugehen.

Die Jahre 2010 und 2011 wurden zu den bisher umsatzstärksten Jahren der noch kurzen Unternehmensgeschichte. Heute ist BHTC mit über 1.500 Mitarbeitern – darunter 340 Entwicklungsingenieure – weltweit vertreten.

Der Hauptsitz Lippstadt ist mit seinen über 1.000 Mitarbeitern einer der wichtigsten Arbeitgeber der Region. Innovation ist die wichtigste Grundlage, um am Markt führend zu bleiben.

Daher ist die Produktentwicklung ein Kernbereich des Unternehmens und die BHTC blickt mit rund 100 Schutzrechtsanmeldungen auf eine stolze Forschungsarbeit seit der Unternehmensgründung zurück. Ein besonderer Fokus für die Zukunft liegt auf innovativen Technologien wie Touch- und Näherungs-Sensorik sowie in der Visualisierung von Gerätefunktionen durch Display-Technologien.

Eine detaillierte Symboldarstellung bis hin zur Animation von Bediengerätefunktionen und deren Auswirkungen auf den Innenraumkomfort im Fahrzeug ermöglicht eine intuitive Bedienung. Mit den Innovationen im Bereich Bedien- und Innenraum-Komfort und einer permanenten Verbesserung der Energieeffizienz leistet BHTC einen wichtigen Beitrag zur Sicherheit beim Fahren, zum schonenden Umgang mit der Umwelt und zur CO_2-Reduzierung.

Vertrauen – Verlässlichkeit – qualifizierte Betreuung

Die Allianz wurde 1890 in Berlin als Transport- und Unfallversicherer gegründet und steht heute als zuverlässiger und vertrauensvoller Partner für Versicherungen, Vorsorge und Vermögen.

Die Allianz-Vertretung besteht in Lippstadt bereits seit Mitte der 1960er-Jahre. Im Februar 2002 übernahm der gelernte Bankkaufmann und Versicherungsfachmann (BWV) Ulrich Cramer den Kundenstamm der Allianz-Generalvertretung. Gleichzeitig zog das Unternehmen von der Kahlenstraße 39 in die Cappelstraße 49, dem heutigen Firmensitz, um. Das denkmalgeschützte Fachwerkhaus an der Cappelstraße wurde zunächst grundlegend renoviert und zeigt sich heute als attraktiv gestaltete Kombination zwischen Tradition und Moderne. Zusammen mit seinem Kundenbetreuer Michael Holzum wurde in der Folgezeit der Kundenstamm kontinuierlich aufgebaut und erweitert.

Unterstützt wurde das Team bis 2008 durch die langjährige Büroleiterin Anita Mois. Die Allianz-Vertretung war stetig gewachsen, infolgedessen Oliver Skibbe zu Jahresbeginn 2009 als neuer Partner aufgenommen wurde, um die Beratungsqualität und die Quantität von Arbeitsabläufen garantieren zu können. Der gelernte Versicherungskaufmann zeichnete als Unternehmensberater für betriebliche Altersversorgung innerhalb der Allianz-Gruppe verantwortlich und brachte einen umfangreichen Erfahrungsschatz mit in das Unternehmen.

Die Allianz-Vertretung wurde 2009 in Cramer und Skibbe OHG umfirmiert und steht seither mit ihren fünf Mitarbeitern für eine qualifizierte und vertrauensvolle Kundenberatung. So stehen Petra Förster und Andrea Cramer in den Bereichen Schadenbearbeitung und Kundenservice zur Verfügung. Während Michael Holzum vorwiegend den Privatkundenbereich betreut, sind Ulrich Cramer und Oliver Skibbe für den Bereich Firmenkunden verantwortlich.

Die Allianz-Vertretung bietet ihren zahlreichen Privatkunden eine Komplettbetreuung mit allen Sparten der Versicherungen. Komplettiert wird das Angebot durch die Geschäftssegmente Vorsorge und Vermögensanlage.

Das Hauptaufgabenfeld des Unternehmens liegt in der Betreuung mittelständischer Firmen- und Industriekunden. Das Angebotsspektrum reicht in diesem Bereich vom Flotten-, Sach-, Haftpflichtgeschäft über die Managerhaftpflicht und Vermögensschadenhaftpflicht für Rechtsanwälte und Notare, bis hin zu dem Gesamtkomplex der betrieblichen Altersversorgung.

Im Jahr 2011 erfolgte eine Zertifizierung im Bereich Bausparen und Baufinanzierung durch Michael Holzum. In 2012 ist die TÜV-Zertifizierung vom TÜV Rheinland in der Prüfungsnorm „Zertifizierte Beratungsqualität – Finance" vorgesehen. Zudem vergibt die Vertretung Cramer & Skibbe OHG im Kaskoschadenfall ein Leistungsversprechen, innerhalb von fünf Arbeitstagen den Schaden zu regulieren, sofern alle erforderlichen Unterlagen vorliegen, wodurch das Qualitätsmerkmal der Allianz-Vertretung herausgestellt werden soll.

Vollste Kundenzufriedenheit ist dem Unternehmen bis heute besonders wichtig. So verzichtet das Unternehmen auf einen Anrufbeantworter und steht seinen Kunden im Notfall sogar rund um die Uhr zur Verfügung. „Der Kunde muss sich voll und ganz auf uns verlassen können!", berichten Oliver Skibbe und Ulrich Cramer über die Unternehmensphilosophie.

www.allianz-cramer-skibbe.de

links: Ulrich Cramer und Oliver Skibbe; rechts: Das denkmalgeschützte Fachwerkhaus in der Cappelstraße ist heute Firmensitz der Allianz-Generalvertretung.

Der Militärstandort Lippstadt zwischen 1803 und 2007

Feierliches Gelöbnis

Als Rückkehrer von einem Auslandseinsatz überreichen Kommandeur Arno Jacob und sein Stellvertreter Peter Becker ein signiertes Ortsschild an Bürgermeister Wolfgang Schwade.

Der Kommandeur der Logistikbrigade 100 aus Unna, Brigadegeneral Ueberschär, schreitet mit Oberstleutnant Schmidt in der Lipperlandkaserne vor dem Kommandowechsel die Front ab, 2003

Nach dem Abzug der Soldaten und der Schleifung der Festung Lippstadt war die Stadt ab 1763 zunächst kein militärischer Stützpunkt mehr. Erst 1803 endeten die garnisonsfreien Jahre für Lippstadt, als das preußische Füsilierbataillon des Obristen August von Sobbe als Schutztruppe für das westfälische Gebiet in Lippstadt einrückte.

Im Oktober 1806 wurde Lippstadt von französischen Truppen besetzt und zwischen 1808 und 1815 wieder garnisonsfrei. Nach dem Wiener Kongress von 1815 und der Neuregelung Europas wurden in Lippstadt dann wieder preußische Soldaten stationiert. War es bis dahin noch üblich, die Soldaten in Bürgerquartieren oder während der Manöver in Holzunterkünften und Zelten unterzubringen, wurden 1828 das ehemalige Gouvernementsgebäude beziehungsweise Teile der alten Klosteranlage an der Brüderstraße zur Kaserne umfunktioniert. Die Stadt Lippstadt veräußerte 1844 im Lipperbruch eine Fläche an den preußischen Staat, damit das Kavallerie-Regiment dort das Remonte-Depot Mentzelsfelde zur Zucht von Kavalleriepferden errichten konnte. Der Marktplatz diente den unterschiedlichsten in Lippstadt stationierten Einheiten als Exerzierplatz. Die in der Stadt stationierte Husaren-Schwadron wurde 1863 mobil gemacht und per Eisenbahn in Richtung Norddeutschland transportiert, um zum Krieg gegen Dänemark eingesetzt zu werden. Ebenso verhielt es sich bei den sogenannten Einigungskriegen 1866 gegen Österreich und 1870 gegen Frankreich.

War Lippstadt ab 1890 dann wieder garnisonsfrei, verblieb das mit der allgemeinen Wehrpflicht eingeführte Meldeamt in der Stadt. Die Truppenunterkunft wurde 1905 abgerissen und wich der Wilhelmschule.

Das im Ersten Weltkrieg aufgestellte Ersatzbataillon des Reserve-Infanterie-Regiments 55 musste daher 1916 die beiden ehemaligen Gebäude der Nikolaischule und den großen Saal Sommerkamp an der Klusestraße in Anspruch nehmen. Mit Kriegsende 1918 löste sich das Ersatzbataillon auf

2007 Lippstadt wieder garnisonsfrei

Ein eindrucksvolles Schauspiel war die Parade zur Verabschiedung des 22. Signal-Regiments nach 33 Jahren in Lippstadt.

und Lippstadt wurde erneut garnisonsfrei. Dies änderte sich erst wieder 1935, nachdem – entgegen dem Versailler Vertrag – die allgemeine Wehrpflicht wieder eingeführt und Lippstadt zum Luftwaffenstandort erklärt wurde. Noch im selben Jahr begann man damit, zwei neue große Kasernenbereiche zu schaffen.

Während im Lipperbruch die Richthofen-Kaserne, ein Fliegerhorst mit einem Flugplatz, Unterkünften und einer eigenen Eisenbahnverbindung entstand, wurde an der Südstraße die Flak-Kaserne zur Aufnahme einer Flak-Abteilung gebaut. Beide Kasernen wurden mit Sportanlagen, Betreuungseinrichtungen, Hallen und Werkstätten sowie Unteroffiziers- und Offizierswohnungen ausgestattet. Erneut wurde der große Marktplatz für Aufmärsche und Paraden zu verschiedenen Anlässen genutzt.

Mit Beginn des Zweiten Weltkriegs wurde die in der Flak-Kaserne stationierte motorisierte Scheinwerferabteilung wie auch die Luftwaffengarnison zur Luftverteidigung im Reichsgebiet eingesetzt. Die Flak-Kaserne wurde zwischenzeitlich als Luftgau-Flakartillerieschule VI und ab 1942 als Feld-Flak-Artillerieschule 14 genutzt. Im Fliegerhorst wurden hingegen mit oft wechselnder Belegung Flug-, Instandsetzungs- und Nachschubeinheiten stationiert sowie die Gebäude ab 1941 auch für die Ausbildung von Nachrichtenhelferinnen und ab 1943 für die Ausbildung von Flakhelfern genutzt.

Während die Flak-Kaserne in Lippstadt während des Krieges unbeschädigt blieb, wurde die Richthofen-Kaserne im April 1944 und März 1945 bei Bombenangriffen stark beschädigt und war teils zerstört.

links: Das ehemalige Offiziersheim der Churchill Barracks; rechts: Generalmajor Helmut Willmann (links) überreicht ein Fahnenband an den Ehrenoberst des 49. Britischen Artillerie Regiments, General Buges (rechts).

Lippstadt im Spiegel der Zeit

In der hiesigen Region endete der Zweite Weltkrieg am 1. April 1945, nachdem Teile des 67. US-Panzerregiments das unverteidigte Lippstadt besetzt hatten. Während das Regiment weiterrückte, blieb ein Stadtkommandant mit einer kleinen Besatzung amerikanischer und belgischer Soldaten zurück, um die öffentliche Ordnung und Sicherheit zu gewährleisten, was sich angesichts zahlreicher Plünderungen Tausender Not leidender Heimat- und Obdachloser, befreiter Zwangsarbeiter, Häftlinge und Kriegsgefangener in der Stadt schwierig gestaltete.

Wie aus Feinden Freunde wurden

Mit dem offiziellen Kriegsende am 8. Mai 1945 und der Übernahme der Regierungsgewalt durch die Alliierten wurde Deutschland in Besatzungszonen aufgeteilt. Weil Lippstadt innerhalb der englischen Zone lag, wechselte auch die militärische Besatzung. Teile der Richthofen-Kaserne waren stark beschädigt und Hunderte Menschen hatten im Lipperbruch eine Notunterkunft gefunden. Aus dem bebauten Teil des Kasernengeländes wurde nach und nach eine Wohnsiedlung, sodass der Ortsteil Lipperbruch entstand. Am Nordrand des ehemaligen Rollfeldes errichteten die britischen Truppenteile ein Militärlager und nannten es in Anspielung auf den Afrikafeldzug Camp El Alamein. Die Flak-Kaserne an der Südstraße wurde zunächst von Flüchtlingen und bis 1947 von belgischen und englischen Einheiten genutzt, bevor sie dann ganz von den Briten beansprucht wurde. Auch für die Familien der britischen Soldaten wurden bis 1956 neue Wohnungen gebaut, sodass die nach dem Einmarsch beschlagnahmten deutschen Wohnungen nach und nach wieder freigegeben wurden.

links: Mit dem Abmarsch des 49. Britischen Artillerie-Regiments unter Führung von Oberstleutnant Christopher Lumm ging in Lippstadt eine Ära zu Ende.
rechts: Verabschiedung des englischen Militärs mit Festakt auf dem Rathausplatz

2007 Lippstadt wieder garnisonsfrei

Ein letztes Mal zog das 49. Field-Regiment mit Panzern und schwerem Gerät ins Manöver, um 1991

Die Zeiten änderten sich grundlegend, als mit den Pariser Verträgen die Bundesrepublik Deutschland die volle Souveränität bekam und nunmehr als Verbündeter der westlichen Staaten galt. Aus den westlichen Besetzungsmächten wurden nun Verbündete. In diesem Zusammenhang war Deutschland dazu angehalten, wieder Streitkräfte aufzustellen. Daher beschränkten sich die Briten nur noch auf die Churchill Barracks an der Südstraße und übergaben das Kasernengelände in Lipperbruch in deutsche Verwaltung. Zunächst wurde das Gelände als Bundeszollschule genutzt, bevor 1958 das neu aufgestellte Quartiermeister-Bataillon 7 mit 621 Soldaten und der leichten Feldkompanie 7 mit 241 Soldaten dort Einzug hielten. Beide Kasernen wurden auch rasch zu einem Wirtschaftsstandort, denn neben den Soldaten waren 1958 beispielsweise in Lipperbruch auch rund 200 Zivilpersonen beschäftigt. Auch in der Lipperland-Kaserne wechselten die Einheiten mehrfach, dennoch wurden freundschaftliche Kontakte zur Stadt und ihrer Verwaltung aufgebaut.

Wechselten auch die englischen Einheiten in Lippstadt, so gehörten für die folgenden Jahrzehnte die englischen Soldaten mit ihren Familien zu Lippstadt und wurden zu einem Teil der Stadt. Viele knüpften freundschaftliche Beziehungen zu Lippstädtern und die Stadt wurde ihnen zur neuen Heimat.

Soldaten gehörten bei Tagen der offenen Tür, Militärkonzerten, Herbstbiwaks, Empfängen, Bällen, Wohltätigkeits- oder Sportveranstaltungen, Herbstwochen, öffentlichen Sammlungen oder Schützenfesten zum festen Bestandteil des öffentlichen Lebens. Ihre Hilfe beispielsweise bei dem Hochwasser 1965 oder bei dem Bau der Kirche in Lipperbruch war unverzichtbar und eine Bereicherung für die Stadt.[294]

Im Rahmen der allgemeinen Abrüstung und militärischen Umstrukturierung wurde der militärische Standort Lippstadt allerdings aufgegeben, sodass 1992 zunächst die englische und 2006/2007 schließlich auch die deutsche Einheit abgezogen wurde.

Beide Kasernen wurden aufgegeben und einer anderen Bestimmung übergeben. Auf dem Gelände der Churchill Barracks entstanden so der Wohnpark Süd und außerdem neue Gewerbeflächen.

Mit großer Kompetenz den Büchsenmachern zur Seite stehen!

Teamsitzung (von links): Manfred Wessel, Dirk und Oliver Brinkmann

Die Überschrift ist zugleich Unternehmensphilosophie, denn mit großer Fachkompetenz steht das Lippstädter Unternehmen LippeJagd als Großhändler für Gesteckteile, Montageteile für Zielfernrohre, Jagd- und Sportwaffen den Büchsenmachern in Deutschland, Frankreich, Österreich, in der Schweiz und den Beneluxstaaten zur Seite.

Der gebürtige Schwelmer Dirk Brinkmann war 18 Jahre bei einem Lippstädter Waffengroßhandel beschäftigt und lernte sehr viel von seinem damaligen Kollegen Paul Schulte hinzu, sodass er heute wie sein Mentor jedes Einzelteil einer Waffe jeder Bauart kennt und auch jede Eigenart. Mit Fachkompetenz steht dem Waffenexperten auch der Montagehersteller EAW als sehr verlässlicher und kompetenter Ansprechpartner zur Seite. Nach Jahren als Prokurist bei einem Kölner Waffenhandel gründete Dirk Brinkmann mit seinem Geschäftspartner Manfred Wessel aus Lippstadt sein eigenes Unternehmen als Markenspezialist für Montagen und Büchsenmacherbedarf in Lippstadt und bezog ein Gebäude in der Beckumer Straße 1. Während sich Dirk Brinkmann für den technischen Bereich verantwortlich zeichnet, kümmert sich Manfred Wessel um die bürokaufmännischen Abläufe (Marketing, Controlling und Vertrieb im Ausland). Seit März 2009 unterstützt auch Sohn Oliver Brinkmann das Unternehmen. Die Aufgabenbereiche des Unternehmens wuchsen sehr schnell, sodass beispielsweise LippeJagd seit 2009 Alleinvertrieb der Firma Henneberger Montagesysteme ist. Ebenso kam im selben Jahr der Bereich Optik und 2010 der Bereich Jagd- und Sportwaffen hinzu, sodass nach zwei Jahren an der Beckumer Straße die Fläche bei Weitem nicht mehr ausreichte. Das Großhandelsunternehmen zog im Juli 2010 in die Königsau 7, in einen Trakt des Gebäudes der Deutschen Bank um. Dort ist neben den Büroräumen auch ein Lager für die unzähligen Zubehörteile für die Jagd- und Sportwaffen integriert.

Im gleichen Jahr bekam die Firma LippeJagd außerdem die Generalvertretung des ältesten französischen Waffenherstellers Verney-Carron. Vom Unternehmen werden Montageteile und Optiken von den Herstellern gekauft und dann an Büchsenmacher weiter vertrieben. Sobald ein Büchsenmacher sich telefonisch meldet und Teile für eine Montage oder Instandsetzung eines Jagd- oder Sportgewehres benötigt, erhält er fachkompetente Beratung hinsichtlich des Montageteils. Anschließend wird das Montageteil direkt verpackt und zum Büchsenmacher geschickt.

Nachdem Ende 2009 die polizeiliche Erlaubnis für den Handel mit Schusswaffen und Munition erteilt wurde, mietete das Unternehmen einen großen Tresorraum im Kellergeschoss des Gebäudes der Deutschen Bank. Dort befindet sich ein überwachter Tresorraum mit einer maschinell verschlossenen gepanzerten Tür, in dem verschiedene handgefertigte Jagd- und Sportwaffen lagern. In dem Lagerraum können Büchsenmacher die Waffen genauer in Augenschein nehmen. Sein Wissen um die verschiedenen Waffentypen mit ihren verschiedenen Einzelteilen und mit Hinweisen zur Montage hat Dirk Brinkmann in einem bislang unveröffentlichten Handbuch zusammengestellt und stellt dies seinem Nachfolger Oliver Brinkmann zur Verfügung. Zu den Kunden und auch zu den Waffenhändlern besteht ein sehr gutes Verhältnis, das sich durch Ehrlichkeit und Freundlichkeit auszeichnet. Die Firma LippeJagd steht für Kompetenz, Genauigkeit und Qualität. Das Unternehmen handelt ausschließlich mit Markenfirmen wie EAW, Henneberger, MAK, Verney-Carron, ASH, FZH, Ziegler, Lothar Walther, Euro Hunt, maxenon und Waffen Jung sowie den Firmen Pachmayr, Schmidt, ARMATIX, swarovski, Kaps-Optik, Vixen Europe, meopta und Schmidt & Bender.

www.LippeJagd-Brinkmann.de

1000 Jahre gelebte Geschichte

Wie ein Zeitreisender fühlt sich mancher Zuschauer, wenn er der Interessensgemeinschaft Freie Schwerter tor Lippe bei ihren öffentlichen Veranstaltungen zusehen kann.

Lippstadts 1. Ritterschaft spaltete sich 2008 von ihrem alten Verein ab, den sie 10 Jahre aufgebaut hatte, und gründete mit 60 ehemaligen Mitgliedern die Freien Schwerter tor Lippe. Dabei steht „Freie" für Freiheit, aber auch im historischen Sinne von vogelfrei bis hin zu ihrem Motto „Niemandes Untertan!" Da die Freien Schwerter tor Lippe im Kern 1000 Jahre gelebte Geschichte zur Darstellung bringen, vom Altsachsen des Frühmittelalters über Kreuzfahrer des Hochmittelalters bis hin zu den Landsknechten des Spätmittelalters, wählten sie nur ein altes Symbol der Gerechtigkeit, das auch gleichzeitig die Hauptwaffe eines jeden Kämpfers in ihren Reihen ist: das Schwert. Ihre heute rund 50 Mitglieder finden sich im Großraum zwischen Paderborn und Lippstadt, mit Schwerpunkten in Lippstadt, Erwitte, Delbrück, Verl, Salzkotten, Büren, und Lübbecke. Kernbereiche der heutigen Freien Schwerter tor Lippe sind die Altsachsen, die Sahsnotas Angaria und Lippstadts erste Ritterschaft des Hoch- und Spätmittelalters, die sich aus Kreuzrittern des Johanniterordens, des Lazarus-Ordens und des Deutschen Ordens nebst ministerialen Rittern und Soldknechten zusammensetzt, sowie eine Abteilung Landsknechte des Spätmittelalters, die das Ende des Rittertums und den Beginn des modernen Militärwesens symbolisieren. Was zählt, ist in erster

Freie Schwerter tor Lippe, 2011

Linie der Mensch in der Gruppe und sein Teamgeist. Ihr Hobby wird mit viel Hingabe ausgelebt, aber nicht ohne Humor und Ordnung. Es gilt Geschichte glaubhaft darzustellen und nachzuerleben, nicht zu spielen. Zehn Jahrhunderte Mittelalter ergeben sich aus den Darstellungen, welche die Gruppe in ihrem über 20 Zelte starken Heerlager wie in einem historischen Parcours aufstellt. Vorrangig gilt eine heimatnahe Darstellung entlang den Ufern der Lippe. Dabei finden sich nicht nur kriegerische Darstellungen, sondern auch Kultur, Kochkunst, Tanz und Handwerk in den Reihen der Freien Schwerter. Viele Rüstteile und Gegenstände stammen aus eigener Fertigung wie beispielsweise Helme, Lanzen, Schilde, Gewandungen, Banner, Geschütze, Operationsbesteck, Fallen und Mobiliar. Ein Teil der Freien Schwerter studiert mittelalterliche Tänze ein, die bei ihren Veranstaltungen auch unter Einbeziehung der Gäste stattfinden.

Bereits im Jahr 2000 entstand von ihrem Hauptmann verwaltet ein deutschlandweites Netzwerk der Mittelalter-Charaktere und -Freunde, das Foederatus Mittelalter-Bündnis, das heute mehr als 750 Adressaten und 400 Foederaten umfasst. Ab dem Jahr 2005 wurde der bis dato weiße Fleck für Mittelalter-Veranstaltungen im Raum zwischen Hamm und Paderborn nach einem erfolgreichen Erstversuch auf der Trimburg an der fränkischen Saale mit den ersten Foederatus-Märkten bereichert. Als Veranstalter fungiert Hauptmann Diether, seit 2008 mit seinem Foederatus-Kontor, unterstützt von seinem erprobten Organisationsteam für Mittelalter-Märkte. Im Raum Lippstadt fanden diese bisher mehrmals an historisch markanten Orten statt, so auf dem Gut Mentzelsfelde, zu den Hansetagen und während des Altstadtfestes an der Stiftsruine sowie auf den Wiesen des Hülshoffs. Vieles, was heute unter dem Motto Mittelalter abgehalten wird, um auf der Modewelle zu reiten, ist leider kaum von Karneval zu unterscheiden. Von derartigen Veranstaltungen mit Kirmescharakter distanzieren sich die Freien Schwerter tor Lippe vehement. Ebenso von sogenannten Mittelalter-

Mittagsrast in der mittelalterlichen Feldküche

Gruppierungen, die ein falsches Bild der Geschichte verbreiten. So finden sich nur ausgesuchte Händler und Lager bei den Foederatus-Trossen (Bezeichnung seit 2008), die mit Herz bei der Sache sind und es verstehen, die mittelalterliche Impression für die Besucher aufrechtzuerhalten.[295]

Zeltlager in den Lippewiesen, 2010

Lippstadt und Hamm werden Hochschulstandorte

Der aufkommende Fachkräftemangel, insbesondere in den ingenieurwissenschaftlichen Fachrichtungen, veranlasste den NRW-Ministerpräsidenten Jürgen Rüttgers im Mai 2007 zur Gründung einer entsprechenden Initiative, die dem entgegenwirken sollte. Im Zuge dessen waren auch Lippstadt und Hamm an der Einrichtung einer Fachhochschule interessiert und reihten sich in die Bewerbungen verschiedener Standorte zur Einrichtung von insgesamt drei neuen Fachhochschulen in NRW ein. So entschied sich am 14. Juni 2008 der Rat der Stadt Hamm für eine gemeinsame Bewerbung zusammen mit der Stadt Lippstadt, ebenso wurde dieser Beschluss am 16. Juni im Rat der Stadt Lippstadt gefasst. Die Bewerbung erfolgte für die Ansiedlung einer Fachhochschule im Rahmen eines vom Land ausgerufenen Wettbewerbes zum Ausbau der Fachhochschulen NRW. Lippstadt erhielt für diese Unternehmung den Zuspruch des Kreises Soest sowie der umliegenden Städte Geseke, Erwitte, Anröchte, Warstein und Rüthen. In Hamm erfolgte im Zuge der Bewerbung die Gründung der Akademischen Gesellschaft Hamm. Schließlich konnten der Bewerbungsschrift um die Einrichtung einer Hochschule Hamm-Lippstadt im August 2008 bereits mehr als 70 Unterstützungserklärungen von Unternehmen und Institutionen der Region beigefügt werden. Im Oktober 2008 wurde dann das gemeinsam erarbeitete Konzept der Fachjury des Wissenschaftsministeriums in Düsseldorf vorgestellt. Neben der Präsentation durch den Lippstädter Bürgermeister Christof Sommer und den Oberbürgermeister Thomas Hunsteger-Petermann der Stadt Hamm stellte der geschäftsführende Gesellschafter der Hella Dr. Jürgen Behrend eine herausragende Unterstützung des Projekts vor Ort dar. Nachdem das Kabinett des Landes NRW am 28. November 2008 zugestimmt hatte, konnte die Einrichtung der neuen Fachhochschulstandorte in Lippstadt und Hamm bekannt gegeben werden. Besonders treibende Kräfte dieses erfolgreichen Projektes waren unter anderem der erste Beigeordnete und Stadtkämmerer Rainer Strotmeier, Wirtschaftsförderer Wilhelm Coprian, Dr. Heinz Günter Focken und der Hella-Personalchef Stefan Osterhage. Auch die CHE Consult GmbH Gütersloh beteiligte sich im Rahmen der fachlichen Betreuung der Bewerberstädte.

Am 30. Januar 2009 wurde durch den Minister für Innovation, Wissenschaft, Forschung und Technologie des Landes NRW Prof. Dr. Andreas Pinkwart die Berufung von Prof. Dr. Klaus Zeppenfeld zum Gründungsbeauftragten und designierten Präsidenten sowie von Karl-Heinz Sandknop zum Stellvertreter verkündet. Bereits zum Wintersemester 2009/2010 konnte im September der Lehrbetrieb mit den ersten beiden Studiengängen Energietechnik und Ressourcenoptimierung sowie Mechatronik begonnen werden.[296]

Der Standort Lippstadt verteilt sich derzeit noch auf mehrere Räumlichkeiten. So werden seit 2009 für den Studiengang Mechatronik Räume

im Technologiezentrum CARTEC an der Erwitter Straße genutzt, in deren Nähe sich an der Südstraße auch verschiedene Labore für die Forschung und Lehre befinden. Seit dem Wintersemester 2010/2011 wird außerdem ein Gebäude der Hella an der Lüningstraße für Vorlesungen und Übungen der Studiengänge Wirtschaftsingenieurwesen sowie Computervisualistik und Design angemietet. Die Eröffnung eines neuen Campus in Lippstadt auf der Fläche des sogenannten Himmelreichs zwischen dem Hellagelände und der B 55 östlich des Stadtkerns ist zum Wintersemester 2013/2014 geplant. Vorgesehen sind bei dem Neubau mit knapp 16.000 Quadratmeter Nutzfläche vier Gebäude, die sich um einen zentralen Campus anordnen. Diese bieten Platz für Hörsäle und Seminarräume, circa 400 studentische Arbeitsplätze, Büros und Arbeitswelten inklusive großer Kommunikationsflächen für die Departments, Grundlagenlabore mit Computer-Pool und physikalisch-technische Labore, Technikum und Hallen, Laborpool für Lehre und Forschung mit Lager, Medienzentrum, Rechenzentrum und Bibliothek, zentrale Infrastruktur und Metall- und Elektrowerkstätten, zentrale Verwaltungsräume und Campus Office, Räume für Deans, AStA und Fachschaften sowie eine Mensa mit 199 Plätzen.[297]

Am Standort Hamm werden seit Mai 2009 Räumlichkeiten auf dem Gelände der ehemaligen Paracelsus-Kaserne im Nordosten der Stadt genutzt. Für das Wintersemester 2013/2014 ist die Inbetriebnahme eines neuen Campus auf dem nahe gelegenen Gelände des ehemaligen Bundeswehrkrankenhauses geplant.[298]

Präsidium, Prof. Dr. Klaus Zeppenfeld und Karl-Heinz Sandknop
unten: Modell der geplanten Hochschule in Lippstadt

Zeichnung der Marienkirche und des Gymnasiums links neben dem Turm, aus einem Stadtplan von 1776

Das Stadtpalais – das heutige Standesamt

Lippstadt in Zahlen, Daten und Fakten

Seit der Stadtgründung 1185 ist Lippstadt im Laufe der Jahrhunderte deutlich angewachsen und durch die kommunale Neuordnung 1975 weit über die Kernstadtgrenzen hinaus erweitert worden. Zum gegenwärtigen Zeitpunkt lässt sich Lippstadt in Zahlen, Daten und Fakten insgesamt wie folgt ausdrücken:

Geografische Lage

Ausgehend von der Jakobikirche liegt Lippstadt bei 8°20'56" östlicher Länge und 51°40'25" nördlicher Breite.

Der höchste Punkt des Stadtgebiets ist in der Nähe des Schlosses Schwarzenraben bei Bökenförde und beträgt 106,6 Meter über NN. Der niedrigste Punkt liegt an der Lippe an der westlichen Stadtgrenze und beträgt 69,5 Meter über NN.

Stadtflächenverteilung

Die Gesamtfläche des Stadtgebiets ist von 78 Kilometer Stadtgrenze eingefasst, erstreckt sich von Norden nach Süden über 12 Kilometer und von Osten nach Westen über 21,5 Kilometer und beträgt insge-

samt 113,597 Quadratkilometer. Die genauere Verteilung der Fläche geht aus der folgenden Tabelle hervor:

Landwirtschaftsfläche	70,309 km²
Gebäude- und Freiflächen	19,832 km²
Verkehrsfläche	7,857 km²
Waldfläche	7,314 km²
Erholungsfläche	3,744 km²
Wasserfläche	3,102 km²
Betriebsfläche/Abbauland	0,813 km²
Flächen sonstiger Nutzung	0,627 km²

Bevölkerung

Im Februar 2011 lebten auf dem gesamten Gebiet der Stadt Lippstadt 70.885 Menschen, von denen 40.824 in der Kernstadt wohnten.

Des Weiteren verteilt sich die Bevölkerung auf die Stadtteile Lippstadt folgendermaßen:

Bad Waldliesborn	4.766
Benninghausen	1.874
Bökenförde	1.595
Cappel	2.668
Dedinghausen	1.887
Eikelborn	2.266
Esbeck	2.261
Garfeln	657
Hellinghausen	410
Herringhausen	359
Hörste	1.587
Lipperbruch	2.382
Lipperode	4.149
Lohe	215
Overhagen	1.301
Rebbeke	542
Rixbeck	1.142

Der Bürgerbrunnen auf dem Rathausplatz

Schulen und Weiterbildungseinrichtungen

Nicht nur auf dem Gebiet der Kernstadt, sondern auf dem gesamten Stadtgebiet Lippstadts findet sich ein breites Angebot an Schulen und Weiterbildungseinrichtungen:

Grundschulen	12 (aktuell 13 Standorte)
Hauptschule	1 (aktuell 3 Standorte)
Realschulen	3
Gymnasien	4
Gesamtschule	1
Förderschulen	3
Berufskollegs	4
Weiterbildungskolleg	1
Akademie für die Deutsche Wirtschaft GmbH	1
International Buisness School	1
Westfalen-Akademie	1
Volkshochschule	1
Musikschule	1
Studienzentrum der Fernuniversität Hagen	1
Hochschule Hamm-Lippstadt	1

Der Heimatbund bietet interessante Stadtführungen zu verschiedenen Themen wie hier im Stadtmuseum.

Die Jakobikirche bietet seit 2007 einen reizvollen Rahmen für besondere kulturelle Veranstaltungen wie Konzerte, Vorträge und Ausstellungen.

Eine Vision wird Realität

Den Wohlstand einer Stadt erkennt man an dem Angebot und dem Zustand seiner Kultur- und Freizeiteinrichtungen!

Es scheint naheliegend, dass die Lippstädter Bevölkerung und besonders Kinder und Jugendliche früher die Lippe während der Sommermonate als Abkühlungsmöglichkeit nutzten. Erste Belege über einen Schwimm- und Badeplatz unter Aufsicht eines Schwimmlehrers stammen jedoch erst aus dem Jahr 1850. Auf Initiative des Lippstädter Turnvereins war am Zusammenfluss der Lippe mit der nördlichen Umflut der LTV-Turnplatz mit einem Schwimm- und Badeplatz entstanden. Für den Schwimmunterricht der Ostendorfschule wurde 1866 eine eigene Schwimmanstalt mit einer Aus- und Ankleidehalle errichtet. Sobald die Lippe eine Temperatur von 14 °C erreicht hatte, wurde diese Flussbadeanstalt eröffnet und Schwimmen stand wieder auf der Stundentafel der Schüler. Die Badeanstalt wurde 1894 auch für den allgemeinen Badebetrieb geöffnet und stand den Lippstädtern nachmittags zur Verfügung. Zusätzlich nutzten die Lippstädter an zahlreichen Stellen die Lippe als Bademöglichkeit. So beispielsweise am Lippertor oder in der Nordstraße, wo auch Wannenbäder angeboten wurden. Eine Badeanstalt in der Mühlenstraße bot sogar Wannenbäder sowie auch ein Fluss- und Wellenbad an. Dieses wurde 1852 eröffnet und nutzte bis 1893 die Wellenerzeugung durch die Wasserräder der Stadtmühle.

Die einfache Badeanstalt wurde 1932 durch eine große, moderne Freibadeanstalt am Jahnplatz abgelöst. Das Lippstädter Bauunternehmen Pehle hatte die Freibadeanstalt auf eigene Kosten erbaut und betrieb zur Freude der Lippstädter Bevölkerung das neue Bad, das neben den modernen Umkleidemöglichkeiten bereits ein Kinderbecken besaß. Im Jahr 1956 übergab Firma Pehle das Freibad am Jahnplatz an die Stadt Lippstadt. Nachdem das Freibad 1970/1971 grundlegend saniert worden war, war es seither nicht mehr wettkampftauglich, weil die Länge der Bahn durch die Aufbringung der Fliesen nun nicht mehr exakt 50 Meter betrug. Seit 1973 wurde das Wasser beheizt und aus der Trinkwasserleitung zugeführt und nicht mehr wie zuvor aus dem Schifffahrtskanal, der allerdings eine ausgezeichnete Wasserqualität aufweisen konnte. Die Bedingungen für die Vereinsschwimmer, Schulen und Freizeitgäste wurden 1966 mit Bau des Hallenbades an der Ostendorfallee beziehungsweise Cappelstraße bedeutend besser. Konnten die Lippstädter bis dahin nur während der Sommermonate das kühle Nass genießen, so war der Schwimmbetrieb mit einem 25-Meter-Becken und einem Nichtschwimmerbecken nun ganzjährig möglich. Das wirkte sich insbesondere für den Schwimmunterricht an den heimischen Schulen sowie für den Vereinssport besonders positiv aus. Das Hallenbad wurde 1974 – nach dem Tode des für die Stadtgeschichte sehr bedeutenden Lippstädter Bürgermeisters, der das Bad 1966 noch selbst eröffnet hatte – in Jakob-Koenen-Bad benannt.

Im Jahr 1990 übernahmen die Stadtwerke von der Stadt Lippstadt den Betrieb des Hallen- und des Freibades. Seit 2007 reiften Überlegungen, statt einer notwendig gewordenen Sanierung beider Bäder ein neues Kombibad zu errichten. Nach langen Planungen wurde das Freibad am Jahnplatz im Sommer 2011 abgerissen und an seiner Stelle soll ein Kombibad gebaut und 2013 eröffnet werden. Das Kombibad mit einem Außen-

Freibad, 1975

Das Jakob-Koenen-Bad

Badespaß im Freibad, 2010

becken von 25 Meter Länge, der Sprunganlage und einer großzügigen Liegewiese mit Beachvolleyballfeld und anderen Spielbereichen wird durch einen großen Innenbereich vervollständigt. Eine Besonderheit ist darin ein Cabriodach, das bei entsprechender Witterung weggefahren werden kann und der Bereich dadurch Freibadcharakter erhält. Neben diesem Freizeitbereich mit einem Strömungskanal erhält der Sportbereich ein durchgehend zwei Meter tiefes 25-Meter-Wettkampfbecken mit sechs Bahnen. Daneben wird in einem getrennten Bereich ein Lehrschwimmbecken mit einem Hubboden gebaut, sodass die Wassertiefe zwischen 0,30 Meter und 1,80 Meter variieren kann. Besonders für die jüngeren Gäste wird eine Röhrenrutsche mit einer Höhe von 11,20 Metern und einer Länge von 80 Metern im Freizeitbereich für viel Freude sorgen. Das Bad wird ergänzt durch einen großzügigen Umkleide- und einen Gastronomiebereich. Das Kombibad spricht als Freizeitbad nicht nur Familien, sondern auch Schule und Vereinssportler zugleich an. Die Planungen für das Bad wurden auch auf die Wünsche und Erfahrungen der Schulen und Vereine abgestimmt. Für den Neubau werden 18 Monate und eine Bausumme von 11,5 Millionen Euro veranschlagt. Der freibadunfreundliche Sommer 2011 und der Wegfall des Freibades veranlasste die Stadtwerke dazu, das Hallenbad bereits im Juli vorzeitig zu öffnen. Es steht bis zur Eröffnung des Kombibades nun als einziges öffentliches Bad – mit Ausnahme des Alberssees – in Lippstadt zur Verfügung.

Als Ende der 1950er-Jahre die B 55 als Umgehungsstraße Ost gebaut werden sollte, standen die Planer vor dem Problem, woher man die Mengen an Boden nehmen solle, die man für die Trasse benötigte. Nach einigen Bodenanalysen entnahm man für das Bauprojekt gewaltige Mengen Boden südlich von Lipperbruch. So entstanden 1960 der künstlich geschaffene Margaretensee und durch ihn ein Erholungsgebiet mit Campingplatz, eine Anlegestelle für Segelboote sowie auch eine neue Freibadeanstalt. Die Wasserqualität nahm allerdings bei wachsenden Besucherzahlen dermaßen ab, dass 1975 das Strandbad wieder geschlossen werden musste.

Für zahlreiche Menschen aus der Umgebung wurden die Baggerseen in den Lippeniederungen bei Niederdinghausen viele Jahre als Bademöglichkeit genutzt. Aus einer Kies- und Sandgrube der Firma Albers GmbH entstand so das heutige Standbad Alberssee. Nach der Einstellung des Förderbetriebes wurden seit 1980er-Jahren Planungen zur Errichtung eines großen Strandbades aufgestellt.

Seit 1991 wurde das Strandbad Alberssee nach und nach ausgebaut und erhielt sanitäre Anlagen mit Umkleidemöglichkeiten, einen Erste-Hilfe-Raum sowie einen Kiosk. Außerdem wurden ein Sandstrand sowie Sand- und Wiesenflächen mit einem Kinderspielplatz angelegt. Die Rettungswache der DLRG erhielt einen Holzturm zur Überwachung des Badebetriebs. Im nördlichen Bereich wurde der Verein Lippstädter Segler e. V. angesiedelt.[299]

Verzeichnis der Fußnoten

1185 Eine mittelalterliche Stadt entsteht   10–11

1. Leidinger, Paul: Die Stadtgründung Lippstadts 1184 und die Anfänge der Städtepolitik in Westfalen, Paderborn 1996. Sowie Ehbrecht, Wilfried (Hrsg.): Gestalt, Verfassung und Recht lippischer Städte – ein Modell?, in: Lippe und Livland. Mittelalterliche Herrschaftsbildung im Zeichen der Rose, hg. v. Jutta Prieur, Bielefeld 2008, S. 65–90.
2. Ehbrecht, Wilfried (Hrsg.): Lippstadt Beiträge zur Stadtgeschichte, Teil 1, Lippstadt 1985.
3. Becker, Claudia: Kurze Beschreibung eines langen Lebens – Bernhard II. zur Lippe, in: www.hansetag-lippstadt.com/Bilder/upload/downl373177, Juni 2011.

1209 Lippstadt und seine Wassermühlen   13–14

4. Für die gesamte Mühlengeschichte wurde folgende Ausarbeitung zugrunde gelegt: Rieber, Hans-Georg: Die Mühlen in Lippstadt, in: Lippstädter Heimatblätter, (73), Lippstadt 1993, S. 113–127.
5. Laumanns, Carl: Handel und Wandel in Alt-Lippstadt, Lippstadt 1944, S. 51.
6. Scholand, Heinrich: Lippstadt einst und jetzt. Lippstadt 1985, S. 92. Siehe auch Laumanns, Carl: Handel und Wandel in Alt-Lippstadt, Lippstadt 1944, S. 51.
7. Bockhorst, Wolfgang: Lippstadt im Spätmittelalter, in: Ehbrecht, Wilfried (Hrsg.): Lippstadt. Beiträge zur Stadtgeschichte, Teil 1, Lippstadt 1985, S. 107–109.

1221 Kirchen seit dem Mittelalter   16–22

8. Hergemöller, Bernd-Ulrich: Stadt und Kirche im Mittelalter, in: Ehbrecht, Wilfried (Hrsg.): Lippstadt. Beiträge zur Stadtgeschichte, Teil 1, Lippstadt 1985, S. 127; Thümmel, Hans Georg: Nikolaus von Myra, in: Betz, Hans Dieter u. a. (Hrsg.): Religion in Geschichte und Gegenwart. Handwörterbuch für Theologie und Religionswissenschaft, Band 6, Tübingen 2003, S. 334–335.
9. Hergemöller, Bernd-Ulrich: Stadt und Kirche im Mittelalter, in: Ehbrecht, Wilfried (Hrsg.): Lippstadt. Beiträge zur Stadtgeschichte, Teil 1, Lippstadt 1985, S. 127–128.
10. Ebd., Schulze, Heiko K.L.: Sakralbau im Mittelalter, in: Ehbrecht, Wilfried (Hrsg.): Lippstadt. Beiträge zur Stadtgeschichte, Teil 1, Lippstadt 1985, 157–160.
11. Stupperich, Robert: Westfälische Reformationsgeschichte. Historischer Überblick und theologische Einordnung, Bielefeld 1993, S. 36–37; Ehbrecht, Wilfried (Hrsg.): Lippstadt. Beiträge zur Stadtgeschichte, Teil 2, Lippstadt 1985, S. 1064; http://www.musik-in-st-nicolai-lippstadt.de/, Juni 2011.
12. Schulze, Heiko K.L.: Sakralbau im Mittelalter, in: Ehbrecht, Wilfried (Hrsg.): Lippstadt. Beiträge zur Stadtgeschichte, Teil 1, Lippstadt 1985, S. 158–160.
13. Hergemöller, Bernd-Ulrich: Stadt und Kirche im Mittelalter, in: Ehbrecht, Wilfried (Hrsg.): Lippstadt. Beiträge zur Stadtgeschichte, Teil 1, Lippstadt 1985, S. 129; Schulze, Heiko K.L.: Sakralbau im Mittelalter, in: Ehbrecht, Wilfried (Hrsg.): Lippstadt. Beiträge zur Stadtgeschichte, Teil 1, Lippstadt 1985, S. 160.
14. Hergemöller, Bernd-Ulrich: Stadt und Kirche im Mittelalter, in: Ehbrecht, Wilfried (Hrsg.): Lippstadt. Beiträge zur Stadtgeschichte, Teil 1, Lippstadt 1985, S. 134.
15. Schulze, Heiko K.L.: Sakralbau im Mittelalter, in: Ehbrecht, Wilfried (Hrsg.): Lippstadt. Beiträge zur Stadtgeschichte, Teil 1, Lippstadt 1985, S. 161, 164–165; Stadtarchiv und Stadtmuseum Lippstadt.
16. Schulze, Heiko K.L.: Sakralbau im Mittelalter, in: Ehbrecht, Wilfried (Hrsg.): Lippstadt. Beiträge zur Stadtgeschichte, Teil 1, Lippstadt 1985, S. 161; Hergemöller, Bernd-Ulrich: Stadt und Kirche im Mittelalter, in: Ehbrecht, Wilfried (Hrsg.): Lippstadt. Beiträge zur Stadtgeschichte, Teil 1, Lippstadt 1985, S. 129–133.
17. Schulze, Heiko K.L.: Sakralbau im Mittelalter, in: Ehbrecht, Wilfried (Hrsg.): Lippstadt. Beiträge zur Stadtgeschichte, Teil 1, Lippstadt 1985, S. 166; Schmitt, Michael: Bauten vom Mittelalter bis zum Beginn des 20. Jahrhunderts. Historischer Stadt- und Architekturführer, in: Ehbrecht, Wilfried (Hrsg.): Lippstadt. Beiträge zur Stadtgeschichte, Teil 2, Lippstadt 1985, S. 949; Klockow, Helmut: Stadt Lippe – Lippstadt, Lippstadt 1964, S. 237.
18. Hergemöller, Bernd-Ulrich: Stadt und Kirche im Mittelalter, in: Ehbrecht, Wilfried (Hrsg.): Lippstadt. Beiträge zur Stadtgeschichte, Teil 1, Lippstadt 1985, S. 134; Schulze, Heiko K.L.: Sakralbau im Mittelalter, in: Ehbrecht, Wilfried (Hrsg.): Lippstadt. Beiträge zur Stadtgeschichte, Teil 1, Lippstadt 1985, S. 167, 179; http://www.evangelisch-in-lippstadt.de/index.php/kirchen-menuekl-228/marienkirche-menuekl-216, Juni 2011.
19. Hergemöller, Bernd-Ulrich: Stadt und Kirche im Mittelalter, in: Ehbrecht, Wilfried (Hrsg.): Lippstadt. Beiträge zur Stadtgeschichte, Teil 1, Lippstadt 1985, S. 137.
20. Schulze, Heiko K.L.: Sakralbau im Mittelalter, in: Ehbrecht, Wilfried (Hrsg.): Lippstadt. Beiträge zur Stadtgeschichte, Teil 1, Lippstadt 1985, S. 167, 169, 171–172.
21. Hergemöller, Bernd-Ulrich: Stadt und Kirche im Mittelalter, in: Ehbrecht, Wilfried (Hrsg.): Lippstadt. Beiträge zur Stadtgeschichte, Teil 1, Lippstadt 1985, S. 135, 137; http://www.evangelisch-in-lippstadt.de/index.php/kirchen-menuekl-228/marienkirche-menuekl-216, Juni 2011.
22. http://www.foerderverein-jakobikirche.de/?c=geschichte, Juni 2011.
23. Hergemöller, Bernd-Ulrich: Stadt und Kirche im Mittelalter, in: Ehbrecht, Wilfried (Hrsg.): Lippstadt. Beiträge zur Stadtgeschichte, Teil 1, Lippstadt 1985, S. 137–138.
24. Ebd., siehe auch: Schulze, Heiko K.L.: Sakralbau im Mittelalter, in: Ehbrecht, Wilfried (Hrsg.): Lippstadt. Beiträge zur Stadtgeschichte, Teil 1, Lippstadt 1985, S. 173–175.
25. Schulze, Heiko K.L.: Sakralbau im Mittelalter, in: Ehbrecht, Wilfried (Hrsg.): Lippstadt. Beiträge zur Stadtgeschichte, Teil 1, Lippstadt 1985, S. 174; http://www.foerderverein-jakobikirche.de/?c=geschichte, Juni 2011.
26. Hergemöller, Bernd-Ulrich: Stadt und Kirche im Mittelalter, in: Ehbrecht, Wilfried (Hrsg.): Lippstadt. Beiträge zur Stadtgeschichte, Teil 1, Lippstadt 1985, S. 139–141.
27. Ebd., S. 139, 142; Schulze, Heiko K.L.: Sakralbau im Mittelalter, in: Ehbrecht, Wilfried (Hrsg.): Lippstadt. Beiträge zur Stadtgeschichte, Teil 1, Lippstadt 1985, S. 175–179; Luckhardt, Jochen: Mittelalterliche Kunstwerke in Lippstadt, in: Ehbrecht, Wilfried (Hrsg.): Lippstadt. Beiträge zur Stadtgeschichte, Teil 1, Lippstadt 1985, S. 199; Schmitt, Michael: Bauten vom Mittelalter bis zum Beginn des 20. Jahrhunderts, in: Ehbrecht, Wilfried (Hrsg.): Lippstadt. Beiträge zur Stadtgeschichte, Teil 2, Lippstadt 1985, S. 917.
28. Vgl. Kapitel zur Reformationszeit in Lippstadt.
29. Zur abweichenden Datierung vgl.: Klockow, Helmut: Stadt Lippe – Lippstadt, Lippstadt 1964, S. 136, 162; Schulze, Heiko K.L.: Sakralbau im Mittelalter, in: Ehbrecht, Wilfried (Hrsg.): Lippstadt. Beiträge zur Stadtgeschichte, Teil 1, Lippstadt 1985, S. 176; http://www.evangelisch-in-lippstadt.de/index.php/kirchen-menuekl-228/brkirche-menuekl-211, Juni 2011.
30. Ehbrecht, Wilfried (Hrsg.): Lippstadt. Beiträge zur Stadtgeschichte, Teil 2, Lippstadt 1985, S. 1064; Klockow, Helmut: Stadt Lippe – Lippstadt, Lippstadt 1964, S. 136, 147; Schmitt, Michael: Bauten vom Mittelalter bis zum Beginn des 20. Jahrhunderts, in: Ehbrecht, Wilfried (Hrsg.): Lippstadt. Beiträge zur Stadtgeschichte, Teil 2, Lippstadt 1985, S. 917; Schulze, Heiko K.L.: Sakralbau im Mittelalter, in: Ehbrecht, Wilfried (Hrsg.): Lippstadt. Beiträge zur Stadtgeschichte, Teil 1, Lippstadt 1985, S. 176; http://www.evangelisch-in-lippstadt.de/index.php/kirchen-menuekl-228/brkirche-menuekl-211, Juni 2011.
31. Hergemöller, Bernd-Ulrich: Stadt und Kirche im Mittelalter, in: Ehbrecht, Wilfried (Hrsg.): Lippstadt. Beiträge zur Stadtgeschichte, Teil 1, Lippstadt 1985, S. 142–143.
32. Ebd., Schulze, Heiko K.L.: Sakralbau im Mittelalter, in: Ehbrecht, Wilfried (Hrsg.): Lippstadt. Beiträge zur Stadtgeschichte, Teil 1, Lippstadt 1985, S. 179–180.
33. Klockow, Helmut: Stadt Lippe – Lippstadt, Lippstadt 1964, S. 135; Hergemöller, Bernd-Ulrich: Stadt und Kirche im Mittelalter, in: Ehbrecht, Wilfried (Hrsg.): Lippstadt. Beiträge zur Stadtgeschichte, Teil 1, Lippstadt 1985, S. 143; Schulze, Heiko K.L.: Sakralbau im Mittelalter, in: Ehbrecht, Wilfried (Hrsg.): Lippstadt. Beiträge

zur Stadtgeschichte, Teil 1, Lippstadt 1985, S. 179–180; http://www.lippstadt.de/kultur/sport_freizeit/parkanlagen/117260100000011876.php, Juni 2011; Wieczorek, Anke: Oase inmitten der Stadt. Neue Tafeln im Garten des ehemaligen Klosters St. Annen Rosengarten, in: Der Patriot, Ausgabe vom 14. Juli 1995.

[34] Niemöller, Heinrich: Reformationsgeschichte von Lippstadt, der ersten evangelischen Stadt in Westfalen, in: Schriften des Vereins für Reformationsgeschichte, Jahrgang 24, Halle an der Saale 1906, S. 8–9; Klockow, Helmut: Stadt Lippe – Lippstadt, Lippstadt 1964, S. 118.

1238 Das Rathaus und der Markt 24–25

[35] Scholand, Heinrich: Lippstadt einst und jetzt. Lippstadt 1985, S. 87.

[36] Ebd., S. 11–12.

[37] Klockow, Helmut: Märkte und Marktwesen im alten Lippstadt. In: Geschäftsbericht der Volksbank Lippstadt 1969. Lippstadt 1970, S. 54–63. Siehe auch Manuskript Dr. Claudia Becker, Aspekte von Markt und Marktwesen in Lippstadt vom 9. Juli 2009.

[38] Scholand, Heinrich: Lippstadt einst und jetzt. Lippstadt 1985, S. 88.

[39] Laumanns, Carl: Handel und Wandel in Alt-Lippstadt. Lippstadt 1944, S. 16.

1247 Lippstädter Schulen 26–30

[40] Landfester, Manfred: Gymnasium, antikes und neuzeitliches, in: Betz, Hans Dieter unter anderem (Hrsg.): Religion in Geschichte und Gegenwart. Handwörterbuch für Theologie und Religionswissenschaft, Band 3, Tübingen 2000, S. 1358.

[41] Bütfering, Elisabeth: Schulgeschichte und Bildungswesen. Reformansätze und Realisierungen, in: Ehbrecht, Wilfried (Hrsg.): Lippstadt. Beiträge zur Stadtgeschichte, Teil 2, Lippstadt 1985, S. 577–579; Fennenkötter, Hans Christoph: Das Schulgebäude des Lippstädter Gymnasiums von den Anfängen bis heute, in: Heimatbund Lippstadt e. V. (Hrsg.): Lippstädter Spuren 12/1997. 750 Jahre höhere Schule in Lippstadt – Von der Lateinschule zum Ostendorf-Gymnasium, Lippstadt 1997, S. 114; Bütfering, Elisabeth: Zur Geschichte des Lippstädter Gymnasiums. Ein Überblick, in: Heimatbund Lippstadt e. V. (Hrsg.): Lippstädter Spuren 12/1997. 750 Jahre höhere Schule in Lippstadt – Von der Lateinschule zum Ostendorf-Gymnasium, Lippstadt 1997, S. 59.

[42] Bütfering, Elisabeth: Schulgeschichte und Bildungswesen. Reformansätze und Realisierungen, in: Ehbrecht, Wilfried (Hrsg.): Lippstadt. Beiträge zur Stadtgeschichte, Teil 2, Lippstadt 1985, S. 576–579; Klockow, Helmut: Stadt Lippe – Lippstadt, Lippstadt 1964, S. 118; Fennenkötter, Hans Christoph: Das Schulgebäude des Lippstädter Gymnasiums von den Anfängen bis heute, in: Heimatbund Lippstadt e. V. (Hrsg.): Lippstädter Spuren 12/1997. 750 Jahre höhere Schule in Lippstadt – Von der Lateinschule zum Ostendorf-Gymnasium, Lippstadt 1997, S. 115.

[43] Bütfering, Elisabeth: Schulgeschichte und Bildungswesen. Reformansätze und Realisierungen, in: Ehbrecht, Wilfried (Hrsg.): Lippstadt. Beiträge zur Stadtgeschichte, Teil 2, Lippstadt 1985, S. 579–581; Fennenkötter, Hans Christoph: Das Schulgebäude des Lippstädter Gymnasiums von den Anfängen bis heute, in: Heimatbund Lippstadt e. V. (Hrsg.): Lippstädter Spuren 12/1997. 750 Jahre höhere Schule in Lippstadt – Von der Lateinschule zum Ostendorf-Gymnasium, Lippstadt 1997, S. 114–115.

[44] Bütfering, Elisabeth: Schulgeschichte und Bildungswesen. Reformansätze und Realisierungen, in: Ehbrecht, Wilfried (Hrsg.): Lippstadt. Beiträge zur Stadtgeschichte, Teil 2, Lippstadt 1985, S. 579, 581; Fennenkötter, Hans Christoph: Das Schulgebäude des Lippstädter Gymnasiums von den Anfängen bis heute, in: Heimatbund Lippstadt e. V. (Hrsg.): Lippstädter Spuren 12/1997. 750 Jahre höhere Schule in Lippstadt – Von der Lateinschule zum Ostendorf-Gymnasium, Lippstadt 1997, S. 122–127.

[45] Klockow, Helmut: Stadt Lippe – Lippstadt, Lippstadt 1964, S. 255; Klockow, Helmut: Nach dem Zweiten Weltkrieg. Wandlung im Bild und in der Struktur der Stadt: Neue Aufgaben – Neue Impulse – Neue Möglichkeiten, in: Ehbrecht, Wilfried (Hrsg.): Lippstadt. Beiträge zur Stadtgeschichte, Teil 2, Lippstadt 1985, S. 845; http://www.ostendorf-gymnasium.de/?page_id=144, 8. August 2011; Ehbrecht, Wilfried (Hrsg.): Lippstadt. Beiträge zur Stadtgeschichte, Teil 2, Lippstadt 1985, S. 1066; Bütfering, Elisabeth: Schulgeschichte und Bildungswesen. Reformansätze und Realisierungen, in: Ehbrecht, Wilfried (Hrsg.): Lippstadt. Beiträge zur Stadtgeschichte, Teil 2, Lippstadt 1985, S. 585, 587; Fennenkötter, Hans Christoph: Das Schulgebäude des Lippstädter Gymnasiums von den Anfängen bis heute, in: Heimatbund Lippstadt e. V. (Hrsg.): Lippstädter Spuren 12/1997. 750 Jahre höhere Schule in Lippstadt – Von der Lateinschule zum Ostendorf-Gymnasium, Lippstadt 1997, S. 135–140.

[46] Bütfering, Elisabeth: Schulgeschichte und Bildungswesen. Reformansätze und Realisierungen, in: Ehbrecht, Wilfried (Hrsg.): Lippstadt. Beiträge zur Stadtgeschichte, Teil 2, Lippstadt 1985, S. 584, 587; http://www.marienschule-lippstadt.de/index.php?id=wiki&art=9, 10. August 2011; http://www.blicker-lippstadt.de/Rueckblick/Includes/iframe_april08.php?id=13, 10. August 2011; Heienbrock, Eckhard: Von der Töchterschule nach Pisa. Das Ev. Gymnasium feiert sein 150-jähriges Jubiläum – und ist eigentlich sieben Jahre zu spät dran, in: Der Patriot, Ausgabe vom 22. Juni 2002, Lippstadt; Marcus, Wolfgang: Zeittafel zur Geschichte des Evangelischen Gymnasiums Lippstadt, in: Heimatbund Lippstadt e. V. (Hrsg.): Lippstädter Spuren 16/2002. 150 Jahre EG. Von der höheren Töchterschule zum koedukativen Gymnasium, Lippstadt, S. 162–167; Klockow, Helmut: Stadt Lippe – Lippstadt, Lippstadt 1964, S. 281.

[47] Bütfering, Elisabeth: Schulgeschichte und Bildungswesen. Reformansätze und Realisierungen, in: Ehbrecht, Wilfried (Hrsg.): Lippstadt. Beiträge zur Stadtgeschichte, Teil 2, Lippstadt 1985, S. 588–589; Klockow, Helmut: Nach dem Zweiten Weltkrieg. Wandlung im Bild und in der Struktur der Stadt: Neue Aufgaben – Neue Impulse – Neue Möglichkeiten, in: Ehbrecht, Wilfried (Hrsg.): Lippstadt. Beiträge zur Stadtgeschichte, Teil 2, Lippstadt 1985, S. 820; http://www.marienschule-lippstadt.de/index.php?id=wiki&art=9, 10. August 2011.

[48] Bütfering, Elisabeth: Schulgeschichte und Bildungswesen. Reformansätze und Realisierungen, in: Ehbrecht, Wilfried (Hrsg.): Lippstadt. Beiträge zur Stadtgeschichte, Teil 2, Lippstadt 1985, S. 589–590; Klockow, Helmut: Nach dem Zweiten Weltkrieg. Wandlung im Bild und in der Struktur der Stadt: Neue Aufgaben – Neue Impulse – Neue Möglichkeiten, in: Ehbrecht, Wilfried (Hrsg.): Lippstadt. Beiträge zur Stadtgeschichte, Teil 2, Lippstadt 1985, S. 820; http://www.marienschule-lippstadt.de/index.php?id=wiki&art=9, 10. August 2011; http://www.blicker-lippstadt.de/Rueckblick/Includes/iframe_november10.php?id=26, 19. August 2011; Marcus, Wolfgang: Das Evangelische Gymnasium in der Zeit von Oberstudiendirektorin Irmgard Weitekamp (Mai 1951 – Juli 1970), in: Heimatbund Lippstadt e. V. (Hrsg.): Lippstädter Spuren 16/2002. 150 Jahre EG. Von der höheren Töchterschule zum koedukativen Gymnasium, Lippstadt, S. 74; Marcus, Wolfgang: Zeittafel zur Geschichte des Evangelischen Gymnasiums Lippstadt, in: Heimatbund Lippstadt e. V. (Hrsg.): Lippstädter Spuren 16/2002. 150 Jahre EG. Von der höheren Töchterschule zum koedukativen Gymnasium, Lippstadt, S. 164; Galle, Gustav: Bericht über Geschichte und Entwicklung der Ostendorfschule Lippstadt während des Zeitraumes von 1926 bis 1946, in: 100 Jahre Ostendorfschule Lippstadt 1851–1951, Lippstadt 1951 S. 41.

[49] Bütfering, Elisabeth: Schulgeschichte und Bildungswesen. Reformansätze und Realisierungen, in: Ehbrecht, Wilfried (Hrsg.): Lippstadt. Beiträge zur Stadtgeschichte, Teil 2, Lippstadt 1985, S. 590; http://www.schloss-overhagen.de/schule.html, 10. August 2011; Der Patriot, Ausgabe 21. Oktober 2011; Der Patriot, Ausgabe 28. Oktober 2011.

[50] Städtische Gesamtschule Lippstadt.

1253 Lippstadt und die Hanse 32–33

[51] Fertig-Möller, Heidelore: Der „Werner Bund" von 1253, Werne 2006.

[52] http://www.hansebund.org/media/custom/395_5371_1.PDF?1250071808&?La=1&object=med|395.5371.1; Mai 2011); Looz-Corswarem, Clemens von: Handel und Gewerbe im Mittelalter und in der frühen Neuzeit, in: Ehbrecht, Wilfried (Hrsg.): Lippstadt. Beiträge zur Stadtgeschichte, Teil 1, Lippstadt 1985, S. 220; Ehbrecht, Wilfried: Stadtentwicklung bis 1324, in: Ders. (Hrsg.): Lippstadt. Beiträge zur Stadtgeschichte, Teil 1, Lippstadt 1985, S. 71.

[53] Looz-Corswarem, Clemens von: Handel und Gewerbe im Mittelalter und in der frühen Neuzeit, in: Ehbrecht, Wilfried (Hrsg.): Lippstadt. Beiträge zur Stadtgeschichte, Teil 1, Lippstadt 1985, S. 220.

[54] Ebd., S. 221.

[55] Ebd.

[56] Ebd., S. 222–225.

[57] Ebd., S. 226, 228.

[58] Ebd., S. 229.

[59] http://www.hanse.org/de/die_hanse/heute, 26. Mai 2011. http://www.hansetag-lippstadt.com/index_hansetag.php?lang=de, 26. Mai 2011.

1253 Das Lippstädter Zunftwesen 34–35

[60] Laumanns, Carl: Handel und Wandel in Alt-Lippstadt. Lippstadt 1944, S. 8–9. Siehe auch www.heimatbund-lippstadt.de, 20. August 2011.

[61] Scholand, Heinrich: Lippstadt einst und jetzt. Lippstadt 1985, S. 89–90.

[62] 800 Jahre Lippstadt, S. 25–26.

1524 Lippstadt und die Reformation 36–39

63 Niemöller, Heinrich: Reformationsgeschichte von Lippstadt, der ersten evangelischen Stadt in Westfalen, in: Schriften des Vereins für Reformationsgeschichte, Jahrgang 24, Halle an der Saale 1906, S. 3; Stupperich, Robert: Westfälische Reformationsgeschichte. Historischer Überblick und theologische Einordnung, Bielefeld 1993, S. 28; Klockow, Helmut: Stadt Lippe – Lippstadt, Lippstadt 1964, S. 117–118.

64 Niemöller, Heinrich: Reformationsgeschichte von Lippstadt, der ersten evangelischen Stadt in Westfalen, in: Schriften des Vereins für Reformationsgeschichte, Jahrgang 24, Halle an der Saale 1906, S. 11–13; Stupperich, Robert: Westfälische Reformationsgeschichte. Historischer Überblick und theologische Einordnung, Bielefeld 1993, S. 28, 30, 35–36; Kullak, Max: Westfälische Kirchengeschichte, Leipzig 1926, S. 18.

65 Stupperich, Robert: Westfälische Reformationsgeschichte. Historischer Überblick und theologische Einordnung, Bielefeld 1993, S. 37–38, 40; Kullak, Max: Westfälische Kirchengeschichte, Leipzig 1926, S. 20; Niemöller, Heinrich: Reformationsgeschichte von Lippstadt, der ersten evangelischen Stadt in Westfalen, in: Schriften des Vereins für Reformationsgeschichte, Jahrgang 24, Halle an der Saale 1906, S. 16; Klockow, Helmut: Stadt Lippe – Lippstadt, Lippstadt 1964, S. 118.

66 Stupperich, Robert: Westfälische Reformationsgeschichte. Historischer Überblick und theologische Einordnung, Bielefeld 1993, S. 40–41; Kullak, Max: Westfälische Kirchengeschichte, Leipzig 1926, S. 18–19, 25; Klockow, Helmut: Stadt Lippe – Lippstadt, Lippstadt 1964, S. 120, 135.

67 Stupperich, Robert: Westfälische Reformationsgeschichte. Historischer Überblick und theologische Einordnung, Bielefeld 1993, S. 41, 81–82.

68 Stupperich, Robert: Westfälische Reformationsgeschichte. Historischer Überblick und theologische Einordnung, Bielefeld 1993, S. 40–41; Kullak, Max: Westfälische Kirchengeschichte, Leipzig 1926, S. 85–86, 106; Niemöller, Heinrich: Reformationsgeschichte von Lippstadt, der ersten evangelischen Stadt in Westfalen, in: Schriften des Vereins für Reformationsgeschichte, Jahrgang 24, Halle an der Saale 1906, S. 26.

69 Stupperich, Robert: Westfälische Reformationsgeschichte. Historischer Überblick und theologische Einordnung, Bielefeld 1993, S. 106–107; Niemöller, Heinrich: Reformationsgeschichte von Lippstadt, der ersten evangelischen Stadt in Westfalen, in: Schriften des Vereins für Reformationsgeschichte, Jahrgang 24, Halle an der Saale 1906, S. 28; Klockow, Helmut: Stadt Lippe – Lippstadt, Lippstadt 1964, S. 124.

70 Zur abweichenden Datierung vgl.: Klockow, Helmut: Stadt Lippe – Lippstadt, Lippstadt 1964, S. 136, 162; Schulze, Heiko K.L.: Sakralbau im Mittelalter, in: Ehebrecht, Wilfried (Hrsg.): Lippstadt. Beiträge zur Stadtgeschichte, Teil 1, Lippstadt 1985, S. 176; http://www.evangelisch-in-lippstadt.de/index.php/kirchen-menuekl-228/brkirche-menuekl-211, Juni 2011.

71 Stupperich, Robert: Westfälische Reformationsgeschichte. Historischer Überblick und theologische Einordnung, Bielefeld 1993, S. 183; Klockow, Helmut: Stadt Lippe – Lippstadt, Lippstadt 1964, S. 135, 162.

72 Remling, Ludwig: Die konfessionelle Entwicklung von der Niederlage der Stadt (1535) bis zum Westfälischen Frieden (1648), in: Ehebrecht, Wilfried (Hrsg.): Lippstadt. Beiträge zur Stadtgeschichte, Teil 1, Lippstadt 1985, S. 290f; Goertz, Hans-Jürgen: Täufer, in: Betz, Hans Dieter u. a. (Hrsg.): Religion in Geschichte und Gegenwart. Handwörterbuch für Theologie und Religionswissenschaft, Band 8, Tübingen 2005, S. 92; http://www.st-lamberti.de/, 6. August 2011.

73 Klockow, Helmut: Stadt Lippe – Lippstadt, Lippstadt 1964, S. 132f.; Remling, Ludwig: Die konfessionelle Entwicklung von der Niederlage der Stadt (1535) bis zum Westfälischen Frieden (1648), in: Ehebrecht, Wilfried (Hrsg.): Lippstadt. Beiträge zur Stadtgeschichte, Teil 1, Lippstadt 1985, S. 290f.

74 Kaufmann, Thomas: Martin Luther, München 2006, S. 125–126; Beutel, Albrecht: Martin Luther. Eine Einführung in Leben, Werk und Wirkung, 2. Auflage, Leipzig 2006, S. 69; Schulze, Manfred: Thesenanschlag, in: Betz, Hans Dieter u. a. (Hrsg.): Religion in Geschichte und Gegenwart. Handwörterbuch für Theologie und Religionswissenschaft, Band 8, Tübingen 2005, S. 357–358.

1532 Schützentradition in Lippstadt 40–41

75 Lappe, Josef: Vom westfälischen Schützenwesen, in: Westdeutsches Korrespondenzbüro, 11. Jg. (1929), Nr. 24. Bl. 1–3. Meckies, Herbert: Altwestfälische Schützenfeste, in: Hagener Heimatblätter (1933), S. 52–53. Siehe hierzu auch Rang, Bernhard: Vom Ursprung der Schützenfeste, in: Der Ravensberger, Heimatkalender für das Minden-Ravensberger Land, 1952, S. 81.

76 Ab dem 13. Jahrhundert gibt es nach Meckies Quellen, die von einem Vogelschießen mit der Armbrust auf einen Holzvogel berichten. Vgl. Meckies, Herbert: Altwestfälische Schützenfeste, in: Hagener Heimatblätter (1933), S. 52–53.

77 Meckies, Herbert: Altwestfälische Schützenfeste, in: Hagener Heimatblätter (1933), S. 52–53.

78 Rang, Bernhard: Vom Ursprung der Schützenfeste, in: Der Ravensberger, Heimatkalender für das Minden-Ravensberger Land, 1952, S. 81.

79 Ebd.; Der gesamte Artikel ist entnommen aus: Ruholl, Dirk: 150 Jahre Schützenverein Bökenförde e. V. 1858–2008. Westfälische Schützentradition zwischen Haarstrang und Lippe. Bökenförde 2008, S. 20–21.

1573 Hexenverfolgung in Lippstadt 42–43

80 Angermann, Gertrud: Volksleben im Nordosten Westfalens zu Beginn der Neuzeit. Münster – New York 1995, S. 195.

81 Ehebrecht, Wilfried (Hrsg.): Lippstadt. Beiträge zur Stadtgeschichte. Lippstadt 1985, S. 335.

82 www.anton-praetorius.de, Stand 20. August 2011, siehe auch Hegeler, Hartmut: Anton Praetorius – Kämpfer gegen Hexenprozesse und Folter, Unna 2002.

1621 Lippstadt im Dreißigjährigen Krieg 44–45

83 Klockow, Helmut: Stadt Lippe – Lippstadt, Lippstadt 1964, S. 148; Kaufmann, Thomas: Dreißigjähriger Krieg, in: Betz, Hans Dieter u. a. (Hrsg.): Religion in Geschichte und Gegenwart. Handwörterbuch für Theologie und Religionswissenschaft, Band 2, Tübingen 1999, S. 979–982.

84 Klockow, Helmut: Stadt Lippe – Lippstadt, Lippstadt 1964, S. 148; Fahlbusch, Friedrich Bernward: Vom Dortmunder Abkommen zum Klever Vertrag 1609–1666, in: Ehebrecht, Wilfried (Hrsg.): Lippstadt. Beiträge zur Stadtgeschichte, Teil 1, Lippstadt 1985, S. 462.

85 Klockow, Helmut: Stadt Lippe – Lippstadt, Lippstadt 1964, S. 148–150; Fahlbusch, Friedrich Bernward: Vom Dortmunder Abkommen zum Klever Vertrag 1609–1666, in: Ehebrecht, Wilfried (Hrsg.): Lippstadt. Beiträge zur Stadtgeschichte, Teil 1, Lippstadt 1985, S. 462; Scholand, Heinrich: Lippstadt einst und jetzt. Lippstadt 1985, S. 93. Zu den Gründen und dem Ablauf, wie und warum der Tolle Christian nach Lippstadt kam, vgl. unterschiedliche Darstellungen bei Klockow, Helmut: Stadt Lippe – Lippstadt, Lippstadt 1964, S. 148 und Fahlbusch, Friedrich Bernward: Vom Dortmunder Abkommen zum Klever Vertrag 1609–1666, in: Ehebrecht, Wilfried (Hrsg.): Lippstadt. Beiträge zur Stadtgeschichte, Teil 1, Lippstadt 1985, S. 462; Zum Wohnsitz Christians in Lippstadt: Nach der neuen bauhistorischen Untersuchung wurde das repräsentative Bürgerhaus, heutiges Heimatmuseum, nicht vor 1770 erbaut. Ältere Annahmen, dass der Tolle Christian während seines Aufenthalts in Lippstadt dort gewohnt haben könnte, sind somit auszuschließen.

86 Fahlbusch, Friedrich Bernward: Vom Dortmunder Abkommen zum Klever Vertrag 1609–1666, in: Ehebrecht, Wilfried (Hrsg.): Lippstadt. Beiträge zur Stadtgeschichte, Teil 1, Lippstadt 1985, S. 463–464.

87 Ebd., S. 464–469.

1625 Kleine Apothekengeschichte 46

88 Laumanns, Carl: Alte Apotheken in Lippstadt und ihre Besitzer, Lippstadt [o. J.], S. 12.

89 Ebd., S. 3.

90 Ebd., S. 13.

91 Ebd., S. 9. Bis 1811 wurde bei der Errichtung einer Apotheke ein Privilegium ausgestellt. Die Privilegien – hierbei hat der Staat keine Eingriffsmöglichkeit – sind verkäuflich, aber wegen der beschränkten Anzahl sehr teuer. Nach 1811 wurden Konzessionen vergeben, bei denen der Staat bei Verkauf Mitspracherecht hatte.

92 Thurmann, Merten: 275 Jahre Privilegierte Einhorn-Apotheke Lippstadt, Lippstadt 1987. Besonderer Dank gilt Merten Thurmann für die freundliche Unterstützung.

93 Laumanns, Carl: Alte Apotheken in Lippstadt und ihre Besitzer, Lippstadt, S. 20.

1734 Brautradition bis heute 49–50

94 Walberg, Hartwig: Bürger und Einwohner im 17. und 18. Jahrhundert, in: Ehebrecht, Wilfried (Hrsg.): Lippstadt. Beiträge zur Stadtgeschichte, Teil 2, Lippstadt 1985, S. 510; Der Patriot: Nach über 250 Jahren: Familie Nies „steigt aus", Ausgabe vom 31. Oktober 1990.

95 Nies, Werner: Unternehmensgeschichte der Familie Nies und der Brauerei WEISSENBURG in Lippstadt, in: Wirtschaft in Südostwestfalen Nr. 6/ 1985, S. 10 (http://www.weissenburg-pilsener.de/pdf/Unternehmensgeschichte_WB.pdf, 21. Juli 2011).

⁹⁶ Nies, Werner: Unternehmensgeschichte der Familie Nies und der Brauerei WEISSENBURG in Lippstadt, in: Wirtschaft in Südostwestfalen Nr. 6/ 1985, S. 10; Der Patriot: Nach über 250 Jahren: Familie Nies „steigt aus", Ausgabe vom 31. Oktober 1990; http://www.weissenburg-pilsener.de/pdf/PM_WeissenburgPilsener_ 275Jubilaeum.pdf, 21. Juli 2011.

⁹⁷ Nies, Werner: Unternehmensgeschichte der Familie Nies und der Brauerei WEISSENBURG in Lippstadt, in: Wirtschaft in Südostwestfalen Nr. 6/ 1985, S. 10; Der Patriot: Nach über 250 Jahren: Familie Nies „steigt aus", Ausgabe vom 31. Oktober 1990.

⁹⁸ Nies, Werner: Unternehmensgeschichte der Familie Nies und der Brauerei WEISSENBURG in Lippstadt, in: Wirtschaft in Südostwestfalen Nr. 6/ 1985, S. 10; http://www.badmeinberger.de/11-Das-Unternehmen/24-Geschichte.html, 21. Juli 2011; Der Patriot: Nach über 250 Jahren: Familie Nies „steigt aus", Ausgabe vom 31. Oktober 1990; http://www.weissenburg-pilsener.de/index_2.php?id=1, 21. Juli 2011; http://www.brauhaus-weissenburg.de/historisches.html, 21. Juli 2011; http://www.warsteiner-gruppe.de/DEU/index/215, 21. Juli 2011.

⁹⁹ http://www.lippstaedter-brauerei.de/Wir_ueber_uns/brauerei.php, 06. August 2011; http://www.lippstaedter-brauerei.de/Wir_ueber_uns/brauhaus.php, 6. August 2011.

1763 Schleifung der Festung   51–55

¹⁰⁰ Hagemann, Gunter: Die Festung Lippstadt. Ihre Baugeschichte und ihr Einfluss auf die Stadtentwicklung, Bonn 1985.

1788 Sandbaggerei auf der Lippe   56

¹⁰¹ Hachenberg, Ludwig: Die Geschichte der Sandbaggerei in Lippstadt 1788 bis 1972, in: Heimatblätter, Lippstadt 2007, S. 169–174.

1850 Eröffnung der Bahnstrecke Hamm–Paderborn   62

¹⁰² Scholand, Heinrich: Lippstadt einst und jetzt, Lippstadt 1985, S. 317.

¹⁰³ Wochentip, Die Anzeigenzeitung am Mittwoch, Ausgabe vom 3. August 2011.

¹⁰⁴ www.wikipedia.org/wiki/Bahnstrecke_Hamm%E2%80%93Warburg, August 2011.

¹⁰⁵ Scholand, Heinrich: Lippstadt einst und jetzt, Lippstadt 1985, S. 317.

¹⁰⁶ Luig, Klaus: Die Rhedaer Bahn. Vor 125 Jahren mit dem Bau begonnen, vor 25 Jahren Schienen wieder aufgenommen, in: Lippstädter Heimatblätter, 91. Jg., Folge 7 (2011), S. 49–53.

¹⁰⁷ Scheler, Ulrich/Scheler, Anna: Die Rhedaer Bahn, in: Lippstädter Spuren, 1/1987. Siehe auch: www.wikipedia.org/wiki/Bahnstrecke_M%C3%BCnster%E2%80%93Warstein, Juni 2011.

1851 Die Lippstädter Krankenhäuser   65–67

¹⁰⁸ Bockhorst, Wolfgang: Lippstadt im Spätmittelalter, in: Ehbrecht, Wilfried (Hrsg.): Lippstadt. Beiträge zur Stadtgeschichte, Teil 1, Lippstadt 1985, S. 107; Hergemöller, Bernd-Ulrich: Stadt und Kirche im Mittelalter, in: Ehbrecht, Wilfried (Hrsg.): Lippstadt. Beiträge zur Stadtgeschichte, Teil 1, Lippstadt 1985, S. 145–146; Scholand, Heinrich: Lippstadt einst und jetzt. Lippstadt 1985. S. 90; Niemöller, Heinrich: Reformationsgeschichte von Lippstadt, der ersten evangelischen Stadt in Westfalen, in: Schriften des Vereins für Reformationsgeschichte, Jahrgang 24, Halle an der Saale 1906, S. 8.

¹⁰⁹ Junk, Heinz-K.: Stadt und Stadtraum im 19. und 20. Jahrhundert, in: Ehbrecht, Wilfried (Hrsg.): Lippstadt. Beiträge zur Stadtgeschichte, Teil 2, Lippstadt 1985, S. 628; http://www.dreifaltigkeits-hospital.de/Wir_ueber_uns/historie.php, 17. August 2011.

¹¹⁰ Junk, Heinz-K.: Stadt und Stadtraum im 19. und 20. Jahrhundert, in: Ehbrecht, Wilfried (Hrsg.): Lippstadt. Beiträge zur Stadtgeschichte, Teil 2, Lippstadt 1985, S. 628; http://www.ev-krankenhaus.de/de/ueberuns/Historie/page.html, 16. August 2011.

¹¹¹ http://www.ev-krankenhaus.de/de/ueberuns/Historie/page.html, 16. August 2011.

¹¹² Ebd.

¹¹³ Ebd., http://vlippstadt.live.conquest-cms.net/de/UnserePartner/Facharztzentrum/page.html, 17. August 2011.

¹¹⁴ Scholand, Heinrich: Lippstadt einst und jetzt, Lippstadt 1985, S. 307; http://www.dreifaltigkeits-hospital.de/Wir_ueber_uns/historie.php, 23. August 2011; Kuratorium des Dreifaltigkeits-Hospitals (Hrsg.): 100 Jahre Dreifaltigkeits-Hospital Lippstadt. Beiträge zur Geschichte des Katholischen Krankenhauses, Lippstadt 1956, S. 16–17.

¹¹⁵ http://www.dreifaltigkeits-hospital.de/Wir_ueber_uns/historie.php, 23. August 2011; Kuratorium des Dreifaltigkeits-Hospitals (Hrsg.): 100 Jahre Dreifaltigkeits-Hospital Lippstadt. Beiträge zur Geschichte des Katholischen Krankenhauses, Lippstadt 1956, S. 28–32.

¹¹⁶ http://www.dreifaltigkeits-hospital.de/Wir_ueber_uns/historie.php, 23. August 2011; Der Patriot: Hospitäler mit neuem Vertrag verschmolzen, Ausgabe vom 12.08.2011 (http://www.derpatriot.de/Hospitaeler-mit-neuem-Vertrag-verschmolzen---8b3e85ed-630f-446b-86b9-6a176871a290-ds, 23. August 2011).

1852 Der Bau der Synagoge   68–72

¹¹⁷ Walberg, Hartwig: Die jüdische Minderheit in Lippstadt und Lipperode vom Spätmittelalter bis in das 20. Jahrhundert, in: Stadt Lippstadt (Hrsg.): Lippstädter Spuren. Leben und Leiden der jüdischen Minderheit in Lippstadt. Dokumentation zur Ausstellung der Stadt Lippstadt, Sonderband/1991, S. 7–8; Mühle, Eduard: Zur Geschichte der jüdischen Minderheit, in: Ehbrecht, Wilfried (Hrsg.): Lippstadt. Beiträge zu Stadtgeschichte, Teil 2, Lippstadt 1985, S. 520.

¹¹⁸ Walberg, Hartwig: Die jüdische Minderheit in Lippstadt und Lipperode vom Spätmittelalter bis in das 20. Jahrhundert, in: Stadt Lippstadt (Hrsg.): Lippstädter Spuren. Leben und Leiden der jüdischen Minderheit in Lippstadt. Dokumentation zur Ausstellung der Stadt Lippstadt, Sonderband/1991, S. 8f.

¹¹⁹ Ebd., S. 8–9

¹²⁰ Becker, Ulrich: David Gans aus Lippstadt, in: Stadt Lippstadt (Hrsg.): Lippstädter Spuren. Leben und Leiden der jüdischen Minderheit in Lippstadt. Dokumentation zur Ausstellung der Stadt Lippstadt, Sonderband/1991, S. 19–20.

¹²¹ Fennenkötter, Hans Christoph: Von der Emanzipation bis zur Vernichtung. Auf der Suche nach den Spuren jüdischen Lebens in Lippstadt, in: Stadt Lippstadt (Hrsg.): Lippstädter Spuren. Leben und Leiden der jüdischen Minderheit in Lippstadt. Dokumentation zur Ausstellung der Stadt Lippstadt, Sonderband/1991, S. 83.

¹²² Ebd.

¹²³ Ebd., S. 10–11; Dresp, Jörg: Geschäftsleben und Berufsstruktur der Lippstädter Juden in Zahlen und Bildern, in: Stadt Lippstadt (Hrsg.): Lippstädter Spuren. Leben und Leiden der jüdischen Minderheit in Lippstadt. Dokumentation zur Ausstellung der Stadt Lippstadt, Sonderband/1991, S. 27; Fennenkötter, Hans Christoph: Von der Emanzipation bis zur Vernichtung. Auf der Suche nach den Spuren jüdischen Lebens in Lippstadt, in: Stadt Lippstadt (Hrsg.): Lippstädter Spuren. Leben und Leiden der jüdischen Minderheit in Lippstadt. Dokumentation zur Ausstellung der Stadt Lippstadt, Sonderband/1991, S. 59–60, 62, 81–83.

¹²⁴ Fennenkötter, Hans Christoph: Von der Emanzipation bis zur Vernichtung. Auf der Suche nach den Spuren jüdischen Lebens in Lippstadt, in: Stadt Lippstadt (Hrsg.): Lippstädter Spuren. Leben und Leiden der jüdischen Minderheit in Lippstadt. Dokumentation zur Ausstellung der Stadt Lippstadt, Sonderband/1991, S. 85.

¹²⁵ Ebd.

¹²⁶ Walberg, Hartwig: Die jüdische Minderheit in Lippstadt und Lipperode vom Spätmittelalter bis in das 20. Jahrhundert, in: Stadt Lippstadt (Hrsg.): Lippstädter Spuren. Leben und Leiden der jüdischen Minderheit in Lippstadt. Dokumentation zur Ausstellung der Stadt Lippstadt, Sonderband/1991, S. 11, 14; Becker, Ulrich: David Gans aus Lippstadt, in: Stadt Lippstadt (Hrsg.): Lippstädter Spuren. Leben und Leiden der jüdischen Minderheit in Lippstadt. Dokumentation zur Ausstellung der Stadt Lippstadt, Sonderband/1991, S. 21; Fennenkötter, Hans Christoph: Von der Emanzipation bis zur Vernichtung. Auf der Suche nach den Spuren jüdischen Lebens in Lippstadt, in: Stadt Lippstadt (Hrsg.): Lippstädter Spuren. Leben und Leiden der jüdischen Minderheit in Lippstadt. Dokumentation zur Ausstellung der Stadt Lippstadt, Sonderband/1991, S. 59, 85.

¹²⁷ Fennenkötter, Hans Christoph: Von der Emanzipation bis zur Vernichtung. Auf der Suche nach den Spuren jüdischen Lebens in Lippstadt, in: Stadt Lippstadt (Hrsg.): Lippstädter Spuren. Leben und Leiden der jüdischen Minderheit in Lippstadt. Dokumentation zur Ausstellung der Stadt Lippstadt, Sonderband/1991, S. 139; Buddenberg, Ernst: Erster Weltkrieg, Ausscheiden Sally Windmüllers und Neubeginn, in: Lippstädter Spuren. Die Westfälische Metall-Industrie Aktien-Gesellschaft Lippstadt. Von der Lampenbude zur Weltfirma, 2/1988, S. 58–63.

1856 Brülle & Schmeltzer — 74

[128] Hense-Ferch, Sabine/Brülle, Helga: 150 Jahre Geschichte und Handel in Lippstadt – 150 Jahre Brülle & Schmeltzer 1856–2006, Lippstadt 2006.

[129] Freundliche Information von Herrn Allan Brülle vom 30. Mai 2011.

[130] www.wer-zu-wem.de/firma/bruelle.html, 20. April 2011.

1863 Stadtwerke Lippstadt — 78–80

[131] Ruholl, Dirk: Bökenförde – Ein Dorf an Gieseler und Pöppelsche. Dorfgeschichte von 1005–2005, Bökenförde 2005, S. 441–443.

[132] Steehr, Paul: Die Versorgung des Kreises Lippstadt mit Elektrizität, in: Kalender für den Kreis Lippstadt 1921, S. 125–131. Siehe auch Stadtarchiv Lippstadt, Raschke, Erhard: Wechselbeziehungen zwischen Elektrifizierung und Stadtentwicklung in Lippstadt, Staatsarbeit, Bochum 1976, Mscr. 33.

1863 Gründung einer Feuerwehr — 81–83

[133] Stadtarchiv Lippstadt, ST.R. C 426 und St.R. B 642.

[134] Walberg, Hartwig: Es begann 1863. Städtische Gasverwaltung – Städtische Wasserwerke – Städtische Gas- und Wasserwerke – Stadtwerke Lippstadt GmbH, Lippstadt 1988, S. 51.

[135] Scholand, Heinrich: Lippstadt einst und jetzt, Lippstadt 1985, S. 273–274.

1901 Handelswaren und Wirtschaftsdaten — 92–95

[136] Hense-Ferch, Sabine/Brülle, Helga: 150 Jahre Geschichte und Handel in Lippstadt. 150 Jahre Brülle & Schmeltzer. Lippstadt 2006, S. 10f. Handelt mit modischen Accessoires wie Schmuck, Parfümfläschchen, Puderdosen, Armbänder etc.

[137] Maron, Wolfgang: Wirtschaft, Gesellschaft und Politik in Lippstadt 1815–1914. Ein Beitrag zur Sozialgeschichte Westfalens im Zeitalter der Industrialisierung, Lippstadt 1988, S. 14ff.

[138] Laumanns, Carl: Handel und Wandel in Alt-Lippstadt, Lippstadt 1944, S. 19–20.

[139] Ebd., S. 41.

[140] Handelt mit modischen Accessoires wie Schmuck, Parfümfläschchen, Puderdosen, Armbänder etc.

[141] Ein Krämer, der mit klappernden Kleinigkeiten handelt, z.B. hölzernes Spielgerät, Holzschuhe usw.

[142] Gewürzhändler

[143] Lebensmittelhändler

[144] Maron, Wolfgang: Wirtschaft, Gesellschaft und Politik in Lippstadt 1815–1914. Ein Beitrag zur Sozialgeschichte Westfalens im Zeitalter der Industrialisierung. Lippstadt 1988, S. 195f.

[145] Handwerker, der Besatzartikel, d.h. Schmuckartikel herstellt, die auf Textilien wie Kleidung, Polstermöbel, Lampenschirme, Vorhänge etc. aufgebracht werden. Zu Posamenten zählen beispielsweise Zierbänder, gewebte Borten, Fransenborten, Kordeln, Quasten, Volants, Spitzen aller Art, kunstvoll besponnene Zierknöpfe.

[146] Handwerker, der Kopfbedeckungen für Damen fertigte; heute meist Modist genannt.

[147] Handwerker, der Tierfelle zu Pelzbekleidung und anderen Produkten verarbeitet.

[148] Handwerker, der Fässer, Behälter oder Gefäße aus Holz herstellt.

[149] Maron, Wolfgang: Wirtschaft, Gesellschaft und Politik in Lippstadt 1815–1914. Ein Beitrag zur Sozialgeschichte Westfalens im Zeitalter der Industrialisierung, Lippstadt 1988, S. 197.

[150] Ebd., S. 199–201.

1908 Sportgeschichte in Lippstadt — 98–100

[151] Besonderer Dank gilt Friedhelm Musga für die freundliche Unterstützung. Siehe unter: www.teutonia-lippstadt.de, Juni 2011.

[152] Besonderer Dank gilt Kai Hartelt für die freundliche Unterstützung.

1911 Tennisgeschichte in Lippstadt — 102

[153] Der Patriot, Ausgabe vom 6. Juli 2011.

1919 Die VHS und die FernUni — 103

[154] Bütfering, Elisabeth: Schulgeschichte und Bildungswesen. Reformansätze und Realisierungen, in: Ehbrecht, Wilfried (Hrsg.): Lippstadt. Beiträge zur Stadtgeschichte, Teil 2, Lippstadt 1985, S. 584–585, 588; Ahl, Claus Ulrich: Volkshochschule Lippstadt. Kurzfassung Chronik, Lippstadt 1995 (unveröffentlicht).

[155] Ahl, Claus Ulrich: Volkshochschule Lippstadt. Kurzfassung Chronik, Lippstadt 1995 (unveröffentlicht); Bütfering, Elisabeth: Schulgeschichte und Bildungswesen. Reformansätze und Realisierungen, in: Ehbrecht, Wilfried (Hrsg.): Lippstadt. Beiträge zur Stadtgeschichte, Teil 2, Lippstadt 1985, S. 821.

[156] Volkshochschule der Stadt Lippstadt; Klockow, Helmut: Stadt Lippe – Lippstadt, Lippstadt 1964, S. 306.

[157] https://vhs.stadt-lippstadt.de/index.php?id=2, 24. August 2011; http://www.lippstadt.de/kultur/vhs/117260100000012484.php, 24. August 2011.

[158] Die Glocke, Ausgabe 29. April 1977; Der Patriot, Ausgabe 23. April 1980; Klockow, Helmut: Nach dem Zweiten Weltkrieg. Wandlung im Bild und in der Struktur der Stadt: Neue Aufgaben – Neue Impulse – Neue Möglichkeiten, in: Ehbrecht, Wilfried (Hrsg.): Lippstadt. Beiträge zur Stadtgeschichte, Teil 2, Lippstadt 1985, S. 854.

[159] http://www.fernuni-hagen.de/universitaet/aktuelles/2008/04/18-ak-stzlipp-buergeruni.shtml, 10. Oktober 2011; http://www.fernuni-hagen.de/stz/lippstadt/buergeruni.shtml, 11. Oktober 2011.

1920 Gründung des SC Lippstadt — 105

[160] Seit 1983 als Tanzsportgruppe Rock 'n' Roll innerhalb des TSC Castell.

[161] www.sc-lippstadt.de, Stand 4. August 2011; freundliche Unterstützung von Ingeborg Motog.

1923 Die Inflation erreicht ihren Höhepunkt — 108–109

[162] Paul-Menn, Susanne: Aus der Geschichte Lippstadts in der Weimarer Republik, in: Ehbrecht, Wilfried (Hrsg.): Lippstadt Beiträge zur Stadtgeschichte, Teil 2, Lippstadt 1985, S. 753–764.

1926 Die Lippstädter Herbstwoche — 113–114

[163] Klockow, Helmut: Stadt Lippe – Lippstadt, Lippstadt 1964, S. 277; Paul-Menn, Susanne: Aus der Geschichte Lippstadts in der Weimarer Republik, in: Ehbrecht, Wilfried (Hrsg.): Lippstadt. Beiträge zur Stadtgeschichte, Teil 2, Lippstadt 1985, S. 770.

[164] Paul-Menn, Susanne: Aus der Geschichte Lippstadts in der Weimarer Republik, in: Ehbrecht, Wilfried (Hrsg.): Lippstadt. Beiträge zur Stadtgeschichte, Teil 2, Lippstadt 1985, S. 769; Bünker, Hans: Herbstwoche 1946 – Schwierigkeiten über Schwierigkeiten, in: Heimatblätter, Bd. 72, Lippstadt 1992, S. 150–151; Stadtarchiv Lippstadt.

[165] Klockow, Helmut: Nach dem Zweiten Weltkrieg. Wandlungen im Bild und in der Struktur der Stadt: Neue Aufhaben – Neue Impulse – Neue Möglichkeiten, in: Ehbrecht, Wilfried (Hrsg.): Lippstadt. Beiträge zu Stadtgeschichte, Teil 2, Lippstadt 1985, S. 837; http://www.leitplanke-lippstadt.de/themadesmonats.htm, 13. Oktober 2011; http://www.lippstadt.de/kultur/tourismus/117260100000032105.php, 13. Oktober 2011.

[166] Ebd.

1933 Lippstadt unter der NS-Herrschaft – Teil 1 — 118–123

[167] Epkenhans, Karin: Lippstadt 1933–1945. Darstellung und Dokumentation zur Geschichte der Stadt Lippstadt im Nationalsozialismus, Lippstadt 1995, S. 18, 29, 40–47.

[168] Ebd., S. 52, 56f.

[169] Ebd., S. 62f, 65–70, 71–72.

[170] Ebd., S. 65, 71–74, 481.

[171] Ebd., S. 23f, 77f, 89.

[172] Ebd., S. 91–94.

173 Ebd., S. 97, 104–105.
174 Ebd., S. 97–100, 295–296.
175 Ebd., S. 106–117.
176 Ebd., S. 117, 163.
177 Ebd., S. 142–145.
178 Ebd., S. 145–146.
179 Ebd., S. 147–149.
180 Ebd., S. 147–154; Nicolaisen, Carsten: Pfarrernotbund, in: Betz, Hans Dieter u. a. (Hrsg.): Religion in Geschichte und Gegenwart. Handwörterbuch für Theologie und Religionswissenschaft, Band 6, Tübingen 2003, S. 1223–1224.
181 Epkenhans, Karin: Lippstadt 1933–1945. Darstellung und Dokumentation zur Geschichte der Stadt Lippstadt im Nationalsozialismus, Lippstadt 1995, S. 155.
182 Nicolaisen, Carsten: Niemöller, in: Betz, Hans Dieter unter anderem (Hrsg.): Religion in Geschichte und Gegenwart. Handwörterbuch für Theologie und Religionswissenschaft, Band 6, Tübingen 2003, S. 308–309; Heimatkalender des Kreises Soest 1983.

1938   Thomas-Valentin-Stadtbücherei   126–129

183 Heimatblätter 1944, S. 93; Der Patriot, Ausgabe vom 16. Oktober 1954.
184 Stadtarchiv Lippstadt, Signatur Vb 4-14; Stadtarchiv Lippstadt, Signatur G 210a.
185 Stadtarchiv Lippstadt, Signatur Vb4-34: Bericht über die Verwaltung und den Stand der Gemeinde-Angelegenheiten in der Stadt Lippstadt im Jahre 1938, S. 19–20; Stadtarchiv Lippstadt, Signatur ZGS 9.12, Akte G 210 a, Der Patriot.
186 Heimatblätter 1944, S. 66.
187 Der Patriot, Ausgabe vom 23. August 1951; Der Patriot, Ausgabe vom 6. Februar 1954; Thomas-Valentin-Stadtbücherei; Stadtarchiv Lippstadt.

1938   Judenpogrom in Lippstadt   130–132

188 Dresp, Jörg: Geschäftsleben und Berufsstruktur der Lippstädter Juden in Zahlen und Bildern, in: Stadt Lippstadt (Hrsg.): Lippstädter Spuren. Leben und Leiden der jüdischen Minderheit in Lippstadt. Dokumentation zur Ausstellung der Stadt Lippstadt, Sonderband/1991, S. 27.
189 Walberg, Hartwig: Die jüdische Minderheit in Lippstadt und Lipperode vom Spätmittelalter bis in das 20. Jahrhundert, in: Stadt Lippstadt (Hrsg.): Lippstädter Spuren. Leben und Leiden der jüdischen Minderheit in Lippstadt. Dokumentation zur Ausstellung der Stadt Lippstadt, Sonderband/1991, S. 14; Dresp, Jörg: Geschäftsleben und Berufsstruktur der Lippstädter Juden in Zahlen und Bildern, in: Stadt Lippstadt (Hrsg.): Lippstädter Spuren. Leben und Leiden der jüdischen Minderheit in Lippstadt. Dokumentation zur Ausstellung der Stadt Lippstadt, Sonderband/1991, S. 27; Epkenhans, Karin: Das Schicksal der jüdischen Gemeinde in Lippstadt 1933–1942, in: Stadt Lippstadt (Hrsg.): Lippstädter Spuren. Leben und Leiden der jüdischen Minderheit in Lippstadt. Dokumentation zur Ausstellung der Stadt Lippstadt, Sonderband/1991, S. 178.
190 Fennenkötter, Hans Christoph: Von der Emanzipation bis zur Vernichtung. Auf der Suche nach den Spuren jüdischen Lebens in Lippstadt, in: Stadt Lippstadt (Hrsg.): Lippstädter Spuren. Leben und Leiden der jüdischen Minderheit in Lippstadt. Dokumentation zur Ausstellung der Stadt Lippstadt, Sonderband/1991, S. 86–87, 89; Epkenhans, Karin: Das Schicksal der jüdischen Gemeinde in Lippstadt 1933–1942, in: Stadt Lippstadt (Hrsg.): Lippstädter Spuren. Leben und Leiden der jüdischen Minderheit in Lippstadt. Dokumentation zur Ausstellung der Stadt Lippstadt, Sonderband/1991, S. 182, 186, 188, 191.
191 Fennenkötter, Hans Christoph: Von der Emanzipation bis zur Vernichtung. Auf der Suche nach den Spuren jüdischen Lebens in Lippstadt, in: Stadt Lippstadt (Hrsg.): Lippstädter Spuren. Leben und Leiden der jüdischen Minderheit in Lippstadt. Dokumentation zur Ausstellung der Stadt Lippstadt, Sonderband/1991, S. 89–92.
192 Ebd., S. 92; http://www.flensburg-online.de/blog/2008-11/synagoge-in-lippstadt-edelstahlmodell-erinnert-an-zerstorte-lippstadter-synagoge.html, 5. Oktober 2011.
193 http://www.zentralratdjuden.de/de/topic/387.html, 4. Oktober 2011; http://www.hiergeblieben.de/pages/textanzeige.php?limit=50&order=datum&richtung=ASC&z=25&id=7795, 5. Oktober 2011; http://www.derpatriot.de/-4df5513f-752e-4d00-a29f-fe1925f1d6e6-ds, 30. September 2011; Einwohnermeldeamt der Stadt Lippstadt; http://friedensgebet-lippstadt.de/uber-uns/, 16. Oktober 2011.

1939   Lippstadt unter der NS-Herrschaft – Teil 2   133–137

194 Epkenhans, Karin: Lippstadt 1933–1945. Darstellung und Dokumentation zur Geschichte der Stadt Lippstadt im Nationalsozialismus, Lippstadt 1995, S. 156–163.
195 Ebd., S. 168–171.
196 Ebd., S. 172.
197 Fennenkötter, Hans Christoph: Von der Emanzipation bis zur Vernichtung. Auf der Suche nach den Spuren jüdischen Lebens in Lippstadt, in: Stadt Lippstadt (Hrsg.): Leben und Leiden der jüdischen Minderheit in Lippstadt. Dokumentation zur Ausstellung der Stadt Lippstadt, Lippstädter Spuren Sonderband/1991, S. 86–87, 89; Epkenhans, Karin: Das Schicksal der jüdischen Gemeinde in Lippstadt 1933–1942, in: Stadt Lippstadt (Hrsg.): Leben und Leiden der jüdischen Minderheit in Lippstadt. Dokumentation zur Ausstellung der Stadt Lippstadt, Lippstädter Spuren Sonderband/1991, S. 182, 186, 188, 191; Beyer, Burkhard: Zum Arbeitseinsatz nach Lippstadt. Die jüdischen Frauen in den KZ-Außenkommandos Lippstadt 1944 und 1945, Lippstädter Spuren 9/1993; Epkenhans, Karin: Lippstadt 1933–1945. Darstellung und Dokumentation zur Geschichte der Stadt Lippstadt im Nationalsozialismus, Lippstadt 1995, S. 181–184.
198 Beyer, Burkhard: Zum Arbeitseinsatz nach Lippstadt. Die jüdischen Frauen in den KZ-Außenkommandos Lippstadt 1944 und 1945, Lippstädter Spuren 9/1993; Epkenhans, Karin: Lippstadt 1933–1945. Darstellung und Dokumentation zur Geschichte der Stadt Lippstadt im Nationalsozialismus, Lippstadt 1995, S. 175–176, 181–184.
199 Epkenhans, Karin: Lippstadt 1933–1945. Darstellung und Dokumentation zur Geschichte der Stadt Lippstadt im Nationalsozialismus, Lippstadt 1995, S. 189–192.
200 Ebd., S. 194–198.
201 Ebd., S. 199–201.
202 Ebd., S. 202–203.

1945   Das Kriegsende in Lippstadt   140–145

203 Klockow, Helmut: Stadt Lippe – Lippstadt, Lippstadt 1964, S. 289ff.
204 Klockow, Helmut: Nach dem Zweiten Weltkrieg, in: Ehbrecht, Wilfried (Hrsg.): Lippstadt. Beiträge zur Stadtgeschichte, Lippstadt 1985, S. 809ff.
205 Mues, Willi: Ostern 1945 in Lippstadt und Lipperode, in: Lippstädter Heimatblätter (79), 1999, S. 17–22.
206 Klockow, Helmut: Nach dem Zweiten Weltkrieg, in: Ehbrecht, Wilfried (Hrsg.): Lippstadt Beiträge zur Stadtgeschichte, Lippstadt 1985, S. 811.
207 www.blicker-lippstadt.de/Rueckblick, September 2011.
208 Klockow, Helmut: Stadt Lippe – Lippstadt, Lippstadt 1964, S. 298.
209 Klockow, Helmut: Nach dem Zweiten Weltkrieg, in Ehbrecht, Wilfried (Hrsg.): Lippstadt Beiträge zur Stadtgeschichte, Lippstadt 1985, S. 829.

1959   Drei Kinderheime in der Stadt   156–158

210 Ehbrecht, Wilfried (Hrsg.): Lippstadt – Beiträge zur Stadtgeschichte, Lippstadt 1985, S. 1051.
211 100 Jahre Dreifaltigkeitshospital Lippstadt, Lippstadt 1956, S. 68–69; sowie freundliche Information von Heinrich Hagenbrock.
212 Der Patriot, Ausgabe vom 12. November 1971.
213 Freundliche Information von Schwester Vincentia, Kongregation der Hedwigschwestern, Berlin.

1965   Die Lippe   160–163

214 Junk, Heinz-K.: Stadt und Stadtraum im 19. und 20. Jahrhundert, in: Ehbrecht, Wilfried (Hrsg.): Lippstadt. Beiträge zur Stadtgeschichte, Teil 2, Lippstadt 1985, S. 641; Hense-Ferch, Sabine/Brülle, Helga: 150 Jahre Geschichte und Handel in Lippstadt, S. 10. Siehe dazu Laumanns, Carl: Handel und Wandel in Alt-Lippstadt,

Lippstadt 1944, S. 64–67; Staatliches Umweltamt Lippstadt (Hrsg.): Hochwasserschutz Lippstadt. Kurzfassung, Lippstadt/Paderborn 1998, S. 5.

215 Ebd., S. 11; Staatliches Umweltamt Lippstadt (Hrsg.): Hochwasserschutz Lippstadt. Kurzfassung, Lippstadt u. a. 1998, S. 5; Junk, Heinz-K.: Stadt und Stadtraum im 19. und 20. Jahrhundert, in: Ehbrecht, Wilfried (Hrsg.): Lippstadt. Beiträge zur Stadtgeschichte, Teil 2, Lippstadt 1985, S. 641.

216 Klockow, Helmut: Nach dem Zweiten Weltkrieg. Wandlung im Bild und in der Struktur der Stadt: Neue Aufgaben – Neue Impulse – Neue Möglichkeit, in: Ehbrecht, Wilfried (Hrsg.): Lippstadt. Beiträge zur Stadtgeschichte, Teil 2, Lippstadt 1985, S. 843–844; Staatliches Umweltamt Lippstadt (Hrsg.): Hochwasserschutz Lippstadt. Kurzfassung, Lippstadt u. a. 1998, S. 6.

217 Junk, Heinz-K.: Stadt und Stadtraum im 19. und 20. Jahrhundert, in: Ehbrecht, Wilfried (Hrsg.): Lippstadt. Beiträge zur Stadtgeschichte, Teil 2, Lippstadt 1985, S. 641.

218 Ebd., Klockow, Helmut: Nach dem Zweiten Weltkrieg. Wandlung im Bild und in der Struktur der Stadt: Neue Aufgaben – Neue Impulse – Neue Möglichkeit, in: Ehbrecht, Wilfried (Hrsg.): Lippstadt. Beiträge zur Stadtgeschichte, Teil 2, Lippstadt 1985, S. 844; Staatliches Umweltamt Lippstadt (Hrsg.): Hochwasserschutz Lippstadt. Kurzfassung, Lippstadt/Paderborn 1998, S. 6, 8.

219 Klockow, Helmut: Nach dem Zweiten Weltkrieg. Wandlung im Bild und in der Struktur der Stadt: Neue Aufgaben – Neue Impulse – Neue Möglichkeit, in: Ehbrecht, Wilfried (Hrsg.): Lippstadt. Beiträge zur Stadtgeschichte, Teil 2, Lippstadt 1985, S. 844; Staatliches Umweltamt Lippstadt (Hrsg.): Hochwasserschutz Lippstadt. Kurzfassung, Lippstadt/Paderborn 1998, S. 1, 6.

220 Ebd., S. 844; Der Patriot: Der Schaden geht in die Millionen. Höchststand der Wasserflut seit Menschengedenken – „Noch viel zu tun…", Ausgabe vom 17. Juli 1965; Der Patriot: Straßen hoch unter Wasser. Keller wurden leer gepumpt – Viel totes Vieh, Ausgabe vom 19. Juli 1965.

221 Staatliches Umweltamt Lippstadt (Hrsg.): Hochwasserschutz Lippstadt. Kurzfassung, Lippstadt/Paderborn 1998, S. 5, 7, 8, 10; Klockow, Helmut: Nach dem Zweiten Weltkrieg. Wandlung im Bild und in der Struktur der Stadt, in: Ehbrecht, Wilfried (Hrsg.): Lippstadt, Teil 2, Lippstadt 1985, S. 844, 853, 867.

222 Staatliches Umweltamt Lippstadt (Hrsg.): Hochwasserschutz Lippstadt. Kurzfassung, Lippstadt/Paderborn 1998, S. 5, 18; Bezirksregierung Arnsberg – Standort Lippstadt (Hrsg.): Lippeaue. Eine Flusslandschaft im Wandel, Lippstadt 2010.

1973 Das Stadttheater Lippstadt — 166

223 Klockow, Helmut: Nach dem Zweiten Weltkrieg. Wandlung im Bild und in der Struktur der Stadt: Neue Aufgaben – Neue Impulse – Neue Möglichkeiten, in: Ehbrecht, Wilfried (Hrsg.): Lippstadt. Beiträge zur Stadtgeschichte, Teil 2, Lippstadt 1985, S. 821.

224 Wochentip, Ausgabe vom 31.08.2011; Klockow, Helmut: Nach dem Zweiten Weltkrieg. Wandlung im Bild und in der Struktur der Stadt: Neue Aufgaben – Neue Impulse – Neue Möglichkeiten, in: Ehbrecht, Wilfried (Hrsg.): Lippstadt. Beiträge zur Stadtgeschichte, Teil 2, Lippstadt 1985, S. 845; http://www.lippstadt.de/kultur/kultur/117260100000012550.php, 22. September 2011.

225 Wochentip, Ausgabe vom 31.08.2011

226 Ebd.

227 Wochentip, Ausgabe vom 31.08.2011; Klockow, Helmut: Nach dem Zweiten Weltkrieg. Wandlung im Bild und in der Struktur der Stadt: Neue Aufgaben – Neue Impulse – Neue Möglichkeiten, in: Ehbrecht, Wilfried (Hrsg.): Lippstadt. Beiträge zur Stadtgeschichte, Teil 2, Lippstadt 1985, S. 845.

1975 Kommunale Neugliederung (Lippstadt) — 168–169

228 Klockow, Helmut: Nach dem Zweiten Weltkrieg, in: Ehbrecht, Wilfried (Hrsg.): Lippstadt Beiträge zur Stadtgeschichte. Lippstadt 1985, S. 848–850. Siehe auch Pusch, Beatrix: Die kommunale Neugliederung im Kreis Soest. Studien und Quellen zur Westfälischen Geschichte 47, Paderborn 2003.

1975 Kommunale Neugliederung (Bad Waldliesborn) — 170–171

229 Angabe von 2010.

230 Flöer, Michael/Korsmeier, Claudia Maria: Die Ortsnamen des Kreises Soest, Band 1, Bielefeld 2009, S. 229f.

231 Besonderer Dank gilt Ortsvorstehern Reinhold Helmig und Klaus Luig für die Informationen und Fotos.

1975 Kommunale Neugliederung (Benninghausen) — 172–174

232 Flöer, Michael/Korsmeier, Claudia Maria: Die Ortsnamen des Kreises Soest, Band 1, Bielefeld 2009, S. 48f.

233 Epkenhans, Karin: Lippstadt 1933–1945. Darstellung und Dokumentation zur Geschichte der Stadt Lippstadt im Nationalsozialismus, Lippstadt 1995, S. 189–194.

234 Elling-Ruhwinkel, Elisabeth: Sichern und Strafen. Das Arbeitshaus Benninghausen (1871–1945), Paderborn 2005.

235 www.evangelische-kirchengemeinde-benninghausen.de, Juli 2011.

236 Besonderer Dank gilt Ortsvorsteher Josef Franz für die freundliche Unterstützung.

1975 Kommunale Neugliederung (Bökenförde) — 175

237 Ruholl, Dirk: Bökenförde. Ein Dorf an Gieseler und Pöppelsche. Bökenförde 2005.

238 Böf – Bökenförder Dorfzeitung, Ausgabe vom 5. Februar 2011.

239 Besonderer Dank gilt Ortsvorsteher Michael Schulte für die freundliche Unterstützung.

1975 Kommunale Neugliederung (Cappel) — 176

240 Flöer, Michael/Korsmeier, Claudia Maria: Die Ortsnamen des Kreises Soest, Band 1, Bielefeld 2009, S. 108f.

241 Hengst, Karl (Hrsg.): Westfälisches Klosterbuch, Teil 1, Münster 1992, S. 167–172.

242 Besonderer Dank gilt Manfred Berkenhaus und Ortsvorsteher Franz Gausemeier für die freundliche Unterstützung.

1975 Kommunale Neugliederung (Dedinghausen) — 177

243 Flöer, Michael/Korsmeier, Claudia Maria: Die Ortsnamen des Kreises Soest, Band 1, Bielefeld 2009, S. 113–115.

244 Besonderer Dank gilt Ortsvorsteher Ralf Henkemeier für die freundliche Unterstützung.

1975 Kommunale Neugliederung (Eickelborn) — 178–179

245 Flöer, Michael/Korsmeier, Claudia Maria: Die Ortsnamen des Kreises Soest, Band 1, Bielefeld 2009, S. 141f.

246 www.eickelborn.de, November 2011.

247 Besonderer Dank gilt Alfons Korbmacher für die freundliche Unterstützung.

1975 Kommunale Neugliederung (Esbeck) — 180

248 Flöer, Michael/Korsmeier, Claudia Maria: Die Ortsnamen des Kreises Soest, Band 1, Bielefeld 2009, S. 166–168.

249 Besonderer Dank gilt Ortsvorsteher Thomas Morfeld für die freundliche Unterstützung.

1975 Kommunale Neugliederung (Garfeln) — 181

250 Flöer, Michael/Korsmeier, Claudia Maria: Die Ortsnamen des Kreises Soest, Band 1, Bielefeld 2009, S. 183f.

251 Ebd., S. 184.

252 Besonderer Dank gilt Ortsvorsteher Ralf Sommer für die freundliche Unterstützung.

1975 Kommunale Neugliederung (Hellinghausen) — 182–183

253 Flöer, Michael/Korsmeier, Claudia Maria: Die Ortsnamen des Kreises Soest, Band 1, Bielefeld 2009, S. 215f.

254 Braukmann, Horst: Ein Bootsfund aus der Lippe in der Hellinghauser Mersch, in: Lippstädter Heimatblätter (91) 2011, S. 105–108.

255 Auszug aus dem Pfarrarchiv Pfarrer Clemens Fleige 1904 und aus Überlieferungen und Urkunden des Lehrers Gerhard Hoischen 1949, zusammengestellt und ergänzt von Alfons Räker. Übersetzt aus dem Lateinischen von Friedrich Stuckenschneider. Zusammengestellt und fortgeführt von Thomas Stuckenschneider (Ortsvorsteher).

256 Besonderer Dank gilt Ortsvorsteher Thomas Stuckenschneider für die freundliche Unterstützung.
257 Weddigen/Hartmann: „Mein Heimatland". Westfälisches Lesebuch. Katholischer Lehrerverband des Deutschen Reiches und Verein katholischer deutscher Lehrerinnen, Crüwell Verlag, Dortmund 1930.

1975 Kommunale Neugliederung (Herringhausen) 184–185

258 Einwohner- und Wohnbevölkerungsstatistik für den Bereich Lippstadt, 31. Dezember 2010.
259 Flöer, Michael/Korsmeier, Claudia Maria: Die Ortsnamen des Kreises Soest, Band 1, Bielefeld 2009, S. 223f.
260 Ebd., S. 224.
261 Besonderer Dank gilt Ortsvorsteher Dirk Sauermann für die freundliche Unterstützung.

1975 Kommunale Neugliederung (Hörste) 186–187

262 Flöer, Michael/Korsmeier, Claudia Maria: Die Ortsnamen des Kreises Soest, Band 1, Bielefeld 2009, S. 251f. Siehe auch: Bannasch, Hermann: Das Bistum Paderborn unter den Bischöfen Rethar und Meinwerk, Paderborn 1972. Erhard, Heinrich August, (Bearb. u. Hrsg.): Regesta Historiae Westfaliae, Band 1, Münster 1847. Presse- und Informationsstelle im Erzbischöflichen Generalvikariat Paderborn: Ein Jahrtausend in Urkunden. Eine Ausstellung des Bistumsarchivs, Paderborn 1972. Schultz, Ferdinand: Beiträge zur Geschichte der Landeshoheit im Bistum Paderborn bis zur Mitte des vierzehnten Jahrhunderts: Die Vogtei, Münster 1903. Wilmans, Roger: Die Kaiserurkunden der Provinz Westfalen, Band 1, Die Urkunden des Karolingischen Zeitalters, Münster 1867.
263 Bei den Malmannen handelt es sich um Personen, die, wie aus der Urkunde hervorgeht, der Paderborner Kirche zu Diensten verpflichtet waren und im sächsischen Sprachgebrauch als Malmannen, als abgabenpflichtige Freie, bezeichnet wurden.
264 Besonderer Dank gilt Michael Streit und Ortsvorsteher Dirk Schneider für die freundliche Unterstützung.
265 Flöer, Michael/Korsmeier, Claudia Maria: Die Ortsnamen des Kreises Soest, Band 1, Bielefeld 2009, S. 345.
266 Besonderer Dank gilt dem Heimatbund Hörste/Garfeln für die freundliche Unterstützung.

1975 Kommunale Neugliederung (Lipperbruch) 188–189

267 Besonderer Dank gilt Dr. Wolfgang Suchanek, Bernd Reinberger sowie Ortsvorsteher Gunther Schmich für die freundliche Unterstützung.

1975 Kommunale Neugliederung (Lipperode) 190–191

268 Flöer, Michael/Korsmeier, Claudia Maria: Die Ortsnamen des Kreises Soest, Band 1, Bielefeld 2009, S. 298f.
269 Ebd., S. 299.
270 Besonderer Dank gilt Ortsvorsteher Otto Brand für die freundliche Unterstützung.

1975 Kommunale Neugliederung (Lohe) 192

271 Flöer, Michael/Korsmeier, Claudia Maria: Die Ortsnamen des Kreises Soest, Band 1, Bielefeld 2009, S. 301.
272 Besonderer Dank gilt Ortsvorsteher Hubert Diederich für die freundliche Unterstützung.

1975 Kommunale Neugliederung (Overhagen) 193

273 WUB, Band 7, Urkunde vom 27. September 1203.
274 Flöer, Michael/Korsmeier, Claudia Maria: Die Ortsnamen des Kreises Soest, Band 1, Bielefeld 2009. S. 358f.
275 Besonderer Dank gilt Ortsvorsteher Hans-Joachim Kayser. Siehe auch: „Overhagen Lexikon"; www.spd-overhagen.de; Achthundert Jahre Overhagen 1203–2003, in: Lippstädter Spuren, Band 17/2003.

1975 Kommunale Neugliederung (Rebbeke) 194

276 Flöer, Michael/Korsmeier, Claudia Maria: Die Ortsnamen des Kreises Soest, Band 1, Bielefeld 2009, S. 324. Leider stehen zu Rebbeke und Niederdedinghausen keinerlei Daten zur Ortsentwicklung und ersten urkundlichen Nennung zur Verfügung.
277 Besonderer Dank gilt Ortsvorsteher Franz Hoppe für die freundliche Unterstützung.

1975 Kommunale Neugliederung (Rixbeck) 195

278 Flöer, Michael/Korsmeier, Claudia Maria: Die Ortsnamen des Kreises Soest, Bielefeld 2009, S. 379.
279 Besonderer Dank gilt Ortsvorsteherin Margret Vosseburger für die freundliche Unterstützung.

1985 Das 800-jährige Stadtjubiläum 198–199

280 Der Patriot, Ausgabe Silvester 1984/Neujahr 1985; Die Glocke, Ausgabe 6. März 1985.
281 Der Patriot, Ausgabe 28. Mai 1985.
282 Ebd., Stadtarchiv Lippstadt, Programm „Eine Stadt spielt ihre Geschichte".
283 Westfälisches Archivamt (Hrsg.): Archivpflege in Westfalen und Lippe, Nr. 23, 37. Westfälischer Archivtag in Lippstadt, Dezember 1985, S. 1F (https://www.lwl.org/waa-download/archivpflege1_49/Heft_23_1985.pdf, 6. Oktober 2011).
284 Der Patriot, Ausgabe 1./2. Juni 1985.
285 Ebd.
286 Ebd.
287 Der Patriot, 3. Juni 1985.
288 Ebd.
289 Ebd.

1987 Das 7. Europaschützenfest in Lippstadt 199

290 100 Jahre Südlicher Schützenbund e. V. Lippstadt 1906–2006, Lippstadt 2006, S. 149.
291 Benteler, Karl-Heinz/Ruholl, Dirk (Hrsg.): 75 Jahre Kreisschützenbund Lippstadt, Lippstadt 2009, S. 83–84.

1991 Das Stadtarchiv öffnet seine Türen 203–205

292 Eyinck, Andreas: Hausforschung zwischen Stadtsanierung und Denkmalpflege. Neue Befunde und neue Ergebnisse zum historischen Baubestand in Lippstadt und seiner Erhaltung, in: Beiträge zur Volkskultur in Nordwestdeutschland 58, 1988, S. 141–182; S. 150–154.
293 Walberg, Hartwig, Einführung in die Geschichte und Bestände des Stadtarchivs Lippstadt, Lippstadt 1983, S. 9–16.

2007 Lippstadt wieder garnisonsfrei 215–217

294 Ibing, Wolfram von: Die Garnison in Lippstadt 1616–1991, in: Lippstädter Spuren, Band 7, 1991.

2008 Freie Schwerter tor Lippe 220–221

295 Besonderer Dank gilt Dieter Klocke für die freundlichen Informationen. Siehe außerdem unter www.Foederatus.net und www.FreieSchwerter.de

2008 Gründung der Hochschule 222–223

296 http://www.hshl.de/campus-lippstadt/, 25. August 2011; http://www.hshl.de/gruendungsgeschichte/, 25. August 2011.
297 http://www.hshl.de/campus-lippstadt/, 25. August 2011; http://www.rkw-as.de/Main.html#/de/news/detail/290, 25. August 2011; http://www.lippstadt.de/wirtschaft/bildung/hochschule/117260100000031148.php, 25. August 2011.
298 http://www.hshl.de/campus-hamm/, 25. August 2011.

2013 Das neue Kombibad wird eröffnet 226–227

299 Hachenberg, Ludwig: 150 Jahre Schwimm- und Badeanstalt in Lippstadt, in: Lippstädter Heimatblätter (80) 2000, S. 1–12.

Bildquellenverzeichnis

Arndt, Intersport	204, 205
AUTOMEISTER Deppe	84
Becker/Dresp/Epkenhans/Fennenkötter/Walberg: Leben und Leiden der jüdischen Minderheit in Lippstadt, in: Lippstädter Spuren (6), 1991.	71
Behr-Hella Thermocontrol	216, 217
Benteler, Karl-Heinz	85, 203
Benteler, Karl-Heinz / Ruholl, Dirk: 75 Jahre Kreisschützenbund Lippstadt, Lippstadt 2009.	40
Berkenhaus, Manfed	176
Beyer, Burghard: Zum Arbeitseinsatz nach Lippstadt, in: Lippstädter Spuren (9), 1993.	134
Bezirksregierung Arnsberg, Wasserwirtschaft und Gewässerschutz	161, 162, 163
Brand, Otto	190, 191
Brannekemper Metallgestaltung	154
Brülle & Schmeltzer	74, 75
Campo, Eiscafé	155
CONACORD Voigt	73
concept.id	212, 213
Cramer & Skibbe Allianz-Generalvertretung	218
Der Patriot	61
Deutsche Bank	101
Deutsche Industriebau Gesellschaft	197
Deutsche Saatveredlung	94, 110
Diederich, Hubert	192
dipasch-textil	146
Dreifaltigkeits-Hospital Lippstadt, Archiv	67
Evangelisches Krankenhaus, Archiv	65, 66, 157
Evangelisches Seniorenzentrum Bodelschwingh	139

Falkenstein, Fahrzeuglackiererei	147
Fennenkötter, Hans Christoph: Die jüdischen Friedhöfe in Lippstadt, in: Lippstädter Spuren (4), 1989.	69
Ferber Software	206
Freiwillige Feuerwehr Lippstadt, Christian Dicke	81, 82, 83
Frische, Heinz Josef	5
Gesundheitszentrum Bad Waldliesborn	97
Grafische Betriebe Staats	48
Groß Immobilien und Dienstleistungen	215
GWL Lippstadt	151
Hagemann, Gunter: Die Festung Lippstadt, Bonn 1985.	11, 51, 52, 53, 54, 55
Hagenbrock, Heinrich	156
Haßenewert, Rolf	172, 173, 174
HBPO – the Module Company	211
Hedwigschwestern, Berlin	158
Heimatverein Bökenförde, Archiv	94, 95, 142, 175
Hella KgaA Hueck & Co.	72, 90, 91
Henkemeier, Ralf	177
Hochschule Hamm-Lippstadt	226, 227
Hoppe, Franz	194
Hüsken, Modehaus	159
Ibing, Wolfgang: Die Garnison in Lippstadt 1616–1991, in: Lippstädter Spuren (7), 1991.	122
IDEAL	106, 107
Jakobs & Kollegen	138
Juwelier Jasper	57
Kayser, Hans-Joachim	193

Klocke, Dieter	94, 224, 225
Köhler Automobiltechnik	148, 149
Königsau-Apotheke	46, 47
Korbmacher, Alfons	178, 179
KWL	229
Liebelt	125
LippeJagd Brinkmann	223
Lippstädter Hartschaumverarbeitung	210
Lott Handelsgesellschaft	86, 87
LTV Lippstadt	60
Luig, Klaus	170, 171
Morfeld, Thomas	180
Musikzug Lippstadt Nord e. V.	85
Mues, Willi: Der große Kessel, Erwitte 1984.	140, 143, 144, 145
Mußhoff Bustouristik	115
Müterich, Café	150
Niestegge Rechtsanwälte und Notar	202
Optik Weiss	112
Ostendorf Gymnasium, Archiv	26, 27, 28
Peters Pralinen	124
Pöttker Auszugsysteme	111
Rothe Erde	76, 77
Sauermann, Dirk	184, 185
SC Lippstadt	105
Scheurer Gruppe	152, 153
Schmich, Gunther	188, 189
Schneider, Dirk	186, 187

Scholand, Heinrich: Lippstadt einst und jetzt, Lippstadt 1985.	25
Schornberg Galvanik GmbH	116
Schornberg, Heidi (WSC)	117
Siechenhaus und Matthiaskapelle vor der Stadtmauer, 1623	66
Sommer, Ralf	181
Sparkasse Lippstadt	58, 59
Stadt Lippstadt	3, 8, 10, 11, 24, 165, 166, 228, 229
Stadtarchiv Lippstadt	Titel, 10, 11, 21, 22, 23, 25, 26, 27, 32, 33, 34, 36, 38, 44, 45, 49, 62, 63, 66, 68, 92, 93, 95, 96, 108, 109, 118, 119, 120, 121, 123, 131, 132, 133, 135, 136, 137, 141, 142, 166, 167, 168, 169, 198, 199, 207, 208, 209, 228
Stadtarchiv Paderborn	43
Stadtwerke Lippstadt	78, 79, 80, 230, 231
Stelle Datentechnik	201
Stuckenschneider, Thomas	182, 183
SV Lippstadt	98, 99, 100
TC Grün-Weiß Lippstadt	102
The Translation Factory	214
Thomas-Valentin-Stadtbücherei	103, 126, 127, 128, 129
Thurmann, Merten	46
Tuschen, Dieter	Titel, 4, 6, 7, 13, 14, 16, 17, 18, 19, 20, 21, 24, 28, 29, 30, 31, 34, 50, 64, 103, 104, 113, 114, 130, 158, 160, 166, 168, 169, 219, 220, 221, 222
Vossebürger, Margret	195
Walter Bestattungen	88
WIAG Antriebstechnik	196
Wirtschaftsförderung Lippstadt	Titel, 200